“十二五”普通高等教育本科国家级规划教材
教育部高等学校统计学类专业教学指导委员会推荐用书
经济与管理类统计学系列教材

统计学导论

INTRODUCTION TO STATISTICS（第四版）

曾五一 肖红叶 主编

科学出版社
北 京

内 容 简 介

本书是根据教育部高等学校统计学类专业教学指导委员会新制定的《统计学类专业教学质量国家标准》中提出的课程设置和教学内容纲要，编写出版的系列教材之一。本书系统介绍统计学的基本思想、基本方法及其应用。主要内容包括：统计学的基本框架，统计数据的收集、整理与显示，数据分布特征的描述，概率基础，抽样分布与参数估计，假设检验与方差分析，相关与回归分析，非参数统计，时间序列分析，对比分析与指数分析，统计综合评价，Excel在统计中的应用，等等。通过本书的学习，学生可以具备基本的统计思想，掌握基本的统计方法，提升应用统计方法分析和解决经济管理中实际问题的能力，并为进一步的学习和研究打好基础。

为适应近年来大学生理论联系实际，积极参加市场调查分析大赛和统计建模大赛的需要，本书第四版还增加了一些对实际问题开展调查和建模分析时所需要掌握的基本知识。因此本书不仅可以作为一般经济与管理类专业"统计学"核心课程的教材，而且还可以作为大学生参与市场调查大赛和统计建模大赛的参考书。

图书在版编目（CIP）数据

统计学导论/曾五一，肖红叶主编. —4版. —北京：科学出版社，2023.8

"十二五"普通高等教育本科国家级规划教材　经济与管理类统计学系列教材

ISBN 978-7-03-076170-5

Ⅰ. ①统…　Ⅱ. ①曾…　②肖…　Ⅲ. ①统计学-高等学校-教材　Ⅳ. ①C8

中国国家版本馆CIP数据核字（2023）第153443号

责任编辑：方小丽 / 责任校对：张亚丹

责任印制：霍　兵 / 封面设计：楠竹文化

科学出版社 出版

北京东黄城根北街16号

邮政编码：100717

http://www.sciencep.com

天津市新科印刷有限公司印刷

科学出版社发行　各地新华书店经销

*

2007年8月第　一　版　开本：787×1092　1/16

2013年1月第　二　版　印张：23 1/4

2019年1月第　三　版　字数：551 000

2023年8月第　四　版　2026年1月第四十五次印刷

定价：45.00元

（如有印装质量问题，我社负责调换）

全国经济与管理类统计学系列教材编委会

总序

党的二十大报告提出："教育、科技、人才是全面建设社会主义现代化国家的基础性、战略性支撑。必须坚持科技是第一生产力、人才是第一资源、创新是第一动力，深入实施科教兴国战略、人才强国战略、创新驱动发展战略，开辟发展新领域新赛道，不断塑造发展新动能新优势。"[①]2023 年，中共中央、国务院印发了《数字中国建设整体布局规划》，规划中提出，建设数字中国是数字时代推进中国式现代化的重要引擎，是构筑国家竞争新优势的有力支撑；加快数字中国建设，对全面建设社会主义现代化国家、全面推进中华民族伟大复兴具有重要意义和深远影响。

正如全国政协委员、中国科学院院士、北京大学教授陈松蹊教授最近在接受记者采访时所指出的那样："数字中国建设需要全社会的共同努力，需要唤醒全民数据意识，大力弘扬数据文化。统计学人才，正是数据文化建设的主要传播者，是建设数字中国的生力军""近年来，作为推动数字经济、人工智能发展的关键学科之一，统计学在面向世界科技前沿、面向经济主战场、面向国家重大需求、面向人民生命健康的诸多领域正在发挥着越来越大、不可替代的作用"。

统计学是一门研究如何测度、收集、整理、归纳和分析反映客观现象总体数量的数据，以帮助人们正确认识客观世界数量规律的方法论科学。随着社会经济的发展和科学技术的进步，统计应用的领域越来越广，统计已经成为人们认识世界不可或缺的重要工具。

现代统计学可以分为两大类：一类是以抽象的数量为研究对象，研究一般的收集数据、分析数据方法的理论统计学。另一类是以各个不同领域的具体数量为研究对象的应用统计学。前一类统计学具有通用方法论的理学性质，其特点是计量不计质。后一类统计学则与各不同领域的实质性学科有着非常密切的联系，是有具体对象的方法论，因而具有复合性学科和边缘学科的性质。应用既包括一般统计方法的应用，也包括各自领域

---

① 《习近平：高举中国特色社会主义伟大旗帜 为全面建设社会主义现代化国家而团结奋斗——在中国共产党第二十次全国代表大会上的报告》，https://www.gov.cn/xinwen/2022-10/25/content_5721685.htm，2022 年 10 月 25 日。

实质性科学理论的应用。经济与管理统计学是以社会经济数量为研究对象的应用统计学。要在经济和管理领域应用统计方法，必须解决如何科学地测定经济现象即如何科学地设置指标的问题，这就离不开对有关经济现象的质的研究。要对经济和管理问题进行统计分析，也必须以有关经济和管理的理论为指导。因此，经济与管理统计学的特点是在质与量的紧密联系中，研究事物的数量特征和数量表现。不仅如此，由于社会经济现象所具有的复杂性和特殊性，经济与管理统计学除了要应用一般的统计方法外，还需要研究自己独特的方法，如核算的方法、综合评价的方法等。

从历史和现状看，我国统计学专业的办学也有两种模式：一是强调各类统计学所具有的共性。这种模式主要培养学生掌握通用的统计方法和理论。它肯定统计学的“理学性质”，按照理学类学科的特点设置课程，概率论和各种数理统计方法等通用的统计方法论在课程中占有较大分量。其培养目标是有良好的数学基础、熟练掌握统计学基本理论与各种方法，同时有一定的专门领域的知识，能够适应各个不同领域的统计工作和统计研究的统计人才。二是强调各类统计学的个性，对于经济与管理类统计学来说，就是强调其与经济学和管理学等其他学科的密切联系，按照经济与管理类学科的特点设置课程，除统计学本身的专业课外，经济与管理类的课程占相当大的分量。其培养目标是复合型人才，即具有坚实的经济与管理理论功底，既懂数理统计方法，又懂经济统计方法，并能熟练掌握现代计算手段的经济与管理统计人才。这种人才既是统计人才又是经济管理人才，不仅能胜任基层企事业单位和政府部门的日常统计业务，而且能从事市场调查、经济预测、信息分析和其他经济管理工作。上述两种办学模式，各有特色，同时也各有一定的社会需求。应该根据“百花齐放，百家争鸣”的方针，允许多种办学模式并存，由各院校根据自己的特色和市场对有关人才需求的大小，自主选择合适的办学模式。

为了更好地满足新时代对统计人才的需要，无论是理学类统计学专业还是经济与管理类统计学专业都必须思考如何面向未来、面向世界，加强自身的建设，以便更好地与国际接轨的问题。但是，这两类专业的培养目标不同，知识体系也有相当大的差异，难以完全统一或互相取代。2003 年 11 月，教育部高等学校统计学类专业教学指导委员会在厦门召开年会，会上各方面的专家达成共识，为了促进统计学的学科建设和发展，有必要按授予学位的不同，分别制定指导性的教学规范。2004 年 1 月，全国经济与管理类统计学专业的部分专家和学者在天津财经学院（现更名为天津财经大学）讨论了《统计学专业教学规范（授经济学学位）》征求意见稿，对初稿进行修改与补充，又经过教育部高等学校统计学类专业教学指导委员会研究和审定，最终形成了正式的教学规范（以下简称新规范）。

根据新规范的设计，经济与管理类统计学专业应开设的统计学专业主干课程包括以下 10 门：统计学导论、数理统计学、应用多元统计分析、应用时间序列分析、应用抽样技术、计量经济学、国民经济统计学、企业经营统计学、证券投资分析、货币与金融统计学。为了进一步提高统计教材的质量，更好地满足培养经济与管理类统计人才的需要，我们成立了全国经济与管理类统计学系列教材编委会，组织全国高校同行分工协作，编辑出版了一套经济与管理类统计学系列教材。

本套系列教材根据经济与管理类统计学专业的特点，构建了与培养目标相适应的教学内容体系。在系列教材的编写中，尽可能做到统筹兼顾，防止低水平重复。同时，各教材采用相同的版式、体例和统一规范的学术用语，并且，注意教材编写体例的新颖性，提高学生学习的兴趣和效率。因此，本套系列教材比较适合作为经济与管理类统计学的专业课程教材。其中的《统计学导论》和《计量经济学》也可作为一般经济与管理类专业的核心课程教材。

第一套经济与管理类统计学系列教材出版至今已经过去十多年了。这套教材的出版发行受到了广大读者的欢迎，被不少高等院校采用。迄今为止，本系列教材已多次再版或重印，其中的《统计学导论》和《计量经济学》曾被教育部评定为国家级精品教材。《统计学导论》《计量经济学》《应用多元统计分析》《应用抽样技术》等教材则先后被列入普通高等教育“十一五”国家级规划教材或“十二五”普通高等教育本科国家级规划教材。以《计量经济学》为基础教材的西南财经大学的“计量经济学”课程被教育部评为国家级精品资源共享课。2009 年以本系列教材作为其主要内容之一的教学成果“经济管理类统计学专业教学体系的改革与创新”获得第六届高等教育国家级教学成果奖一等奖。总而言之，在过去十多年里，本系列教材对促进我国统计学专业的教学改革、提高统计学专业教学质量，发挥了应有的作用。

近年来，随着社会经济的发展和科学技术的进步，全球正在逐步进入大规模生产、分享和应用各种数据的大数据时代。大数据时代是“数据为王”的时代。通过对各种数据的采集、存储、处理和分析，人们可以获得许多有价值的知识，从而更加有效地组织生产、经营和各种活动，进而推动人们生活方式和整个社会的变化和进步。大数据是一种宝贵的资源，大数据必须通过挖掘、提炼和加工才能真正发挥作用。作为认识客观世界数量规律的有力工具，统计学的基本思想与方法在大数据时代仍然大有用武之地。在应对大数据的各种挑战中，必将出现新的统计学理论与方法，进而促进统计学自身的发展。

为了适应经济社会形势的发展和大数据时代的到来，在科学出版社的组织和大力支持下，我们启动了经济与管理类统计学系列教材的全面修订与再版工作。新的系列教材在保持原系列教材基本特色的基础上，主要在以下几个方面又作了一些改进。

第一，成立新的全国经济与管理类统计学系列教材编委会，吸收一些年富力强的教授参与系列教材的主编和修订工作。

第二，根据与时俱进的原则，对原系列教材的内容进行全面的修订、补充与完善。

第三，根据各课程的具体情况，在编写出版纸质教材的同时，开展相关数字资源网上互动平台的建设。利用二维码将教材的有关内容与网上资源相互链接。通过扫描二维码，读者可以利用手机或电脑观看教学案例与各章的习题详解，还可以通过网上互动平台，观看教学视频。

经济与管理类统计学专业系列教材的建设与完善是一个复杂艰巨的系统工程，完成这一工程需要全国统计教育工作者的共同努力。借此机会，我要感谢参与本套系列教材编写、修订的全国各高校的同行专家和学者，感谢为本套系列教材的出版提供帮助的科学出版社的领导和编辑。衷心祝愿大家的辛勤劳动能够再次结出丰硕的果实，能够为我国统计学的普及和提高做出更大的贡献。

曾五一

2023年7月

第四版前言

《统计学导论》出版以来受到了广泛欢迎，已被多所高等院校采用为本科生统计学课程的基础教材。该书已先后多次再版和重印，总发行量超过 30 万册。2006 年 1 月第一版公开发行，2013 年 1 月第二版公开发行，2019 年 1 月第三版公开发行。《统计学导论》第一版曾被评为国家级精品教材，第二版又被教育部评为“十二五”普通高等教育本科国家级规划教材，2016 年以本书作为基础参考教材，由本人主持建设完成的“统计学”课程又被教育部认定为国家级精品资源共享课程。

为了适应经济社会形势的发展和大数据时代的到来，应出版社的要求，最近我们又对《统计学导论》做了修订，编写了《统计学导论》第四版。本书第四版修订主要由吉林财经大学曾五一教授完成，厦门大学袁加军高级工程师参与了各章中与 Excel 应用有关内容的修订，天津财经大学王健教授提供了附录三中转载的由天津财经大学“只此青绿“小组完成的全国大学生市场调查分析大赛的获奖案例《竹叶青品牌传播效果研究》。

近年来，以习近平为核心的党中央一再提出要大兴调查研究之风，并将其作为落实新时期发展战略的一项重要举措。响应这一号召，大学生理论联系实际，“真题真做”，参与各种市场调查分析和统计建模大赛的积极性高涨。为了满足这一需求，本书在保持前三版基本特色的基础上，主要在以下几个方面又做了一些改进。

第一，根据与时俱进的原则，对原教材中的一些论述做了进一步修改、补充与完善，同时更新了部分案例和习题。

第二，适当增加了一些参加市场调查分析大赛和统计建模大赛需要进一步掌握的基本知识。包括：如何正确理解和计算调查问卷的信度和效度？如何计算不同抽样方式下的抽样误差？以及实践中常用的一些非线性回归模型如二元概率选择模型等等。并在附录三中给出了全国大学生市场调查分析大赛某一获奖案例简介以及研究报告的全文和展示视频（可通过链接观看）。

第三，为了便于读者自学，我们利用二维码将本教材的有关内容与科学出版社建设的网上互动平台的有关资源相互链接。通过扫描二维码，读者可以利用手机或电脑观看有关视频、教学案例、各章的习题详解。

第四，为了便于教师组织教学，我们还制作了与本书配套的教学辅助资料。内容包括：全套教学用幻灯片、本书教材与习题所用到的数据（Excel 格式）、若干模拟试卷。凡以本书作为教材的教师可与出版社联系，免费获得上述教学资源。

本书的再版得到了科学出版社方小丽编辑的热情支持，许多兄弟院校的教师对本书的修订提了不少宝贵的意见，特在此表示衷心感谢！

限于水平，本书的第四版仍会有许多不足，欢迎读者特别是使用本书作为教材的老师提出批评和建议。

曾五一

于厦门山海花园

2023 年 6 月

第三版前言

《统计学导论》第一版2007年8月出版，2013年1月又出了第二版，其出版发行受到了读者的欢迎，先后多次印刷，被多所高等院校采用，总发行量超过15万册。《统计学导论》第一版曾被评为国家级精品教材，第二版又被教育部评为“十二五”普通高等教育本科国家级规划教材，2016年以本书作为基础参考教材，由本人主持建设完成的“统计学”课程又被教育部认定为国家级精品资源共享课。

为了适应经济社会形势的发展和大数据时代的到来，应出版社的要求，我们又对《统计学导论》做了修订，编写了《统计学导论（第三版）》。参加第三版修订的有：曾五一教授（第一章、第二章、第三章、第七章）、肖红叶教授（第四章、第五章、第六章）、王青华副教授（第十章）、刘云霞副教授（第八章、第九章、第十一章）和袁加军高级工程师（附录A Excel概述以及各章中与Excel应用有关的内容）。由曾五一教授负责全书的设计、修改、总纂和定稿工作。

《统计学导论（第三版）》是为经济与管理类统计学专业编写的一本统计学入门教材，在保持前两版基本特色的基础上，主要在以下几个方面又做了一些改进。

第一，根据与时俱进的原则，对教材中的一些论述做了修改、补充与完善，同时更新了部分案例和习题。

第二，根据Excel的最新版本，对附录A以及各章中与Excel应用有关的部分做了修改。

第三，为便于读者查阅，对于书中的主要学术用语，均用加粗字体标识。

第四，为了便于读者自学，我们利用二维码将本教材的有关内容与我们所建设的国家级精品资源共享课“统计学”的网上资源和科学出版社建设的网上互动平台的有关资源相互链接。通过扫描二维码，读者可以利用手机或电脑观看教学案例与各章的习题详解。

第五，为了便于教师组织教学，我们还制作了与本书配套的教学辅助资料。内容包括：全套教学用幻灯片、本书教材与习题所用到的数据（Excel 格式）、若干模拟试卷。凡以本书作为教材的教师可与出版社联系，免费获得上述教学资源。

本书的再版得到了科学出版社兰鹏编辑的热情支持，许多兄弟院校的教师对本书的修订提了不少宝贵的意见，特在此表示衷心感谢！

限于水平，本书的第三版仍会有许多不足，欢迎读者特别是使用本书作为教材的老师提出批评和建议。

曾五一　于厦门山海花园

2018年10月

第二版前言

《统计学导论》第一版自2007年8月出版发行以来，受到了读者的欢迎，先后多次印刷，被许多高等院校采用。2007年，《统计学导论》被评为教育部普通高等教育精品教材。2006年，厦门大学“统计学”课程和天津财经大学的“统计学”课程被教育部评为国家级精品课程，厦门大学和天津财经大学的统计学教学团队被教育部评为国家级教学团队。

为了适应经济社会形势的发展，更好地反映国家级精品课程建设的成果，我们对《统计学导论》第一版作了全面的修订，重新编写了《统计学导论（第二版）》。参加本书第二版修订的人员有：厦门大学曾五一（第一章、第二章、第三章、第七章、第十一章），天津财经大学肖红叶（第四章、第五章、第六章、第八章），西南财经大学王青华（第九章、第十章）、袁加军（附录一以及各章中与Excel应用有关的内容）。由曾五一教授和肖红叶教授担任主编，负责全书的设计、修改、总纂和定稿工作。

《统计学导论（第二版）》是为经济与管理类专业编写的一本统计学入门教材，在保持第一版基本特色的基础上，主要在以下几个方面作了一些改进：

第一，为了进一步贯彻“少而精”和“学以致用”的原则，避免与其他课程重复，删除了第一版中的第十一章统计决策和其他各章中的部分内容，将全书由原来的12章压缩为11章。精简后的教学内容与课时安排，更适合经济与管理类专业的教学。

第二，删除第一版各章开头的本章学习要点与要求，改为引例，通过生动的案例导出本章所要讨论和学习的问题，以增强读者的兴趣和学习的主动性。

第三，对第一版中的一些论述作了修改与完善，同时更新补充了部分案例和习题。

第四，根据Excel的最新版本，对附录一做了较大的修改。

第五，为了便于教师组织教学，我们制作了与本书配套的教学辅助资料，包括多媒体教学课件、全部习题的解答、若干模拟试卷。凡以本书作为教材的教师可与出版社联系，免费获得上述教学资源。

本书的再版得到了科学出版社林建编辑的热情支持，许多兄弟院校的教师对本书的修订提出了不少宝贵的意见，在此表示衷心感谢！

限于水平，本书的第二版仍会有许多不足，欢迎读者特别是使用本书作为教材的教师提出意见和建议。

曾五一　于厦门山海花园

2012 年 12 月

第一版前言

随着我国社会主义市场经济体制的逐步建立与完善，无论是进行宏观的国民经济管理，还是进行微观的企业经营决策，都需要准确地把握有关经济运行的各类数量信息。作为认识客观世界数量规律的一个有力工具，在新的形势下，统计正日益发挥更大的作用。正因为如此，“统计学”一直被教育部列为经济和管理类大学本科教育的核心基础课程。

本书是根据教育部高等学校统计学类专业教学指导委员会新制定的《统计学专业教学规范（授经济学学位）》中提出的课程设置和教学内容纲要而编写的统计学入门教科书。本书系统介绍统计学的基本思想、基本方法及其应用。主要内容包括：统计学的基本框架，统计资料的整理、收集与显示，数据分布特征的描述，概率基础，参数估计，假设检验与方差分析，相关分析与回归分析，非参数统计，时间序列分析，对比分析与指数分析，统计决策，统计综合评价，Excel 在统计中的应用，等等。通过本书的学习，可以使学生具备基本的统计思想，掌握基本的统计方法，培养应用统计方法分析和解决经济管理中实际问题的能力，并为进一步的学习和研究打好基础。因此，本书不仅可以作为经济与管理类统计学专业的基础教材，也可以作为一般经济与管理类专业统计学核心课程的教材。

在本教材的编写过程中，我们根据经济与管理类专业的特点，努力贯彻“少而精”和“学以致用”的原则，对教材内容作了适当的取舍，尽可能做到结构合理、概念清楚、条理分明、深入浅出。除十分必要外，本书一般不做过多的数学推导与证明，着重通过实例讲述统计思想，培养和提高学生应用统计方法的能力。为便于师生教学互动，提高学生学习的兴趣和效率，根据本系列教材编委会的统一要求，本书各章开篇有简单的内容要点和教学要求提示，章末附有本章小结，对有关教学内容和计算公式作扼要的总结。教材中尽可能使用真实数据作为案例。“思考与练习”不设一般常见的名词解释型的简答题和论述题，而是通过判断题、选择题、计算题和有趣味的思考题，帮助学生掌握有关概念和计算方法。为便于学生自学，同时又为其留有独立思考和独立完成作业的余地，书后给出编号为奇数的习题的详解。同时，本书采用最常见的通用软件 Excel 作为实现统计计算和分析的工具。附录附有“Excel 概述”介绍 Excel 的基本操作，各章中又结合实例讲述 Excel 在各种统计分析中的具体应用。此外，本教材还配有教学用光盘，其内容为教学大纲、教学课件、例题数据等。教师可利用该光盘，进行多媒体教学和上机操作演示。

本教材由多所高校的教师集体协作完成，他们分别是厦门大学曾五一教授（第一章、第五章（合作）、第七章、第十一章），天津财经大学肖红叶教授（第四章、第五章（合作）、第六章、第八章），西南财经大学王青华副教授（第三章、第九章、第十章），厦门大学陈珍珍教授（第二章、第十二章）和厦门大学袁加军工程师（附录 Excel 概述以及各章中与 Excel 应用有关的内容）。全书由曾五一教授和肖红叶教授担任主编，负责全书的设计、修改、总纂和定稿工作。应当指出，尽管我们为提高教材的质量，作了不少努力，但由于水平有限，书中难免有疏漏之处，恳请同行专家和读者不吝赐教，以便今后进一步修改与完善。

在本书的编写过程中，编者参考了国内外大量的有关文献资料，书末附有主要参考文献。本书的出版得到科学出版社的大力支持，卢秀娟、刘欢等同志为本书的组稿、编辑做了大量工作。在此我们对所有为本书问世做出贡献的单位和人士一并表示深切的感谢！

编　者

2005 年 9 月

目录

第一章

绪　论

【引例】　无处不在的统计

以下是关于“统计”的几则信息。

我国著名的经济学家马寅初指出：“学者不能离开统计而治学，政治家不能离开统计而施政，事业家不能离开统计而执业。”

英国著名科幻作家威尔斯说：“对于追求效率的公民而言，统计思维总有一天会和读写能力一样重要。”

在诺贝尔经济学获奖者中，2/3 以上的研究成果与统计和定量分析有关。因此，著名经济学家萨缪尔森在其经典的教科书《经济学》（第 12 版）中特别提到：“在许多与经济学有关的学科中，统计学是特别重要的。”

美国杜邦公司的总经理理查德曾经指出：“现代公司在许多方面是根据统计来行事的。”

据有关报道，统计学方法在文学和历史研究等领域也得到了相当广泛的应用。

由以上几则信息可知，统计已经渗透到社会经济活动和科学研究的方方面面，统计无处不在，并且正在发挥越来越重要的作用。那么究竟什么是统计？统计是如何开展研究的？作为一门科学的统计学与其他学科有何区别与联系？这些正是本章所要介绍的主要内容。

第一节　什么是统计

一、关于统计的含义

在日常生活中，人们对于“统计”这一术语常常有不同的用法。例如，企业每年要“统计”产量和产值，这是将其作为一种工作来看待。了解股票的交易状况要看有关成交额和股票指数“统计”，这时又是将其作为数据来运用。而大学课堂上所说的“我们正在学习统计”，则是指一门学科，即统计学。

那么究竟何为统计，这里有必要给出一个比较准确的科学定义。统计是人们认识客观世界总体数量变动关系和变动规律的活动的总称，是人们认识客观世界的一种有力工具。统计的研究对象具有以下特点。

（1）数量性。这是统计研究对象的基本特点。常言道，“数字是统计的语言”，“数据是统计的成果”，指的正是这个意思。但并不是任何一种数量都可以作为统计对象。统计数据总是客观事物量的反映，统计定量认识必须建立在对客观事物定性认识的基础上。

（2）总体性。统计的数量研究是指对现象总体中各单位普遍存在的事实进行大量观察和综合分析，得出反映现象总体的数量特征。例如，进行城镇居民家计调查，需要对具体的居民家庭进行调查，但是其目的并不在于了解个别居民家庭的生活状况，而是要反映一个国家、一个城市的居民收入水平、收入分配、消费水平、消费结构等。

（3）变异性。统计研究同类现象总体的数量特征，它的前提是总体各单位的特征表现存在着差异，而且这些差异并不是事先可以预知的。例如，各种股票的价格和成交量每天不同，这才需要对其进行统计，编制股票指数等指标。

统计作为一种社会实践活动已有悠久的历史。据历史记载，我国在西周就已建立了统计报告制度。在英文中，统计为“statistics”，它与“国家”为同一词根。可以说，自从有了国家，就有统计实践活动。最初，统计只是为统治者了解国家的情况和管理国家提供数量依据。随着社会经济和科技的发展以及统计学自身的进步，统计的应用领域不断扩大。现在，统计不仅被用于经济管理领域，而且在医学、生物、物理等其他领域也得到广泛的应用。

人们通过统计实践活动所得的数据即统计数据。它既是统计工作的成果，也是进一步开展统计研究的基础。人们对统计数据的要求通常包括：客观性，即它能反映客观事实而不受任何偏见的影响或任何势力的干扰；适用性，即统计数据能够适应统计研究的目的；准确性，即统计数据能够反映真实的情况，不出现较大的误差；及时性，即统计数据应及时收集、及时加工、及时公布。

统计学是在统计实践的基础上产生并逐步发展起来的一门科学。它是研究如何测定、收集、整理、归纳和分析反映客观现象总体数量的数据，以帮助人们正确认识客观世界数量规律的方法论科学。统计学与统计实践活动的关系是理论与实践的关系，理论源于实践，理论又高于实践，反过来又指导实践。

二、统计研究的基本环节

统计研究的全过程包括以下几个基本环节。

（一）统计设计

统计设计，就是根据所要研究问题的性质，在有关学科理论的指导下，制定统计指标、指标体系和统计分类，给出统一的定义、标准，同时提出收集、整理和分析数据的方案和工作进度等。统计设计是整个统计研究的前期工程，其完成质量直接关系到整个统计研究的质量。搞好统计设计不仅需要统计学的一般理论和方法作指导，而且还要求设计者对所要研究的问题本身具有深刻的认识和掌握相关的学科知识。例如，要设计一套较好地评价企业经营状况的统计体系与方案，仅有一般的统计方法知识是不够的，设计者还必须具备企业经营管理知识和理论素养。

（二）收集数据

经过统计设计，形成方案之后，就可以开始收集统计数据。统计数据的收集有两种基本方法：实验法与调查法。对于大多数自然科学和工程技术研究来说，有可能通过有控制的科学实验去取得数据，这时可以采用**实验法**。在统计学中专门有一个分支——实验设计，研究如何科学地设计实验方案，从而使得通过实验采集的数据能够符合分析的目的和要求。对于社会经济现象来说，一般无法进行重复实验，要取得有关数据就必须采用**调查法**，即到社会总体中去选取足够多的单位进行调查、观察，并加以综合研究。如何科学地进行调查是统计学研究的重要内容。本书是为经济与管理类专业编写的统计学入门教科书，由于篇幅的限制，本书将只介绍有关统计调查的理论与方法。

（三）整理与分析

原始的统计数据收集上来之后，还必须经过整理、加工和分析才能真正发挥其作用。在统计研究的这一阶段，所运用的方法包括两大类：描述统计和推断统计。

描述统计是指对采集的数据进行登记、审核、整理、归类，在此基础上进一步计算出各种能反映总体数量特征的综合指标，并用图表的形式表示经过归纳分析而得到的各种有用的统计信息。统计描述是统计研究的基础，它为统计推断、统计咨询、统计决策提供必要的事实依据。统计描述也是对客观事物认识的不断深化过程。它通过对分散无序的原始数据进行整理归纳，运用分组法和综合指标法得到现象总体的数量特征，揭示客观事物内在的数量规律性，以达到认识的目的。

推断统计是在对样本数据进行描述的基础上，利用一定的方法根据样本数据去估计或检验总体的数量特征。在进行统计研究时，常常存在这种情况，由于各种原因，我们所掌握的数据只是部分单位的数据或有限单位的数据，而我们所关心的却是整个总体的数量特征。例如，民意测验中某一候选人是否能够当选，全国婴儿的性别比例如何，某种电子元件的寿命多长，等等。这时就必须利用统计推断的方法来解决。统计推断是逻辑归纳法在统计推理中的应用，所以又称为归纳推理。推断统计是现代统计学的主要内容。

（四）开发与应用

通过统计整理和分析，我们可以得到有关的统计资料。但统计资料的提供并不意味着统计研究的终结。统计的目的在于认识客观世界的数量规律。仅凭一次收集的统计资料，往往还不能很好地发现客观世界存在的数量规律。因此，对于已经公布的统计资料需要加以积累，同时还可以进一步加工，结合相关实质性学科的理论知识进行分析和利用。如何更好地将统计资料和统计方法应用于各自的研究领域是应用统计学研究的一个重要方面。

以上所述的统计研究的全过程可以用图 1-1 表示。

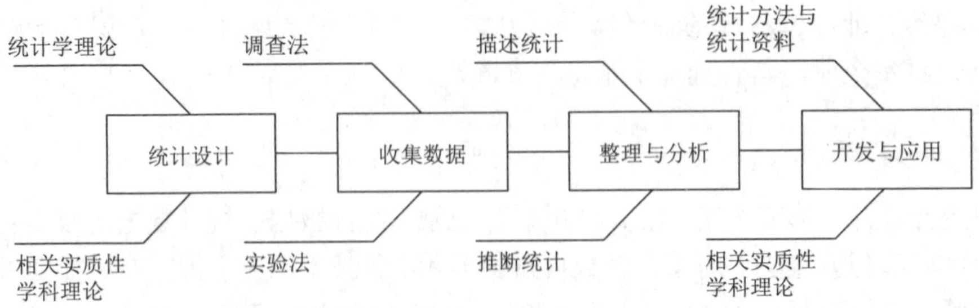

图 1-1 统计研究的全过程

第二节 统计学的产生与发展

一、统计学的主要流派

虽然人类统计的实践活动可以追溯到相当遥远的古代，但是，将统计实践上升到理论，并加以总结和概括成为一门科学——统计学，距今却只有三百多年的历史。从统计学发展的历史来看，曾经产生过较大影响的主要有以下几个流派。

（一）政治算术学派

最早的统计学源于 17 世纪的英国，其代表人物是威廉·配第（William Petty，1623～1687）和约翰·格朗特（John Graunt，1620～1674）。威廉·配第在其代表作《政治算术》一书中写道：本书“不用比较级、最高级进行思辨或议论，而是用数字……来表达自己想说的问题……借以考察在自然中有可见的根据的原因”。约翰·格朗特在《关于死亡表的自然观察和政治观察》一书中，通过大量观察的方法，研究并发现了一系列关于人口的数量规律，并运用各种方法对统计数据进行间接的推算和相互印证。威廉·配第等关于运用大量观察和数量分析等方法对社会经济现象进行研究的主张，为统计学的发展开辟了广阔的前景。有趣的是，这一派学者一直没有使用“统计学”这一术语，而是用“政治算术”来表明其研究的特色，因而被称为“政治算术学派”。

（二）国势学派

最早使用“统计学”这一术语的是德国的阿亨瓦尔（G. Achenwall，1719～1772）。他认为统计学是关于国家显著事项的学问，主要通过对国家组织、人口、军队、领土、居民职业以及资源财产等事项的记述对国情国力进行研究。后人把从事这方面研究的德国学者称为“国势学派”。国势学派虽然创造了“统计学”这一术语，但他们主要使用文字记述的方法进行研究，其学科内容与现代统计学有较大的差别。

（三）社会统计学派

19 世纪以后，随着经济和社会的发展，统计在社会经济领域中的应用越来越广泛、越来越深入。为满足国家和社会的需要，人们广泛地开展了各种统计调查活动。这不仅为经济学家和社会学家的理论研究和实证分析提供了数量依据，也为统计学家从中概括和提出新的统计方法提供了新思路和数据材料。包括政治统计、人口统计、经济统计、犯罪统计、社会统计等多方面内容的“社会统计学”一词开始出现，并成为统计学中的一个重要流派。该学派在德国、日本和苏联都有相当大的影响。1850 年，德国的统计学家克尼斯（K. G. A. Knise）发表了题为《独立科学的统计学》的论文，提出统计学是一门独立的社会科学，是一门对社会经济现象进行数量对比分析的科学，他主张以“国家论”作为“国势学派”的科学命名，而以“统计学”作为“政治算术”的科学命名。这一主张得到当时大多数统计学家的赞同。于是，以往无“统计学”之名而有“统计学”之实的“政治算术”取代了过去有“统计学”之名而无“统计学”之实的“国势学派”而成为统计学的正统。

社会统计学派着重对社会经济领域的统计方法及其应用进行研究。各国学者在社会经济统计指标的设定与计算、指数的编制、资料的收集与整理、统计调查的组织和实施、经济社会的数量分析和预测等方面做出的贡献已成为现代统计学的重要组成部分。例如，德国统计学家恩格尔（Christian Lorenz Ernst Engel，1821～1896）提出的“恩格尔系数”，至今仍为人们广泛使用。由美国经济学家西蒙·库兹涅茨（Simon Kuznets，1901～1985）和英国经济学家理查德·斯通（Richard Stone，1913～1991）等开创的国民收入和国内生产总值的核算方法被称为“20 世纪最伟大的发明之一”。

（四）数理统计学派

数理统计学的创始人是比利时统计学家凯特勒（A. Quetelet，1796～1874）。他的代表作《概率论书简》《社会物理学》等将概率论和统计方法引入社会经济方面的研究。在学科性质上，凯特勒认为统计学是一门既研究社会现象又研究自然现象的独立的方法论科学。此后，以概率论为基础建立的统计理论与方法被称为数理统计。从 19 世纪中叶到 20 世纪中叶，数理统计学得到迅速发展，英国生物学家弗朗西斯·高尔顿（Francis Galton，1822～1911）首次提出并阐述了“相关”的概念；英国统计学家卡尔·皮尔逊（Karl Pearson，1857～1936）提出了计算复相关和偏相关的方法；英国统计学家戈塞特（W. S. Gosset，1876～1937）建立了“小样本理论”，即“t 分布”；英国统计学家费希尔（R. A. Fisher，1890～1962）在样本相关系数的分布、方差分析、实验设计等方面的研究中做出了重要贡献。到 20 世纪中期，数理统计学的基本框架已经形成。随着社会经济的发展和自然科学技术的进步，统计研究的领域不断扩大，数理统计方法的运用也日益广泛和深入。数理统计学派成为英、美等国统计学界的主流。

在数理统计学派内部，根据对概率的不同认识，又可分为“经典学派”和“贝叶斯学派”。“经典学派”以实际观测的频率作为测定概率的基础，开展各种统计推断。“贝叶斯学派”则提出综合利用先验信息和后验信息来确定概率，并在此基础上进行统计推断的思路和方法。“贝叶斯学派”的代表人物之一亚伯拉罕·瓦尔德（Abraham Wald）在统计决策理论领域做出了重要贡献。

二、统计学发展的新动向

自 20 世纪 80 年代以来，随着社会经济的发展和科学技术的进步，统计学的发展又出现了一些新的动向。

首先，**作为方法论科学的统计学与各实质性学科的结合越来越紧密**。统计学已渗透到许多领域，并由此产生不少新的学科，改变了原有单一学科发展的思路，对其他科学的发展具有极大的支撑作用，反过来，这种结合又促进了统计学的发展。例如，统计学与经济学的结合产生了计量经济学这一新的学科。又如，近年来，在发达国家兴起并取得很好效益的“六西格玛管理”在本质上就是将统计思想、统计方法和统计数据以及企业管理的理论结合起来，应用于企业的经营管理与质量控制。随着统计学的发展，在不少原来似乎很难与统计挂钩的领域，如文学和历史学等领域也开始引入统计学的思想和研究方法。

请扫描二维码，获取资源：参考 1-1　统计学家为《静静的顿河》的作者洗清剽窃罪

从其他学科对统计学的推动作用看，不少现代统计方法来源于一些实质性学科的定量研究活动。例如，最小二乘法与正态分布理论源于天文观察误差分析，相关与回归分析源于生物学研究，主成分分析与因子分析源于教育学与心理学的研究，抽样调查方法源于政府统计调查资料的收集，等等。随着科学的进步，在定性分析的基础上进一步开展定量分析已成为现代科学的普遍发展趋势，各学科会越来越需要统计学提供相应的方法论支持。

其次，**国际统计学界的主流也从原来的偏重理论研究向更加重视应用研究转变**。目前国际统计学会共有七个分会：伯努利数理统计与概率学会、国际统计计算协会、国际官方统计协会、国际调查统计学家协会、国际统计教育协会、国际工商统计学会、欧文费雪货币与金融统计委员会（或称中央银行统计的欧文费雪委员会）。这七个分会中伯努利数理统计与概率学会有着最为悠久的历史，其他几个分会成立得较晚。如国际官方统计协会、国际工商统计学会、欧文费雪货币与金融统计委员会都是在 20 世纪 80 年代以后才陆续建立的。这些分会的研究领域涉及面很广，其中相当一部分属于社会经济领域，其所采用的方法也不仅限于概率统计方法。我国著名统计学家陈希孺院士在就“统计学发展前景展望”答记者问时曾提到：“统计学研究应努力与其他实用学科结合而形成交叉或边缘学科。这一点目前已有一定的表现，如生物统计、医药统计、工业统计、金融统计等，都是当前发展很快的热点。”国际知名的统计学家罗（C. R. Rao）也提出“统计学基本上是寄生的：靠研究其他领域内的工作而生存”，主张统计学必须与另一门专门的学问相结合，才有可能做出有重要意义的成果。国际知名的统计学家休伯（Huber）甚至认为，统一的统计学将会因为与其他学科结合发展而分裂成许多并行的学科，好比一个大国分裂成一些小国，并把这称为统计学的“巴尔干化”。针对这种趋势，不少统计学家持肯定的态度，并不认为这将导致一般统计学的消亡。统计学与各实质性学科更紧密地结合，并根据各自领域的特点和问题，开发和研究新的统计方法，将推动整个统

计学科的发展。一般应寓于特殊应用领域之中，那种抽象的不与实际领域相结合地去研究统计的路将越走越窄。

最后，**统计学与计算机科学和信息科学的结合越来越紧密**。随着计算机信息技术的发展和统计学的进步，一个被称为“大数据”的新时代正在向我们走来。

请扫描二维码，获取资源：参考 1-2　什么是大数据时代

为适应大数据时代的需要，统计学有必要进一步加强与计算机和信息科学的结合。在统计数据的采集方面，电话和互联网的迅速普及，为统计调查提供了电脑辅助、电话调查、传感技术应用和网络调查等新的统计调查方式，不仅使统计调查的效率大大提高，同时还可能带来统计数据收集方式的重大变革。在统计计算方面，统计科学与计算机技术结合，产生了不少新的统计和计量分析的软件和编程软件，如用于编程的 R 语言、用于统计分析的 SAS 软件和 SPSS 软件、用于计量分析的 EViews 软件等。近年来，针对现实生活中海量数据的出现，统计学与计算机科学等相结合还产生了数据挖掘、云计算和机器学习等新的研究领域。

请扫描二维码，获取资源：参考 1-3　任正非谈统计（视频）

纵观统计学发展的历史，我们可以发现，统计学最初是从设置指标研究社会经济现象的数量开始的。随着社会的发展，为了适应实践的需要，统计方法和理论不断丰富与完善，统计学也在不断发展和演变。从当前世界各国的状况来看，统计学已经成为研究社会经济现象和自然现象数量方面的有力工具，它既研究确定现象的数量方面，也研究随机现象的数量方面。统计学的作用与功能从描述事物现状、反映事物规律，向进行抽样推断、预测未来变化的方向扩展。统计学自身也从单一的实质性社会科学，演变成横跨社会科学领域和自然科学领域的多科性的方法论科学。

三、理论统计学和应用统计学

如前所述，“统计学是研究如何测定、收集、整理、归纳和分析反映客观现象总体数量的数据，以帮助人们正确认识客观世界数量规律的方法论科学”。从横向看，各种统计学都具有上述特点，因而能够形成一个学科“家族”。从纵向看，统计学方法应用于各种实质性科学，同它们相结合，产生了一系列专门领域的统计学（图 1-2）。

由此可见，现代统计学可以分为两大类：一类是以抽象的数量为研究对象，研究一

经济学	社会学	教育学	其他社科		物理学	生物学	医药学	其他理工农
经济统计	社会统计	教育统计	其他社科统计	统计学	物理统计	生物统计	医药统计	其他理工农统计

图 1-2 统计学学科体系

般的收集数据、整理数据和分析数据方法的**理论统计学**；另一类是以各个不同领域的具体数量为研究对象的**应用统计学**。

理论统计学把研究对象一般化、抽象化，以数学中的概率论为基础，从纯理论的角度，对统计方法加以推导论证，其中心内容是以归纳方法研究随机变量的一般规律，如统计分布理论、统计估计与假设检验理论、相关与回归分析、方差分析、时间序列分析、随机过程理论等。不论是自然现象还是社会现象，这些方法都是适用的。因此，理论统计学的特点是计量不计质，它具有通用方法论的理学性质。

应用统计学则与各不同领域的实质性学科有着非常密切的联系，是有具体对象的方法论。应用既包括一般统计方法的应用，更包括各自领域实质性科学理论的应用。应用统计学从所研究的领域或专门问题出发，根据研究对象的性质采用适当的指标体系和统计方法，以解决所需研究的问题。应用统计学不仅要进行定量分析，还需进行定性分析。它必须先从对现象的定性分析中提炼需要考察的指标，建立指标体系，然后收集数据，进行数据处理，最后还要结合对现象的定性认识，得出符合客观现实的结论，并作为行动决策的依据。所以应用统计学需要有关的专业实质性科学的理论做指导，它通常具有边缘交叉和复合型学科的性质。

在统计科学发展的道路上，理论统计学和应用统计学总是互相促进、共同提高的。理论统计学的研究为应用统计学的数量分析提供方法论基础，大大提高了统计分析的认识能力；而应用统计学在对统计方法的实际应用中，又常常会对理论统计学提出新的问题，开拓了理论统计学的研究领域。

经济与管理类的学生所要学习的统计学主要是社会经济统计学。这是一门以社会经济现象的数量方面为特定研究对象的应用统计学。要在社会经济领域应用统计方法，必须解决如何科学地测定社会经济现象即如何科学地设置指标的问题，这就离不开对有关社会经济现象的质的研究。要对社会经济问题进行统计分析，也离不开有关的经济与社会理论的指导。因此，社会经济统计学的特点是在质与量的紧密联系中，研究事物的数量表现和数量特征。不仅如此，由于社会经济现象所具有的复杂性和特殊性，社会经济统计学不仅要应用一般的统计方法，而且还需要研究自己独特的方法，如核算方法、指数方法、综合评价方法、经济计量方法等。通过社会经济统计，国家可以准确、及时、全面、系统地掌握国民经济和社会发展情况，对国民经济和社会运行进行监督和预警，为宏观调控和决策提供依据。企业可以及时了解商品市场和要素市场运行的状况和企业自身的经营动态，为企业营销决策、投资理财提供参考资料。在知识经济和信息化的时代，社会经济统计学具有十分广阔的发展前景。

四、统计学与有关学科的联系与区别

数学是与统计学关系非常密切的一门学科。数学与统计学都是研究数量规律的，都要利用各种公式进行运算。现代统计学中运用了大量的数学理论与数学方法。数学中的概率论，研究随机现象的数量关系和变化规律，它从数量方面体现了偶然与必然、个别与一般、局部与总体的辩证关系，为统计学提供了数量分析的理论基础。数学分析的方法适用于一切数量分析，当然也包括统计的数量分析。从某种意义上说，统计学中的理论统计学以抽象的数量为研究对象，计量不计质，其大部分内容也可以看作数学的一个分支。

统计学虽然与数学有密切的联系，但两者之间也存在本质的区别。从研究对象看，数学撇开具体的对象，以最一般的形式研究数量的联系和空间形式。而统计学特别是应用统计学则总是与客观的对象联系在一起。统计的过程就是从客观对象中抽出其数量表现，得到有关的数据，然后加以适当的运算，取得一定的结果。在此基础上，还要把这些结果返回到客观对象中去，寻求并解释这些结果的意义，提供决策的事实依据。从研究方法看，数学的研究方法主要是逻辑推理和演绎论证的方法，从严格的定义、假设的命题和给定的条件出发，去推证有关的结论；而统计的方法，本质上是归纳的方法，根据实验或调查观察到的大量情况，来归纳判断总体的情况。因此，数学家有可能凭借聪明的大脑，从一定的假设出发，冥思苦想开展研究；而统计学家特别是应用统计学家则需要深入实际，进行实验或调查去取得数据，研究时不仅要运用统计的方法，而且还要掌握某一专门领域的知识，才能得到有意义的成果。从成果评价标准看，数学注意方法推导的严谨性和正确性；统计学则更加注意方法的适用性和可操作性。因此，有的学者说：数学对有关成果的评价结论是对或错；统计学对有关成果的评价结论则是好或差。

统计学中的应用统计学与相关的实质性学科，如经济学等，有十分密切的联系。首先，统计学是开展经济研究不可或缺的重要工具。经济学对经济现象及其发展变化规律进行研究时，除了要做规范性的理论分析和定性分析外，还要进行实证的数量分析。由于社会经济现象所具有的特殊性，对其数量规律的认识只能通过统计观测去进行。因此，无论是在宏观经济研究还是微观经济研究中，都需要运用大量的统计方法。统计的实证研究，可以帮助人们认识有关的数量规律，同时检验经济学理论的真实性和完善程度。统计归纳分析所获得的新知识常常为实质性学科的研究开辟新的领域，这在经济学的发展历史上是屡见不鲜的。已经有多位经济学家因为在成功地将统计方法运用于有关经济问题的分析方面做出贡献，而获得诺贝尔经济学奖。其次，经济学等实质性学科对经济统计学等应用统计学起着十分重要的指导作用。不仅统计指标的设定和对统计结果的解释离不开实质性学科的指导，而且统计方法的应用也在很大程度上受所研究对象性质的影响。通常是实质性的学科提出了问题，统计学才能提出相应的方法，才有其用武之地。

统计学与相关实质性学科也有着明显的区别。实质性学科研究该领域现象的本质关系并对有关规律做出合理的解释和论证；而统计学只是为实质性学科研究和认识数量规律提供专门的方法和工具，并不直接对规律产生的原因和机理作进一步的分析。例如，利用统计方法对居民食品支出在总消费支出中所占比重（即恩格尔系数）的变动趋势进行分析，可以得出“收入水平越高，恩格尔系数越低”的结论，而为什么会出现这一趋势仅仅依靠统计学是无法说明的，必须由经济学和社会学的理论做出解释。

第三节　统计学的基本概念

一、总体与总体单位

如前所述，统计要研究客观现象总体的数量特征和数量关系。因此，对统计总体要先有一个明确的认识。**统计总体**就是根据一定目的确定的所要研究的事物的全体。它是由客观存在的、具有某种共同性质的许多个别事物构成的整体。例如，我们要研究全国城镇居民的收支情况，就要以全国城镇居民作为一个总体。成千上万不同的城镇居民家庭可以结合在一起构成总体，这是因为它们具有共同的性质，即它们都是我国的城镇居民，都有一定的收入和支出，都要消费一定的商品和服务。有了这个总体，我们就可以研究全国城镇居民的各种数量特征，如人均收入、人均消费等。

同质性是确定统计总体的基本标准，它是根据统计的研究目的而定的。研究目的不同，则所确定的总体也不同，其同质性的意义也随之变化。例如，研究城镇居民户的生活状况，所有城镇居民户构成了统计总体，凡是城镇居民户都是同质的。如果研究的是城镇居民贫困户的生活状况，那么，贫困线以下的城镇居民户则构成了统计总体，贫困线以下的城镇居民户都是同质的，而贫困线以上的城镇居民户就是非同质的了。

统计总体还应具备大量性。统计研究总体数量特征的目的是探索、揭示现象的规律，而现象的规律只有通过大量观察才能显示出来。因此，统计总体应该由足够数量的同质性单位构成。

总体单位（简称单位）是组成总体的各个个体。根据研究目的的不同，单位可以是人、物、机构等实物单位，也可以是一种现象或活动过程等非实物单位。

总体和单位的概念是相对而言的，随着研究目的不同、总体范围不同而变化。同一个研究对象，在一种情况下为总体，但在另一种情况下又可能变成单位。例如，要研究全国各省的人口情况时，全国为总体，各省为总体单位；而当要研究某省各县人口状况时，则该省变成了总体，各县又成了总体单位。

根据总体所包含的单位数量，总体可以分为有限总体和无限总体两类。**有限总体**是由有限量的单位构成的总体。例如，全国人口普查，尽管其包含的单位数量很大，但仍然是有限的，所以是有限总体。而当总体单位数难以确定，其数量有可能是无限时，便构成了**无限总体**。例如，在检验某种新工艺是否能够真正改善产品的性能的问题中，该新工艺有可能一直延续下去，利用该工艺制造的产品包括已经生产和将要生产的产品，其数量难以具体确定，因此属于无限总体。

二、样本

统计研究的目的是确定总体的数量特征。但是，当总体单位数量很多甚至无限时，没必要或不可能对构成总体的所有单位都进行调查。这时，需要采用一定的方式，从由作为研究对象的事物全体构成的总体（又称母体）中，抽取一部分单位，作为总体的代表加以研究。这种由总体的部分单位组成的集合称为**样本**（又称子样）。样本也是由一定数量的单位构成的，样本所包含的总体单位数称为样本容量。

三、标志

总体各单位普遍具有的属性或特征称为**标志**。每个总体单位从不同方面考察都具有许多属性和特征。例如，每个工人都具有性别、工种、文化程度、技术等级、年龄、工龄、工资等属性和特征，这些就是工人作为总体单位的标志。统计研究是从登记标志状况开始的，并通过对标志的综合反映出总体的数量特征。

标志分为品质标志和数量标志两种。**品质标志**表明单位属性方面的特征，品质标志的表现只能用文字、语言来描述。例如，工人的性别是品质标志，其标志具体表现为男、女。**数量标志**表明单位数量方面的特征，可以用数值来表现。例如，职工的工龄是数量标志，其标志具体表现为年数。

尽管标志是总体各单位都具有的普遍属性，但各单位有关标志的具体表现却未必相同。而总体各单位在特定时间、地点条件下的具体表现正是统计所关心的问题。如果一个总体中各单位有关标志的具体表现都相同，则称之为**不变标志**。例如，在工人这一总体中，职业这一标志的具体表现都是工人，所以职业便是不变标志。在一个总体中，当一个标志在各单位的具体表现有可能不同时，这个标志便称为**变异标志**。例如，在工人总体中，各工人的工龄可能表现不同，所以工龄便是变异标志。在统计总体中，不变标志和变异标志各自发挥着重要的作用。一个总体至少要有一个不变标志，才能够使各单位结合成一个总体。例如，工人总体中职业的标志是不变的，只有这样才能使全体工人构成一个总体。所以，不变标志是总体同质性的基础。如果没有不变标志，那么总体也就不存在。作为总体，同时必须存在变异标志，这表示所研究的现象在各单位之间存在着差异，这才需要进行统计研究。上例中工人的职业标志是不变的，但又存在工资等变异标志，这才需要开展统计调查工作，并计算平均工资指标等，如果各工人的工资水平都一样，就没有必要去统计工资，也不需要用统计方法测度平均工资水平了。

四、统计指标与指标体系

统计指标是反映统计总体数量特征的概念和数值。在《中国统计年鉴》中，人们可以查阅到一系列指标。例如，2015 年我国国内生产总值为 685 506 亿元，货物进出口总额为 39 530 亿美元等。这些指标从某一侧面反映了我国国民经济的数量特征。由此可见，统计指标是由两项基本要素构成的，即指标的概念（名称）和指标的取值。指标的概念是对所研究现象本质的抽象概括，也是对总体数量特征的质的规定。所以，确定统计指标必须有一定的理论依据，使之与社会经济或科学技术的范畴相吻合。同时，又必须对理论范畴和计算口径加以具体化，以便达到量化的目的。例如，工资的含义在经济学中是明确的，但在实际经济生活中，职工的奖金、津贴和劳保福利是不是应该纳入工资统计的范围就必须加以具体规定。指标的数值反映所研究现象在具体时间、地点、条件下的规模和水平，不同时间、不同地点或不同条件下，指标的具体数值可能不同。所以，在观察指标数值时，必须了解其具体的时间状态、空间范围、计量单位、计量方法等限定，同时注意由上述条件的变化而引起的数值的可比性问题。总之，统计指标是统计研究对象的具体化，也是统计对客观事物认识过程的起点。

指标与标志之间存在密切的联系。标志反映总体单位的属性和特征，而指标则反映总体的数量特征。标志和指标的关系是个别和整体的关系。需要对各单位标志的具体表现进行汇总和计算才能得到相应的指标。由个体过渡到总体，由标志过渡到指标，是人们认识的深化和发展。因为各个个体的标志之间存在着变异，只有通过大量个体标志的综合，才能利用统计指标获得个体难以显现的信息，反映现象本质的属性和特征。总体和单位的概念会随着研究目的的不同而变化，因此指标与标志的概念也是相对而言的。例如，如果所要研究的是全国工业企业的情况，则各企业的职工人数、固定资产、工业增加值等都是总体单位（即各个企业）的标志，而如果研究目的变成研究某一企业的职工状况，则该企业变成一个总体，企业职工人数变成了统计指标，每个职工的文化程度、技术等级、性别、年龄等就成为标志。

统计指标按其所反映的数量特点不同，可以分为数量指标和质量指标。凡是反映现象总规模、总水平的统计指标称为**数量指标**。例如，人口总数、企业总数、职工总数、工资总额、国内生产总值、商品流转额、商品进出口总额等，这些指标反映现象或过程的总规模和总水平，所以数量指标也称为总量指标，用绝对数来表示。凡是反映现象相对水平和工作质量的统计指标称为**质量指标**，如职工平均工资、人口密度、工人出勤率等。质量指标是总量指标的派生指标，用相对数或平均数来表示，以反映现象之间的内在联系和对比关系。

单个统计指标只反映总体某一个数量特征，说明现象某一侧面的情况。客观现象是错综复杂的，要反映其全貌，描述现象发展的全过程，只靠单个统计指标是不够的，需要设立统计指标体系。**统计指标体系**是由一系列相互联系的统计指标组成的有机整体，用以反映所研究现象各方面相互依存、相互制约的关系。例如，为了反映企业生产经营的全貌，需要设立产量、产值、品种、质量、职工人数、劳动生产率、工资总额、原材料、设备、财务成本等多项指标，来组成工业企业统计指标体系。指标体系的设置不但是客观现象的反映，而且也是人们对客观现象认识的结果。随着客观形势的发展变化以及实践经验和理论研究的积累，指标体系也将不断改进更新，逐步完善。

五、统计数据

（一）变量与变量值

在统计中，说明现象的某一数量特征的概念被称为**变量**，变量的具体取值是**变量值**。统计数据就是统计变量的具体表现。例如，每个企业所拥有的固定资产是不相同的，它是一个变量，各企业固定资产的具体数值可能是 200 万元，也可能是 300 万元。这些具体数值即变量值。为了区别，在本书中，凡是变量均用大写的英文字母表示，而变量值则用小写的英文字母表示。

根据变量值连续出现与否，变量可分为连续型变量和离散型变量。**连续型变量**是指变量的取值在数轴上连续不断，无法一一列举，即在一个区间内可以取任意实数值。例如，气象上的温度、湿度，零件的尺寸，电子元件的使用寿命等。**离散型变量**是指变量的数值只能用计数的方法取得，其取值是整数值，可以一一列举，如企业数、职工人数等。根据变量的取值确定与否，变量又可分为确定性变量和随机变量。确定性变量是受确定性因素影响的变量，即影响变量值变化的因素是明确的，是可解释和可控制的。随机变量则是受许多微小的不确定因素（又称随机因素）影响的变量，变量的取值无法事先确定。社会经济现象既有确定性变量也有随机变量。统计学所研究的主要是随机变量。

（二）数据的计量尺度

要对客观现象进行计量，必须弄清数据的计量尺度问题。根据对研究对象计量的不同精确程度，人们将计量尺度由低到高、由粗略到精确分为四个层次：定类尺度、定序尺度、定距尺度和定比尺度。

1. 定类尺度

定类尺度是最粗略、计量层次最低的计量尺度。它是按照客观现象的某种属性对其进行分类。这一场合所使用的数值只是作为各种分类的代码，并不反映各类的优劣、量的大小或顺序。例如，人口按性别分为男女，用“1”表示男性，用“0”表示女性。定类尺度的主要数学特征是“＝”或“≠”。在统计处理中，对于不同的类别，虽然可以计算单位数，但它不能表明第一类的一个单位可以相当于第二类的几个单位。

2. 定序尺度

定序尺度是对客观现象各类之间的等级差或顺序差的一种测度。利用定序尺度不仅可以将研究对象分成不同的类别，而且还可以反映各类的优劣、量的大小或顺序。例如，学生成绩可以分为优、良、中、及格和不及格五类。在这里，定序尺度虽然无法表明一个优等于几个良，但却能确切地表明优高于良，良又高于中……定序尺度的主要数学特征是“＜”或“＞”。

3. 定距尺度

定距尺度是对现象类别或次序之间间距的测度。定距尺度不但可以用数表示现象各类别的不同和顺序大小的差异，而且可以用确切的数值反映现象之间在量方面的差异。定距尺度使用的计量单位一般为实物单位（自然或物理）或者价值单位。反映现象规模水平的数据必须以定距尺度计量。例如，产品产量、人口数、企业数、国内生产总值等都以定距尺度为计量尺度。定距尺度的主要数学特征是“＋”或“−”。定距尺度在统计数据中占据重要的地位，统计中的总量指标就是运用定距尺度计量的。

4. 定比尺度

定比尺度是在定距尺度的基础上，确定相应的比较基数，然后将两种相关的数加以对比而形成相对数（或平均数），用于反映现象的结构、比重、速度、密度等数量关系。例如，将一个企业创造的增加值与该企业的职工人数进行对比，计算全员劳动生产率，以此反映该企业的生产效率。定比尺度的主要数学特征是“×”或“÷”。在统计的对比分析中，广泛地运用定比尺度进行计量。

（三）数据的类型

根据对客观现象观察的角度不同，统计数据可分为横截面数据、时间序列数据和面板数据。**横截面数据**又称为静态数据，它是指在同一时间对同一总体内不同单位的数量进行观察而获得的数据。**时间序列数据**又称为动态数据，它是指在不同时间对同一总体的数量表现进行观察而获得的数据。例如，2015 年全国各省、自治区、直辖市的地区生产总值就属于横截面数据，而“十三五”期间我国历年的国内生产总值就属于时间序列数据。**面板数据**则是同时在时间和横截面空间上取得的二维数据，如 2010～2015 年 31 个省份的地区生产总值数据。从某一年份看，它是由 31 个地区生产总值数字组成的横截面数据；从某一省份看，它是由 6 年的地区生产总值数据组成的一个时间序列数据。面板数据则由 31 个省份 6 年的数据组成，共有 186 个观测值。

（四）数据的表现形式

统计数据的表现形式主要有以下三种。

1. 绝对数

现象的规模、水平一般以绝对数形式表现。绝对数的计量单位一般为实物单位或价值单位，有时也采用复合单位。实物单位可以是自然计量单位，也可以是物理计量单位。例如，人口数用人计量，机器数用台计量，对于一些化工产品和燃料，常常还折合成标准实物单位计量。价值单位是以货币形式进行计量的，如国内生产总值、进出口总额等就以价值单位为计量单位。复合计量单位是由两种或两种以上计量单位复合而成的，如以“吨千米”为货物周转量的计量单位，以“千瓦时”为用电量的计量单位。

2. 相对数

相对数由两个互相联系的数值相除求得。常用的相对数包括结构相对数、动态相对数、比较相对数、强度相对数、利用程度相对数、计划完成相对数等。关于这些相对数的含义及其计算，本书将在第十章作详细介绍。

3. 平均数

平均数反映现象总体的一般水平或分布的集中趋势。关于这部分的内容，本书将在第三章作详细介绍。

➢本章小结

1. 统计是人们认识客观世界总体数量变动关系和变动规律的活动的总称，统计的研究对象具有数量性、总体性与变异性。

2. 统计学是研究如何测定、收集、整理、归纳和分析反映客观现象总体数量的数据，以帮助人们正确认识客观世界数量规律的方法论科学。统计学与统计实践活动的关系是理论与实践的关系。统计数据是统计实践活动的成果，人们对统计数据的要求是客观性、适用性、准确性和及时性。

3. 统计研究的全过程包括统计设计、收集数据、整理与分析和开发与应用等基本环节。统计设计不仅需要统计学的一般理论和方法作指导，而且还要求设计者对所要研究的问题本身具有深刻的认识和掌握相关的学科知识。收集统计数据的基本方法包括实验法和调查法。统计整理与分析的方法可分为描述统计和推断统计两大类。统计资料的开发与应用必须将实质性学科的理论与统计方法相结合。

4. 统计学发展过程中有重要影响的学派主要有政治算术学派、国势学派、社会统计学派和数理统计学派。

5. 统计学发展的新动向包括：作为方法论科学的统计学与各实质性学科的结合越来越紧密；从原来的偏重理论研究向更加重视应用研究转变；统计学与计算机科学和信息科学的结合越来越紧密。

6. 现代统计学可以分为两大类：一类是以抽象的数量为研究对象，研究一般的收集数据、整理数据和分析数据方法的理论统计学；另一类是以各个不同领域的具体数量为研究对象的应用统计学。前者是具有理学性质的通用方法论科学；后者是有具体对象的方法论，它具有边缘交叉学科和复合型学科的性质。

7. 数学为统计学提供数量分析方法的理论基础，但两者在研究对象和研究方法上存在本质区别，就整体而言统计学并不是数学的分支。

8. 统计学为经济学和管理学等实质性学科提供数量分析工具，经济学和管理学等实质性学科对统计学在本领域的应用（包括统计指标的设定、统计方法的选择和统计分析）起理论指导作用。

9. 统计总体是由客观存在的、具有某种共同性质的许多个别事物构成的整体。总体应具备同质性和大量性。单位是组成总体的个体，总体和单位的概念是相对的。根据总体包括单位数量的不同，总体可分为有限总体与无限总体。

10. 样本是由总体抽出的部分单位构成的集合体，样本是总体的代表。

11. 标志反映总体各单位的属性或特征。标志按所反映单位特征的不同，可分为品质标志和数量标志。标志按其在各单位的表现的不同，分为变异标志和不变标志。

12. 统计指标是通过对标志进行汇总计算而得到的反映总体数量特征的概念和数值。它由指标名称与指标数值两部分组成。统计指标体系是由一系列相互联系的统计指标组成的有机整体，用以反映所研究现象各方面相互依存、相互制约的关系。

13. 统计数据是统计实践活动所取得的成果，也是开展统计分析的基础。说明现象的某一数量特征的概念被称为变量，变量的具体取值是变量值，统计数据是统计变量的具体表现。根据变量取值的不同，变量可分为连续型变量和离散型变量。

14. 按计量的不同精确程度，统计数据的计量尺度可由低到高分为定类尺度、定序尺度、定距尺度和定比尺度。

15. 根据观察的角度不同，统计数据可分为横截面数据、时间序列数据和面板数据。统计数据的具体表现形式有绝对数、相对数与平均数。

➢思考与练习

一、判断题

1. 统计学是数学的一个分支。
2. 统计学是一门独立的社会科学。
3. 统计学是一门实质性科学。
4. 统计学是一门方法论科学。
5. 描述统计是用文字和图表对客观世界进行描述。
6. 对于有限总体不必应用推断统计方法。
7. 经济社会统计问题都属于有限总体的问题。
8. 理论统计学与应用统计学是两类性质不同的统计学。

二、单项选择题

1. 社会经济统计学的研究对象是（　　）。

A. 社会经济现象的数量方面　　B. 统计工作

C. 社会经济的内在规律　　D. 统计方法

2. 考察全国的工业企业的情况时，以下标志中属于不变标志的有（　　）。

A. 产业分类　　B. 职工人数

C. 劳动生产率　　D. 所有制

3. 要考察全国居民的人均住房面积，其统计总体是（　　）。

A. 全国所有居民户　　B. 全国的住宅

C. 各省、自治区、直辖市　　D. 某一居民户

4. 最早使用统计学这一学术用语的是（　　）。

A. 政治算术学派　　B. 国势学派

C. 社会统计学派　　D. 数理统计学派

三、问答题

1. 试分析以下几种统计数据所采用的是何种计量尺度。

人口数　民族　信教人数　进出口总额　经济增长率　受教育程度

2. 请举一个实例说明品质标志、数量标志、质量指标、数量指标之间的区别与联系。
3. 请举一个实例说明统计总体、样本、单位的含义。它们三者之间有什么联系？

请扫描二维码，获取资源：参考 1-4　第一章习题详解

第二章

统计数据的收集、整理与显示

【引例】 如何观察居民收入分配的差异状况

近年来，随着我国经济的发展和收入分配制度的变化，收入分配的公平问题日益引起人们的关注。小王和几个同学准备利用暑期社会实践的机会，对这一问题进行研究。为此，他们请教了教统计学的洪老师。洪老师向他们提了几点建议：对收入分配的公平问题进行研究，不能只停留在一般的理论分析上，而应当开展深入细致的定量分析。为此，首先有必要收集有关居民收入的详细数据，深入了解我国居民现有的收入分配状况。其次要利用统计分组的方法，根据居民的收入水平将居民分成不同的组进行考察，并用累计分布曲线将其直观地呈现出来。在此基础上，还可以计算反映收入分配公平程度的基尼系数。最后，还可以分析引起基尼系数变化的原因，进而提出相关的政策建议。洪老师所提的研究思路涉及统计数据的收集、整理与显示的理论和方法，这些正是本章所要介绍的主要内容。

第一节　统计数据的收集

一、统计数据的收集方法

统计数据收集是根据统计研究预定的目的和任务，运用相应的科学的调查方法与手段，有计划、有组织地收集反映客观现实的统计资料的过程。统计数据的收集处于统计工作过程的基础阶段。

常用的直接收集原始统计数据的具体方法有以下四种。

（1）**直接观察法**。它是指由调查人员到现场直接对调查对象进行观察点数和计量。

（2）**报告法**（通信法）。报告法一般是由统计工作机构将调查表格分发或电传给被调查者，被调查者则根据填报的要求将填好的调查表格寄回。

（3）**采访法**。采访法是根据被调查者的答复来收集统计资料，这种方法又可分为口头询问法和被调查者自填法两种。口头询问法是由调查人员对被调查者逐一采访，当面填答。被调查者自填法，即调查人员把调查表交给被调查者，由被调查者按实际情况填写，而后交调查人员审核收回。

（4）**登记法**。登记法是由有关的组织机构发出通告，规定当事人在某事发生后到该机构进行登记，填写所需登记的材料。

上述方法各有特点，应根据调查目的与被调查对象，选择合适的方法。

随着现代信息技术的发展，计算机、网络、光电技术、卫星遥感、地理信息系统等高新技术已经或正在被广泛地引入统计数据收集的领域中。例如，上述各种方法都可以与网络相结合，形成网络调查。又如，可以利用卫星高度分辨辐射计算所提供的地面农作物颜色的资料来估计农产品的产量等。

二、统计调查方式

调查方式，是指组织收集调查数据的形式与方法。调查方式按调查的范围划分，可分为全面调查和非全面调查两大类。**全面调查**是对调查对象的所有单位一一进行调查。**非全面调查**是对调查对象其中的一部分单位进行调查，以取得调查对象的一部分资料，用来推断总体或反映总体的基本情况。统计调查按时间标志可分为连续性（经常性）调查和非连续性（一次性）调查。**连续性（经常性）调查**是指随着研究现象的变化，连续不断地进行调查登记。**非连续性（一次性）调查**是指间隔一段较长的时间对事物的变化进行一次性调查。

常用的统计调查方式主要有以下几种。

（一）普查

普查是专门组织的一种全面调查。对国情国力的调查一般采用普查。

普查有两个主要特点：第一，它是非经常性的调查，一般间隔较长的时间才进行一次；第二，它是一种最全面的调查，它比任何一种调查形式都更能掌握大量、详细、全面的统计资料。

普查的组织形式有两种：一种是经过组织的普查机构，配备一定数量的普查人员，对调查单位直接进行登记，如我国人口普查就是采用这种形式；另一种是利用调查单位的原始记录和核算资料，结合清库盘点，由调查单位自行填报调查表格，如我国物资库存普查就是采用这种形式。

（二）抽样调查

抽样调查是一种非全面调查，抽样调查可以分为概率抽样调查和非概率抽样调查。**概率抽样调查**是按随机原则从调查对象中抽取一部分单位作为样本进行观察，然后根据样本数据去推算调查对象的总体特征。**非概率抽样调查**是随便地或有意识地抽取若干单位进行调查，从而认识研究对象的变动情况或发展规律。非概率抽样调查不适合用样本数据去推断总体数量特征，其调查误差也难以事先计算。以下将侧重探讨概率抽样调查。

概率抽样调查有如下几个特点：第一，样本单位按随机原则抽取，排除了主观因素对选样的影响。第二，可根据部分调查的实际资料对调查对象总体的数量特征做出估计。根据概率统计的原理，抽样调查中样本指标和相对应的总体指标之间存在着内在联系，而且两者的误差分布也是有规律可循的，因而提供了用实际调查所得的部分信息推断总体数量特征的科学方法。第三，抽样误差可以事先计算并加以控制。以样本资料推算总体数量特征，不可避免地会产生误差。但这种误差与其他统计估算所产生的误差不同，它可以根据有关资料事先加以计算，并且通过一定的途径来控制误差的范围，保证抽样推断结果达到预期的可靠程度。

抽样调查的适用场合主要有：第一，对一些不可能或不必要进行全面调查的社会现象，采用抽样调查。例如，对显像管的耐用时数进行检验，不可能对所有的产品考察其耐用的时数，因而只能采用抽样调查。又如，对居民手存现金情况的调查，不可能也没必要对所有居民逐一观察、经常登记，只能按随机原则选定若干家庭加以调查以获取统计所需的资料。第二，用于对普查资料进行必要的修正。由于普查涉及面广、工作量大，容易产生登记误差，即出现重复登记或遗漏现象，通常，可以在普查完成之后，再进行一次小规模的抽样调查，将抽样调查的结果同原来的普查资料进行核对，计算出差错（重复或遗漏）比率，然后以此作为修订系数，对普查资料进行必要的修正。

（三）重点调查

重点调查是指在调查对象中，只选择一部分重点单位进行的非全面调查。重点单位，是着眼于现象的量的方面而言，尽管这些单位在全部单位中只是一部分，但它们在所研究现象的标志总量中却占有较大的比重，在总体中具有举足轻重的作用。对这些单位进行调查，能够从数量上反映整个总体在该标志总量方面的基本情况。例如，目前我国对规模以上工业企业进行的调查就是一种重点调查。重点单位的确定，是组织重点调查的一个重要问题，重点单位的选择主要着眼于它在所研究现象的标志总量中所占的比重。重点单位可能是一些企业，也可能是一些地区、城市。

重点调查由于选择的单位较少，调查项目就允许多一些，所了解的情况也可以详细一些。一般地说，当调查任务只要求掌握基本情况，而部分单位又能比较集中地反映研究的项目时，采用重点调查比较适宜。但重点调查无法对现象总体的数量特征做出准确的推算，也无法测算调查误差。

（四）定期报表制度

定期报表制度又称统计报表制度，是依照国家有关法规，自上而下地统一布置，按照统一的表式、统一的指标项目、统一的报送时间和报送程序，自下而上逐级、定期地提供统计资料的一种调查方式。

统计报表的主要特点有：第一，报表资料的来源建立在各个基层单位的原始记录的基础上，基层单位可利用其资料对生产、经营活动进行监督管理；第二，由于统计报表是逐级上报和汇总的，各级领导部门都能获得管辖范围内的报表资料，了解本地区、本部门的经济和社会发展情况；第三，由于统计报表是属于经常性（连续性）调查，调查项目相对稳定，有利于积累资料，并进行动态对比分析。

经济体制改革以前，定期报表是我国统计调查最主要的方式。近年来，随着社会主义市场经济的发展，统计调查单位变动频繁，再加上决策主体和利益主体的多层次化，各方面对统计报表数字真实性的干扰明显增加，从而不仅给报表调查带来不少困难，同时也影响了统计数据的准确性。这就是统计报表的局限性所在。

请扫描二维码，获取资源：参考 2-1 全面调查是否一定比抽样调查准确可靠？

三、统计调查体系

统计调查体系是一个国家开展统计调查方法和制度的总称。我国现行的统计调查体系是：以必要的周期性的普查为基础，经常性的抽样调查为主体，同时辅之以重点调查、科学推算和部分全面报表综合运用的统计调查方法体系。

在这一体系中，普查是基础。这是因为只有通过普查，才能收集到全面和详细的数据，同时为开展抽样调查和统计推断提供必要的基础资料。但是，由于普查要耗费大量的人力、物力、财力和时间，无法及时反映社会经济现象日新月异的变化状况，对大量的社会经济现象，还必须采用抽样调查，才能及时地捕获各类信息。抽样调查的调查单位少，可以由经过专门训练的人员去完成，同时也便于对某一社会经济现象进行更深入的研究，这样既可以节省调查费用又可以满足统计时效和统计数据质量的要求。所以，新的统计调查体系要以经常性的抽样调查为主体。重点调查、典型调查和全面报表是我国过去统计实践中常用的方式，在新形势下仍可发挥重要的补充作用。

在我国的统计调查体系中，还要采用科学的推算方法。统计推算，是在不可能或不必直接通过调查取得资料的情况下，根据已掌握的资料，运用各种统计方法进行科学的估计推算，以间接方式取得所需的资料。统计推算若是对同一时期内的未知项所做的推算，属于静态推算；若是针对未来的时期所做的推算，属于动态推算。统计推算的内容主要包括：从一个现象推算另一个现象，从局部推算总体，从现在推算未来。统计推算的方法主要有比例推算法、因素估算法、平衡估算法、线性插值法、拉格朗日插值法及各种动态数列的预测方法等。

总而言之，在统计调查中，应根据调查的目的和调查对象的特点，灵活地选用不同的调查方式，以及时、准确地获得各种不同的信息。

四、统计调查方案设计

无论何种形式的统计调查，在调查工作正式开始之前，都必须事先设计一个切实可行、周密细致的工作方案，依此方案开展统计调查。统计调查方案一般包括如下几项内容。

（一）明确调查目的

明确调查目的也就是明确统计调查要解决什么问题。只有明确调查目的，数据的收集工作才能有序地进行。

（二）确定调查对象和调查单位

调查对象，是指需要调查的现象总体。调查单位，是指所要调查的具体单位，它是进行调查登记的标志的承担者。例如，调查的目的是获取某地区国有企业消耗能源的情况，那么，该地区所有的国有企业就是调查对象，而具体的每一个国有企业就是调查单位。值得一提的是，调查单位与报告单位是有区别的，报告单位亦称填报单位，它是负责向上报告调查内容、提交统计资料的单位。报告单位一般是在行政上、经济上具有一定独立性的单位。而调查单位可以是个人、企事业单位，也可以是物。根据不同的调查目的，调查单位与报告单位有时一致，有时不一致。例如，若进行工业企业普查，每个工业企业既是调查单位又是报告单位；若调查工业企业设备的基本使用状况，调查单位是工业企业的每一台设备，而报告单位是每个工业企业。

对于抽样调查，确定调查对象就是明确目标总体，这是建立抽样框的前提。进行抽样调查方案设计，还应包括确定样本量的大小、样本的抽取方式和抽样的组织形式。

（三）设计调查项目

调查项目就是调查中所要登记的调查单位的特征，即调查单位所承担的基本标志，它由一系列品质标志和数量标志所构成。例如，进行城镇居民的家计调查，需要了解各居民户的收入和各项支出。要对各类收入和支出项目给出统一的定义和具体计算口径。

（四）设计调查表格和问卷

将各个调查项目按照一定的顺序排列在一定的表格上，就构成了调查表。利用调查表，不仅能够有条理地填写需要收集的资料，还便于调查后对资料进行汇总整理。

调查表一般有两种形式，一种是一览表，另一种是单一表。**一览表**是把许多调查单位填写在一张表上。**单一表**是每个调查单位填写一份，可容纳较多标志，一般用于调查项目较多的场合。

问卷调查是一种特殊的调查形式，常用于民意测验或市场调查。根据调查目的，在调查对象中随机选择或有意识地确定调查单位，以书面文字或表格形式了解被调查者的意见，调查者自愿、自由地回答问卷中所提出的问题。

（五）确定调查时间

统计调查时间包括两种含义，即调查时间和调查期限。**调查时间**是指调查资料所属的时间，在统计调查中，如果所调查的是时期现象，就要明确规定调查资料所反映的起止日期。例如，调查 2015 年某地区第一季度的商品房的销售量，则调查时间是从 1 月 1 日起至 3 月 31 日止三个月。如果所要调查的是时点现象，调查时间就是规定的统一标准时点。例如，我国第五次人口普查的调查时点是 2000 年 11 月 1 日零时。**调查期限**是进行调查工作的时限，包括收集资料和报送资料的工作所需的时间，应尽可能缩短。例如，2000 年人口普查规定 2000 年 11 月 1 日至 11 月 10 日登记完毕，则调查期限为 11 月 1 日至 10 日共 10 天。

（六）组织实施调查计划

调查组织工作包括确定调查机构，组织和培训调查人员，落实调查经费的来源和开支办法，确定调查数据的处理方法、报送方式和公布调查结果的时间。

（七）调查报告的撰写

调查报告包括调查过程的描述、依调查数据所做的决策和调查结果的评价。在调查方案中，应给出提交调查报告的具体时间，并对调查的精度、费用等提出具体要求。

五、二手资料的主要来源渠道

对于应用统计的研究人员来说，相当一部分统计数据不必亲自进行统计调查，可取自有关统计部门和机构发布的统计资料。这方面的资料可通过三个途径获得：一是从相关的年鉴、期刊和有关出版物上获取；二是从有关网站搜寻；三是向有关公司购买各种数据库。

（一）统计年鉴

（1）《中国统计年鉴》，由国家统计局编辑、中国统计出版社出版，是一部全面反映我国国民经济和社会发展情况的资料性书籍。该书收录了上一年全国和各省、自治区、直辖市经济和社会各方面大量的统计数据，以及历史主要年份和近几十年全国统计数据。该书还附有光盘，提供中文与英文两种文字的统计年鉴电子版。为使用户能方便浏览和使用年鉴，光盘还提供了超文本标记语言（hyper text markup language，HTML）表格和Excel表格两种浏览方式。

（2）《国际统计年鉴》，由中国统计出版社出版，是一部反映国际经济、社会发展的综合性资料年刊，收录了多达160个国家和地区的统计资料，并对其中的40多个主要国家的经济和社会发展状况以及世界主要企业的基本情况做了更为详细的介绍。

（3）地方统计年鉴，由各省、自治区和直辖市以及经济特区的统计局编纂，中国统计出版社出版，它比较详细地反映各省、自治区和直辖市以及经济特区的社会、经济和科技等发展变化的情况。

（4）《中国统计摘要》，由中国统计出版社出版，收录了反映我国经济社会发展的主要统计数据，一般比同时期的统计年鉴早若干月出版。

（二）有关期刊

上述的各种年鉴，所提供的资料较为详细、全面、系统，但时效性较差。反映我国经济社会动态的数据，可由以下一些期刊取得。

（1）《中国经济景气月报》，由国家统计局中国经济景气监测中心主办，内容包括主要经济指标最新的季度或月度数据以及经济景气指标。

（2）《中国经济数据分析》，由国家信息中心经济预测部主办，内容包括当季我国的GDP增长率，工业生产指数，企业效益指标，固定资产投资、外贸出口和市场销售的规模和速度指标，居民消费水平等数据。

（3）《经济预测分析》，由国家信息中心主办，提供有关国民经济运行状况的资料和预测分析。

（三）有关网站

在计算机与网络技术飞速发展的今天，互联网成为获取统计数据的重要途径。目前可获取反映我国经济社会状况的统计数据的网站主要有如下几个。

（1）中国政府统计信息网，www.stats.gov.cn，由国家统计局主办，主要内容有统计公报、统计数据、统计分析、统计法规、统计管理和数据直报等。在该网站也可搜寻有关统计年鉴的数据资料。

（2）国务院发展研究中心信息网，简称国研网，www.drcnet.com.cn，由国务院发展研究中心主管，北京国研网信息股份有限公司承办，提供的主要信息有宏观经济、区域经济、金融市场、行业经济及企业经济相关数据资料。

（3）中国经济信息网，简称中经网，www.cei.gov.cn，是由国家信息中心控股，以提供经济信息为主要业务的专业性信息服务网站。

（四）数据库

数据库建设是国家经济信息化建设的一项重要的基础性工作，由有关公司组织开发，向社会提供有偿服务。目前，主要的经济统计数据库有如下几个。

（1）中国国家数据，http://data.stats.gov.cn，由国家统计局创建，包括国民经济核算、人口、就业、固定资产投资、能源、价格指数、人民生活、资源和环境、农业、工业、建筑业、运输和邮电、国内贸易、科技、文化、体育、卫生等国民经济和社会发展方面有关的月度、季度和年度主要统计数据，每月底更新一次。

（2）中经网统计数据库，https://db.cei.cn/jsps/Home，由中国经济信息网开发，内容涵盖宏观经济、行业经济、区域经济以及世界经济等各个领域，是一个面向社会各界用户提供全面、权威、及时、准确的经济类统计数据信息的基础资料库。

（3）中宏数据库，http://www.macrochina.com.cn/info.shtml，由国家发展和改革委员会所属的中国宏观经济学会、中宏基金、中国宏观经济信息网、中宏经济研究中心联合研发。中宏数据库是一个巨型的经济数据库，拥有超过20大类、130中类的专业库，具体可参见其网站介绍。其中，统计数据库由宏观、金融、地区、行业、国际5个大类，15个子栏目组成，以时间序列和图表方式为用户提供最快、最新、最全的经济数据。

（4）中国统计数据应用支持系统，由北京华通人商用信息有限公司研发。中国统计数据应用支持系统是专门针对金融机构的需求研制的数据查询和分析系统，涵盖宏观、区域、行业、企业、财经等领域的经济运行状态、结构变化、发展趋势、政策效应等数据信息。中国统计年鉴服务系统目前囊括了中国统计出版社自1981年起出版的四百余部国家、省市及行业年鉴。

（5）Wind 中国金融数据库，www.wind.com.cn，由万得信息技术股份有限公司研发，主要提供股票、基金、债券、商品与期货、外汇等的交易与财务数据，中国证券市场指数，宏观行业数据等。该数据库是目前国内比较完整、准确的以金融证券数据为核心的大型金融工程和财经数据仓库。

（6）CSMAR 经济、金融、证券研究数据库，www.gtarsc.com，由深圳国泰安信息技术公司开发，主要内容包括宏观经济、股票市场、基金市场、债券市场、期货市场、外汇与黄金市场等多方面数据。

第二节　统计数据的整理

一、数据整理概述

数据整理有两种含义：第一种是对统计调查所收集到的各种数据进行分类和汇总，称为汇总性整理；第二种是对现成的综合统计资料进行整理。本节所说的数据整理，指的是第一种整理。

（一）统计数据整理的内容

根据研究目的设计整理汇总方案。统计汇总方案的设计包括两方面：一是确定总体的处理方法，主要是如何对所要研究的总体进行统计分组；二是确定汇总哪些统计指标。

汇总方案确定之后，可根据汇总方案，进行数据处理，计算各项指标数值，并利用统计表或统计图描述整理的结果，显示研究对象总体的数量特征。

（二）数据整理的程序

（1）原始统计资料的审核。原始数据正确与否直接影响综合统计数据和统计分析结论的质量。如果投入的原始数据是垃圾，那么产出的统计分析的结论也必然是垃圾。因此，必须认真审核原始数据，要利用各种方法，如指标之间应有的逻辑关系和协调关系去检查原始数据的完整性与准确性。

（2）资料的分组和汇总。对全部调查数据资料，按其性质和特点分组归类，上机进行数据处理，综合汇总形成各项统计指标。

（3）编制统计表或绘制统计图。

（4）统计数据资料的积累、保管和公布。

二、统计分组

（一）统计分组的概念与种类

1. 统计分组的概念

统计分组是统计研究的一种重要方法。对所要研究的总体进行适当的分组可以更深刻地反映事物的内部结构及其相互的依存关系与变动规律。

根据统计研究的目的和客观现象的内在特点，按某个标志（或几个标志）把被研究的总体划分为若干个不同性质的组，称为**统计分组**。统计分组的对象是总体。统计分组标志可以是品质标志，也可以是数量标志。

从分组的性质来看，分组有分和合双重含义。对于现象总体而言，是“分”，即把总体分为性质相异的若干部分；而对于单位而言，又是“合”，即把性质相同的许多单位结合为一组。对于分组标志而言，是“分”，即按分组标志将不同的标志表现分为若干组；而对于其他标志而言，是“合”，即在一个组内的各单位即使其他标志表现不相同也只能结合在一组。由此可见，选择一种分组方法，突出了一种差异，显示了一种矛盾，必然同时掩盖了其他差异，忽略了其他矛盾。不同的分组方法，可能得出不同的结论。因此，统计分组必须先对所研究现象的本质进行全面的、深刻的分析，确定所研究现象类型的属性及其内部差别，而后才能选择反映事物本质的正确的分组标志。

2. 统计分组的种类

统计分组可以按照不同的标志进行分类。分组的标志是划分资料的标准和依据，分组的标志选择是否得当，关系到能否正确地反映总体数量特征及其变化规律。统计分组主要有如下几种。

（1）按分组标志的多少，可分为简单分组和复合分组。**简单分组**就是对研究现象按一个标志进行分组，它只能从某一方面说明和反映事物的分布状况和内部结构。许多简单分组从不同角度说明同一个总体，就构成一个平行的分组体系。

许多场合，要用两个或两个以上的标志分组，即先按一个标志分组，在此基础上再按第二个标志分小组，又再层叠地按第三个标志分成更小的组，这称为**复合分组**。例如，对工业企业可先按经济类型分组，再按轻重工业分组，在此基础上又按企业规模分组，最终形成如下复合分组体系。

- 国有企业
  - 重工业
    - 大型
    - 中型
    - 小型
  - 轻工业
    - 大型
    - 中型
    - 小型
- 民营企业
  - 重工业
    - 大型
    - 中型
    - 小型
  - 轻工业
    - 大型
    - 中型
    - 小型
- 其他经济类型企业
  - 重工业
    - 大型
    - 中型
    - 小型
  - 轻工业
    - 大型
    - 中型
    - 小型

（2）按分组的标志的性质不同，分为品质分组（或称属性分组）和数量分组（或称变量分组）。

品质分组就是按品质（或属性）标志进行分组。一般地，对于以定类尺度（列名尺度）或定序尺度（顺序尺度）计量的，采用品质分组。例如，企业按经济类型分组，固定资产投资按行业分组等。**数量分组**就是按数量标志分组，数量标志的变异性体现在它不断变动自身的数量上，故也称为变量分组。例如，企业按年销售收入分组，居民按可支配收入水平分组，等等。

（二）统计分组的原则与方法

1. 统计分组的原则

统计分组必须遵循两个原则：穷尽原则和互斥原则。穷尽原则，就是总体中的每一个单位都应有组可归，或者说给出的各分组足以容纳总体所有的单位。互斥原则，就是在特定的分组标志下，总体中的任何一个单位只能归属于某一组，而不能同时归属于几个组。

2. 品质分组的方法

有些品质分组比较简单，分组标志一经确定，组的名称和组数也随之确定。例如，人口按性别分为男女两组。有些品质分组还取决于统计分析对分组层次的不同要求。例如，我国把社会经济各部门划分为第一产业、第二产业和第三产业，第一产业还可细分为农业、林业、畜牧业和渔业等。这种类别繁多的分组又称为分类。标准统计分类的制定是国家统计部门的一项重要工作。

3. 数量分组的方法

按数量标志分组，应注意如下两个问题：首先，分组时各组数量界限的确定必须能反映事物质的差别。其次，应根据被研究的现象总体的数量特征，采用适当的分组形式，确定相宜的组距、组限。

1）单项式分组与组距式分组

数量标志的具体表现，称为变量值。**单项式分组**就是用一个变量值作为一组，形成单项式变量数列。例如，育龄妇女按其生育子女的存活数分组，可分为 0 个、1 个、2 个、3 个、4 个、5 个等 6 组。单项式分组一般适用于变动范围不大的离散型变量。

组距式分组是将变量依次划分为几段区间，把一段区间内的所有变量值归为一组，形成组距式变量数列。区间的距离就是组距。例如，城市居民生活水平情况按人均可支配收入分组，可分为 400 元以下、400～800 元、800～1 500 元、1 500～2 500 元、2 500 元及以上 5 组。组距式分组常用于连续型变量或者变动范围较大的离散型变量。

2）间断型组距式分组和连续型组距式分组

在组距式分组中，每组包含许多变量值，每一组变量值中，其最小值为下限，最大值为上限。组距是上下限之间的距离，相邻两组的界限，称为组限。凡是组限不相连的，称为**间断型组距式分组**。例如，家庭按其子女数分组，分为 1 个、2 个、3 个、4 个及以上等 4 组。凡是组限相连的（或称相重叠的），即以同一数值作为相邻两组的共同界限，称为**连续型组距式分组**。连续型变量，只能采用连续组距式分组。例如，企业按利润率分组，分为 100%以下、100%～110%、110%～120%、120%及以上等 4 组。

在连续型组距式分组中，存在以同一个数值作为相邻两组共同的界限的情况，因此，根据统计分组的“互斥原则”，我国统计制度规定，若总体某一个单位的变量值是相邻两组的界限值，这一个单位归入作为下限值的那一组内，亦称“上限不在内”原则。例如，学生按成绩分组，把 70 分的学生归入 70～80 分组内，把 80 分的学生归入 80～90 分组内。

3）等距分组与异距分组

按数量标志进行组距式分组，还可分为等距分组和不等距（或称异距）分组。**等距**

分组就是标志值在各组保持相等的组距，即各组的标志值变动都限于相同的范围。在标志值变动比较均匀的情况下，都可采用等距分组。等距分组有很多好处，它便于计算，便于绘制统计图。

异距分组即各组的组距不相等。一般地，异距分组适用于如下几种场合。

第一，标志值分布很不均匀的场合。

第二，标志值相等的量具有不同意义的场合。

第三，标志值按一定比例发展变化的场合。

4）组距式分组相关指标的计算

$$\text{连续型组距式分组的组距} = \text{本组上限} - \text{本组下限} \tag{2-1}$$

$$\text{间断型组距式分组的组距} = \text{本组上限} - \text{本组下限} + 1 \tag{2-2}$$

组数：组数的多少与组距的大小有直接关系，组距大，组数就少；组距小，组数就多。美国学者斯特杰斯（H. A. Sturges）提出确定组数和组距的一种经验公式，称为斯特杰斯经验公式：

$$n = 1 + 3.3\lg N \tag{2-3}$$

$$d = \frac{R}{n} = \frac{x_{\max} - x_{\min}}{1 + 3.3\lg N} \tag{2-4}$$

其中，n 为组数；N 为总体单位数；d 为组距；R 为全距，即最大变量值 $x_{\max}$ 与最小变量值 $x_{\min}$ 之差。

根据斯特杰斯经验公式，可以得出如表 2-1 所示的分组组数参考标准。

表 2-1　分组组数参考标准

总体单位数 N	15～24	25～44	45～89	90～179	180～359
组数 n	5	6	7	8	9

组中值：上下限之间的中点数值称为组中值，组中值的计算公式为

$$\text{组中值} = \frac{\text{上限} + \text{下限}}{2} \tag{2-5}$$

在计算平均指标或进行其他统计分析时，常以组中值来代表各组标志值的平均水平。当各组标志值均匀分布时，组中值对各组标志值的水平具有较高的代表性。因此，分组时应尽可能使组内各单位标志值分布均匀。

当连续型变量按离散型变量表示时，组距数列的编制采取相邻组限不重叠的形式，组中值的确定应考虑到连续型变量自身的特点。年龄就是比较典型的例子，它实质上是连续型变量，习惯上用整数表示。例如，一群大学生分为 17～19 岁、20～22 岁两组，则组距为 3 岁，组中值分别为 18.5 岁和 21.5 岁。因为第一组应包括已满 19 岁又不到 20 岁的大学生，上限应视为 20 岁。同样道理，第二组上限应视为 23 岁。

开口组的组距与组中值：在编制组距式变量数列时，使用“××以上”或“××以下”这样不确定组距的组，称为开口组。例如，反映××工业企业工人生产定额完成情况，按生产定额完成程度分组，分为 90%以下、90%～100%、100%～110%、110%及以

上 4 组。开口组的组距是以相邻组的组距为本组的组距，如上例，90%以下的组，因相邻组的组距为 10%(100%–90%),故第一组可视为 80%～90%,其组中值为(80 + 90)÷2 = 85，即 85%；110%及以上的组距以邻组的组距 10%为本组组距，视为 110%～120%，组中值为(110 + 120)÷2 = 115，即 115%。

三、频数分布

（一）频数分布的基本概念

1. 频数分布的定义

在统计分组的基础上，可以将总体所有的单位按某一标志进行归类排列，并计算其相应出现的次数。这样得到的分布称为频数分布或次数分布。频数分布是统计整理的一种重要形式，通过对零乱的、分散的原始资料进行有次序的整理，形成一系列反映总体各组之间单位分布状况的数列，即分布数列。根据分组标志特征的不同，分布数列可分为两类：按品质标志分组所形成的数列叫**品质分布数列**，亦称品质数列。按数量标志分组所形成的数列叫**变量分布数列**，亦称变量数列。

2. 分布数列的两个要素

分布数列由两个要素构成，一个是总体按某标志所分的组，另一个是各组所出现的单位数，即频数，亦称次数。就变量数列而言，总体按数量标志分组，分组标志在各组有不同的数量表现，形成标志值数列，一般用 x 表示；频数（次）用 f 表示。

3. 频率

将各标志出现的频数与总体单位总和相除可以得到频率，即有

$$频率 = f_i \Big/ \sum f_i \tag{2-6}$$

其中，f_i 为第 i 组频数。

频率具有以下性质。

（1）任何频率都是介于 0 和 1 之间的一个分数，即 $0 \leqslant f_i \Big/ \sum f_i \leqslant 1$。

（2）各组频率之和等于 1，即 $\sum\left(f_i \Big/ \sum f_i\right)=1$。

4. 频数密度与频率密度

对于异距分组，由于各组次数的多少还受到组距不同的影响，各组的频数可能会随着组距的扩大而增加，随着组距的缩小而减少。为消除异距分组所造成的这种影响，须计算频数密度（或称次数密度）和频率密度，其计算公式如下：

$$频数密度 = 频数/组距 \tag{2-7}$$

$$频率密度 = 频率/组距 \tag{2-8}$$

各组频数密度与各组组距乘积之和等于总体单位数，各组频率密度与各组组距乘积之和等于 1。

（二）变量数列的编制方法

下面以一实例说明变量数列的编制。

【例 2-1】　某地区 50 个乡镇的年财政总收入（单位：万元）资料如下：

1 030	870	1 010	1 160	1 180	1 410	1 250	1 310	810	1 080
1 050	1 100	1 070	800	1 200	1 630	1 350	1 360	1 370	1 420
1 140	1 180	1 050	1 150	1 100	1 170	1 270	1 260	1 380	1 510
1 010	860	1 270	1 130	1 250	1 190	1 260	1 210	930	1 420
1 580	880	1 230	1 250	1 380	1 320	1 460	1 080	1 170	1 230

解　对上述资料采用等距分组，分为 8 组，组距为 100，以 800 为第一组下限。经过整理，形成的频数分布如表 2-2 所示。

表 2-2　50 个乡镇的年财政总收入频数分布表

按年财政总收入分组（x）/万元	频数（f_i）/个	频率（$f_i/\sum f_i$）
800～900	5	10%
900～1 000	1	2%
1 000～1 100	8	16%
1 100～1 200	11	22%
1 200～1 300	11	22%
1 300～1 400	7	14%
1 400～1 500	4	8%
1 500 及以上	3	6%
合计	50	100%

通过对总体各单位分组而形成变量数列，可以显示各单位标志值在各组间的分布状况，从而使杂乱无章的原始数据显示出一定的规律性。从表 2-2 中可以看出，年财政总收入在 1 000 万～1 300 万元的县占总数的 60%，而年财政总收入低于 1 000 万元的和高于 1 400 万元的所占比重较小，呈现出一种近似“两头小，中间大”的钟形分布特征。

四、累计频数与累计频率

为了更清楚地反映数据分布的特点，实践中常常还需要计算累计频数（或频率）。编制向上累计频数（或频率）分布的方法是：先列出各组的上限，然后由标志值低的组向标志值高的组依次累计。向上累计频数表明某组上限以下的各组单位数之和是多少，向上累计频率表明某组上限以下的各组单位数之和占总体单位数的比重。向下累计频数（或频率）分布的方法是：先列出各组的下限，然后由标志值高的组向标志值低的组依次累计。向下累计频数表明某组下限以上的各组单位数之和是多少，向下累计频率表明某组下限以上的各组单位数之和占总体单位数的比重。

【例 2-2】　以例 2-1 的资料，分别进行向上累计和向下累计。

解　具体的计算过程和结果见表 2-3。

表 2-3　50 个乡镇的年财政总收入累计表

向上累计					向下累计				
财政总收入分组的上限/万元	频数/个	累计频数/个	频率	累计频率	财政总收入分组的下限/万元	频数/个	累计频数/个	频率	累计频率
900	5	5	10%	10%	800	5	50	10%	100%
1 000	1	6	2%	12%	900	1	45	2%	90%
1 100	8	14	16%	28%	1 000	8	44	16%	88%
1 200	11	25	22%	50%	1 100	11	36	22%	72%
1 300	11	36	22%	72%	1 200	11	25	22%	50%
1 400	7	43	14%	86%	1 300	7	14	14%	28%
1 500	4	47	8%	94%	1 400	4	7	8%	14%
1 600	2	49	4%	98%	1 500	2	3	4%	6%
1 700	1	50	2%	100%	1 600	1	1	2%	2%
合计	50	—	100%	—	合计	50	—	100%	—

由表 2-3 可知，年财政总收入在 1 000 万元以下的有 6 个乡镇，占总数的 12%，年财政总收入在 1 200 万元以下的有 25 个乡镇，占总数的 50%；年财政总收入在 1 000 万元以上的有 44 个乡镇，占总数的 88%；等等。

请扫描二维码，获取资源：参考 2-2　利用累计分布曲线确定应纳入日常统计的工业企业规模

第三节　统计数据的显示

一、统计表

（一）统计表的定义和结构

1. 统计表的定义

对统计调查所获得的原始资料进行整理，可得到说明社会现象及其发展过程的数据，把这些数据按一定的顺序排列在表格上，就形成了统计表。统计表是统计分析的一种重要工具。利用统计表，可以清楚、有条理地显示统计资料，直观地反映统计分布的特征。

2. 统计表的结构

对于统计表的结构，可以从表式和内容两个方面来认识。

（1）从表式上看，统计表是由纵横交叉的线条组成的一种表格，表格包括总标题、

横行标题、纵栏标题和指标数值四个部分。总标题是统计表的名称，它扼要地说明该表的基本内容，并指明时间和范围。它置于统计表格的正上方。横行标题是横行的名称，一般放在表格的左方。纵栏标题是纵栏的名称，一般放在表格的上方。横行标题和纵栏标题共同说明填入表格中的统计数据的内容。指标数值列在横行和纵栏的交叉处，用来说明总体及其组成部分的数量特征，它是统计表格的核心部分。具体表式如表 2-4 所示。

表 2-4　2016 年固定资产投资新增主要生产能力情况表

指标	单位	绝对数
新增 220 千伏及以上发电设备	万千伏安	24 336
新建铁路投产里程	千米	3 281
其中：高速铁路	千米	1 903
⋮	⋮	⋮

资料来源：国家统计局. 中华人民共和国 2016 年国民经济和社会发展统计公报. 人民日报，2017-02-28

（2）从内容上看，统计表由主词栏和宾词栏两个部分组成。主词栏是统计表所要说明的总体及其组成部分；宾词栏是统计表用来说明总体数量特征的各个统计指标，如表 2-4 所示。主词一般列在表的左方，宾词一般列在表的右方。必要时，主宾词可以变换位置或合并排列。此外，统计表还有补充资料、注解、资料来源、填表单位、填表人等。

（二）统计表的分类

1. 按主词的结构分类

根据主词是否分组和分组的程度，分为简单表、分组表和复合表。

（1）简单表。主词未经任何分组的统计表称为简单表，也称一览表，如表 2-4 所示。

（2）分组表。主词只按一个标志进行分组形成的统计表，称为简单分组表。表 2-5 是我国对主要贸易伙伴的贸易额按区域进行简单分组所形成的统计表。

表 2-5　2016 年我国对主要国家和地区货物进出口情况表

国家和地区	出口额/亿元	比上年增长	占我国全部出口比重	进口额/亿元	比上年增长	占我国全部进口比重
欧盟	22 369	1.3%	16.2%	13 747	5.9%	13.1%
美国	25 415	0.0	18.4%	8 887	–3.2%	8.5%
东盟	16 894	–1.9%	12.2%	12 978	7.4%	12.4%
中国香港	19 009	–7.6%	13.7%	1 107	39.2%	1.1%
日本	8 529	1.3%	6.2%	9 626	8.4%	9.2%
韩国	6 185	–1.7%	4.5%	10 496	–3.2%	10.0%
中国台湾	2 665	–4.3%	1.9%	9 203	3.4%	8.8%

续表

国家和地区	出口额/亿元	比上年增长	占我国全部出口比重	进口额/亿元	比上年增长	占我国全部进口比重
印度	3 850	6.6%	2.8%	777	−6.4%	0.7%
俄罗斯	2 466	14.2%	1.8%	2 128	3.1%	2.0%

资料来源：国家统计局. 中华人民共和国 2016 年国民经济和社会发展统计公报. 人民日报，2017-02-28

（3）复合表。主词按两个或两个以上标志进行分组的统计表，称为复合分组表。表 2-6 是复合表，表中的贸易额先按进、出口进行第一次分组，对进出口额分别按贸易产品的类型再次分组。

表 2-6　2010 年我国货物进出口主要分类情况表　←总标题

指标	绝对数/亿美元
进出口总额	29 727.6
出口额	15 779.3
其中：初级产品	817.2
工业制成品	14 962.1
进口额	13 948.3
其中：初级产品	4 325.6
工业制成品	9 622.7

纵栏标题（指标、绝对数/亿美元）；横行标题（进出口总额至工业制成品各行）；指标数值（各数值）；主词栏（左栏）；宾词栏（右栏）

资料来源：国家统计局. 中国统计摘要 2011. 中国统计出版社，2011

2. 按宾词设计分类

其可分为宾词简单排列、分组平行排列和分组层叠排列等三种。

（1）宾词简单排列。宾词不进行任何分组，按一定顺序排列在统计表上，如表 2-4 所示。

（2）宾词分组平行排列。宾词栏中各分组标志彼此分开，平行排列。表 2-7 就是宾词分组平行排列表。

表 2-7　各地区社会商品零售总额（单位：亿元）

按地区分组	按商品性质和用途分组		按城乡分组		按经济类型分组			
	消费品零售总额	农业生产资料销售额	城镇	乡村	国有	集体	个体	其他
北京								
天津								
⋮								
合计								

（3）宾词分组层叠排列。统计指标同时有层次地按两个或两个以上标志分组，各种分组层叠在一起，如表 2-8 所示。

表 2-8　××地区房地产经营情况表（2010 年）（单位：亿元）

按经济类型分组	实收资本		经营收入					
	总额	其中：国家资本	总额	其中				
				土地转让收入	商品房销售收入			
					小计	住宅	办公楼	其他
国有	22.7							
外资	12.9							
⋮	⋮	⋮	⋮	⋮	⋮	⋮	⋮	⋮
总计	118.6	12.7	73.4	7.5	65.9	41.0	24.2	0.7

统计表的主词分组与宾词分组是有区别的：主词分组的结果使总体分成许多组成部分，它们需要用统计指标（宾词）来描述。宾词分组的结果并不增加统计总体的各组成部分，仅仅是比较详细地描述总体已有的各个组成部分。由此可见，主词分组具有独立的意义，而宾词分组从属于主词的要求，是为更详细地描述主词的数量特征而设计的。

（三）统计表的设计

统计表设计总的要求是简练、明确、实用、美观，便于比较。统计表的设计应注意如下事项。

（1）线条的绘制。我国的统计报表的上下端以粗线绘制，表内纵横线以细线绘制。表格的左右两端一般不画线，采用“开口式”。

（2）合计栏的设置。统计表各纵列若需合计时，一般应将合计列在最后一行；各横行若需要合计时，可将合计列在最前一栏或最后一栏。

（3）标题设计。统计表的总标题，横行、纵栏标题应简明扼要，以简练而又准确的文字表述统计资料的内容、资料所属的空间和时间范围。

（4）指标数值。表中数字应该填写整齐，对准位数。当数字小可略而不计时，可写上“0”；当缺某项数字资料时，可用符号“…”表示；不应在有数字时用符号“—”表示。

（5）计量单位。统计表必须注明数字资料的计量单位。当全表只有一种计量单位时，可以把它写在表头的右上方。如果表中各格的指标数值计量单位不同，可在横行标题后添一列计量单位。

（6）注解或资料来源。必要时，在统计表下应加注解或说明，以便查考。

二、统计图

运用统计图可以直观地描述数据整理的结果，常用的统计图有以下几种。

（一）直方图

直方图是用直方形的宽度和高度来表示次数分布的图形。绘制直方图时，横轴表示各组组限，纵轴表示次数（一般标在左方）和比率（或频率，一般标在右方）。依据各组组距的宽度与次数的高度绘成直方形。

（二）折线图

折线图是以线段的起伏表示其数量分布的特征，可以在直方图的基础上，用折线将各组次数高度的坐标连接而成，也可以用组中值与次数求坐标点连接而成。

（三）曲线图

当变量数列的组数无限多时，折线便表现为一条平滑曲线。曲线图的绘制方法与折线图基本相同，只是在连接各组次数坐标点时应当用平滑曲线。

【例 2-3】 某班级 40 名学生统计学考试成绩如表 2-9 所示，用图示法描述学生的成绩分布状况。

表 2-9　40 名学生考分次数分布表

按考分分组（x）/分	次数（f_i）/人	频率$\left(\frac{f_i}{\sum f_i}\right)$
50～60	2	5.0%
60～70	7	17.5%
70～80	11	27.5%
80～90	12	30.0%
90～100	8	20.0%
合计	40	100.0%

解 根据表 2-9 的资料绘制的直方图，如图 2-1 所示。对于不等组距式变量数列，通常按次数密度（频数密度）绘制直方图以表示其分布。

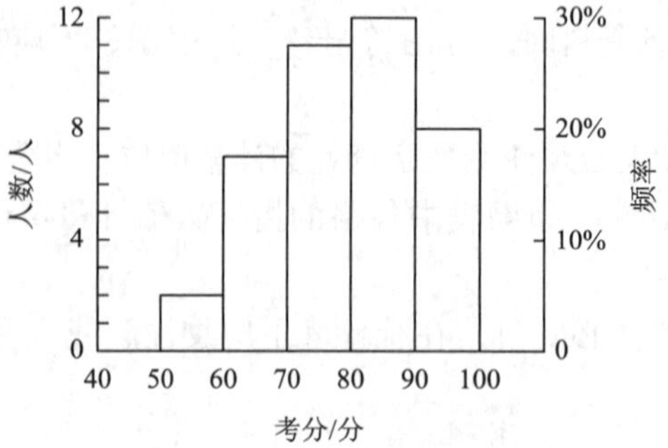

图 2-1　学生考分分布直方图

根据表 2-9 的资料绘制的折线图，如图 2-2 所示。

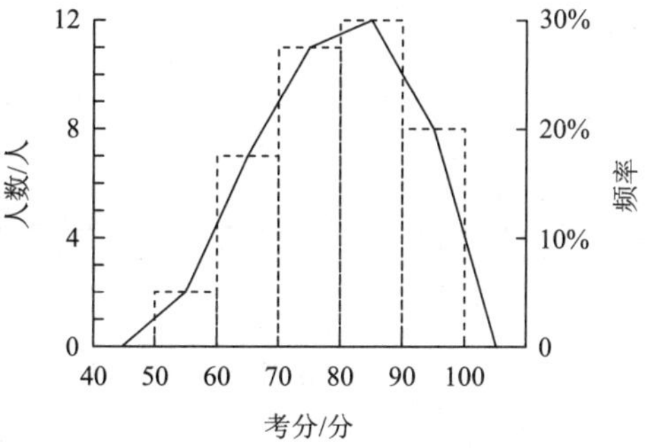

图 2-2　学生考分分布折线图

根据表 2-9 的资料直接绘制或将折线图（图 2-2）的折线平滑化，所得的曲线图如图 2-3 所示。

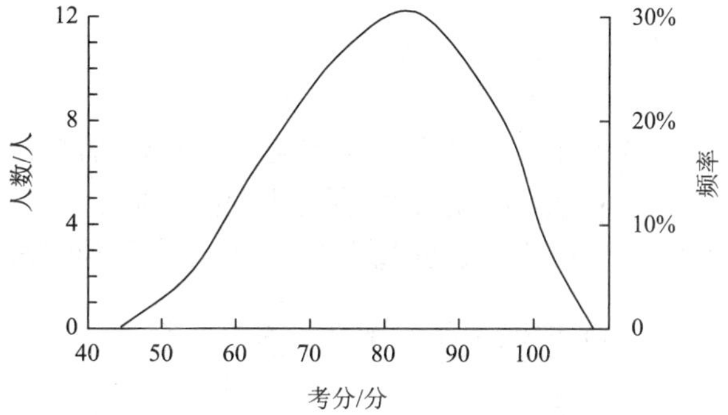

图 2-3　学生考分分布曲线图

（四）累计曲线图

1. 累计曲线图的绘制

累计频数（频率）分布图分为向上累计频数（频率）分布图和向下累计频数（频率）分布图。不论是向上累计或向下累计，均以分组变量为横轴，以累计频数（频率）为纵轴。在直角坐标系上将各组组距的上限与其相应的累计频数（频率）构成坐标点，依次用折线（或光滑曲线）相连，即是向上累计曲线。对于向下累计频数分布图，在直角坐标系上将各组组距下限与其相应累计频数（频率）构成坐标点，依次用折线（或光滑曲线）相连，即是向下累计曲线。根据本章第二节例 2-2 中表 2-3 的资料绘制累计曲线图，如图 2-4 所示。

从图 2-4 可以看出，年财政收入在 1 100 万元以下的有 14 个乡镇，占 28%；年财政收入在 1 400 万元以下的有 43 个乡镇，占 86%。由此可见，累计频数和累计频率图可以简要地概括总体各单位的分布特征。

向上累计分布曲线呈上升状，向下累计分布曲线呈下降状。组的次数（或频率）越少，曲线显得越平缓；组的次数（或频率）越多，曲线显得越陡峭。

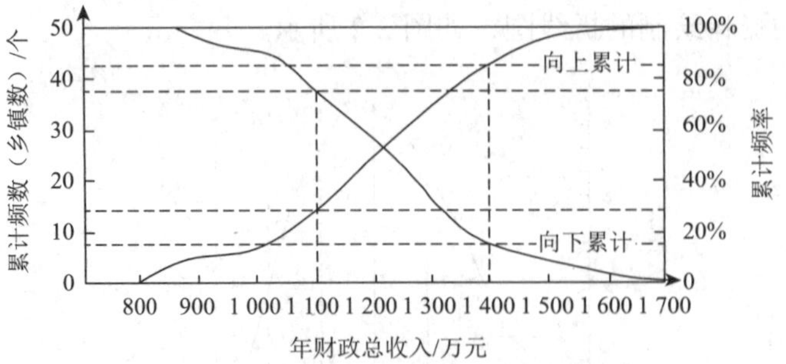

图 2-4　累计频数（频率）分布示意图

2. 洛伦兹曲线图

洛伦兹博士（Dr. M. O. Lorenz）把累计频数（或频率）分布曲线用于研究社会财富、土地和工资收入的分配是否公平。这种累计曲线又称**洛伦兹曲线**。其绘制方法如下。

（1）将分配对象和接受分配者的数量化成结构相对数并进行向上累计。

（2）纵轴和横轴均为百分比尺度，纵轴自下而上，用以测定分配的对象（如一国的财富、土地或收入等的分配状况），横轴由左向右，用以测定接受分配者（如一个地区人口）。

（3）根据计算所得（或财富）的分配对象和接受分配者的累计百分数，在图中标出相应的绘示点，连接各点并使之平滑化，便可得到洛伦兹曲线。

【例 2-4】　某地区某年居民收入资料如表 2-10 所示，请绘制洛伦兹曲线。

表 2-10　某地区居民收入分配情况表

按收入水平分组	人口			收入			累计收入	
	人口数/×10²人	结构	累计	月总收入/×10⁷元	结构	累计	绝对平等	绝对不平等
	（1）	（2）	（3）	（4）	（5）	（6）	（7）	（8）
最低	128.5	12.85%	12.85%	1.57	5%	5%	12.85%	0
中下等	348.0	34.80%	47.65%	4.08	13%	18%	47.65%	0
中等	466.9	46.69%	94.34%	16.33	52%	70%	94.34%	0
较高	45.6	4.56%	98.90%	7.54	24%	94%	98.90%	0
最高	11.0	1.10%	100.00%	1.88	6%	100%	100.00%	100%
合计	1 000.0	100.00%	—	31.40	100%	—	—	—

解　先将人口数及其收入［（1）、（4）列］化为结构相对数［（2）、（5）列］，再求出其累计的百分比［（3）、（6）列］，然后在制好的比率图上依累计百分比标出绘示点，平滑地连接各绘示点即可（图 2-5）。

3. 基尼系数

统计学家基尼（Gini）在洛伦兹曲线图的基础上进一步提出了一个衡量收入分配公平程度的指标——基尼系数。图 2-5 中的曲线为实际收入分配曲线，对角线为绝对平等线，

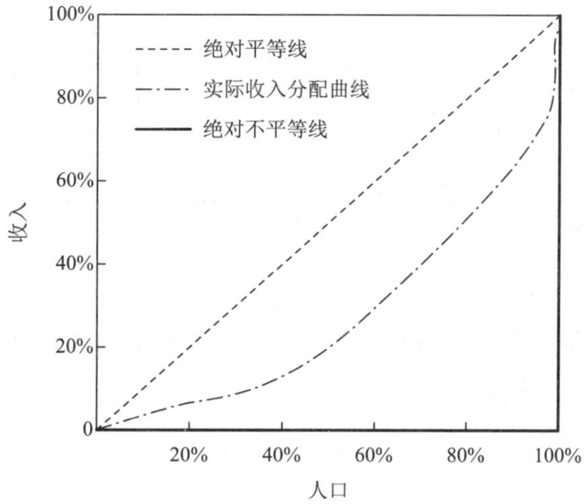

图 2-5　洛伦兹曲线示意图

横轴与右纵轴构成绝对不平等线。基尼系数，就是实际收入分配曲线与绝对平等线所包围的面积与总的三角形面积之比。基尼系数值越小，即实际收入分配曲线越靠近绝对平等线，则收入分配越平等；反之，基尼系数值越大，即实际收入分配曲线越靠近绝对不平等线，则收入分配越不平等。国际上通行的判断标准是：基尼系数低于 0.2 表明收入分配高度平均，0.2～0.3 为相对平均，0.3～0.4 大致合理，0.4～0.6 表明收入分配差距偏大，高于 0.6 则表明收入分配严重不公。

请扫描二维码，获取资源：参考 2-3　南丁格尔玫瑰图

三、频（次）数分布图的类型

利用统计图的形式还可以对社会现象的数量分布特征进行描述，通过这些图形，可以直观地显示不同类型现象的分布特征。

各种不同性质的次数分布类型概括起来大致有如下几种。

（一）钟形分布

钟形分布的特征是“两头小，中间大”，即中间的变量值分布的次数多，靠近两边的变量值分布的次数少，其曲线图宛如一口古钟，如图 2-6 所示。

如图 2-6（a）所示，其分布特征是以变量的平均数为对称轴，左右两侧对称，两侧变量值分布的次数随着与其平均值距离的增大而渐次减少。在统计学中，称这种分布为正态分布。图 2-6 中的（b）（c）为非对称分布，它们各有不同方向的偏态。图 2-6（b）曲线是正偏（右偏）分配，图 2-6（c）曲线是负偏（左偏）分配。在客观实际中，许多

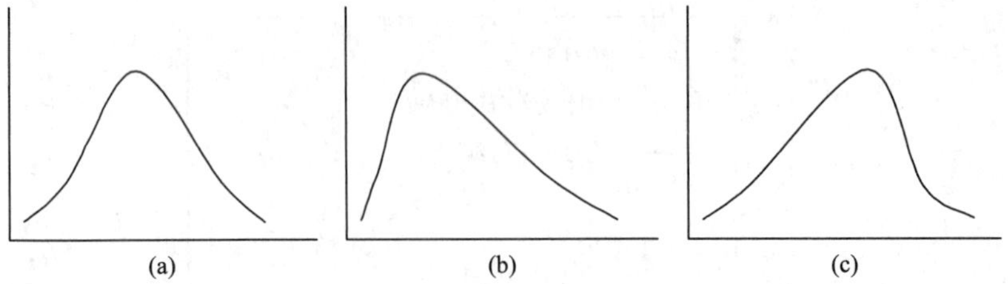

图 2-6 钟形分布示意图

社会现象总体的分布都趋于正态分布。例如，农作物单位面积产量的分布、零件公差的分布、商品市场价格的分布等。

（二）U 形分布

与钟形分布相反，靠近中间的变量值分布次数少，靠近两端的变量值分布次数多，就形成“两头大，中间小”的 U 形分布。例如，人口按年龄死亡率的分布，人口总体中幼儿和老年人死亡率高，而中青年死亡率低。图 2-7 是 U 形分布示意图。

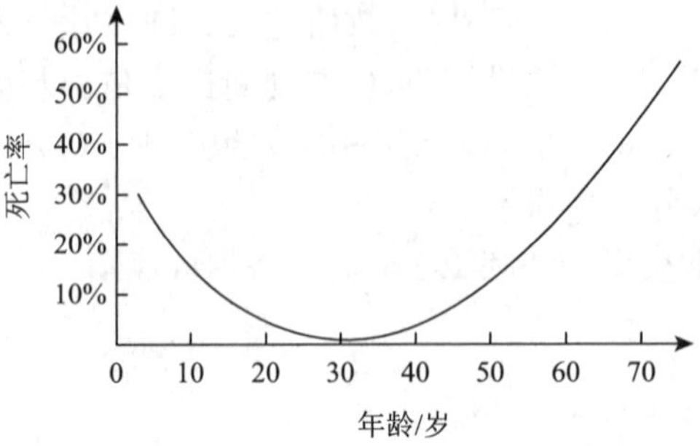

图 2-7 U 形分布示意图

（三）J 形分布

J 形分布有两种类型，一种是次数随着变量的增大而增多；另一种是次数随着变量增大而减少，即呈反 J 形分布，如图 2-8 所示。

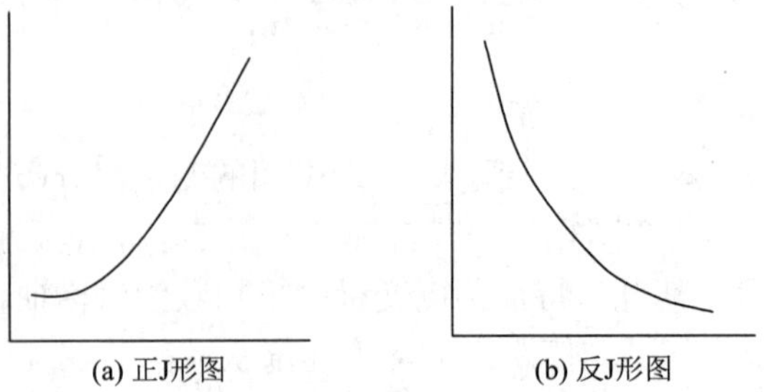

图 2-8 J 形分布示意图

第四节　Excel 在统计整理与统计图表中的应用

一、编制分布数列

在 Excel 中有两类方法可以实现分布数列的编制：第一，使用相关的函数，如 Countif 函数、Dcount 数据库函数或 Frequency 函数；第二，应用“直方图”分析工具。“直方图”分析工具还可以进行向上累计，并能直接绘出直方图。

需要注意的是，“直方图”分析工具与 Frequency 函数在编制分布数列时，并不符合统计分组的“上限不在内”原则，在实际应用时必须进行调整。

【例 2-5】　用 Excel 实现本章例 2-1 和例 2-2 的计算过程。

解　使用 Frequency 函数编制，主要步骤如下。

（1）输入数据。如图 2-9 所示，A、B、C 列为原始输入数据（除最后一组上限用函数求得外），其他列为计算所得数据。年财政总收入放在 A2∶A51 单元格区域，图 2-9 中未完全显示出来。

B 列的各个数据（各组的上限值）是使用 Frequency 函数或“直方图”分析工具编制分布数列所必需的数据。

（2）选定 D2∶D9，输入公式“=FREQUENCY（A2∶A51，B2∶B9）”，然后按 Ctrl + Shift + Enter 组合键，即可计算出各组的频数。该函数的第一个参数指定用于编制分布数列的原始数据，第二个参数指定每一组的上限。在 D10 中输入公式“=SUM（D2∶D9）”计算出频数的合计。

	A	B	C	D	E	F	G
1	财政收入	分组上限	分组	频数	频率(%)	向上累计频数	向下累计频数
2	1030	899.9	800-900	5	10	5	50
3	870	999.9	900-1000	1	2	6	45
4	1010	1099.9	1000-1100	8	16	14	44
5	1160	1199.9	1100-1200	11	22	25	36
6	1180	1299.9	1200-1300	11	22	36	25
7	1410	1399.9	1300-1400	7	14	43	14
8	1250	1499.9	1400-1500	4	8	47	7
9	1310	1630	1500及以上	3	6	50	3
10	810		合计	50	100	—	—

图 2-9　编制分布数列

我们知道，统计分组的一般原则是“上限不在内”，但应用 Frequency 函数和“直方图”分析工具编制分布数列时，使用“上限在内”的原则。怎样才能保证编制的结果符合统计的一般原则呢？可以采用如下方法。

在确定 Frequency 函数所需的分组上限时，使其尽量接近统计分组中的上限，但又不与任何的原始数据相同。以“800～900”这一组为例，必须找到这样的一个上限值：它略小于 900，但又是“800～900”这一组中最大的，因为原始的财政收入数据都是整数，我们采用的 899.9 应该能满足上述要求。899.9 实际上表示的是“小于或等于 899.9”

的收入分组，并不完全等同于“800～900”的分组，但在收入数据中，并没有大于899.9且小于900的数，因此“小于或等于899.9”的分组与“800～900”的分组所包含的收入数据肯定是相同的。如此，我们就在Excel中遵守了“上限不在内”的原则。如果原始数据中包括899.9这个数据，那么可以将该组的上限改为899.99，一般来讲在小数点后多加几个9就可以了。

“1 500及以上”这一组的上限可以使用原始数据（财政收入）的最大值，它可通过函数求得，在B9中输入公式“=MAX（A2：A51）”即可。

（3）计算频率。在E2中输入公式“=D2/D$10*100”，然后将该公式复制到E3：E9即可。D10存放的是频数的合计数，乘以100是因为其后有“%”。

（4）计算向上累计频数。在F2单元格中输入“=D2”，在E3单元格中输入公式“=D3+F2”，再将公式复制到F4：F9。

（5）计算向下累计频数。在G9中输入公式“=D9”，在G8单元格输入公式“=G9+D8”，再将公式复制到G2：G7单元格区域即可。可以采用向上填充的方法复制公式，即选定G2：G8单元格区域，然后在“开始”选项卡的“编辑”命令组中，点击“填充→向上”。

二、绘制统计图

Excel有着强大的绘图功能，可以绘制出各种各样的统计图形，如直方图、折线图、曲线图、饼图、散点图、雷达图等。需要注意的是，Excel中的图表类型与统计中的图表类型并不完全一样，如Excel中的“散点图”既包括了统计上的散点图，又包括了统计上的曲线图。

生成图表有两种方法：一种是在某些分析工具中有输出某些图表的选项，如“直方图”分析工具可以输出直方图；另一种是使用“插入”选项卡上的“图表”命令组插入图表，这是最常用的方法。

在“插入”选项卡上有一个“图表”选项组，默认有“柱形图”、“折线图”、“饼图”、“条形图”、“面积图”、“散点图”和“其他图表”7个按钮。

需要生成图表时，先选定用于生成图表的数据区域，然后单击“插入”选项卡“图表”选项组中的相应按钮，即可生成对应的图表。也可以单击“图表”选项组中“创建图表”按钮（），打开“插入图表”对话框，然后再选择想要的图表类型，最后按“确定”按钮。

生成图表后，可以对图表进行修改，主要有以下两种方式。

第一，选中图表时，菜单上自动出现“图表工具”选项卡组，里面包括“设计”、“布局”和“格式”3个选项卡，可以使用这些工具对图表进行修改。

第二，右键单击图表中各个不同的对象，会出现相应的弹出式菜单，通过它可以打开有关对话框。如何分辨图表中的各个对象？只要将鼠标指针停留在图表中任意一个区域一小段时间，Excel会在鼠标指针旁显示出这一区域所属对象的名称。

【例2-6】 使用例2-5编制的分布数列，分别绘制年财政总收入的直方图和曲线图。

解 （1）绘制直方图。

主要操作步骤如下。

第一，直方图所需数据在C1：E9单元格区域（图2-9），选定该区域。为了使图形更美观，更符合统计形式，可以将C列的分组上下限改成组中值。在“插入”选项卡的

“图表”命令组中，点击“插入柱形图 →簇状柱形图”，即可生成如图 2-10 所示的图表。注意，如果得到的图中有 3 个系列的柱形，请将 C1 中的文字删除，重新再执行一次以上操作。

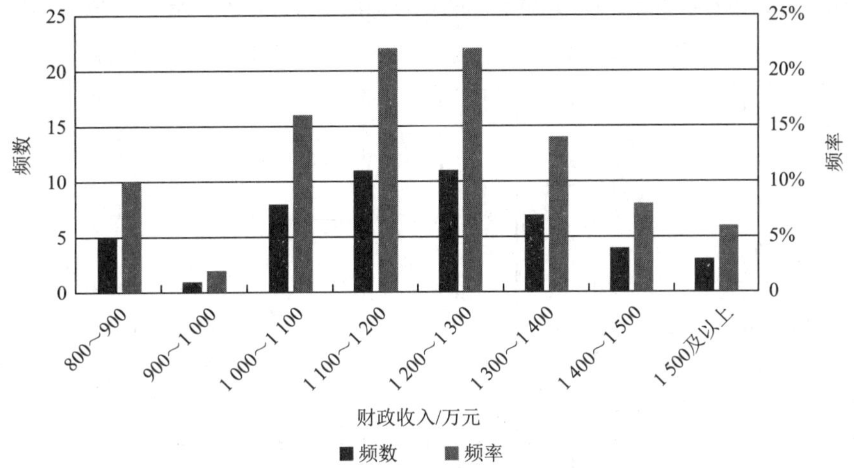

图 2-10　柱形图

第二，对生成的图形进行修改。

首先，生成次坐标轴，即生成另外一个 *Y* 轴，用来表示频率。右键单击频率柱形图（即相对较高的柱形图），在弹出的菜单中单击“设置数据系列格式”，在 Excel 界面右侧会出现“数据系列格式”对话框［图 2-11（a）］。在该对话框的“系列选项”中（默认就是），选中“次坐标轴”，即可生成频率坐标轴。

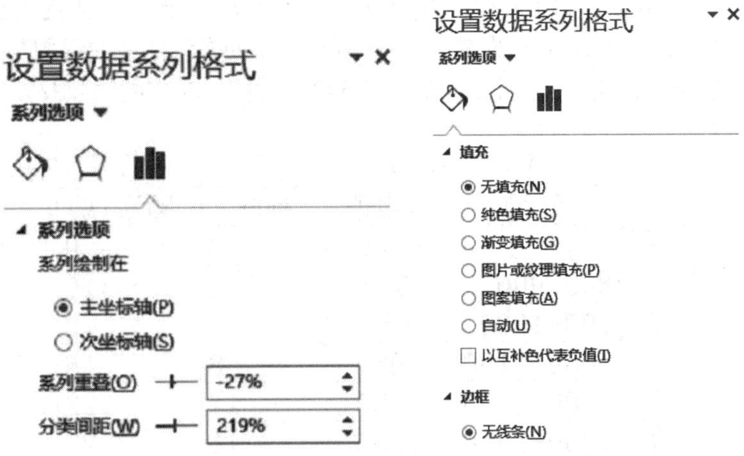

(a)　(b)

图 2-11　设置数据系列格式

其次，点击图标，切换到“填充线条”选项卡，点击“填充→无填充”，再点击“边框→无线条”，将频率柱形图隐藏起来，因为我们只想得到关于频率的次坐标轴。以上操作见图 2-11（b）。

最后，在图 2-11 界面上，点击“系列选项”四个字右边的三角形，在弹出的菜单中选中系列“频数”，然后将“分类间距”改为 0。

为了更符合统计上的表示形式，还需要进一步修改，如删除图例、图表标题、垂直轴主要网格线，添加坐标轴标题等（具体操作请参见相关的 Excel 书籍）。最终结果见图 2-12。

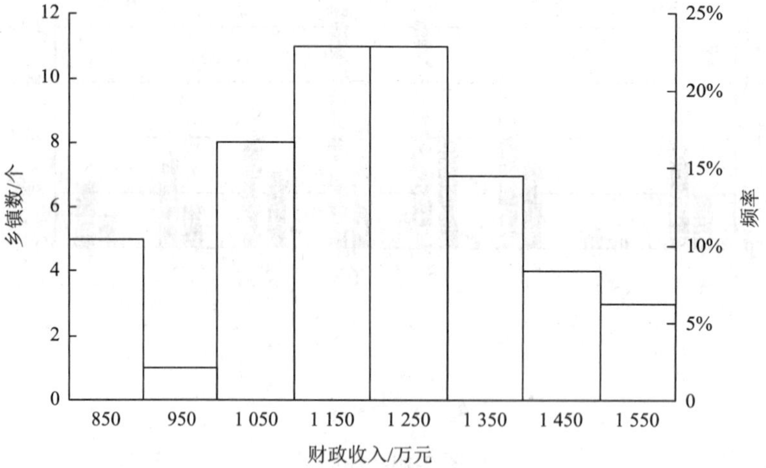

图 2-12 直方图

（2）绘制折线图与曲线图。

折线图和曲线图可以在上述直方图的基础上完成，即将上述被隐藏起来的频率系列柱形图改为折线图或曲线图。这里向读者介绍直接绘制折线图和曲线图的方法。主要的操作步骤如下。

第一，重新安排数据。为了获得更好的效果，使用描点法绘图，因此需要组中值数据，用于绘图的数据存放在图 2-13 中的 B、C、D 列。为了使折线图或曲线图与 X 轴相交，我们使用了两个虚拟的组中值，分别安排在原有分组的两侧，对应的频数及频率均为 0。

	A	B	C	D
1	分组	组中值	频数	频率(%)
2		750	0	0
3	800-900	850	5	10
4	900-1000	950	1	2
5	1000-1100	1050	8	16
6	1100-1200	1150	11	22
7	1200-1300	1250	11	22
8	1300-1400	1350	7	14
9	1400-1500	1450	4	8
10	1500及以上	1550	3	6
11		1650	0	0

图 2-13 曲线图所需数据

第二，选定 B2∶D11 单元格区域。在“插入”选项卡的“图表”命令组中，点击“插入散点图→带平滑线的散点图”，即可生成如图 2-14 所示的图表。如此生成的是曲线图，如想制作折线图，请点击“带直线的散点图”。

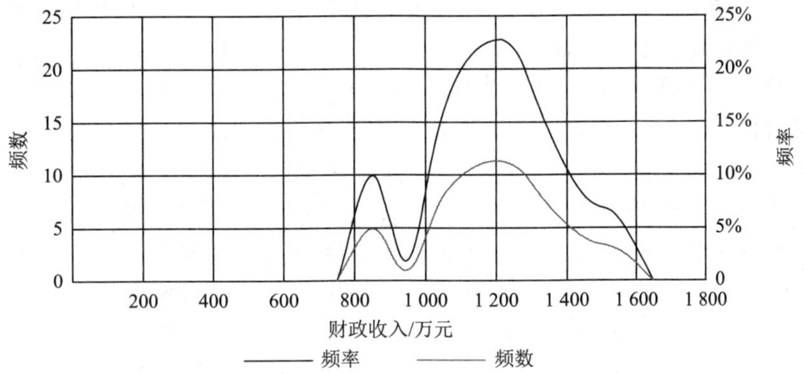

图 2-14　曲线图

第三，按照前面介绍的方法生成次坐标轴，并进行适当的修改。最终结果见图 2-15。

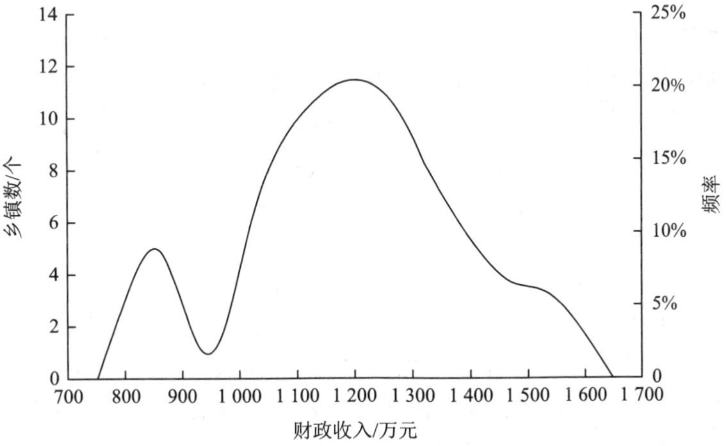

图 2-15　修改后的曲线图

➢本章小结

1. 统计数据收集是根据统计研究预定的目的和任务，运用相应的科学的调查方法与手段，有计划、有组织地收集反映客观现实的统计资料的过程。

2. 调查对象是指需要调查的现象总体。调查单位是进行调查登记的标志的承担者。报告单位是负责向上报告调查内容、提交统计资料的单位。

3. 调查时间是指调查资料所属的时间。调查期限是进行调查工作的时限，包括收集资料和报送资料的工作所需的时间。

4. 普查是一种非经常性的全面调查，通过普查可以掌握大量、详细、全面的资料。

5. 定期报表制度是依照国家有关法规，按照统一的表式、统一的指标项目、统一的报送时间和报送程序，自下而上逐级、定期地提供统计资料的一种调查方式。

6. 概率抽样调查是按随机原则从调查对象中抽取一部分单位作为样本进行观察，然后根据所获得的样本数据，对调查对象总体特征做出具有一定可靠程度的推断。概率抽样调查具有以下特点：第一，按随机原则抽取样本。第二，根据部分调查的实际资料对调查对象总体的数量特征做出估计。第三，抽样误差可以事先计算并加以控制。

7. 重点调查是在调查对象中，只选择一部分重点单位进行的非全面调查。

8. 我国新的统计调查体系是以必要的周期性的普查为基础，经常性的抽样调查为主体，同时辅之以重点调查、科学推算和部分全面报表综合运用的调查体系。

9. 统计分组是统计研究的一种重要方法。通过适当的分组可以更深刻地反映事物的内部结构及其相互的依存关系与变动规律。统计分组应遵循穷尽与互斥两个原则。数量分组有单项式分组和组距式分组，组距式分组又分为间断型组距式分组与连续型组距式分组、等距分组与异距分组。对于组距式分组，须计算组距、组数、组中值。开口组的组距是以相邻组的组距为本组的组距。

10. 分布数列由两个要素构成，一个是总体按某标志所分的组，另一个是各组所出现的单位数，即频数。频率是各组频数占总体单位数的百分比。频率具有以下性质：频率是介于0和1之间的一个分数，各组频率之和等于1。按品质标志分组所形成的数列叫品质分布数列，亦称品质数列。按数量标志分组所形成的数列叫变量分布数列，亦称变量数列。

11. 频数密度与频率密度。为消除异距分组所造成的影响，须计算频数密度和频率密度。频数密度 = 频数/组距，频率密度 = 频率/组距。

12. 向上累计频数（或频率）分布，其方法是先列出各组的上限，然后由标志值低的组向标志值高的组依次累计。向下累计频数（或频率）分布，其方法是先列出各组的下限，然后由标志值高的组向标志值低的组依次累计。

13. 统计表是指分析和容纳各种统计资料的表格，它可以有条理地显示统计资料，直观地反映统计分布的特征。统计表的结构从表式上看，可分为总标题、横行标题、纵栏标题和指标数值四个部分。从内容上看可分为主词栏和宾词栏两部分。

14. 常用的统计图有直方图、折线图和曲线图。洛伦兹曲线是一种累计曲线图，利用洛伦兹曲线可以计算基尼系数，用来衡量收入分配是否公平。

15. Excel 在统计整理与统计图表中的应用体现在以下两个方面。

（1）利用 Frequency 函数或“直方图”分析工具编制分布数列。

（2）利用“图表向导”绘制各种统计图形。

➢思考与练习

一、单项选择题

1. 统计调查对象是（　　）。

A. 总体各单位标志值　　B. 总体单位

C. 现象总体　　D. 统计指标

2. 我国统计调查体系中，作为“主体”的是（　　）。

A. 经常性抽样调查　　B. 必要的统计报表

C. 重点调查及估计推算等　　D. 周期性普查

3. 要对某企业的生产设备的实际生产能力进行调查，则该企业的“生产设备”是（　　）。

A. 调查对象　　B. 调查单位

C. 调查项目　　D. 报告单位

二、多项选择题

1. 下面哪些现象适宜采用非全面调查？（　　）

A. 企业经营管理中出现的新问题　　B. 某型号日光灯耐用时数检查

C. 平均预期寿命　　D. 某地区森林的木材积蓄量

2. 抽样调查（　　）。

A. 是一种非全面调查　　B. 是一种不连续性的调查

C. 可以消除抽样误差　　D. 应遵循随机原则

3. 洛伦兹曲线（　　）。

A. 是一种累计曲线　　B. 可用于反映财富分布的曲线

C. 用以衡量收入分配公平与否　　D. 越接近对角线基尼系数越大

三、分析判断题

1. 有人说抽样调查“以样本资料推断总体数量特征”肯定比全面调查的误差大，你认为呢？

2. 过去统计报表在我国统计调查体系中占据多年统治地位，为什么现在要缩小其使用范围？

3. 将足球赛观众按男、女、老、少分为四组以分析观众的结构，这种分组方法合适吗？

4. 以一实例说明统计分组应遵循的原则。

四、计算题

抽样调查某地区 50 户居民的月人均可支配收入（单位：元）数据资料如下：

886	928	999	946	950	864	1 050	927	949	852
1 027	928	978	816	1 000	918	1 040	854	1 100	900
866	905	954	890	1 006	926	900	999	886	1 120
893	900	800	938	864	919	863	981	916	818
946	926	895	967	921	978	821	924	751	850

要求（可利用 Excel）：

（1）试根据上述资料编制次（频）数分布和频率分布数列。

（2）编制向上和向下累计频数、频率数列。

（3）绘制直方图、折线图、曲线图和向上、向下累计图。

（4）根据图形说明居民月人均可支配收入分布的特征。

五、案例分析

收集有关统计数据，对我国近年来居民收入分配的状况进行统计分析。

请扫描二维码，获取资源：参考 2-4　第二章习题详解

第三章

数据分布特征的描述

【引例】 如何正确地反映居民的收入水平

网上有这样一段顺口溜，批评用平均收入来反映居民的收入水平："张庄有个张千万，九个邻居穷光蛋，加在一起求平均，个个收入超百万。"

这个批评既有正确之处，也可能存在一定误解。正确之处是：平均数受极端值的影响很大，简单地用平均收入反映居民的收入水平，有可能掩盖两极分化的现象。可能存在的误解则是：用很少出现的小样本计算的结果作为反对用平均收入反映居民收入水平的理由是不够充分的。事实上，现实统计中的居民平均收入并不是根据小样本计算的，而是根据大量观察的结果计算的，平均收入确实可以代表一定时期居民的收入水平。当然，为了更好地反映其代表性，还可以计算居民收入水平的方差和变异系数等指标。

本章将介绍如何利用描述统计的方法，反映数据分布的集中趋势和离散程度。通过本章的学习，你将对上述问题有更全面和更深刻的认识。

第一节 统计变量集中趋势的测定

统计变量在不同个体或不同时间条件下具体表现出来的数据是不尽相同的，这是因为各个数据是千差万别的众多不同因素影响的结果。但众多个体的数据常常会呈现出在一定范围内围绕某个中心而波动的分布特征，即变量的分布总是具有一定的分布中心或集中趋势。例如，经过较长一段时间的观察，人们不难发现，尽管每天的全市居民生活用电总量时大时小，但总是在一定变化幅度内以某一水平为分布中心上下波动。测定这种集中趋势是研究变量分布特征最基本、最重要的一项内容。

一、测定集中趋势的指标及其作用

对于通常的统计变量，较大和较小的观测值出现的频率比较低，大多数观测值密集分布在中心附近，使数据呈现出向中心聚集或靠拢的态势，这就是变量分布的集中趋势。

测度数据集中趋势的指标有两大类：一类是**数值平均数**，它们是根据全部数据计算得到的代表值，主要有算术平均数、调和平均数及几何平均数；另一类是**位置代表值**，是根据数据所处位置直接观察或根据与特定位置有关的部分数据来确定的代表值，主要有众数和中位数。

测定集中趋势指标的作用主要体现在以下几个方面。

（1）反映变量分布的集中趋势和一般水平。例如，了解某地区工业行业职工工资的水平高低，不必也不可能采用逐一枚举的方法，只需计算出职工工资平均数就可以反映全体职工工资的一般水平。

（2）可用来比较同一现象在不同空间或不同阶段的发展水平。这类指标可以消除因总体规模不同而带来的总量差异，使不同规模的总体水平具有可比性，并且可以在一定程度上使偶然因素的影响相互抵消，用以比较现象在不同总体之间的水平差异或说明现象发展变化的趋势和规律性，因而更具有说服力。例如，在比较不同地区或不同时期的收入水平高低时，显然就应该用平均收入而不宜用总收入或个别人的收入。

（3）可用来分析现象之间的依存关系。例如，要研究劳动者的文化程度与收入的关系，可按文化程度由低到高分组，分别计算出各组的平均收入，由此可以清晰地观察出现象之间的本质联系。

二、数值平均数

（一）算术平均数

算术平均数（arithmetic mean），也称为**均值**（mean），它是将一组数据的总和除以这组数据的项数所得的结果。它是最常用的数值平均数。例如，若要计算职工工资的平均水平，可将总体中每个职工的工资额加总，得到全部职工的工资总额，再将工资总额除以职工人数即得到职工平均工资；某产品的总成本除以该产品的总产量等于平均成本；全部学生的成绩总和除以学生人数等于学生的平均成绩。这些平均数都是算术平均数。根据所掌握的资料不同，计算算术平均数的具体方法和形式也有所不同。

1. 简单算术平均数

根据未分组的数据计算算术平均数时，只需把每项原始数据直接加总后除以它们的项数。若以 x_i 表示第 i 项数据（$i=1, 2, \cdots, n$），$\bar{x}$ 表示这 n 项数据的平均数，则简单算术平均数的计算公式可写为

$$\bar{x}=\frac{x_1+x_2+\cdots+x_n}{n}=\frac{\sum_{i=1}^{n}x_i}{n}\quad（可简记为 \bar{x}=\frac{\sum x}{n}）\qquad(3\text{-}1)$$

【例 3-1】 假设某工作队有 20 个队员，男女各 10 人。他们的年龄如表 3-1 所示，求平均年龄。

表 3-1　某工作队队员的年龄资料

性别	各个队员的年龄/周岁									
男性	22	22	25	25	25	25	25	30	30	50
女性	22	22	25	25	25	25	25	30	30	30

解 根据上述资料，可利用式（3-1）计算出该工作队全体队员的平均年龄为 26.9 周岁，即

$$\frac{22+22+25+25+25+25+25+30+30+50+22+\cdots+30}{20}=\frac{538}{20}=26.9\text{（周岁）}$$

2. 加权算术平均数

为了说明问题方便，将表 3-1 中的数据分组，得到如表 3-2 所示的变量数列。

表 3-2 某工作队队员的年龄分组资料

年龄/周岁	人数/人	比重
22	4	20%
25	10	50%
30	5	25%
50	1	5%
合计	20	100%

在表 3-2 中，年龄这个变量只有四个变量值：22、25、30、50，若对这四个数值进行简单算术平均，得到的平均年龄是 31.75 周岁。表 3-1 与表 3-2 的数据只不过是变换了形式，用简单算术平均，却得到了两个不同的平均数。这显然是不正确的。这说明，若数据已经分组形成了变量数列，对各组的变量值就不能采用简单算术平均了。正确的计算方法是

$$\bar{x}=\frac{22\times4+25\times10+30\times5+50\times1}{4+10+5+1}=\frac{538}{20}=26.9\text{（周岁）}$$

若将上述计算过程推广至一般情形，以 x_i 表示第 i 组的变量值（$i=1,2,\cdots,n$），f_i 表示第 i 组的频数，即可得到分组情况下算术平均数的计算公式

$$\bar{x}=\frac{x_1f_1+x_2f_2+\cdots+x_nf_n}{f_1+f_2+\cdots+f_n}=\frac{\sum_{i=1}^{n}x_if_i}{\sum_{i=1}^{n}f_i}\quad\left(\text{可简记为}\ \bar{x}=\frac{\sum xf}{\sum f}\right)\tag{3-2}$$

由式（3-2）计算的算术平均数称为加权算术平均数。其中，f_i 为权数，也称为权重。权数，是指在计算总体平均数或综合水平的过程中对各个数据起着权衡轻重作用的变量。为了体现各变量值轻重不同的影响作用，对各个变量值赋予不尽相同的权数值，这就是“加权”。加权算术平均数的数值不仅受各个变量值大小的影响，也受权数大小的影响。

在上述根据表 3-2 求平均年龄的计算中，各组频数就是**权数**，这是因为各组的频数大小衡量着对应的各组变量值对总体平均数的影响作用大小。频数大的变量值对总体平均数的影响较大；反之，频数小的变量值对总体平均数的影响较小。例如，表 3-2 中四个数据（变量值）对平均数的影响作用不是等同的，其中，数据“25”的影响作用最大，而数据“50”的影响作用最小。

权数也可以用比重形式（如频率）来表示。利用比重权数来计算平均数，其计算公式可写为

$$\bar{x}=\sum_{i=1}^{n}x_i\frac{f_i}{\sum_{i=1}^{n}f_i}\quad\left(\text{可简记为}\,\bar{x}=\sum x\frac{f}{\sum f}\right)\tag{3-3}$$

根据表 3-2 的频率来加权，利用式（3-3）也可得全体队员平均年龄为

$$\bar{x}=22\times20\%+25\times50\%+30\times25\%+50\times5\%=26.9\ (\text{周岁})$$

事实上比重权数更能够直接表明权数的权衡轻重作用的实质。因为影响作用的轻重或贡献的大小本来就是相对而言的。如果各组的频数同等程度增大，由于各组的频率并没有变换，这意味着各组变量值对平均数的影响作用并没有改变。

容易证明，当各变量值的权数完全相等（$f_1=f_2=\cdots=f_n$）时，权数的意义也就消失了，加权算术平均数就成了简单算术平均数。所以，简单算术平均数实际上是加权算术平均数的特例。

3. 由组距数列计算算术平均数

当分组数据为组距数列时，计算算术平均数同样必须加权。所不同的是，在组距数列中，各组变量值不是唯一的，而是一个区间范围，具体数据已经被掩盖了，各组的变量值通常只能用组中值来代表。

【例 3-2】　对某品牌 100 只节能灯泡的使用寿命的测试数据如表 3-3 的第 1、第 2 列所示。试计算这些灯泡的平均使用寿命（表 3-3 中后 4 列为计算栏）。

表 3-3　节能灯泡使用寿命的分组数据

使用寿命/小时	数量（f_i）/只	组中值（x_i）/小时	（x_if_i）/小时	（$f_i/\sum f_i$）	（$x_if_i/\sum f_i$）/小时
1 000 以下	2	900	1 800	0.020	18
1 000～1 200	8	1 100	8 800	0.080	88
1 200～1 400	16	1 300	20 800	0.160	208
1 400～1 600	35	1 500	52 500	0.350	525
1 600～1 800	23	1 700	39 100	0.230	391
1 800～2 000	12	1 900	22 800	0.120	228
2 000 及以上	4	2 100	8 400	0.040	84
合计	100	—	154 200	1.000	1 542

解　平均使用寿命为

$$\bar{x}=\frac{\sum_{i=1}^{n}x_if_i}{\sum_{i=1}^{n}f_i}=\frac{154\,200}{100}=1\,542\ (\text{小时})$$

或

$$\bar{x}=\sum_{i=1}^{n}x_i\frac{f_i}{\sum_{i=1}^{n}f_i}=1\,542\ (\text{小时})$$

由组距数列计算平均数应注意：用各组组中值代表各组实际数据的水平，其假定条件是各组内的数据呈均匀分布或对称分布。由于实际情况通常与这一假定条件不完全符合，所以由组距数列计算的平均数一般只能是近似值。

4. 对相对数求算术平均数

在对一系列相对数进行平均时，由于各个相对数的对比基础不同，采用简单算术平均通常是不合理的，需要进行适当的加权。其权数的选择必须符合该相对数本身的计算公式。下面以例 3-3 来说明其计算方法。

【例 3-3】 某公司有三个下属企业，本期各企业的商品流通费用率和商品销售额数据如表 3-4 所示，试求该公司这三个企业的平均流通费用率。

表 3-4 某公司各下属企业的流通费用率和商品销售额

企业名称	流通费用率	商品销售额/万元
甲	16%	1 600
乙	10%	4 750
丙	12%	4 000
合计	—	10 350

解 流通费用率是流通费用与商品销售额对比而得的相对数。要计算这三个子企业的平均流通费用率（$\bar{x}$），显然不能采用简单算术平均数。因为各企业的销售额有多有少，它们的流通费用率对平均流通费用率的影响也就有轻有重，故应以销售额为权数进行加权算术平均，即

$$\bar{x}=\frac{\sum_{i=1}^{n}x_i f_i}{\sum_{i=1}^{n}f_i}=\frac{16\%\times 1\,600+10\%\times 4\,750+12\%\times 4\,000}{1\,600+4\,750+4\,000}$$

$$=\frac{1\,211}{10\,350}\times 100\%=11.7\%$$

由例 3-3 可知，各组相对数的平均数实质上就是总体的相对数。换言之，总体的相对数等于各组相对数的加权算术平均数，其权数为该相对数的分母指标。

5. 算术平均数的主要数学性质

算术平均数的数学性质主要有如下三条，它们也充分体现了算术平均数的统计思想。

（1）算术平均数与变量值个数的乘积等于各个变量值的总和：

$$n\bar{x}=\sum_{i=1}^{n}x_i \tag{3-4}$$

这一性质表明，算术平均数可以用来推算相应的总量。同时也表明，当各个变量值相加的总和有意义时，求这些变量值的平均数就适合用算术平均数。这正是算术平均数应用最为广泛的一个重要原因。

（2）各变量值与算术平均数的离差之总和等于零，即

$$\sum_{i=1}^{n}\left(x_i-\overline{x}\right)=0 \tag{3-5}$$

这一性质说明算术平均数是一组数据的重心，它是将各个数据的差异抽象掉之后用来代表变量的一般水平、说明一组数据分布的中心位置的代表值。

（3）各变量值与算术平均数的离差平方之总和为最小。这是指，以算术平均数为中心所计算的离差平方总和小于以其他任意数值（x_0）为中心所得到的离差平方总和，即

$$\sum_{i=1}^{n}\left(x_i-\overline{x}\right)^2=\min \quad 亦即 \quad \sum_{i=1}^{n}\left(x_i-\overline{x}\right)^2<\sum_{i=1}^{n}\left(x_i-x_0\right)^2 \tag{3-6}$$

这一性质说明，若以离差平方来衡量各个变量值与数据分布中心的差异，算术平均数作为数据一般水平和中心位置的代表值是最理想的，因为从全部数据来看，算术平均数最接近所有的变量值。

显然，式（3-4）～式（3-6）是针对简单算术平均数而言的，对于加权算术平均数，读者不难写出相应的表达式并且自己加以证明。

（二）调和平均数

调和平均数（harmonic mean）也称为倒数平均数。变量 x 的调和平均数是该变量的各个变量值的倒数（$1/x_i$）的算术平均数的倒数。为了区别于其他平均数，调和平均数可用符号 $\overline{x}_{\mathrm{H}}$ 表示，其计算公式为

$$\overline{x}_{\mathrm{H}}=\frac{1}{\dfrac{\dfrac{1}{x_1}m_1+\dfrac{1}{x_2}m_2+\cdots+\dfrac{1}{x_n}m_n}{m_1+m_2+\cdots+m_n}}=\frac{m_1+m_2+\cdots+m_n}{\dfrac{m_1}{x_1}+\dfrac{m_2}{x_2}+\cdots+\dfrac{m_n}{x_n}}=\frac{\sum\limits_{i=1}^{n}m_i}{\sum\limits_{i=1}^{n}\dfrac{m_i}{x_i}} \tag{3-7}$$

式（3-7）称为加权调和平均数公式。其中，m_i 为各变量值 x_i 对应的权数。特殊地，当 m_i（$i=1,2,\cdots,n$）全部相等时，加权调和平均数简化为简单调和平均数。

社会经济统计中所应用的调和平均数往往是具有特定（经济）意义的一个指标，而不是纯粹反映一般水平的抽象数字，它的应用必须符合现象之间的内在关系，因此它通常是加权算术平均数的变形，即当已知各组的变量值 x_i 和算术平均数的分子数据（x_if_i）而缺乏其分母数据（f_i）时，加权算术平均数通常可通过变形利用以分子数据（x_if_i）为权数的调和平均数的形式来计算。

【例 3-4】　在表 3-4 中如果未给出各子企业的商品销售额，而给出了各子企业的流通费用分别为 256 万元、475 万元、480 万元，仍然要求计算这三个企业的平均流通费用率。

解　所求平均流通费用率仍然等于流通费用总额与销售总额之比，但这里的计算可采用如下的加权调和平均数的计算形式：

$$\overline{x}=\frac{\sum\limits_{i=1}^{n}x_if_i}{\sum\limits_{i=1}^{n}f_i}=\frac{\sum\limits_{i=1}^{n}x_if_i}{\sum\limits_{i=1}^{n}\dfrac{x_if_i}{x_i}}=\frac{256+475+480}{\dfrac{256}{16\%}+\dfrac{475}{10\%}+\dfrac{480}{12\%}}=\frac{1\,211}{10\,350}\times100\%=11.7\%$$

（三）几何平均数

几何平均数（geometric mean）是 n 个变量值连乘积的 n 次方根。几何平均数同样有简单几何平均数和加权几何平均数两种形式。若用符号 $\bar{x}_G$ 表示几何平均数，简单几何平均数的计算公式为

$$\bar{x}_G = \sqrt[n]{x_1 \times x_2 \times \cdots \times x_n} = \sqrt[n]{\prod_{i=1}^{n} x_i} \tag{3-8}$$

若各个变量值 x_i 对应的权数 f_i（$i = 1, 2, \cdots, k$）不尽相同，几何平均数就要采用如下的加权形式：

$$\bar{x}_G = \sqrt[(f_1+f_2+\cdots+f_k)]{x_1^{f_1} \times x_2^{f_2} \times \cdots \times x_k^{f_k}} = \sqrt[\sum_{i=1}^{k} f_i]{\prod_{i=1}^{k} x_i^{f_i}} \tag{3-9}$$

几何平均数适用于各个变量值之间存在连乘积关系的场合。在实际应用中，主要用于计算现象的平均发展速度（详见第九章），同时也适用于对某些具有环比性质的比率求平均，如例 3-5。

【例 3-5】 某企业产品的加工要顺次经过前后衔接的五道工序。本月该企业各加工工序的合格率分别为 88%、85%、90%、92%、96%，试求这五道工序的平均合格率。

解 本例中，后一道工序的合格率是在前一道工序合格品的基础上计算的，因此各工序的合格率具有环比的性质，企业产品的总合格率等于各工序合格率的连乘积。所以，求五道工序的平均合格率应该采用几何平均数的计算公式，即所求的平均合格率应为

$$\bar{x}_G = \sqrt[5]{88\% \times 85\% \times 90\% \times 92\% \times 96\%} = 90.12\%$$

三、众数与中位数

（一）众数

众数（mode）是一组数据中出现频数最多、频率最高的变量值，常用 Mo 表示。例如，表 3-2 中的变量为年龄，在全队中 25 周岁的队员人数最多、所占比重最大，因此 25 周岁就是此例中年龄的众数值，即 Mo = 25。

众数代表的是最常见的状况，是对现象集中趋势的度量。众数不仅可以度量定量变量（数值型数据）的集中趋势，也可以用来测度定性变量（非数值型数据）的集中趋势。因此，众数在社会经济现象的管理决策中有着十分广泛的应用。

【例 3-6】 某年某企业产品的各种规格和颜色的销售量如表 3-5 所示，试分别求该企业产品规格和颜色的众数。

表 3-5 不同规格和颜色的销售量（单位：$\times 10^2$ 件）

规格	颜色				
	白色	蓝色	红色	灰色	合计
大号	163	46	24	111	344
中号	348	166	98	180	792

续表

规格	颜色				
	白色	蓝色	红色	灰色	合计
小号	165	124	81	64	434
合计	676	336	203	355	1 570

解　该企业产品中销售量最高的产品规格是“中号”，因此“规格”的众数为“中号”，即 Mo = “中号”。销售量最高的产品颜色是“白色”，所以该产品“颜色”的众数为“白色”，即 Mo = “白色”。

从分布曲线的角度看，众数就是一个变量分布曲线的高峰所对应的变量值。如果分布曲线没有明显的集中趋势或高峰，则该变量无众数。如果分布曲线明显地存在一个众数，该变量的分布称为单峰分布；如果有两个不邻近的数据具有相对较高的频数（即使频数不相等），该分布可称为双峰分布；有几个相对较高的频数的分布称为多峰分布。把不同质的个体混合在一个总体中时，变量的分布就很可能呈现出双峰或多峰分布的特征。例如，让非英语专业和英语专业的大学二年级学生参加同一英语水平测试，全体学生的测试成绩就很可能出现双峰分布。众数的示意图见图 3-1。

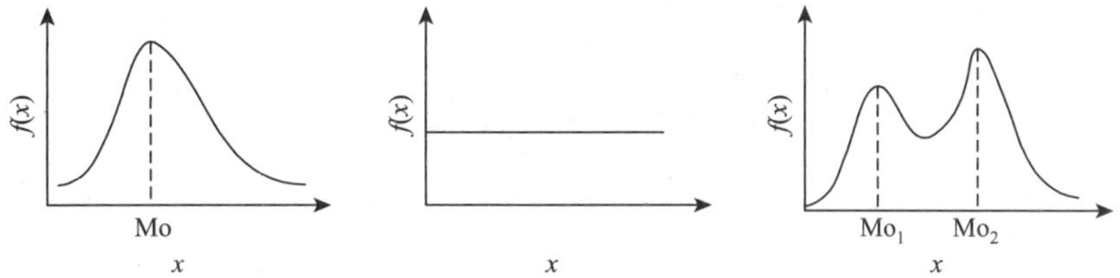

图 3-1　众数示意图

众数一般可根据分组数据或分布图形直接观察而得，但在组距数列中较为麻烦。在组距数列中需要先找到众数组。在等距数列中，众数组就是次数最多的组；在异距数列中，众数组应是频数密度最大的组。然后根据众数组次数与其相邻两组次数的关系来近似推算众数的具体数值。其近似公式为

下限公式：

$$\text{Mo} = L_{\text{Mo}} + \frac{\Delta_1}{\Delta_1 + \Delta_2} \times d_{\text{Mo}} \tag{3-10}$$

上限公式：

$$\text{Mo} = U_{\text{Mo}} - \frac{\Delta_2}{\Delta_1 + \Delta_2} \times d_{\text{Mo}} \tag{3-11}$$

其中，Mo 为众数；L_{Mo}、U_{Mo}、d_{Mo} 分别为众数组的下限、上限和组距；Δ_1 为众数组次数与其前一组（指与众数组紧邻的变量值较小的组）次数之差；Δ_2 为众数组次数与其后一组（指与众数组紧邻的变量值较大的组）次数之差。由式（3-10）或式（3-11）可见，当众数组前后两组次数相同时，众数就等于众数组的组中值。

【例 3-7】　根据表 3-3 的数据计算灯泡使用寿命的众数。

解 从表 3-3 可知，次数最多的组是第四组，即众数介于 1 400～1 600。其具体数值为

$$\mathrm{Mo}=L_{\mathrm{Mo}}+\frac{\varDelta_1}{\varDelta_1+\varDelta_2}\times d_{\mathrm{Mo}}=1\,400+\frac{(35-16)}{(35-16)+(35-23)}\times 200=1\,522.58(\text{小时})$$

或

$$\mathrm{Mo}=U_{\mathrm{Mo}}-\frac{\varDelta_2}{\varDelta_1+\varDelta_2}\times d_{\mathrm{Mo}}=1\,600-\frac{(35-23)}{(35-16)+(35-23)}\times 200=1\,522.58(\text{小时})$$

（二）中位数

中位数（median）是将数据由小到大排列后位置居中的数值。如果数据项数是奇数，则正好位于中间的数值就是中位数；如果数据项数是偶数，则取居中两个数值的平均数作为中位数。如果有 5 个人的收入分别为 1 200 元、1 450 元、1 500 元、1 600 元、2 000 元，则这 5 人收入的中位数为 1 500 元。若还有 1 人收入为 1 800 元，则这 6 人收入的中位数应在 1 500 和 1 600 两个数之间，即为 1 550 元。

在组距数列中确定中位数，需要先找到中位数组，即中间位置（用 $\sum f/2$ 来计算）所在的组。然后根据中位数组内次数均匀分布（次数与变量值的区间大小成比例）的假定，近似推算中位数的具体数值。其近似公式为

下限公式：
$$\mathrm{Me}=L_{\mathrm{Me}}+\frac{\frac{\sum f}{2}-S_{\mathrm{Me}-1}}{f_{\mathrm{Me}}}\times d_{\mathrm{Me}} \tag{3-12}$$

上限公式：
$$\mathrm{Me}=U_{\mathrm{Me}}-\frac{\frac{\sum f}{2}-S_{\mathrm{Me}+1}}{f_{\mathrm{Me}}}\times d_{\mathrm{Me}} \tag{3-13}$$

其中，Me 为中位数；L_{Me}、U_{Me}、d_{Me}、f_{Me} 分别为中位数组的下限、上限、组距和次数；$S_{\mathrm{Me}-1}$ 为变量值小于中位数组下限的各组次数的累计数；$S_{\mathrm{Me}+1}$ 为变量值大于中位数组上限的各组次数的累计数。

【例 3-8】 根据表 3-3 的数据计算灯泡使用寿命的中位数。

解 中间位置 $\sum f/2=50$，由累计次数可知，中位数组是第四组，即中位数介于 1 400～1 600。其具体数值可近似推算为

$$\mathrm{Me}=L_{\mathrm{Me}}+\frac{\frac{\sum f}{2}-S_{\mathrm{Me}-1}}{f_{\mathrm{Me}}}\times d_{\mathrm{Me}}=1\,400+\frac{50-26}{35}\times 200=1\,537.14(\text{小时})$$

或

$$\mathrm{Me}=U_{\mathrm{Me}}-\frac{\frac{\sum f}{2}-S_{\mathrm{Me}+1}}{f_{\mathrm{Me}}}\times d_{\mathrm{Me}}=1\,600-\frac{50-39}{35}\times 200=1\,537.14(\text{小时})$$

中位数可用于表示居于中间水平的数值大小。有人提出：中位数将全部数据一分为二，一半数据小于它而另一半数据大于它。这个结论显然只对连续型分布曲线成立，或在中位

数数值没有重复出现的情况下才成立。如果中位数数值出现次数大于 1，则上述说法就不符合实际了。例如，表 3-1 中男女队员的年龄中位数都是 25 周岁，但不能说有一半队员的年龄小于 25 周岁，另一半队员的年龄大于 25 周岁。所以对中位数的解释和应用要谨慎。

测度数据在特定位置上的水平，还可计算四分位数、十分位数和百分位数。与中位数计算原理相类似，它们是将数据由小到大排序后，分别位于全部数据 1/4、1/10 和 1/100 位置上的数值。实际上，中位数也就是第 2 四分位数、第 5 十分位数、第 50 百分位数。

分位数与其他指标结合，可以更详细地反映数据的分布特征。通常可将一组数据的最小值（$x_{\min}$）、第 1 四分位数（Q_1）、中位数（Me）、第 3 四分位数（Q_3）、最大值（$x_{\max}$）等五个数值综合起来绘制成箱线图（boxplot）。利用箱线图可以观察数据分布的范围、中心位置和对称性等特征，还可以进行多组数据分布的比较。例如，根据表 3-3 可算出灯泡使用寿命的四分位数 $Q_1 = 1\,387.50$（小时），Me = 1 537.13（小时），$Q_3 = 1\,721.74$（小时）。假定测试数据中最小值和最大值分别为 1 075 小时和 2 080 小时。则可绘制箱线图[①]如图 3-2 所示。

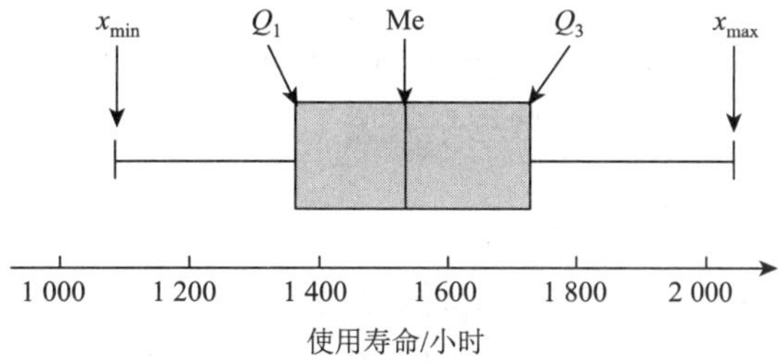

图 3-2　箱线图

算术平均数和众数、中位数都是度量数据中心位置（集中趋势）、代表一般水平的指标。它们具有不同的特点和适用场合。

（1）算术平均数是数值平均数，即它是利用全部数据加总来计算的平均数，综合反映了全部数据的信息。众数和中位数都是根据数据分布的特定位置所确定的集中趋势测度值，它们不能充分概括全部数据的信息。

（2）算术平均数和中位数在任何一组数据中都存在而且具有唯一性，但是必须注意的是，并不是所有数据都存在众数，而且众数也不具有唯一性。计算和应用众数有两个前提条件：①数据项数众多。众数一般用于描述总体数据，若用于描述样本数据，数据项数必须充分多，否则众数就不具有“最普遍值”的意义，而且次数最多的值会很不稳定，其中有一两项数据变动，众数的值就可能有很大差异。②数据具有明显的集中趋势。如果次数的差别不大，也就无所谓哪个值更具有普遍意义和代表性，如图 3-1（b）所示。

（3）算术平均数只能用于定量（数值型）数据，中位数适用于定序数据和定量数据，众数适用于所有形式（类型、计量层次）的数据，即对定性数据和定量数据都适用。

（4）算术平均数比较容易受数据中极端值的影响，而众数和中位数都不受极端值

---

① 箱线图的绘制可根据原始数据由计算机自动完成。SPSS、STATISTICA 和 Minitab 等软件都有此功能。Excel 不能直接绘制箱线图，但其中“股价图”（K 线图）与此类似，只不过股价图是由开盘价、最高价、最低价、收盘价四个数值来绘制的。

的影响。例如，在表 3-1 中，男、女队员的平均年龄分别是 27.9 周岁和 25.9 周岁。事实上男女队员的年龄有 9 对数字是完全相同的，只是由于有一名男队员的年龄大大高于女队员的年龄，两队平均年龄整整相差了 2 周岁。可见，当数据分布偏斜程度较大（一端有极端值）时，不宜用算术平均数来代表数据的一般水平。为了排除极端值的干扰，可计算切尾算术平均数（切尾均值），即去掉数据中最大和最小的若干项数值后计算的均值。在歌手比赛和体操比赛中，经常要去掉一（两）个最高分、去掉一（两）个最低分来计算选手的平均得分，这就是切尾均值的应用。实际上，切尾均值是将算术平均数与中位数两种指标取长补短的结果。

（5）利用算术平均数可以推算总体的有关总量指标，如根据居民人均消费量推算居民消费总量。中位数和众数则不宜用作此类推算。

算术平均数和众数、中位数三者之间的数量关系取决于数据分布的偏斜（非对称）程度。对于呈现单峰分布特征的数据，如果数据的分布是对称的，则三者相等，即 $\bar{x}=Me=Mo$；如果数据呈左偏（负偏）分布，数据中的极小值会使算术平均数偏向较小的一方，极小值的大小虽然不影响中位数，但其所占项数会影响数据的中间位置从而略使中位数偏小，众数则完全不受极小值大小和位置的影响，因此一般情况下，三者的关系表现为 $\bar{x}<Me<Mo$；反之，如果数据呈右偏（正偏）分布，则一般有 $Mo<Me<\bar{x}$。三者的关系如图 3-3 所示。

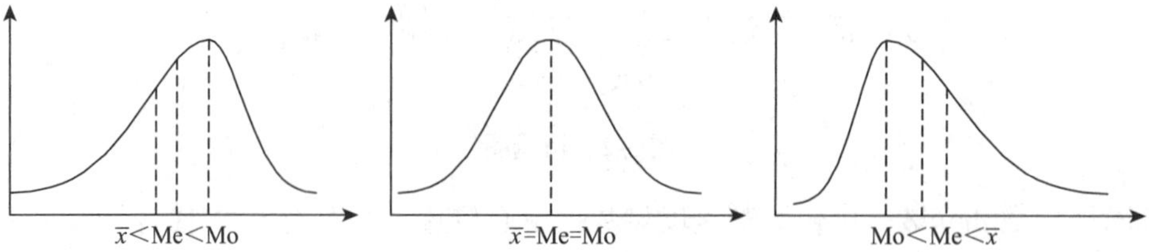

(a) 左偏（负偏）分布　(b) 对称钟形分布　(c) 右偏（正偏）分布

图 3-3　众数、中位数与算术平均数的关系示意图

著名的英国统计学家皮尔逊提出了一个经验公式。在数据分布呈轻微偏态时，算术平均数和众数、中位数三者之间存在如下的近似关系：

$$\bar{x}-Mo\approx 3(\bar{x}-Me) \tag{3-14}$$

请扫描二维码，获取资源：参考 3-1　糊涂的将军

第二节　统计变量离散程度的测定

一、测定离散程度的指标及其作用

数据的集中趋势和离散程度是数据分布最基本的两大特征。集中趋势反映了统计数

据聚集的中心所在。但是变异是统计数据天然的特性，各个数据总是以不同的程度偏离它们的分布中心。对于一组数据，我们不仅要研究其分布的中心位置，以概括反映这组数据的整体水平高低，还要测度数据的离散程度，说明数据之间差异程度的大小。测度离散程度的指标称为**变异指标**。

变异指标的主要作用如下。

（1）说明数据的离散程度，反映变量的稳定性和均衡性。数据之间差异越大，说明变量的稳定性或均衡性越差；反之，数据之间差异越小，说明变量的稳定性或均衡性越高。在社会经济活动分析中，不仅经常需要从静态上分析不同个体之间的数量差异是否过大，而且还要从动态上研究现象变化过程是否稳定、波动是否剧烈。例如，关于劳动者收入的研究通常要关心他们的收入差距是否合理；对不同时期生产经营成果的分析，通常需要研究现象的变化是否比较均衡，这对于发现异常波动、分析现象的影响因素等都具有重要的作用。

（2）衡量平均数的代表性。平均数是数据分布中心和一般水平的代表值，其代表性强弱取决于变量的变异程度大小。数据分布越分散，离散程度越大，平均数的代表性就越小；反之，数据分布越集中，离散程度越小，平均数的代表性就越大。例如，有两组数据如表 3-6 所示。

表 3-6　两个小组学生的测试成绩

组别	学生的测试成绩/分						
甲组	30	54	67	78	85	92	98
乙组	60	65	68	73	75	80	83

这两组数据的均值都是 72 分，但是显然用 72 分代表乙组数据的一般水平比代表甲组数据的一般水平更具有代表性，这是因为甲组数据之间的差异程度明显大于乙组。

（3）在统计推断中，变异指标常常还是判别统计推断前提条件是否成立的重要依据，也是衡量推断效果好坏的重要尺度。

对数据的离散程度可以从不同角度、用不同方法来测度，因此变异指标有多种。常用的变异指标主要有两类：一类是用绝对数或平均数表示的，主要有极差、四分位差、平均差、标准差等，这类变异指标的计量单位与数据的计量单位相同；另一类是用相对数表示的，主要有离散系数、异众比率等，是没有量纲的比率。

二、极差、四分位差和平均差

（一）极差

极差（range）是一组数据的最大值（x_{max}）与最小值（x_{min}）之差，通常用 R 表示。对于总体数据而言，极差也就是变量变化的范围或幅度大小，故也称为全距或范围。其计算公式为

$$R = x_{max} - x_{min} \tag{3-15}$$

例如，根据表 3-6 的数据可计算甲组数据的极差为 $R = 98-30 = 68$（分），乙组数据的极差为 $R = 83-60 = 23$（分）。从极差可见，甲组学生测试成绩的差异比乙组大得多。

极差一般只对未分组数据或单项数列进行计算。对于组距数列，极差只能根据最高水平组的上限减去最低水平组的下限来近似计算。

极差是最简单的变异指标，计算简便、含义直观、容易理解。但是它的局限性也是很明显的，它只利用了最大和最小两个尾端的信息，未考虑数据的中间分布情况，不能充分说明全部数据的差异程度，因此在实际中极差的应用并不多。

（二）四分位差

为了克服全距受极端值影响的局限性，可以去掉部分尾端数值后来测度中间数据的差异程度。其中主要是计算四分位差。四分位差（quartile deviation）是第 3 四分位数（Q_3）与第 1 四分位数（Q_1）之差，常用Q_d表示。计算公式为

$$Q_d = Q_3 - Q_1 \tag{3-16}$$

例如，根据表 3-3，可计算出灯泡使用寿命的第 1 和第 3 四分位数分别为 1 387.50 小时和 1 721.74 小时，其四分位差为

$$Q_d = Q_3 - Q_1 = 1\ 721.74 - 1\ 387.50 = 334.24\text{（小时）}$$

四分位差实质上是两端各去掉四分之一的数据以后的极差，表示占全部数据一半的中间数据的离散程度。四分位差越大，表示数据离散程度越大。四分位差是在一定程度上对极差的一种改进，避免了极端值的干扰。当一组数据中极端值较突出时，可采用四分位差来反映数据的离散程度。但它仍然只利用了两个位置的信息，并没有考虑全部数据的差异情况，因此它对数据差异的反映也是不够充分的。

四分位差是依据数据顺序来计算的一种变异指标，属于一种顺序统计量，适用于定序数据和定量数据。尤其是当用中位数来测度数据集中趋势时，对应的离散程度就特别适合用四分位差来描述。

（三）平均差

平均差（average deviation）是各个数据与其均值的离差绝对值的算术平均数，反映各个数据与其均值的平均差距，通常以 A. D 表示。根据未分组数据计算的平均差是离差绝对值的简单算术平均数，其计算公式为

$$\text{A. D} = \frac{\sum_{i=1}^{n} |x_i - \bar{x}|}{n} \tag{3-17}$$

根据已分组数据计算的平均差是离差绝对值的加权算术平均数，其计算公式为

$$\text{A. D} = \frac{\sum_{i=1}^{n} |x_i - \bar{x}| f_i}{\sum_{i=1}^{n} f_i} = \sum_{i=1}^{n} |x_i - \bar{x}| \frac{f_i}{\sum_{i=1}^{n} f_i} \tag{3-18}$$

平均差含义清晰，计算结果容易理解，与极差、四分位差相比，平均差是利用全部

数据信息计算的变异指标，所以它能够全面地概括、反映数据之间的离散程度。但平均差为了避免离差正负抵消而取离差绝对值进行平均，这种形式使得数学处理上不够方便，同时在数学性质上也不是最优的，因此在统计实践中，平均差的应用并不多见。

三、方差和标准差

（一）方差和标准差的计算

方差（variance）和标准差（standard deviation）是测度数据离散程度最重要和最常用的指标。

方差是各个数据与其均值的离差平方的算术平均数。总体方差通常以σ^2表示，其计算公式为

未分组数据：
$$\sigma^2=\frac{\sum_{i=1}^{n}\left(x_i-\bar{x}\right)^2}{n} \tag{3-19}$$

已分组数据：
$$\sigma^2=\frac{\sum_{i=1}^{n}\left(x_i-\bar{x}\right)^2 f_i}{\sum_{i=1}^{n} f_i} \tag{3-20}$$

方差的算术平方根即为标准差。总体标准差一般用σ表示。其计算公式为

未分组数据：
$$\sigma=\sqrt{\sigma^2}=\sqrt{\frac{\sum_{i=1}^{n}\left(x_i-\bar{x}\right)^2}{n}} \tag{3-21}$$

已分组数据：
$$\sigma=\sqrt{\sigma^2}=\sqrt{\frac{\sum_{i=1}^{n}\left(x_i-\bar{x}\right)^2 f_i}{\sum_{i=1}^{n} f_i}} \tag{3-22}$$

方差与标准差用于测度数据的离散程度，其作用实质上是一致的，但标准差的计量单位与所测度数据的计量单位相同，计算结果的实际意义要比方差更容易理解。因此，在社会经济现象的统计分析中，标准差比方差的应用更为普遍，经常被用作测度数据与均值差距的标准尺度。

【例 3-9】 根据表 3-3 的数据计算使用寿命的平均差和方差、标准差。

解 例 3-2 中已计算出使用寿命的均值为 1 542 小时，所以平均差和标准差的计算过程如表 3-7 所示。

表 3-7 使用寿命的平均差和标准差计算表

使用寿命/小时	组中值（x_i）/小时	数量（f_i）/只	离差 $(x_i-\bar{x})$	离差绝对值总和 $\lvert x_i-\bar{x}\rvert f_i$	离差平方和 $(x_i-\bar{x})^2 f_i$
1 000 以下	900	2	−642	1 284	824 328
1 000～1 200	1 100	8	−442	3 536	1 562 912

续表

使用寿命/小时	组中值（x_i）/小时	数量（f_i）/只	离差 $(x_i-\bar{x})$	离差绝对值总和 $\lvert x_i-\bar{x}\rvert f_i$	离差平方和 $(x_i-\bar{x})^2 f_i$
1 200～1 400	1 300	16	−242	3 872	937 024
1 400～1 600	1 500	35	−42	1 470	61 740
1 600～1 800	1 700	23	158	3 634	574 172
1 800～2 000	1 900	12	358	4 296	1 537 968
2 000 及以上	2 100	4	558	2 232	1 245 456
合计	—	100	—	20 324	6 743 600

根据式（3-18），可得使用寿命的平均差为

$$\text{A.D}=\frac{\sum_{i=1}^{k}|x_i-\bar{x}|f_i}{\sum_{i=1}^{k}f_i}=\frac{20\,324}{100}=203.24\text{（小时）}$$

计算结果表明，这 100 只灯泡的使用寿命与其均值平均相差 203.24 小时。

方差：
$$\sigma^2=\frac{\sum_{i=1}^{n}(x_i-\bar{x})^2 f_i}{\sum_{i=1}^{n}f_i}=\frac{6\,743\,600}{100}=67\,436$$

标准差：
$$\sigma=\sqrt{\frac{\sum_{i=1}^{n}(x_i-\bar{x})^2 f_i}{\sum_{i=1}^{n}f_i}}=\sqrt{\frac{6\,743\,600}{100}}=\sqrt{67\,436}=259.684\text{（小时）}$$

方差或标准差也是从平均的意义上反映每个数据与其均值的差异大小。方差和标准差的数值越大，说明变量的变异程度越大；反之，方差和标准差的数值越小，说明变量的变异程度越小，数据越集中。

方差或标准差都是根据全部数据计算的，因此它们能够充分利用全部数据的差异信息，全面反映出数据的离散程度。由于对离差取平方进行计算，标准差对较大偏差的反映更为灵敏，一般情况下（当大多数离差绝对值大于 1 时），根据同一组数据计算的标准差要比平均差大些。

（二）方差的主要数学性质

（1）常数的方差等于零。设 a 为常数，则有

$$\sigma_a^2=0 \tag{3-23}$$

（2）变量的线性函数的方差等于变量系数的平方乘以变量的方差。设 a、b 为常数，$y=a+bx$，则有

$$\sigma_y^2 = b^2\sigma_x^2 \tag{3-24}$$

（3）分组条件下，总体的方差（σ^2）等于组间方差（σ_B^2）与各组组内方差的平均数（$\overline{\sigma^2}$）之和，即

$$\sigma^2 = \sigma_B^2 + \overline{\sigma^2} \tag{3-25}$$

也就是说，在分组条件下，全部数据的差异包括两个方面：一是组与组之间水平的差异（由分组标志的影响所引起的变异）；二是各组内部数据之间的差异（除分组标志之外其他因素的影响所引起的变异）。前者用组间方差来衡量，后者用各组方差（即组内方差）的平均数来测度。

组内方差平均数（$\overline{\sigma^2}$）和组间方差（σ_B^2）的计算公式分别为

$$\overline{\sigma^2} = \frac{\sum_{i=1}^{n}\sigma_i^2 f_i}{\sum_{i=1}^{n} f_i} \tag{3-26}$$

$$\sigma_B^2 = \frac{\sum_{i=1}^{n}(\overline{x}_i - \overline{x})^2 f_i}{\sum_{i=1}^{k} f_i} \tag{3-27}$$

其中，$\overline{x}$ 为总体平均数；$\overline{x}_i$、σ_i^2、f_i 分别为第 i 组（$i = 1, 2, \cdots, n$）的平均数、方差和数据个数。

（三）标准化值

来自不同均值和标准差的个体的数据，往往不能直接对比。这就需要将它们转化为同一规格、尺度的数据后再比较。这种转换的方法常常是将数据进行标准化，也就是将数据转换为标准化值或标准得分。标准化值一般用 Z 表示，也称为 Z 值（Z-score）。其计算公式如下：

$$Z = \frac{x_i - \overline{x}}{\sigma} \tag{3-28}$$

标准化实际上是将不同均值和标准差的总体都转换为均值为 0、标准差为 1 的总体，将各个体的数据转换为它在其总体中的相对位置。标准化值的比较只有相对意义，没有绝对意义。

【例 3-10】 假定某班学生先后两次进行了难度不同的综合考试，第一次考试成绩的均值和标准差分别为 80 分和 10 分，而第二次考试成绩的均值和标准差分别为 70 分和 7 分。张三第一、二次考试的成绩分别为 92 分和 80 分，那么与全班相比较而言，他哪一次考试的成绩更好呢？

解　由于两次考试成绩的均值和标准差不同，每个学生两次考试的成绩不宜直接比较。这就需要先将两次考试成绩标准化，利用标准化值进行对比才比较合理。根据式（3-28），张三两次考试的标准得分分别为 $(92-80)/10=1.20$ 和 $(80-70)/7=1.43$。

因此，可认为与全班相比而言，张三第二次考试的成绩更好一些。

四、离散系数

前面所介绍的各个变异指标都是有计量单位的绝对数和平均数，它们的数值大小不仅取决于数据的离散程度，还受数据本身水平高低和计量单位的影响。因此，对不同变量（或不同数据组）的离散程度进行比较时，只有当它们的平均水平和计量单位都相同时，才能利用上述变异指标来分析；否则，须将平均水平或计量单位的差异抽象掉，利用离散系数（coefficient of variation）来比较它们的离散程度。

离散系数也称为变异系数，是极差、四分位差、平均差或标准差等变异指标与算术平均数的比率，以相对数的形式表示变异程度。将极差与算术平均数对比得到极差系数，将平均差与算术平均数对比得到平均差系数。最常用的离散系数是就标准差来计算的，称之为标准差系数，常用V_σ表示，即

$$V_\sigma = \frac{\sigma}{\bar{x}} \tag{3-29}$$

离散系数的计算结果也可以用百分比表示。离散系数大，说明数据的离散程度大，其平均数的代表性就差；反之，离散系数小，说明数据的离散程度小，其平均数的代表性就强。

【例 3-11】 计算例 3-2 中的标准差系数。若另一品牌灯泡的平均寿命是 1 150 小时，标准差为 206 小时，试比较这两种品牌灯泡的离散程度。

解 两种灯泡的平均寿命水平不同，不能直接用标准差进行比较，需计算标准差系数。此种灯泡使用寿命的标准差系数为

$$V_\sigma = \frac{\sigma}{\bar{x}} = \frac{259.684}{1\,542} = 0.168\text{（或 16.8\%）}$$

另一种灯泡使用寿命的标准差系数为

$$V_\sigma = \frac{\sigma}{\bar{x}} = \frac{206}{1\,150} = 0.179\text{（或 17.9\%）}$$

可见，另一种灯泡使用寿命的标准差系数较大，说明其离散程度较大。

五、异众比率

异众比率（variation ratio）是指非众数值的次数之和在总次数中所占的比重，可用V_{Mo}表示，其计算公式为

$$V_{\text{Mo}} = \frac{\sum_i f_i - f_{\text{Mo}}}{\sum_i f_i} = 1 - \frac{f_{\text{Mo}}}{\sum_i f_i} \tag{3-30}$$

其中，$\sum_i f_i$为总次数；f_{Mo}为众数值的次数。

异众比率主要用于衡量一组数据以众数为分布中心的集中程度，即衡量众数代表一组数据一般水平的代表性。异众比率的数值越小，说明数据的集中程度越高，众数的代

表性越大；反之，异众比率的数值越大，说明数据的集中程度越低，众数的代表性越小。异众比率主要适用于测定定性变量的离散程度，也可以用于测定定量变量（数值型数据）的离散程度。

【例 3-12】　根据表 3-5 的资料，比较该企业产品规格和颜色的离散程度。

解　因为颜色是定类变量，其离散程度只能用异众比率来测度和比较。

规格的异众比率：$V_{\text{Mo}}=1-\dfrac{f_{\text{Mo}}}{\sum\limits_{i} f_i}=1-\dfrac{792}{1\,570}=1-0.504=0.496$

颜色的异众比率：$V_{\text{Mo}}=1-\dfrac{f_{\text{Mo}}}{\sum\limits_{i} f_i}=1-\dfrac{676}{1\,570}=1-0.431=0.569$

计算结果表明，该企业产品颜色的离散程度比规格的离散程度要大一些，换言之，规格的集中程度要高一些。或者说，中号作为规格的众数的代表性比白色作为颜色的众数的代表性更大。

请扫描二维码，获取资源：参考 3-2　洋教授打假

第三节　变量分布的偏度与峰度

要全面了解数据分布的特点，还需要知道数据频数分布曲线是否对称、偏斜的方向和程度以及频数分布曲线顶端的尖峭或扁平的程度等。变量分布的偏态和峰度就是对这些分布特征的进一步描述。二者结合可判断数据的分布是否接近于正态分布。矩是测度分布的偏度和峰度的重要基础，为此，先引入矩的概念。

一、矩

矩也称为动差，原是物理学上用以表示力与力臂对重心关系的术语。由于这个关系和统计学上变量与权数对均值的关系在性质上很相似，所以统计学上也用它来刻画数据分布特征。实际上，矩是指一系列刻画数据分布特征的指标的统称。

一般地说，将所有变量值与数值 a 之离差的 K 次方的平均数称为变量 x 关于 a 的 K 阶矩，即

$$\frac{\sum_{i=1}^{n}(x_i-a)^k f_i}{\sum_{i=1}^{n} f_i} \tag{3-31}$$

特别地，当 $a=0$ 即以原点为中心计算变量的离差时，式（3-31）就成为 K 阶原点矩。换言之，K 阶原点矩是数据的 K 次方的平均数，其一般公式为

$$\frac{\sum_{i=1}^{n} x_i^k f_i}{\sum_{i=1}^{n} f_i} \tag{3-32}$$

其中，x_i、f_i分别为各组变量值及其对应的权数。

不难看出，一阶原点矩即算术平均数，二阶原点矩即平方平均数。

当 $a=\bar{x}$ 时，以均值为中心计算变量的离差的 K 次方的平均数，称之为变量的 K 阶中心矩，记为 m_k，其一般公式为

$$m_k=\frac{\sum_{i=1}^{n}(x_i-\bar{x})^k f_i}{\sum_{i=1}^{n} f_i} \tag{3-33}$$

当 $k=1$ 时，称为一阶中心矩（一阶中心动差），它恒等于 0，即 $m_1=0$。

当 $k=2$ 时，称为二阶中心矩（二阶中心动差），也就是方差，即 $m_2=\sigma^2$。

二、偏度

将数据频数分布用图形表示，可以看出有些分布是对称的，称为对称分布；有的分布是不对称的，称为偏态分布。**偏度**（skewness）是指数据分布的不对称程度或偏斜程度。偏态分布又分左偏（亦称为负偏）和右偏（亦称为正偏）两种，见图 3-3。

在前面曾提到，利用算术平均数、中位数和众数三者之间的关系可以判断数据分布是否对称。若数据分布是对称的，均值、中位数、众数三者相等。若分布是偏态的，三者不相等；偏态越严重，三者差距就越大。因此，根据算术平均数与众数之间的方向和距离可判断分布偏斜的方向和程度。由于均值与众数之差是一个绝对数，为了消除量纲和数据水平的影响，可以用标准差去除，将其转换为相对数来测度和比较，即有公式

$$\frac{\bar{x}-\mathrm{Mo}}{\sigma} \tag{3-34}$$

式（3-34）是测度偏态最简单的一种方法。其数值一般应在−3～0 及 0～+3。数值为 0 表示对称分布，−3 表示极左偏态，+3 表示极右偏态。

也可以用分位数来测度偏态。若为对称分布，第 1 四分位数 Q_1 与第 3 四分位数 Q_3 是关于中位数对称的。同理，第 1 百分位数和第 99 百分位数也是关于中位数对称的；第 2 十分位数和第 8 十分位数与中位数的距离是相等的。所以根据分位数的性质，可以利用左右两侧的分位数与中位数之间的距离来测度偏态的方向和偏态程度，即

$$\frac{(Q_3-\mathrm{Me})-(\mathrm{Me}-Q_1)}{Q_3-Q_1}=\frac{Q_3+Q_1-2\mathrm{Me}}{Q_3-Q_1} \tag{3-35}$$

式（3-35）计算的数值在$(-1,+1)$的范围内变动。

测定偏度最常用的方法是利用中心矩来计算偏度系数。如果分布是对称的，所有奇数阶中心矩都为 0；反之，若分布不对称，则只有一阶中心矩为 0，其余奇数阶中心矩都不为 0。因此，可以利用三阶以上的奇数阶中心矩来测度偏态。显然最为简便的是利用三

阶中心矩（m_3），为消除量纲的影响，可用σ^3去除。于是得到偏度系数（SK）的计算公式如下：

$$\mathrm{SK}=\frac{m_3}{\sigma^3} \tag{3-36}$$

如果一组数据的分布是对称的，则 SK = 0；如果一组数据的分布是左偏（负偏）的，则 SK<0；如果一组数据的分布是右偏（正偏）的，则 SK > 0。偏斜程度越严重，SK 的绝对值越大。

三、峰度

峰度（kurtosis）是变量分布的另一个重要特点，是指变量的集中程度和分布曲线的陡峭（或平坦）程度。对峰度的度量通常以正态分布曲线为比较标准，一般将峰度分为正态峰度、尖顶峰度和平顶峰度三种。当变量分布曲线比正态分布曲线更加尖峭、更高更窄时，称为尖顶峰度；当变量分布曲线比正态分布曲线更为平缓、更低更扁平时，称为平顶峰度（图 3-4）。

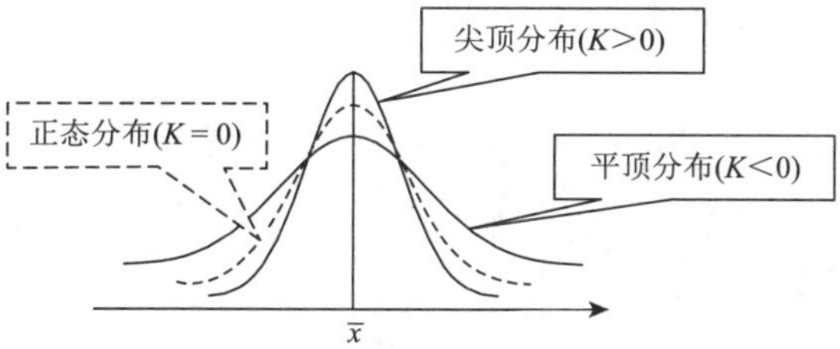

图 3-4　不同峰度的分布曲线示意图

分布曲线的尖峭程度与偶数阶中心矩的数值大小有直接关系。以四阶中心矩m_4为基础，为了消除量纲的影响，再除以标准差的四次方σ^4所得到的相对数即可用于衡量峰度。正态分布曲线的四阶中心矩m_4与其标准差的四次方σ^4之比等于 3（$m_4/\sigma^4=3$），因此测定任意一个变量分布曲线的峰度可用下列公式计算出峰度系数（用K表示）：

$$K=\frac{m_4}{\sigma^4}-3 \tag{3-37}$$

当$K=0$时，分布曲线为正态曲线。

当$K>0$时，为尖顶曲线，表示数据比正态分布更集中在均值附近；K的数值越大，则变量分布曲线之顶端越尖峭。

当$K<0$时，为平顶曲线，表示数据比正态分布更分散；K的数值越小，则变量分布曲线之顶端越平坦。

【例 3-13】　根据表 3-3 的数据，计算使用寿命分布的偏度系数和峰度系数。

解　为了清楚显示计算过程，也可以如同计算平均差和方差那样列表（表 3-7）来得到计算偏度系数和峰度系数所需的有关数据。为节省篇幅，这里只给出最后的计算式和计算结果：

$$\mathrm{SK}=\frac{m_3}{\sigma^3}=\frac{-113\,102\,400/100}{(259.684)^3}=\frac{-1\,131\,024}{(259.684)^3}=-0.065$$

$$K=\frac{m_4}{\sigma^4}=\frac{12\,993\,157\,712}{(259.684)^4}-3=-0.143$$

计算结果表明，偏度系数几乎为 0，说明该产品使用寿命的分布十分接近对称分布；峰度系数略小于 0，说明该产品使用寿命的分布要比正态分布略平坦一些。总的说来，该产品的使用寿命的分布非常接近正态分布。

第四节 利用 Excel 计算描述统计指标

一、未分组数据有关指标的计算

对于未分组的数据，最方便的方法是使用 Excel 中的“描述统计”分析工具来计算有关指标。

【例 3-14】 使用本章“思考与练习”中计算题第 2 题的数据（未分组），对甲班学生的数学成绩数据进行描述统计分析。

解 操作步骤如下。

（1）输入数据。如图 3-5 所示，在 A2：A55 输入成绩数据，在 A1 输入列标志“成绩”。

	A	B	C	D	E
1	成绩			成绩	
2	60				
3	79		平均	72.7037037037037	=AVERAGE(成绩)
4	48		标准误差	1.99783769022879	=STDEV.S(成绩)/SQRT(COUNT(成绩))
5	76		中位数	74.5	=MEDIAN(成绩)
6	67		众数	78	=MODE(成绩)
7	58		标准差	14.6810487898832	=STDEV.S(成绩)
8	65		方差	215.53319357093	=VAR(成绩)
9	78		峰度	1.6635716499344	=KURT(成绩)
10	64		偏度	-0.830040076554997	=SKEW(成绩)
11	75		区域	74	=MAX(成绩)-MIN(成绩)
12	76		最小值	25	=MIN(成绩)
13	78		最大值	99	=MAX(成绩)
14	84		求和	3926	=SUM(成绩)
15	48		观测数	54	=COUNT(成绩)
16	25		置信度(95.0%)	4.00715494647149	=T.INV.2T(0.05,COUNT(成绩)-1)*STDEV.S(成绩)/SQRT(COUNT(成绩))

图 3-5 未分组数据描述统计

（2）调出“描述统计”对话框，其主要选项的含义如下。

“输入区域”：在此输入待分析数据区域的单元格范围。

“分组方式”：指出输入区域中的数据是按行还是按列排列。

标志位于第一行/列：如果输入区域的第一行中包含标志项（变量名），则选中“标志位于第一行”复选框；如果输入区域的第一列中包含标志项，则选中“标志位于第一列”复选框；如果输入区域没有标志项，则不选任何复选框，Excel 将在输出表中生成适宜的数据标志。

“输出区域”：在此框中可填写输出结果表左上角单元格地址，用于控制输出结果的存放位置。整个输出结果分为两列，左边一列包含统计标志项，右边一列包含统计值。根据所选择的“分组方式”选项的不同，Excel 将为输入表中的每一行或每一列生成一个两列的统计表。

“新工作表组”：单击此选项，可在当前工作簿中插入新工作表，并由新工作表的 A1 单元格开始存放计算结果。如果需要给新工作表命名，则在右侧编辑框中键入名称。

“新工作簿”：单击此选项，可创建一新工作簿，并在新工作簿的新工作表中存放计算结果。

“汇总统计”：指定输出表生成下列统计结果，则选中此复选框。这些统计结果有样本的平均值、抽样平均误差、中位数、众数、样本标准差、样本方差、峰度值、偏度值、极差、最小值、最大值、样本总和、样本容量和一定置信度下总体均值的抽样极限误差[①]。

“平均数置信度”：选中此复选框，则输出由样本均值推断总体均值的抽样极限误差，置信度在右侧的编辑框中指定。

第 *K* 大/小值：如果需要在输出表的某一行中包含每个区域的数据的第 *k* 个最大/小值，则选中此复选框。然后在右侧的编辑框中，输入 *k* 的数值。

“描述统计”对话框的填写如图 3-6 所示。

图 3-6　“描述统计”对话框

（3）“描述统计”对话框填完后，单击“确定”按钮，结果如图 3-5 所示。

这里有以下几点需要注意。

第一，描述统计工具所得到的各个指标均可以使用相应的函数得到，如图 3-5 中的 E 列所示，公式的“成绩”是 A2 : A55 区域的名称。

第二，各种分析工具对话框输出选项中“输出区域”、“新工作表组”和“新工作簿”的含义基本相同，以下不再赘述。

① 关于抽样极限误差和置信度的概念请参照本书第五章。

二、分组数据有关指标的计算

对于分组数据的有关指标，只能应用 Excel 的公式与函数来实现。

【例 3-15】 使用例 3-2 的数据（分组数据），求节能灯泡使用寿命的平均水平、标准差以及偏度和峰度等指标。

解 （1）输入数据，如图 3-7 所示。其中，“x”是每组的组中值，“f”是每组的频数。

（2）定义变量名。B2：B8 单元格区域命名为“x”，C2：C8 单元格区域命名为“f”；F2：F7 存放的是最终结果与一些中间变量值，将 F 列中 F2 到 F7 的各个单元格分别命名为 E 列中相应单元格所显示的名称。

（3）进行计算。在 F2：F7 中依次输入如下公式：

= SUMPRODUCT（x，f）/SUM（f）

= SQRT（SUMPRODUCT（(x–平均寿命）^2，f）/SUM（f））

= SUMPRODUCT（(x–平均寿命）^3，f）/SUM（f）

= SUMPRODUCT（(x–平均寿命）^4，f）/SUM（f）

= 三阶动差/标准差^3

= 四阶动差/标准差^4–3

（4）计算结果如图 3-7 所示。

	A	B	C	D	E	F
1	使用寿命	x	f			
2	1000以下	900	2		平均寿命	1542
3	1000-1200	1100	8		标准差	259.6844239
4	1200-1400	1300	16		三阶动差	-1131024
5	1400-1600	1500	35		四阶动差	12993157712
6	1600-1800	1700	23		偏度	-0.064585365
7	1800-2000	1900	12		峰度	-0.142862732
8	2000及以上	2100	4			

图 3-7　分组数据描述统计

这里有以下几点需要说明。

第一，SUMPRODUCT 函数的语法如下：

SUMPRODUCT（array1，array2，array3，…）

array1，array2，array3，…表示数组，最多 30 个，SUMPRODUCT 函数将各数据相应元素相乘并求和。对本例来讲，该函数计算的是 $\sum xf$ 。

第二，可参照本例的方法计算分组情况下的其他有关描述统计的指标，如方差、极差、离散系数等。

第三，对于众数、中位数和异众比率等的计算，不需要特别的技巧，只要将统计中的计算公式在 Excel 中实现即可。请有兴趣的读者自行尝试。

➢本章小结

1. 测度数据集中趋势主要指标有算术平均数、调和平均数、几何平均数、众数与中位数。

2. 算术平均数是全部数据的总和除以数据项数，有简单算术平均数和加权算术平均数两种。在平均数的计算中，权数一般是各数据出现的次数，但在对相对数进行平均时，权数的选择要与该相对数的公式相适应。

3. 调和平均数是数据倒数的算术平均数的倒数。社会经济现象中应用的调和平均数通常是加权算术平均数当其分母未知时的变形。

4. 几何平均数是 n 个数据连乘积的 n 次方根，主要用于对具有环比性质的比率求平均。

5. 众数是出现次数最多的数值，中位数是数据按大小顺序排列以后位置居中的数值。众数和中位数都不受极端值的影响。与中位数的原理类似的位置测度值还有四分位数、十分位数和百分位数。当数据呈对称钟形分布时，算术平均数与众数、中位数三者相等。利用算术平均数与众数之差可以判断数据分布偏斜的方向和程度。

6. 测度数据离散程度的指标有极差、四分位差、平均值、方差和标准差、变异系数。

7. 极差是数据中最大值与最小值之差，四分位差是中间一半数据之极差，平均差是离差绝对值的算术平均数，它们都具有一定局限性。

8. 方差是数据与均值离差的平方的算术平均数。标准差是方差的算术平方根。它们是最常用的变异指标。标准化值是标准差典型的应用。

9. 比较不同组数据的离散程度大小时，若数据的平均水平不同或计量单位不同，就必须应用变异系数来说明。最常用的变异系数是标准差系数。异众比率是非众数值次数与总次数对比的比率，用于衡量众数的代表性。

10. 矩是各数据与某一数值离差的 K 次方的平均数。K 阶原点矩是数据的 K 次方的平均数。一阶原点矩就是均值，二阶原点矩是平方平均数。K 阶中心矩是数据与其均值的离差的 K 次方的平均数。一阶中心矩恒为 0，二阶中心矩就是方差，三阶和四阶中心矩是测定偏态和峰度的重要基础。

11. 偏度系数是用来衡量分布偏斜程度的指标，它是三阶中心矩与标准差的三次方对比的相对数。峰度系数是衡量分布曲线尖峭程度即分布集中程度的指标，它是四阶中心矩与标准差的四次方对比的相对数。

12. 在计算描述统计指标时，Excel 提供了以下两种方法：①利用“描述统计”分析工具，该工具适用于未分组的原始数据；②利用 Excel 的公式功能与相关的统计或数学函数，该方法既适用于未分组的原始数据，又适用于分组数据。

➢思考与练习

一、单项选择题

1. 由变量数列计算加权算术平均数时，直接体现权数的实质的是（　　）。

A. 总体单位数的多少　　B. 各组单位数的多少

C. 各组变量值的大小　　D. 各组频率的大小

2. 若你正在筹划一次聚会，想知道该准备多少瓶饮料，你最希望得到所有客人需要饮料数量的（　　）。

A. 均值　　B. 中位数　　C. 众数　　D. 四分位数

3. 2004 年某地区甲、乙两类职工的月平均收入分别为 1 060 元和 3 350 元，标准差分别为 230 元和 680 元，则职工平均收入的代表性（　　）。

A. 甲类较大　　B. 乙类较大

C. 两类相同　　D. 在两类之间缺乏可比性

4. 假如学生测验成绩记录为优、良、及格和不及格，为了说明全班同学测验成绩的水平高低，其集中趋势的测度（　　）。

A. 可以采用算术平均数　　B. 可以采用众数或中位数

C. 只能采用众数　　D. 只能采用四分位数

5. 一组数据呈微偏分布，且知其均值为 510，中位数为 516，则可推算众数为（　　）。

A. 528　　B. 526　　C. 513　　D. 512

6. 当分布曲线的峰度系数小于 0 时，该分布曲线称为（　　）。

A. 正态曲线　　B. 尖顶曲线

C. 平顶曲线　　D. U 形曲线

二、判断分析题

1. 有人调查了 456 位足球运动员某年的收入，发现他们的年收入以 24.7 万元为分布中心，但超过 24.7 万元的只有 121 人。试问，这里的 24.7 万元指的是哪一种集中趋势指标？你认为球员收入分布呈什么形状？为什么？

2. 任意一个变量数列都可以计算其算术平均数、中位数和众数，并用以衡量变量的集中趋势吗？

3. 设一组数据的均值为 100，标准差系数为 10%，四阶中心矩为 34 800，是否可认为该组数据的分布为正态分布？

4. 某段时间内三类股票投资基金的年平均收益和标准差数据如下表所示：

股票类别	平均收益率	标准差
A	5.63%	2.71%
B	6.94%	4.65%
C	8.23%	9.07%

根据上表中平均收益率和标准差的信息可以得出什么结论？假如你是一个稳健型的投资者，你倾向于购买哪一类投资基金？为什么？

5. 一般说来，一个城市的住房价格是高度偏态分布的，为了了解房屋价格变化的走势，应该选择住房价格的平均数还是中位数？如果为了确定交易税率，估计相应税收总额，又应该做何种选择？

6. 某企业员工的月薪在 1 000～4 000 元。现董事会决定给企业全体员工加薪。如果给每个员工增加 200 元，则：

（1）全体员工薪金的均值、中位数和众数将分别增加多少？

（2）用极差、四分位差、平均差和方差、标准差分别来衡量员工薪金的差异程度，加薪前后各个变异指标的数值会有什么变化?

（3）加薪前后员工薪金分布的偏度和峰度有无变化?

（4）如果每个员工加薪的幅度是各自薪金的 5%，则上述三个问题的答案又有什么不同?

三、计算题

1. 某公司下属两个企业生产同一种产品，其产量和成本资料如下：

企业类别	基期		报告期	
	单位成本/元	产量/吨	单位成本/元	产量/吨
甲企业	600	1 200	600	2 400
乙企业	700	1 800	700	1 600

试分别计算基期和报告期该公司生产这种产品的总平均成本，并从上述数据说明总平均成本变化的原因。

2. 设某校某专业的学生分为甲、乙两个班，各班学生的数学成绩如下：

甲班	60，79，48，76，67，58，65，78，64，75，76，78，84，48，25，90，98，70，77，78，68，74，95，85，68，80，92，88，73，65，72，74，99，69，72，74，85，67，33，94，57，60，61，78，83，66，77，82，94，55，76，75，80，61
乙班	91，74，62，72，90，94，76，83，92，85，94，83，77，82，84，60，60，51，60，78，78，80，70，93，84，81，81，82，85，78，80，72，64，41，75，78，61，42，53，92，75，81，81，62，88，79，98，95，60，71，99，53，54，90，60，93

要求：分别计算描述两个班成绩分布特征的各种统计指标，并进行比较分析。

3. 根据第 2 题的数据，试求该专业全部学生的总平均成绩和方差，并利用本题数据验证分组条件下总体平均数与各组平均数的关系，以及总体方差与各组方差、组间方差的关系。

4. 根据第 2 题的数据，分别编制两个班成绩的组距数列（组距为 10），然后由组距数列计算反映数据分布特征的各个指标，其与第 2 题所得到的计算结果是否相同？为什么?

5. 某商贸公司从产地收购一批水果，分等级的收购价格和收购金额如下表所示，试求这批水果的平均收购价格。

水果等级	收购单价/（元/千克）	收购额/元
甲	2.00	12 700
乙	1.60	16 640
丙	1.30	8 320
合计	—	37 660

6. 某中学正在准备给一年级新生定制校服。男生校服分小号、中号和大号三种规格，分别适合身高在 160 厘米以下、160～168 厘米和 168 厘米以上的男生。已知一年级新生中有 1 200 名男生，估计他

们身高的平均数为 164 厘米，标准差为 4 厘米。试由此粗略估算三种规格男生校服应该分别准备多少套（按每人 1 套计算）。

7. 平均数和方差一般只能对数值型变量进行计算。但若将是非变量（也称为是非标志）的两种情况分别用 1 和 0 来表示，则对是非变量也可以计算其平均数和对应的方差、标准差。试写出有关计算公式。

请扫描二维码，获取资源：参考 3-3　第三章习题详解

第四章

概率基础

【引例】　成为一名预测高手应当具备的基础知识

世界是不断变化的，人们总是想依据经验信息去预测未来。譬如某种商品的价格、某支足球队的胜负，甚至彩票的中奖号码等。预测未来可能成功也可能失败。我们常用 0~100%来描述成功或者失败的可能性，并给这个可能性的大小起了个名称叫概率。所以说概率是对一件事发生可能性的测度值。有了概率的概念就可以建立一个能够有效解读经验信息的方法体系，预测未来就会更加可靠。

本章介绍有关概率、概率分布的有关概念及其计算方法。这是成为一名预测高手必须掌握的基本知识。

第一节　随机现象与随机事件

一、确定性现象与随机现象

根据客观现象的特征，一般可将其分为两类：一类是在一定条件下必然出现（或不出现）某种结果的现象，我们称之为**确定性现象**。例如，在一个标准大气压下，温度上升到 100℃时，水必然沸腾；在一批合格品中任意取出一件，必定不是次品等。这类现象的共同特点是，在一定条件下其结果可以预言。另一类现象出现什么结果却无法预言，是不确定的。例如，我们无法预言从一批产品中任意取出一件是合格品还是不合格品；在城市中某路口一小时内机动车通过的数量；晚间收看某一电视剧的人数等。这些现象的共同特点是，可以在相同条件下重复进行观察或试验，但每次观察或试验的结果未必相同，且事先无法预言确切的结果。我们把这种在给定的条件下不能确切预言其结果的现象叫作**随机现象**。其实，在不确定的现象中，还有一类无法重复观察或试验的现象。例如，我们无法确定 2050 年会不会爆发世界大战，2030 年元宵节时北京是否会下雪等。本章重点讨论可重复的随机试验。

虽然随机现象每次的结果具有偶然性，但在大量观察或多次重复试验后其结果常常会呈现出某种规律性。例如，多次重复抛掷同一枚骰子，每个点出现的次数大约占抛掷次数的 1/6。我们称这种规律为统计规律。概率论提供了研究统计规律的思想方法与分析工具。

二、随机事件

对随机现象进行观测又称作随机试验。随机试验的每一种结果或随机现象的每一种表现称作**随机事件**，简称为事件，一般用大写字母 A，B，C，…（必要时加下标）来表示。有时，也可用大括号{…}表示事件，括号中写明事件的内容。

（一）事件的种类

一个事件如果不能再被分解为两个或两个以上事件，称作**基本事件**。基本事件是试验的最基本结果：每次试验必出现一个基本事件，任何两个基本事件都不会同时出现。由两个或两个以上基本事件所组成的事件称作**复合事件**。在投掷骰子时，{点数为 1}、{点数为 2}、…、{点数为 6}是基本事件；{点数为偶数}是复合事件，它是由{点数为 2}、{点数为 4}、{点数为 6}这三个基本事件复合而成的。一项随机试验的所有基本事件的集合，称作该随机试验的**基本事件空间**。**必然事件**是每次试验都一定出现的事件，记作 Ω 。任何一次试验都不可能出现的事件称为**不可能事件**，记作 $\varnothing$。

（二）事件的关系和运算

事件的关系和运算包含以下几种。

（1）包含：关系式 $A \subset B$ 表示“若 A 出现，则 B 也出现（反之则未必）”，称作“B 包含 A”，或“A 导致 B”。

（2）相等：关系式 $A = B$ 表示两事件 A 和 B 要么都出现，要么都不出现，称作“事件 A 等于事件 B”，或“事件 A 和 B 等价”。

（3）和（并）：运算式 $A + B$ 或 $A \cup B$ 读作“A 加 B”，称作“A 与 B 的和（并）”，表示“A 和 B 至少出现一个”。对于多个事件 A_i（$i = 1, 2, \cdots$），$\sum_i A_i$ 或 $\bigcup_i A_i$ 表示“诸事件 A_i（$i = 1, 2, \cdots$）中至少出现一个”。

（4）差：运算式 $A - B$ 或 $A \backslash B$ 读作“A 减 B”，称作“A 与 B 的差”，表示“事件 A 出现但 B 不出现。”

（5）积（交）：运算式 AB 或 $A \cap B$，称作“A 与 B 的交（积）”，表示“事件 A 和 B 同时出现”。对于多个事件 A_i（$i = 1, 2, \cdots$），$\bigcap_i A_i$ 表示“诸事件 A_i（$i = 1, 2, \cdots$）同时出现”。

（6）逆事件：$\overline{A} = \{A$ 不出现$\}$，称作 A 的对立事件或逆事件。显然 A 和 $\overline{A}$ 互为对立事件，它们之间有下列关系：$A + \overline{A} = \Omega$ ，$A \cap \overline{A} = \varnothing$，$\overline{A} = \Omega - A$ 。

（7）不相容：若 $AB = \varnothing$，即 A 与 B 不可能同时出现，则称 A 和 B 不相容。

第二节 概率的性质及计算

一、概率的概念

对于一个随机事件来说，它在一次试验中可能发生，也可能不发生。既然有可能性，就有可能性大小问题。事件 A 在随机试验中出现可能性大小的数值度量，称作**概率**。事件 A 的概率以 $P(A)$表示。

二、随机事件的频率与概率的关系

在相同条件下，重复进行同一随机试验，A 是这个试验的一个结果（事件）。设试验的次数为 n，在 n 次重复试验中 A 出现的次数为 n_A，则事件 A 的**频率**为

$$P_n(A) = \frac{n_A}{n} \tag{4-1}$$

当试验次数 n 较小时，频率的数值有较大的波动；当 n 充分大时，频率数值的波动明显减弱，并且随着 n 的增大，频率会趋于稳定在某个常数 p 附近。通过大量观测，可以发现：随机试验的频率具有随试验次数的增加而趋向稳定的性质，而频率的稳定值可以用来反映事件发生的可能性大小。因此，可以说频率的稳定值 p 是事件 A 发生的**概率**。即

$$P(A) = p \tag{4-2}$$

应当指出，虽然事件的频率与概率都是事件出现可能性大小的度量，但频率是试验值，依赖于试验的次数。即使试验次数相同，频率也可能取不同的值，频率具有随机性。概率则是独立于试验而客观存在的理论值，其大小取决于事件本身固有的规律性。在实际应用中，常常通过做大量重复试验，得到事件发生的频率，且以它作为概率的近似值或估计值。例如，通过反复检验，某人生产的产品合格率为 99.2%，那么，可以认为此人生产的产品为合格的概率是 0.992。

三、概率的性质

将事件 A 的概率记作 $P(A)$，则它应该具有如下性质。

性质 1 非负性，即 $0 \leqslant P(A) \leqslant 1$。

性质 2 规范性，即对于必然事件 Ω，有 $P(\Omega) = 1$。

性质 3 对于随机事件 A_i（$i = 1, 2, \cdots$），只要它们两两互不相容，则有

$$P\left(\sum_{i=1}^{\infty} A_i\right) = \sum_{i=1}^{\infty} P(A_i)$$

四、概率的估计和计算

（一）概率的直接计算

有两种场合可以直接计算概率。

1. 古典型概率

如果一项随机试验的全部基本事件总数有限，并且各基本事件出现的可能性都相同，事件 A 由若干基本事件所组成，则 A 的概率可用式（4-3）计算：

$$P(A)=\frac{A\text{所含基本事件的个数}}{\text{基本事件总数}} \tag{4-3}$$

【例 4-1】 袋中盛有除颜色外其他完全相同的 50 个不同颜色的小球，其中有 10 个白球。充分混匀后随意摸出一球，求所摸为白球的概率。

解 记 $A=\{\text{抽到白球}\}$。该试验总共有 50 个等可能的基本事件，A 包含其中的 10 个。因此

$$P(A)=\frac{10}{50}=0.2$$

2. 几何型概率

随机试验可模拟为向区域 Ω 上随机投点，并且：①这个区域有明确界限，可以作长度、面积、体积的几何度量；②随机点落在这个区域任何一点上的可能性都相同，也就是说，对于 Ω 中的某一区域 g，随机点落在 g 内的概率与 g 的几何度量成正比，同它的形状以及在 Ω 中的位置无关。对于这种随机试验，如果以 A 表示{随机点落在区域 g 中}这一事件，则其概率可用式（4-4）计算：

$$P(A)=\frac{g\text{的几何度量}}{\Omega\text{的几何度量}} \tag{4-4}$$

【例 4-2】 某农场有耕地 500 亩（1 亩 ≈ 0.067 公顷），其中，1 号地块面积为 8 亩。向 500 亩耕地随机投点，随机点落在 500 亩耕地每一位置的可能性相等。求 1 号地块被抽中的概率。

解 随机点落在 1 号地块内的概率与地块的面积成正比。1 号地块的几何度量为 8 亩，整个区域几何度量为 500 亩。记 $A=\{\text{随机点落在 1 号地块}\}=\{\text{1 号地块被抽中}\}$，则

$$P(A)=\frac{8}{500}=0.016$$

（二）用频率估计概率

在最一般情况下，用事件在大量重复试验中出现的频率估计其概率的值。这样做的依据是概率的稳定性。这一点前面已经有所叙述。

（三）根据主观经验估计概率

根据决策者综合各种信息，并依靠其经验和判断力对事件的概率做出估计，这种概率的估计值被称为**主观概率**。主观概率并不假定现象的可重复性，甚至可以根据一次性试验做出判断。例如，请资深体育评论员对即将参赛的两支足球队的胜、负可能性进行估计。在对事件出现的真实可能性缺乏有效估计时，主观概率法也可作为解决问题的一种方法。不过，目前对主观概率法的应用理论界尚存在争议。

（四）概率的计算公式

1. 概率的加法法则

1）任意事件的加法规则

任意两个事件和（并）的概率，等于两事件概率的和再减去两事件同时发生的概率，即

$$P(A+B)=P(A)+P(B)-P(AB) \tag{4-5}$$

$$P(A+B+C)=P(A)+P(B)+P(C)-P(AB)-P(AC)-P(BC)+P(ABC) \tag{4-6}$$

2）不相容事件的加法规则

两个不相容事件 A 与 B 的和（并）的概率，等于两事件概率的和，即

$$P(A+B)=P(A)+P(B) \tag{4-7}$$

对于多个事件，这个规则也就是前面说过的概率的性质 3。

2. 条件概率和乘法公式

在实际问题中，除了要知道事件 A 发生的概率外，有时还需要知道在“事件 B 已发生”的条件下，事件 A 发生的概率，这种概率称为条件概率，记作 $P(A|B)$。

【例 4-3】 在某厂一天两个班次生产的 350 件产品中，第一班生产 200 件，含次品 9 件；第二班生产 150 件，含次品 4 件。现随机抽出一件产品，发现它是次品。问这件产品出自第一班的概率是多少？

解　记 $A=\{$所抽产品是第一班生产的$\}$，$B=\{$所抽产品是次品$\}$。显然有，$P(A)=\dfrac{200}{350}=\dfrac{4}{7}$。但在“已知事件 B 发生”的条件下，A 发生的概率就不同了。可以直观地写出，条件概率为 $P(A|B)=\dfrac{9}{13}$。

把上式的分子、分母同时除以 350 得到

$$P(A|B)=\frac{9}{13}=\frac{9/350}{13/350}=\frac{P(AB)}{P(B)}$$

这里 $AB=\{$所抽产品是第一班生产的次品$\}$。

这就导出了条件概率的一般定义：设 A、B 是任意两个事件，且 $P(B)>0$，则称

$$P(A|B)=\frac{P(AB)}{P(B)} \tag{4-8}$$

为“在事件 B 发生的条件下，事件 A 发生的条件概率”，简称“A 关于 B 的条件概率”。

由这个定义，可得到概率的乘法公式：设 A 与 B 是任意两个事件，且 $P(A)>0$，$P(B)>0$，则

$$P(AB)=P(B)P(A|B)=P(A)P(B|A) \tag{4-9}$$

【例 4-4】 设一批产品共 N 件，其中有 M 件次品，不放回地抽取两件，求事件$\{$第一件抽到的是正品，而第二件抽到的是次品$\}$的概率。

解　记 $A=\{$第一件是正品$\}$，$B=\{$第二件是次品$\}$，所求事件为 AB。根据乘法公式，有 $P(AB)=P(A)P(B|A)=\dfrac{N-M}{N}\cdot\dfrac{M}{N-1}=\dfrac{(N-M)M}{N(N-1)}$。

3. 全概率公式

有时事件 A 比较复杂，直接求它的概率有一定困难。如果我们可以把事件 A 分解成互不相容的一些简单事件，而这些简单事件的概率却比较容易求出，那么，我们就可以用全概率公式去计算事件 A 的概率。

全概率公式可表述如下：

设 $B_1, B_2, \cdots, B_n$ 为 n 个互不相容事件，且 $\sum_{i=1}^{n} B_i = \Omega$，$P(B_i) > 0$（$i = 1, 2, \cdots, n$）。则任意事件 A 的概率为

$$P(A) = \sum_{i=1}^{n} P(B_i)P(A \mid B_i) \tag{4-10}$$

【例 4-5】 有 3 个工人被指定制作一批产品。第一个人制作这批产品的 40%，第二个人制作 35%，第三个人制作 25%。第一个人的废品率为 0.04，第二个人的废品率为 0.06，第三个人的废品率为 0.03。现随机抽取一件产品，问这件产品为废品的概率是多少？

解 记 $A = \{$抽出的一件产品为废品$\}$，$B_i = \{$抽出的产品是由第 i 个工人制作的$\}$（$i = 1, 2, 3$）。显然，$B_1 + B_2 + B_3 = \Omega$，且 B_1、B_2、B_3 两两互不相容。所以可用全概率公式算出所抽一件是废品的概率：

$$\begin{aligned} P(A) &= P(B_1)P(A \mid B_1) + P(B_2)P(A \mid B_2) + P(B_3)P(A \mid B_3) \\ &= 0.4 \times 0.04 + 0.35 \times 0.06 + 0.25 \times 0.03 \\ &= 0.044\,5 \end{aligned}$$

故随机抽出的这件产品为废品的概率为 0.044 5。

4. 贝叶斯公式

设 $B_1, B_2, \cdots, B_n$ 为 n 个互不相容事件，$\sum_{i=1}^{n} B_i = \Omega$，$P(B_i) > 0$（$i = 1, 2, \cdots, n$）。$A$ 是任意事件，且 $P(A) > 0$。则对任意一个 B_i（$i = 1, 2, \cdots, n$），有

$$P(B_i \mid A) = \frac{P(B_i)P(A \mid B_i)}{P(A)} = \frac{P(B_i)P(A \mid B_i)}{\sum_{i=1}^{n} P(B_i)P(A \mid B_i)} \tag{4-11}$$

这就是贝叶斯公式。

不难看出，等号右边的第一个式子是把式（4-9）两个式子的右边连起来得到的，将它的分母 $P(A)$ 代之以全概率公式（4-10）便得到第二个式子。

【例 4-6】 在例 4-5 中，若随机抽出的一件产品为废品，试计算这件产品由第一个、第二个、第三个工人所制作的概率各是多少。

解 $P(B_1 \mid A) = \dfrac{P(B_1)P(A \mid B_1)}{P(A)} = \dfrac{P(B_1)P(A \mid B_1)}{\sum_{i=1}^{3} P(B_i)P(A \mid B_i)} = \dfrac{0.40 \times 0.04}{0.044\,5} = \dfrac{0.016}{0.044\,5} = 0.36$

$$P(B_2 \mid A)=\frac{P(B_2)P(A \mid B_2)}{P(A)}=\frac{P(B_2)P(A \mid B_2)}{\sum_{i=1}^{3}P(B_i)P(A \mid B_i)}=\frac{0.35\times 0.06}{0.044\,5}=\frac{0.021}{0.044\,5}=0.47$$

$$P(B_3 \mid A)=\frac{P(B_3)P(A \mid B_3)}{P(A)}=\frac{P(B_3)P(A \mid B_3)}{\sum_{i=1}^{3}P(B_i)P(A \mid B_i)}=\frac{0.25\times 0.03}{0.044\,5}=\frac{0.007\,5}{0.044\,5}=0.17$$

$P(B_i)$（$i=1,2,3$）是在试验（抽出一件产品）之前就知道的，因此称它们为先验（先于试验的）概率。在抽出一件产品结果为废品之后，可以计算出条件概率 $P(B_i \mid A)$（$i=1,2,3$），称它们为后验概率。它们表明得到了试验信息（样本信息）“A 发生”后，对先验概率（经验知识）进行调整的结果。在贝叶斯公式中，样本信息由 $P(A \mid B_i)$ 来体现，它是在 B_i 为真的情况下 A 发生的概率。

5. 独立事件的乘法公式

对于两个事件 A 和 B，假若事件 B 的发生会对事件 A 发生的概率产生影响，即 $P(A \mid B)\neq P(A)$，称事件 A 与 B 之间统计相依。假若事件 B 的发生并不影响事件 A 发生的概率，称事件 A 与 B 之间统计独立。在 A 与 B 独立时显然有 $P(A \mid B)=P(A)$，这时，乘法公式（4-9）成为

$$P(AB)=P(B)P(A \mid B)=P(A)P(B)$$

通常把这个关系式作为事件独立性的定义，即：设 A 与 B 是任意两个事件，如果满足

$$P(AB)=P(A)P(B) \qquad (4\text{-}12)$$

则称事件 A 与 B 独立，否则称 A 与 B 相依。

在实际应用中，如果两个事件相互没有影响，则可以认为这两个事件相互独立。

式（4-12）又称作独立事件的乘法公式，用它可计算两个独立事件同时发生的概率。

【例 4-7】 在某城市中，有 60%的家庭订阅某种日报，有 85%的家庭有电视机。假定这两件事情是独立的，今随机抽出一个家庭，所抽家庭既订阅该种日报又有电视机的概率是多少？

解 记 $A=\{$该家庭订阅该种日报$\}$，$B=\{$该家庭有电视机$\}$。于是有

$$P(A)=0.60 \quad P(B)=0.85$$

因为事件 A 与事件 B 独立，所以

$$P(AB)=P(A)P(B)=0.60\times 0.85=0.51$$

即所抽家庭既订阅该种报纸又有电视机的概率是 0.51。

应该指出，两个事件相互独立与互不相容是两个不同的概念。独立性是指两个事件的发生互不影响，互不相容是指两个事件不能同时发生。两个不相容事件一定是统计相依的，两个独立事件一定是相容的（除非其中有一个事件的概率为 0）。

两个事件相互独立的概念可以推广到 n 个事件的情形。在 n 个事件中，如果其中任意一个事件发生的概率不受其余 $n-1$ 个事件发生与否的影响，那么就称这 n 个事件相互独立。就三个事件来说，事件 A、B、C 独立，必须有

$$P(AB)=P(A)P(B)$$

$$P(BC)=P(B)P(C)$$
$$P(AC)=P(A)P(C)$$

以及

$$P(ABC)=P(A)P(B)P(C)$$

【例 4-8】 对同一目标进行三次射击，第一、二、三次射击的命中概率分别是 0.3、0.4、0.6，试求在这三次射击中恰有一次命中的概率。

解 记 $A=$\{三次射击中恰有一次命中\}，$A_i=$\{第 i 次射击命中\}（$i=1,2,3$），于是可以写出

$$\{三次射击中恰好第一次命中\}=A_1\overline{A}_2\overline{A}_3$$
$$\{三次射击中恰好第二次命中\}=\overline{A}_1A_2\overline{A}_3$$
$$\{三次射击中恰好第三次命中\}=\overline{A}_1\overline{A}_2A_3$$

显然，这三个事件是两两不相容的。而 $A=$\{三次射击中恰有一次命中\}是这三个事件的和。根据不相容事件的加法法则，有

$$P(A)=P\left(A_1\overline{A}_2\overline{A}_3\right)+P\left(\overline{A}_1A_2\overline{A}_3\right)+P\left(\overline{A}_1\overline{A}_2A_3\right)$$

由于三次射击是彼此独立的，即 A_1、A_2、A_3 相互独立，故有

$$\begin{aligned}P(A)&=P(A_1)P(\overline{A}_2)P(\overline{A}_3)+P(\overline{A}_1)P(A_2)P(\overline{A}_3)+P(\overline{A}_1)P(\overline{A}_2)P(A_3)\\&=P(A_1)[1-P(A_2)][1-P(A_3)]+[1-P(A_1)]P(A_2)[1-P(A_3)]+[1-P(A_1)][1-P(A_2)]P(A_3)\\&=0.3\times0.6\times0.4+0.7\times0.4\times0.4+0.7\times0.6\times0.6\\&=0.436\end{aligned}$$

请扫描二维码，获取资源：参考 4-1 赌资如何公平分配？

请扫描二维码，获取资源：参考 4-2 三门问题

第三节 随机变量及其分布

一、随机变量的概念

（一）什么是随机变量

随机变量就是其取值带有随机性的变量。在给定的条件下，这种变量取何值事先不

能确定，只能由随机试验的结果来定，并且随试验的结果而变。

例如，投掷一枚骰子可能出现的点数这一随机试验的所有可能结果由六个基本事件组成，它们分别对应 1、2、3、4、5、6 这六个数值。于是，我们能够用可能取值为 1、2、3、4、5、6 的一个变量 X 来描述这个随机试验的所有可能结果，这个变量是随机变量。

又如，某路公共汽车发车的时间间隔是 5 分钟。如果某人到车站的时间是随机的，那么，一般来说，他的候车时间是随机变量。

再如，在抽球模型中，从袋中任取一球这一随机试验有两个可能的结果{所抽为黑球}和{所抽不是黑球}。如果把前者记作“1”，把后者记作“0”，那么，能够用可能取值为“1”和“0”的一个变量 X 来描述这个随机试验的所有可能结果，这个变量也是随机变量。

（二）随机变量的种类

上面的例子中，第一例和第三例称作离散型随机变量，第二例称作连续型随机变量。如果随机变量的全体可能取值能够一一列举出来，这样的随机变量称作**离散型随机变量**（如掷一枚硬币首次出现正面向上所需要的投掷次数）；如果随机变量的全体可能取值不能一一列举，其可能的取值在数轴上是连续的，则该变量称为**连续型随机变量**（如可能出现的测量误差）。

二、随机变量的概率分布

（一）概率分布的概念

随机变量的一切可能值的集合（值域），以及其相应的概率叫作随机变量的**概率分布**。随机变量的统计性质可由它的概率分布来表征。

（二）概率分布的类型

1. 离散型随机变量的分布

【例 4-9】 历史上曾有不少人做过反复投掷均匀硬币的试验。现在定义这样一个随机变量：

$$X=\begin{cases}1, & \text{如果正面朝上}\\ 0, & \text{如果反面朝上}\end{cases}$$

显然大量的试验结果不外表现为“1”和“0”这两种数值。以往试验结果的单项式频率分配数列如表 4-1 所示[①]。

① 转引自复旦大学. 概率论，第一册，概率论基础. 北京：人民教育出版社，1979.

表 4-1 投掷硬币试验结果的频率分布

试验结果 X	试验者：蒲丰		试验者：皮尔逊		试验者：皮尔逊	
	频数	频率	频数	频率	频数	频率
1（正面）	2 048	0.506 9	6 019	0.501 6	12 012	0.500 5
0（反面）	1 992	0.493 1	5 981	0.498 4	11 998	0.499 5
合计	4 040	1.000 0	12 000	1.000 0	24 000	1.000 0

从表 4-1 中看到，随着试验次数的增加，X 的观察结果 $X=1$ 的频率和 $X=0$ 的频率各自分别趋近于稳定的数值 0.5。从本章第二节已经知道，这两个稳定值应当称作随机变量 X 取“1”和“0”这两个数值的概率。于是可以写出随机变量 X 的概率分布（表 4-2）。记号 $p(x_i)$ 表示随机变量 X 取某一数值 x_i 的概率，即 $P(X=x_i)=p(x_i)$。这个表叫作离散型随机变量的分布数列。

表 4-2 投掷硬币试验结果的概率分布

试验结果	正面	反面
$X=x_i$	1	0
$p(x_i)$	0.5	0.5

这个例子说明，随机变量的各种取值是有一定的概率规律的，这种规律就是随机变量的概率分布。对于可以在相同条件下进行重复观察的随机变量，这个概率具有可观测（或可试验）的频率意义。通常把由频率来描述的随机变量分布规律叫作随机变量的经验分布；把由概率来描述的随机变量分布规律叫作随机变量的理论分布。我们所说的随机变量分布，一般是指理论分布。

综上所述，离散型随机变量 X 的每一个可能的取值 x_i 和随机变量取该值的概率 $p(x_i)$ 之间所确立的对应关系称作这个离散型随机变量的分布。$P(x_i)$（$i=1,2,3,\cdots$）称作随机变量 X 的概率分布或概率函数，它满足下面的关系：$p(x_i)\geqslant 0$ 和 $\sum\limits_{i=1}^{\infty}p(x_i)=1$。

对于离散型随机变量，分布数列全面地描述了它的分布。

【例 4-10】 袋中共有 50 个球，其中，记上 0 号的 5 个，记上 k 号的分别有 k 个（$k=1,2,\cdots,9$）。现从袋中任取一球，试做出所得号数的分布列。

解 记所取球的号数为随机变量 X，由古典概率的计算方法可知，$P(x=0)=5/50$，$P(x=k)=k/50$（$k=1,2,\cdots,9$）。于是，可做出分布列（表 4-3）。

表 4-3 离散型随机变量分布列

$X=x_i$	0	1	2	3	4	5	6	7	8	9
$P(x_i)$	0.10	0.02	0.04	0.06	0.08	0.10	0.12	0.14	0.16	0.18

除了分布列以外，还可以用数学函数式表示离散型随机变量的分布规律，如后面将要介绍的二项分布概率函数式。

2. 连续型随机变量的分布

【例 4-11】① 检查了在相同条件下生产的 246 件汽车活塞，测得所切削之活塞孔对中心线的偏差数据。因偏差尺寸属于连续型变量，对这类变量观测数据的整理应当采用组距式分组。把整理结果做成频率分布表（表 4-4）和次数分布直方图（图 4-1）。

表 4-4　汽车活塞削孔对中心线偏差的频率分布

偏差尺寸分组 $X = x_i$/毫米	频数/件	频率	频率密度
−45～−35	2	0.008 1	0.000 81
−35～−25	18	0.073 2	0.007 32
−25～−15	35	0.142 3	0.014 23
−15～−5	54	0.219 5	0.021 95
−5～5	50	0.203 2	0.020 32
5～15	44	0.178 9	0.017 89
15～25	27	0.109 7	0.010 97
25～35	12	0.048 8	0.004 88
35～45	4	0.016 3	0.001 63
合计	246	1.0000	—

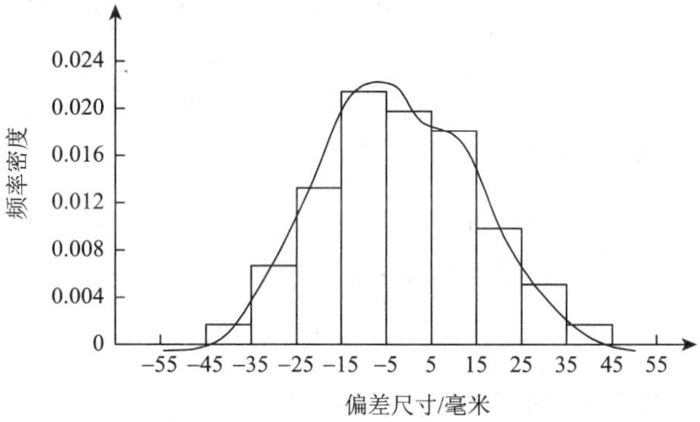

图 4-1　活塞削孔对中心线的偏差的频率分布

在次数分布直方图中，如果按各组的频率密度来测度各直条的高，则每个直条的面积等于该组的频率，所有直条面积之和等于 1。次数分布直方图描述了在不变条件下生产活塞产品时削孔对中心线偏差这一随机变量 X 的频率分布或称经验分布。如果无限地增加观察的总件数，在这样的前提下，可以把组分得无限地密，使组距趋近于零。这时，次数分布直方图便会演变成图 4-1 中的平滑曲线。这条平滑曲线的意义与直方图相仿：如果以横轴的某一区间为下底，绘制以曲线的相应部分为上底的曲边梯形，则这个曲边梯形的面积表明随机变量在该区间取值频率的稳定值，亦即随机变量在该区间取值的概率。整个曲线下覆盖的总面积等于 1，也就是说，随机变量在整个实数轴上取值为一个必然事件。与直方图中直条的高为频率密度相仿，曲线上某一点的纵坐标为随机变量在相应横

① 转引自林少宫. 基础概率与数理统计. 2 版. 北京：人民教育出版社，1978.

坐标附近的一个狭小区间内（在这个狭小区间的宽度趋近于零的过程中）取值概率的概率密度（即概率/区间宽度）。所以，这条曲线叫作随机变量的（分布）密度曲线。今后可以看到，密度曲线通常可以用适当的数学解析式来描述。我们把密度曲线以及相应的数学解析式所表达的数学函数关系称作随机变量的（分布）密度函数。密度函数刻画了连续型随机变量的分布规律。相对于由频率直方图来描述的随机变量的经验分布来讲，由密度函数所刻画的连续型随机变量的概率分布规律称作它的理论分布。

综上所述，连续型随机变量 X 的一系列取值区间（如由$-\infty$与实数轴上的任意点所构成的一系列区间）和随机变量在该区间取值的概率之间确立的对应关系，称作这个连续型随机变量的分布。连续型随机变量的分布可以用密度函数来描述，随机变量 X 的密度函数记作 $p(x)$。次数分布直方图是用各组的频率密度作直条的高来画图的。当分组数无穷多，而组距（即直条的底边长）趋近于 0 时，直方图演变成平滑的曲线（图 4-1），这时，直条的高就成为 $p(x)$。连续型随机变量 X 在某一数值区间 $[a, b]$ 内取值的概率等于竖立在该区间上的，以密度曲线为上底的曲边梯形的面积。写作

$$P(a \leqslant X \leqslant b) = \int_a^b p(x)\mathrm{d}x \tag{4-13}$$

密度函数满足下面两个基本性质：①密度函数的函数值不会是负数，从图形看，密度曲线在横轴上方，以横轴为渐近线；②在整个实数轴上的密度函数值的和等于 1，从图形看，密度曲线下覆盖的总面积等于 1。这两个性质用密度函数式写作

$$p(x) \geqslant 0\,,\quad \int_{-\infty}^{\infty} p(x)\mathrm{d}x = 1 \tag{4-14}$$

三、随机变量的数字特征

概率分布完整地描述了随机变量的统计规律。但是为了更概括、更突出地刻画随机变量某些方面的性质和特点，还必须引入随机变量的数字特征。本章主要介绍位置特征和离散特征。

（一）随机变量的数学期望

随机变量 X 的**数学期望**是 X 的一切可能值以相应的概率为权数的加权算术平均数。今后我们把 X 的数学期望记作 $E(X)$。

若 X 是离散型随机变量，其分布列为表 4-5。这时，X 的数学期望为式（4-15）。

表 4-5　离散型随机变量的分布列

$X=x_i$	x_1	x_2	…	x_v
p_i	p_1	p_2	…	p_v

$$E(X) = \sum_{i=1}^{v} x_i p_i = \sum_{i=1}^{v} x_i P\{X = x_i\} \tag{4-15}$$

当 X 的取值为无限可列时，其数学期望可做类似的定义。这里就不介绍了。

若 X 是连续型随机变量，其概率密度函数为 $p(x)$，则 X 的数学期望定义为

$$E(X)=\int_{-\infty}^{\infty}xp(x)\mathrm{d}x \tag{4-16}$$

式（4-16）中的定积分应绝对收敛。

数学期望有下列性质。

性质 1 常量 c 的数学期望等于该常量，即

$$E(c)=c \tag{4-17}$$

性质 2 随机变量与常量之和的数学期望等于随机变量的数学期望与这个常量之和，即

$$E(X+c)=E(X)+c \tag{4-18}$$

性质 3 常量 c 与随机变量乘积的数学期望等于这个常量与随机变量数学期望的乘积，即

$$E(cX)=cE(X) \tag{4-19}$$

性质 4 两个随机变量的和或差的数学期望等于它们各自的数学期望的和或差，即

$$E(X\pm Y)=E(X)\pm E(Y) \tag{4-20}$$

这个性质可以推广到 n 个随机变量和的情形

$$E\left(\sum_{i=1}^{n}X_i\right)=\sum_{i=1}^{n}E(X_i) \tag{4-21}$$

性质 5 两个独立随机变量乘积的数学期望等于这两个随机变量数学期望的乘积，即若 X 与 Y 独立，有

$$E(XY)=E(X)E(Y) \tag{4-22}$$

这个性质可以推广到 n 个独立随机变量情形，即若 $X_1, X_2, \cdots, X_n$ 独立，有

$$E(X_1\ X_2\ \cdots\ X_n)=E(X_1)\ E(X_2)\ \cdots\ E(X_n) \tag{4-23}$$

这里所谓的随机变量独立，是说一个随机变量取何值，不会影响另一个随机变量的分布规律。或者说（就离散型随机变量来说），是要求 X 的所有可能的取值与 Y 的所有可能的取值两两配对独立。

（二）随机变量的方差、标准差和变异系数

数学期望是描述随机变量取值的平均状况的数字特征，但在许多实际问题中仅了解取值的平均状况是不够的，还必须了解随机变量的可能取值偏离某平均值的分散程度，而方差、标准差、变异系数对这一要求均可以做出解释。

1. 方差和标准差

随机变量 X 的**方差**，记作 $V(X)$，是 X 与其数学期望的离差平方的数学期望，即

$$V(X)=E[X-E(X)]^2 \tag{4-24}$$

称 $\sqrt{V(X)}$ 为 X 的**标准差**。方差还可以有下列表达式：

$$V(X)=E(X^2)-[E(X)]^2 \tag{4-25}$$

由数学期望的性质容易验证，式（4-25）与式（4-24）是等价的。用式（4-25）计算 $V(X)$ 较为方便。

若 X 是离散型随机变量，其分布如表 4-5 所示，则 X 的方差用式（4-26）计算：

$$V(X)=\sum_{i=1}^{v}\left[x_i-E(X)\right]^2 p_i \tag{4-26}$$

若 X 是连续型随机变量，其概率密度函数为 $p(x)$，则 X 的方差用式（4-27）计算：

$$V(X)=\int_{-\infty}^{\infty}(x-E(X))^2 p(x)\mathrm{d}x \tag{4-27}$$

方差有下列性质。

性质 1 常量 c 的方差等于 0，即

$$V(c)=0 \tag{4-28}$$

性质 2 随机变量与常量之和的方差等于随机变量的方差，即

$$V(X+c)=V(X) \tag{4-29}$$

性质 3 常量与随机变量乘积的方差等于该常量的平方与该随机变量方差的乘积，即

$$V(cX)=c^2V(X) \tag{4-30}$$

性质 4 两个独立随机变量之和的方差等于它们各自方差之和，即若 X 与 Y 独立，有

$$V(X+Y)=V(X)+V(Y) \tag{4-31}$$

这个性质可推广到 n 个独立随机变量的情形。若 $X_1, X_2, \cdots, X_n$ 独立，有

$$V\left(\sum_{i=1}^{n}X_i\right)=\sum_{i=1}^{n}V\left(X_i\right) \tag{4-32}$$

性质 5 两个独立随机变量之差的方差等于它们各自方差之和，即若 X 与 Y 独立，有

$$V(X-Y)=V(X)+V(Y) \tag{4-33}$$

只要注意到，X 与 Y 独立，因而有 $E\{[X-E(X)][Y-E(Y)]\}=E[X-E(X)]E[Y-E(Y)]=0$，最后的两个性质便不难得到证明。

2. 变异系数

随机变量的变异系数是随机变量的标准差与数学期望的比率。随机变量 X 的变异系数写作

$$\delta(X)=\frac{\sqrt{V(X)}}{E(X)} \tag{4-34}$$

第四节 几种常见的概率分布

一、常见的离散型分布

（一）两点分布

如果随机变量 X 只取 1 和 0 两个值，取 1 的概率是 ρ，取 0 的概率是 $1-\rho$，我们称 X 服从**两点分布**或 0～1 分布，ρ 是 X 的参数。

如果把随机试验的所有结果划分成对立的两类（可以是两个基本事件，也可以是两个复合事件），习惯上把一种结局叫作“成功”，把另一种结局叫作“失败”，这样的随机试验叫作伯努利试验。记“成功”的概率为 ρ，“失败”的概率为 $1-\rho$，用随机变量 X

来描述这种随机试验的结果，把“成功”记作 1，把“失败”记作 0，那么，X 服从参数为 ρ 的两点分布。

两点分布的数字特征如下。

（1）数学期望：$E(X)=\rho$。

（2）方差：$V(X)=\rho(1-\rho)$。

【例 4-12】 已知在 20 件产品中有 5 件是二等品。现在从中任意抽取 1 件（每件产品都有相等的可能性被抽到），写出抽取结果（是二等品，不是二等品）的分布列。

解 用随机变量 X 表示抽取结果。若结果是二等品，记 $X=1$；若结果不是二等品，记 $X=0$。分布列如表 4-6 所示。

表 4-6 两点分布的分布列

$X=x$	1	0
$P(X=x)$	0.25	0.75

（二）二项分布

把一个伯努利试验在完全相同的条件下独立地重复 n 次，称作 n 重伯努利试验。n 重伯努利试验应符合下列三个条件：①每次试验只有“成功”和“失败”两种对立的结局；②各次试验“成功”的概率相同（都为 ρ）；③各次试验相互独立。

以随机变量 X 表示 n 重伯努利试验中“成功”的次数，它服从参数为(n, ρ)的**二项分布**。二项分布的概率函数为

$$P(X=k)=C_n^k\rho^k(1-\rho)^{n-k} \quad (k=0,1,\cdots,n) \tag{4-35}$$

其中，k 为 n 重伯努利试验中“成功”的次数。

【例 4-13】 例 4-12 中，如果以放回方式（也称还原方式）抽取 4 次（即每次抽取后，把所抽取的产品放回），写出抽到二等品件数的分布列。

解 用随机变量 X 表示经过 4 次抽取，抽到二等品的件数。它可能的取值是 0, 1, 2, 3, 4。分布列如表 4-7 所示。

表 4-7 二项分布的分布列

$X=k$	0	1	2	3	4
$P(X=k)$	0.316 4	0.421 9	0.210 9	0.046 9	0.039 0

表 4-7 中，X 取 0, 1, 2, 3, 4 各数值的概率是用式（4-35）算出的，其中，$n=4$，$\rho=5/20=0.25$，$k=0, 1, 2, 3, 4$。

二项分布的数字特征如下。

（1）数学期望：$E(X)=n\rho$。

（2）方差：$V(X)=n\rho(1-\rho)$。

（三）超几何分布

超几何分布的试验背景是：对有限总体进行不放回方式（每次抽取后，所抽单位不

再放回，称之为不放回也称不还原方式）的简单随机抽样，观察样本中具有某种特征的单位数目。如果有限总体单位数目为 N，其中，具有某种特征的单位数目为 M，对这个总体进行 n 次不还原简单随机抽样，用随机变量 X 表示样本中具有某种特征的单位的数目，则 X 服从参数为（N, M, n）的超几何分布。超几何分布的概率函数是

$$P(X=k)=\frac{C_M^k C_{N-M}^{n-k}}{C_N^n} \quad (k=0,1,\cdots,\min\{n,M\}) \tag{4-36}$$

其中，k 为样本中具有某种特征的单位的数目。

超几何分布的数字特征如下。

（1）数学期望：$E(X)=n\rho$（这里，$\rho=M/N$）。

（2）方差：$V(X)=n\rho(1-\rho)\left(\dfrac{N-n}{N-1}\right)$。

【例 4-14】 例 4-13 中，如果改为不还原地抽取 4 次，写出抽到二等品件数的分布列。

解 用随机变量 X 表示经过 4 次抽取，抽到二等品的件数。它可能的取值是 0, 1, 2, 3, 4，分布列如表 4-8 所示。

表 4-8 超几何分布的分布列

$X=x$	0	1	2	3	4
$P(X=x)$	0.281 7	0.469 6	0.216 7	0.031 0	0.001 0

表 4-8 中取 0, 1, 2, 3, 4 各数值的概率是用式（4-36）算出的。式（4-36）中，$N=20$，$M=5$，$n=4$。

二、常见的连续型分布

（一）正态分布

令随机变量 X 是在一个随机试验中被测量的结果，并且，决定这项试验结果的是大量偶然因素作用的总和，每个因素的单独作用相对均匀的小，那么，X 的分布就近似于正态分布。

正态分布的密度函数是

$$p(x)=\frac{1}{\sqrt{2\pi}\sigma}\mathrm{e}^{-\frac{(x-\mu)^2}{2\sigma^2}} \quad (-\infty < x < +\infty) \tag{4-37}$$

密度函数的图形如图 4-2 所示。这是一个左右对称、以横轴为渐近线的钟形曲线。

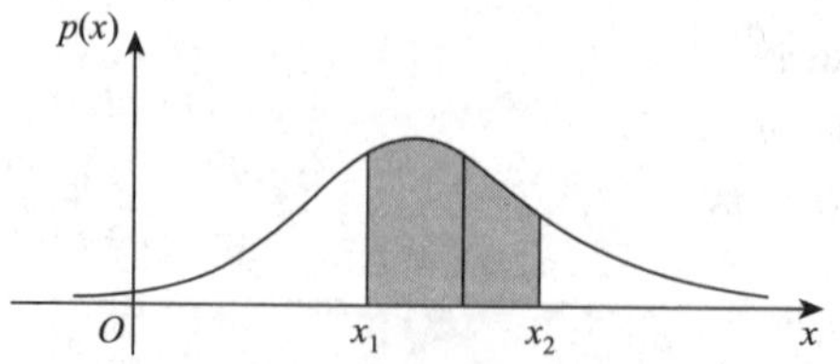

图 4-2 正态分布概率密度曲线

在图 4-2 中，正态随机变量 X 在区间(x_1, x_2)内取值的概率由区间上竖立的曲边梯形的面积给出（整个曲线下覆盖的总面积等于 1）。这个面积当然可以通过对正态分布密度曲线的函数式求定积分得到。但为了方便，人们编制了“正态密度曲线下的面积”表。这个表是就标准正态变量情形编制的，因此，查表时要把一般正态变量转化成标准正态变量。

正态分布的密度函数有两个参数：μ 和 σ^2。从密度函数的图形来说，μ 决定着曲线在横轴上的位置，μ 越大，图形位置越靠右；σ^2 决定着曲线的形状，σ^2 越大，图形越“矮胖”（图 4-3）。

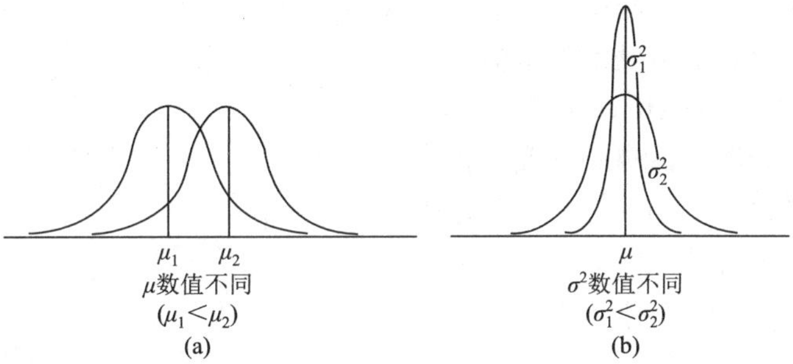

图 4-3　正态分布概率密度曲线中的参数

标准正态变量是 $\mu=0$、$\sigma^2=1$ 的正态变量，通常记作 $N(0, 1)$。为了和一般正态变量有所区别，我们这里用大写字母 Z 来表示标准正态变量，用小写字母 z 表示它的取值。它的概率密度函数式为

$$p(z)=\frac{1}{\sqrt{2\pi}}\mathrm{e}^{-\frac{z^2}{2}}\quad(-\infty<z<+\infty) \tag{4-38}$$

把随机变量与它的数学期望相减再除以该随机变量的标准差（方差的平方根），称作随机变量的标准化。当我们针对图 4-2 中的区间(x_1, x_2)计算概率时，须把区间的两个端点作如下标准化变换：

$$\frac{x_1-E(X)}{\sqrt{V(X)}}=z_1,\quad \frac{x_2-E(X)}{\sqrt{V(X)}}=z_2 \tag{4-39}$$

据此来查表。标准正态分布表中，横行标目值和纵栏标目值相加为标准正态变量 Z 的取值 z_i，横行和纵栏交叉处的数值 $\Phi(z)$ 为标准正态曲线下 $-\infty$ 与 z_i 值之间的面积，即概率 $P(-\infty<Z<z_i)$。因此，可先用 z_2 值查表，再用 z_1 值查表，然后将两个结果相减，便可得到该区间的概率。

【例 4-15】　设 $X\sim N(5, 9)$求 $P(2<X\leqslant 10)$的概率。

解　因为 $X\sim N(5, 9)$，所以 $Z=\dfrac{X-5}{3}\sim N(0, 1)$

$$\begin{aligned}P(2<X\leqslant 10)&=P\left(\frac{2-5}{3}<\frac{X-5}{3}\leqslant\frac{10-5}{3}\right)\\&=\Phi(1.67)-\Phi(-1)\\&=0.952\,5-[1-\Phi(1)]\\&=0.793\,8\end{aligned}$$

应用 Excel 工具中的下列函数可以直接进行正态分布下的变量值与概率的相互计算。

（1）一般正态分布下由变量值求概率。

NORM.DIST(x，均值，标准差，TRUE[或 1]) = $P(X<x)$。括号中是需要填写的有关参数（以下相同，不再一一说明）。

（2）一般正态分布下由变量值求密度函数值。

NORM.DIST(x，均值，标准差，FALSE[或 0]) = $p(x)$。

（3）一般正态分布下由概率求变量值。

NORM.INV($P(X<x)$，均值，标准差) = x。

（4）标准正态分布下由变量值求概率。

NORM.S.DIST(z，TRUE) = $P(Z<z)$。

（5）标准正态分布下由概率求变量值。

NORM.S.INV($P(Z<z)$) = z。

正态分布的数字特征如下。

（1）数学期望：$E(X)=\mu=0$。

（2）方差：$V(X)=\delta^2$。

【例 4-16】 利用 Excel 求解例 4-15。

解 具体操作步骤如下。

（1）用 NORM.DIST 函数计算。

因为 $P(2<X\leqslant 10)=P(X\leqslant 10)-P(X\leqslant 2)$，所以，在任意一个空单元格内输入如下公式即可：

= NORM.DIST(10, 5, 3, TRUE)–NORM.DIST(2, 5, 3, TRUE)

（2）用 NORM.S.DIST 函数计算。

经过标准化后，$P(2<X\leqslant 10)=\Phi(5/3)-\Phi(-1)$，因此，在任意一个空单元格内输入如下公式即可：

= NORM.S.DIST(5/3, TRUE)–NORM.S.DIST(−1, TRUE)

由于计算精度的原因，用 Excel 的计算结果与例 4-15 的结果略有差别，为 0.793 6。

（二）χ^2-分布

这是 v 个相互独立的标准正态变量的平方和构成的随机变量所遵循的分布规律。这个分布的概率密度函数的表达式这里略去不作介绍，概率密度函数的图形如图 4-4 所示。图 4-4 中表示了一族曲线，其形态随 v 值的不同而改变。v 是构成 χ^2 变量的标准正态变量个数，称作 χ^2 变量的自由度。今后，对 χ^2 变量的分布规律，需要说明它的自由度，该分布记作 $\chi^2(v)$。

应用 Excel 工具中的下列函数可以进行 χ^2-分布下的变量值与概率的相互计算。

（1）由变量值求概率。

CHISQ.DIST(x, 自由度, TRUE) = $P(X<x)$（左尾概率）

CHISQ.DIST.RT(x, 自由度) = $P(X>x)$（右尾概率）

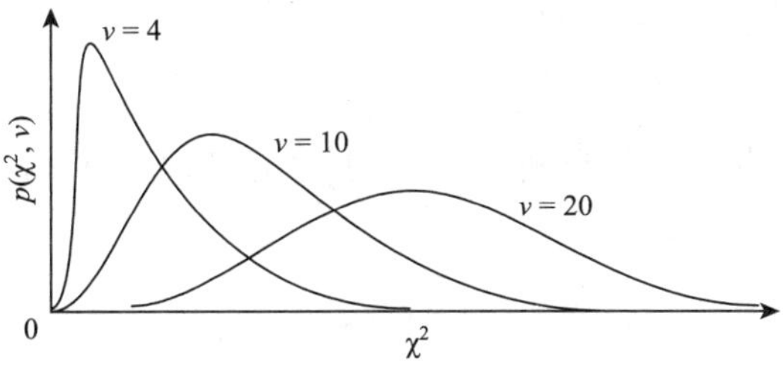

图 4-4　χ^2-分布概率密度曲线

（2）由概率求变量值。

CHISQ.INV（左尾概率值 $P(X < x)$，自由度）= x

CHISQ.INV.RT（右尾概率值 $P(X > x)$，自由度）= x

（三）F-分布

这是两个相互独立的 χ^2 变量（分别除以各自自由度之后）相除构成的随机变量所遵循的分布规律，即设 X 和 Y 是相互独立的服从 χ^2-分布的随机变量，自由度分别为 f_1、f_2，则称随机变量

$$F = \frac{X/f_1}{Y/f_2} \tag{4-40}$$

所遵循的分布规律为 F-分布，记作 $F(f_1, f_2)$。f_1 称作 F-分布的第一自由度（分子自由度），f_2 称作 F-分布的第二自由度（分母自由度）。这个分布的概率密度函数的表达式这里不作介绍，概率密度函数的图形如图 4-5 所示。图 4-5 中表示一族曲线，其形态随 f_1 和 f_2 的改变而不同。

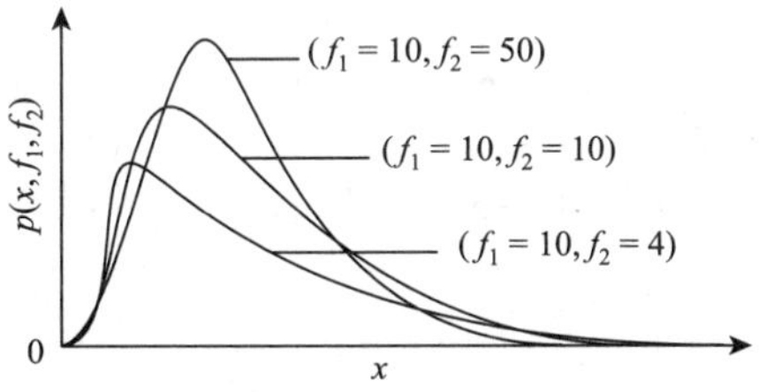

图 4-5　F-分布的概率密度曲线

应用 Excel 工具中的下列函数可以进行 F-分布下的变量值与概率的相互计算。

（1）由变量值求概率。

F.DIST（x，分子自由度，分母自由度，TRUE）= $P(X < x)$（左尾概率）

F.DIST.RT（x，分子自由度，分母自由度）= $P(X > x)$（右尾概率）

（2）由概率求变量值。

F.INV（左尾概率 $P(X < x)$，分子自由度，分母自由度）= x

F.INV.RT（右尾概率 $P(X > x)$，分子自由度，分母自由度）= x

（四）t-分布

设 X 是标准正态变量，Y 是自由度为 v 的 χ^2 变量，且 X 和 Y 相互独立，则称随机变量

$$t = \frac{X}{\sqrt{Y/v}} \tag{4-41}$$

所遵循的分布规律为 t-分布，记作 $t(v)$，v 称为它的自由度。这个分布的概率密度函数的表达式这里不作介绍，概率密度函数的图形如图 4-6 所示。图 4-6 中表示一族曲线，其形态随 v 的改变而不同。从图 4-6 可以看到，t-分布类似于标准正态分布，其密度曲线是以纵坐标轴为对称轴的单峰曲线。当自由度 v 较小时，t-分布比标准正态分布分散些，图形的两尾高于正态分布而峰顶低于标准正态分布。随着 v 的增大，t-分布越来越接近标准正态分布，到 $v=\infty$时，t-分布完全变成了标准正态分布①。

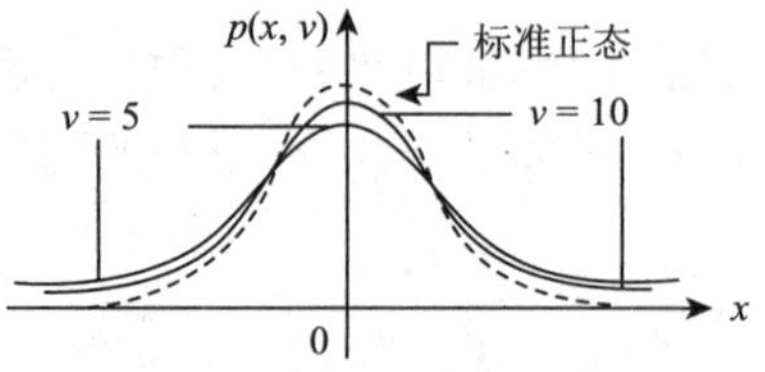

图 4-6 t-分布的概率密度曲线

应用 Excel 工具中的下列函数可以进行 t-分布下的变量值与概率的相互计算。

（1）由变量值求概率。

T.DIST（x，自由度，TRUE）$=P(X<x)$

T.DIST.2T（x，自由度）$=P(|X|>x)$

T.DIST.RT（x，自由度）$=P(X>x)$

（2）由概率求变量值。

T.INV（$P(X<x)$，自由度）$=x$

T.INV.2T（$P(|X|>x)$，自由度）$=x$

➢本章小结

1. 在给定的条件下不能确切预言其结果的现象叫作随机现象。随机现象的某一种结果叫作随机事件。

2. 对随机现象进行观测得到的变量叫作随机变量。随机变量的一切可能值以及它取各种可能值的概率叫作随机变量的概率分布。概率分布完整地表征了随机变量的统计性质。

3. 随机变量的数字特征是对随机变量的某一个方面的统计性质的概括描述，主要包括描述随机变量位置特征的数学期望和描述随机变量离散特征的方差、标准差、变异系数。

① 实际上，当 $v\geq 30$ 时，二者已十分接近。

4. 对于概率，可以有大量重复进行的随机试验过程中频率的稳定值和主观概率两种解释。

5. 本章介绍的有关概率计算的公式主要有概率的加法公式、概率的乘法公式、全概率公式、贝叶斯公式。

6. 本章介绍了几种常见的概率分布：主要的离散型分布有两点分布、二项分布、超几何分布，运用有关的概率函数公式可以进行概率计算；主要的连续型分布有正态分布、χ^2-分布、F-分布、t-分布，也可以运用 Excel 工具进行概率计算。

➢思考与练习

一、判断分析题

1. 设 A、B、C 表示三个随机事件，将下列事件用 A、B、C 表示出来。

（1）A 出现，B、C 不出现；

（2）A、B 都出现，而 C 不出现；

（3）所有三个事件都出现；

（4）三个事件中至少一个出现；

（5）三个事件中至少两个出现；

（6）三个事件都不出现；

（7）恰有一个事件出现。

2. 以 E 表示随机试验，以 Ω 表示 E 的基本事件空间。试描绘下列随机试验的基本事件空间和所列事件中所包含的基本事件。

（1）E：对同一目标接连进行三次射击，并观察是否命中。考虑事件：$A=\{$三次射击恰好命中一次$\}$，$B=\{$三次射击最多命中一次$\}$。

（2）E：同时掷两个骰子观察点数和。考虑事件：$A=\{$点数之和为奇数$\}$。

3. 抽查 4 件产品，设 A 表示“至少有一件次品”，B 表示“次品不少于两件”。问 $\overline{A}$、$\overline{B}$ 各表示什么事件？

4. 在图书馆按书号任选一本书，设 A 表示“选的是数学书”，B 表示“选的是中文版”，C 表示“选的是 1990 年以后出版的”。问：

（1）$AB\overline{C}$ 表示什么事件？

（2）$\overline{C}\subset B$ 表示什么意思？

（3）若 $\overline{A}=B$，是否意味着馆中所有数学书都不是中文版的？

二、计算题

1. 向三个相邻的军火库掷一个炸弹。三个军火库之间有明显界限，一个炸弹不会同时炸中两个或两个以上的军火库，但一个军火库爆炸必然连锁引起另外两个军火库爆炸。若投中第一军火库的概率是 0.025，投中第二军火库以及投中第三军火库的概率都是 0.1，求军火库发生爆炸的概率。

2. 某厂产品中有 4%的废品，100 件合格品中有 75 件一等品。求任取一件产品是一等品的概率。

3. 某种动物由出生能活到 20 岁的概率是 0.8，由出生能活到 25 岁的概率是 0.4。问现龄 20 岁的这种动物活到 25 岁的概率为多少？

4. 在记有 1、2、3、4、5 五个数字的卡片上，第一次任取一个且不放回，第二次再在余下的四个数字中任取一个。求：

（1）第一次取到奇数卡片的概率；

（2）第二次取到奇数卡片的概率；

（3）两次都取到奇数卡片的概率。

5. 两台车床加工同样的零件。第一台出现废品的概率是 0.03，第二台出现废品的概率是 0.02。加工出来的零件放在一起，并且已知第一台加工的零件比第二台加工的零件多一倍。求任意取出的零件是合格品的概率。

6. 有两个口袋，甲袋中盛有 2 个白球、1 个黑球，乙袋中盛有 1 个白球、2 个黑球。由甲袋中任取一球放入乙袋，再从乙袋中取出一球。问取得白球的概率是多少？

7. 在第 5 题中，如果任意取出的零件是废品，求它属于第二台车床所加工零件的概率。

8. 发报台分别以概率 0.6 及 0.4 发出信号“·”及“—”。由于通信系统受到干扰，当发出信号“·”时，收报台以概率 0.8 及 0.2 收到信号“·”及“—”；当发出信号“—”时，收报台以概率 0.9 及 0.1 收到信号“—”及“·”。求：

（1）当收报台收到信号“·”时，发报台确实发出信号“·”的概率；

（2）当收报台收到信号“—”时，发报台确实发出信号“—”的概率。

9. 设某运动员投篮投中概率为 0.3，试写出一次投篮投中次数的概率分布表。若该运动员在不变的条件下重复投篮 5 次，试写出投中次数的概率分布表。

10. 随机变量 X 服从标准正态分布 $N(0, 1)$。查表计算：$P(0.3<X<1.8)$；$P(-2<X<2)$；$P(-3<X<3)$；$P(-3<X<1.2)$。

11. 随机变量 X 服从正态分布 $N(1\,720, 282^2)$。试计算：$P(1\,400<X<1\,600)$；$P(1\,600<X<1\,800)$；$P(2\,000<X)$。

12. 若随机变量 X 服从自由度等于 5 的 χ^2-分布，求 $P(3<X<11)$的近似数值；若 X 服从自由度等于 10 的 χ^2-分布，求 $P(3<X<11)$的近似数值。

13. 若随机变量 X 服从自由度为 $f_1=4$、$f_2=5$ 的 F-分布，求 $P(X>11)$的近似数值；若 X 服从自由度为 $f_1=5$、$f_2=6$ 的 F-分布，求 $P(X<5)$的近似值。

14. 若随机变量 X 服从自由度为 10 的 t-分布，求 $P(X>3.169)$；若 X 服从自由度为 5 的 t-分布，求 $P(X<-2.571)$。

15. 同时掷两颗骰子一次，求出现点数和的数学期望和方差。

16. 已知 100 个产品中有 10 个次品，现从中不放回简单随机抽取 5 次，求抽到次品数目的数学期望和方差。

17. 假设接收一批产品时，用放回方式进行随机抽检，每次抽取 1 件，抽取次数是产品总数的一半。若不合格产品不超过 2%，则接收。假设该批产品共 100 件，其中有 5 件不合格品，试计算该批产品经检验被接收的概率。

三、证明题

1. 如果事件 A 在一次试验中发生的概率是 p，不发生的概率是 q，$p+q=1$。试证明在 n 次独立重复试验中该事件出现次数 X 的数学期望是 np，方差是 npq。

2. 随机变量 $X_1, X_2, \cdots, X_n$ 独立，并且服从同一分布，数学期望为 μ，方差为 σ^2。请给出这 n 个随机变量的简单算术平均数 $\bar{X}$ 的数学期望和方差。

3. 随机变量 $X_1, X_2, \cdots, X_n$ 独立，并且服从同一分布，数学期望为 μ，方差为 σ^2。这 n 个随机变量的简单算术平均数为 $\bar{X}$ 。请给出 $X_i - \bar{X}$ 的方差。

请扫描二维码，获取资源：参考 4-3　第四章习题详解

第五章

抽样分布与参数估计

【引例】 如何评价汽车的安全性

一种新型的汽车在投放市场之前，必须对其安全性做出评价。碰撞试验评级是评价汽车安全性的重要指标。但是，汽车一旦经过碰撞试验，必然会受到不同程度的损坏，就不可能再作为正常的商品出售。因此，不可能对每辆刚刚下线的汽车都进行碰撞试验。只能通过抽取样本去试验，从而获得对该类汽车的安全评价信息。抽取的样本太少，得出的结论可能不可靠；抽取的样本太多，试验的成本又太高。那么，怎样抽取？抽取多少才能保证安全评价的可靠性？这就需要有关抽样估计的理论与方法的支持。本章将介绍抽样分布与参数估计的基础知识，从而为从部分信息推断总体信息提供必要的理论支撑。

第一节 抽样的基本概念与数学原理

一、有关抽样的基本概念

统计推断是在对所要研究的总体进行概率抽样的基础上，利用有关的抽样分布，根据样本数据去估计或检验总体的数量特征。为了更好地学习有关的抽样理论与方法，有必要先对有关抽样的基本概念做进一步介绍。

（一）样本容量与样本个数

（1）**样本容量**。样本是从总体中抽出的部分单位的集合，这个集合的大小称为样本容量，一般用 n 表示，它表明一个样本中所包含的单位数。样本容量大，样本误差就会小，但调查费用必然增加；反之，样本容量过小，又将导致抽样误差增大，甚至失去抽样推断的价值。因此，在抽样设计中应根据调查目的认真考虑合适的样本容量。一般地，样本单位数大于 30 个的样本称为大样本，不超过 30 个的样本称为小样本。

（2）**样本个数**。样本个数又称样本可能数目，它是指从一个总体中可能抽取多少个样本。样本个数的多少与所采用的抽样方法有关。

（二）总体参数与样本统计量

（1）**总体参数**。总体分布的数量特征就是总体的参数，也是抽样统计推断的对象。常见的总体参数有总体的平均指标，总体成数（比率）指标，总体分布的方差、标准差等。它们都是反映总体分布特征的重要指标。关于总体平均数、方差和标准差等指标的性质及其计算第三章已有介绍，这里不再重复。总体成数（也称总体比率）指标，是指总体中具有某种性质的单位数目在总体中所占的比重，它反映了总体的结构特征。

（2）**样本统计量**。与总体参数相对应的是样本统计量。由于样本是从总体中随机地抽出来的，而样本统计量是样本的一个函数，所以，它们是随机变量。我们利用统计量来估计和推断总体的有关参数。与总体参数相对应，常见的样本统计量①有

$$\bar{X}=\frac{\sum_{i=1}^{n}X_i}{n}\left(=\frac{\sum Xf}{\sum f}\right) \tag{5-1}$$

$$P=\frac{n_1}{n} \tag{5-2}$$

$$S^2=\frac{1}{n-1}\sum_{i=1}^{n}\left(X_i-\bar{X}\right)^2\left(=\frac{\sum\left(X-\bar{X}\right)^2 f}{\sum f-1}\right) \tag{5-3}$$

$$S=\sqrt{S^2} \tag{5-4}$$

其中，$\bar{X}$ 为样本平均数；P 为样本比率；S^2、S 分别为样本的方差与标准差；n 为样本容量；n_1 为样本中具有某种性质的单位数目；f 为在分组样本资料下的权数。

应当指出，尽管样本统计量的计算公式与第三章中有关数据特征值的计算公式在形式上十分类似，但两者有重要区别：第三章中的数据特征值是就总体而言的，属于总体参数，它们都是常数，本书以下将用希腊字母表示总体参数，其计算公式中的总体各单位标志值都是已确定的具体数值，用小写字母 x_i 表示；而样本统计量是随机变量，其取值随着抽取的样本单位不同而变化，样本统计量计算公式中，在未具体观测以前，其变量为随机变量，用大写字母表示。

（三）概率抽样

概率抽样，就是要求对总体的每一次观察（每一次抽取）都是一次随机试验，并且有和总体相同的分布。按这样的要求对总体观测（抽取）n 次，可得到容量为 n 的样本。只有概率抽样，才能进行科学的统计推断。

【例 5-1】　有 10 个同样的球，分别标有从 1 至 10 的号码：①从中有目的地抽出 5 号球；②从中随便地取一个球；③把 10 个球放在袋中，充分混匀，从中抽出一个球，抽取时，要求袋中各个球有相等的被抽中的概率。

---

① 这里的样本统计量是按简单随机抽样方式抽取后计算的。

显然，①和②的抽取行为都不是随机试验，因而不属于概率抽样，只有③的抽取行为是随机试验。总体的分布可用表 5-1 的分布列来描述，而③的随机试验中所观测的随机变量也与表 5-1 有相同的分布，所以③的抽取行为是概率抽样。

表 5-1　10 个球号码的分布

号码	1	2	3	4	5	6	7	8	9	10
频率	$\frac{1}{10}$	$\frac{1}{10}$	$\frac{1}{10}$	$\frac{1}{10}$	$\frac{1}{10}$	$\frac{1}{10}$	$\frac{1}{10}$	$\frac{1}{10}$	$\frac{1}{10}$	$\frac{1}{10}$

（四）抽样框

抽样框是指为了进行抽样调查而建立的，由全部符合规定特征的总体单位组成的集合。基本单位名录库是指基本单位的名单或清册，是抽取样本单元的依据，是编制抽样框的基础。

完善的抽样框与基本单位名录库，是确保抽样调查数据质量的前提和基础。抽样框的编制与更新既是抽样调查的基础性工作，也是抽样调查的关键环节。抽样框的编制与更新不仅为抽样调查的应用和推广奠定基础，而且是普查、全面报表制度和抽样调查相互衔接配套的基点。因此，就如何进一步完善我国的统计抽样框以及基本单位名录库的问题进行研究，对我国统计调查体系改革的进一步完善具有非常重要的理论和实践意义。

（五）抽样的具体方式

1. 简单随机抽样

概率抽样可以采取多种形式，例 5-1 的③中采用的抽样方式被称为简单随机抽样。这是一种最基本的概率抽样方式，也是抽样调查中最常用的一种方法。它是对总体的单位不做审核分类或排序，完全按照随机的原则逐个抽取样本单位。

当所研究的总体为有限总体时，简单随机抽样又分为放回抽样与不放回抽样。

1）放回抽样

放回抽样又称重复抽样，其具体做法是：从总体中抽出一个样本单位，记录其标志值后，再将其放回总体中继续参加下一轮单位的抽取。放回抽样的特点包括：第一，n 个单位的样本是由 n 次试验的结果构成的；第二，每次试验是独立的，即其试验的结果与前次、后次的结果无关；第三，每次试验是在相同条件下进行的，每个单位在多次试验中选中的机会（概率）是相同的。在放回抽样中，样本可能的个数是 N^n，N 为总体单位数，n 为样本容量。

2）不放回抽样

不放回抽样又称不重复抽样，其具体做法是：每次从总体抽取一个单位，记录其标志值后不放回原总体，不参加下一轮抽样。下一次继续从总体余下的单位中抽取。不放回抽样的特点包括：第一，n 个单位的样本由 n 次试验结果构成，但由于每次抽出不放回，所以实质上相当于从总体中同时抽取 n 个样本单位；第二，每次试验结果不是独立的，上次中选情况影响下次抽选结果；第三，每个单位在多次（轮）试验中选中的机会是不等的。不放回抽样，如果考虑顺序，其样本可能个数为 $\dfrac{N!}{(N-n)!}$；如果不考虑顺序，其样本可能个数为 $\dfrac{N!}{(N-n)!n!}$。

对于从无限总体中抽样，因为放回与不放回抽取的样本单位，对抽样结果几乎没有影响，所以实际上没有放回抽样与不放回抽样之分。

简单随机抽样是最基本的抽样组织形式，但没有充分利用人们对总体已获得的其他信息。另外，由于统计实践中，有时难以获得抽样所需的样本框。因此，还需要研究如何利用其他形式的抽样方法。

2. 类型抽样

类型抽样也称分层抽样，它是在对总体有一定认识的基础上，按与调查目的有关的主要标志对总体各单位进行分类，然后分别从每一类中按随机原则抽取一定的单位构成样本。类型抽样充分利用了有用信息，使抽出的样本与总体尽可能保持相似的结构，从而提高了样本的代表性，减小了抽样误差。例如，进行一个城市居民收入分配状况的抽样调查，如果已有历史资料反映了该城市居民的贫富结构：高、中、低收入者的比例结构，我们可以按此结构进行分类，分别从高、中、低收入者中按总体结构比例抽取样本。这样就既可以避免样本全来自某一收入水平所产生的系统偏差，又可以适当减少抽取的样本户，降低调查的成本。因此，类型抽样是我国统计实践中常用的一种方式。

3. 等距抽样

等距抽样又称机械抽样或系统抽样，它是将总体各单位按某一标志进行排序，然后按固定的间隔来抽取样本单位的抽样组织形式。这种抽样方式具有简便易行的优点。在总体单位众多的场合，简单随机抽样要对总体各单位逐个进行随机抽选，这相当麻烦。而等距抽样只要确定抽样的随机起点和间隔后，样本单位就随之确定，而且可以利用现有的一些顺序，例如抽选学生时可用学生花名册。

作为总体各单位排序的标志，可以采用无关标志也可以采用有关标志。无关标志，是指和单位标志值的大小无关或不起主要影响作用的标志。例如，工业产品质量抽查按时间顺序取样，农产量抽样调查按田间的地理顺序取样，居民家计调查按街道的门牌号码抽样等。

根据需要抽取的样本单位数 n 和总体的单位数 N，可以计算出等距抽样的间隔大小：

$$k = \frac{N}{n} \tag{5-5}$$

按顺序先从总体第一部分的 k 个单位中随机抽出第 i 个单位，然后按顺序抽出第 $jk+i$（$j=1, 2, \cdots, n-1$）个单位，一共 n 个单位构成样本。样本的随机性来源于第一个单位的抽取。

等距抽样的间隔，应避免与现象本身的节奏性或循环周期相重合。例如，进行农作物产量调查时，抽样间隔就应避免与农作物垅长或间距相重合；进行工业产品质量调查时，产品抽样时间间隔不宜和上下班时间相一致，否则，就会引起系统偏差，进而影响样本的代表性。

4. 整群抽样

整群抽样，又称为集团抽样，就是将总体各单位分成若干群，然后从中随机抽取部分群，对选中的群进行全面调查的抽样组织方式。整群抽样的特点是不需要全体总体单位的具体名单，只需要有群的名单，群确定后，再对所选中群包含的所有单位进行调查。

在总体单位数很大而且又没有总体单位的原始资料时，如果直接从总体中抽取总体单位进行调查，往往是比较困难的。例如，要了解某省中学生的近视比率，从所有的中学生中直接抽取样本单位有许多困难，可以以每所中学为抽样单位，从全部中学中抽出部分中学，再对抽中的中学的所有学生进行调查，从而可以极大地减少工作量，节省经费。整群抽样的前提是所抽中的群应当是整个总体的缩影，否则整群抽样可能形成较大的误差。

5. 多阶段抽样

多阶段抽样也称多级抽样，这也是统计实践中常采用的一种抽样方式。例如，开展抽样调查时，按照行政区划，先抽出要调查的省级行政区，再从各省级行政区按照随机的原则抽取要调查的县级行政区，然后再从县级行政区抽取所要调查的样本单位。多阶段抽样的特点是前面若干阶段的抽样类似于整群抽样中对群的抽取，但在最后阶段不是对被选中的群包含的所有调查单位都进行调查，而是采用随机的方式对被选中的群所包含的调查单位进行抽样调查。

（六）抽样分布

从总体中可以随机地抽取许多样本，由每一个样本都可以计算样本统计量的观测值，所有可能的样本观测值及其所对应的概率便是**抽样分布**。因此，抽样分布也可以称为样本统计量的概率分布。抽样分布可能是精确地服从某种已知分布（如我们在第四章介绍过的各种常见分布），也可能是以某种已知分布为极限分布，即随着观察样本的增加而接近于某种已知分布。在实际应用中，后者更为多见。

抽样分布在统计推断中具有重要的作用。只有了解和掌握了具体统计量的样本分布，才有可能进行参数估计和假设检验。

【例 5-2】 对某公司 10 名推销员用简单抽样的放回抽样方式抽取容量为 $n=2$ 的样本(y_1, y_2)，构造统计量 $\bar{Y}=\left(\sum_{i=1}^{n} y_i\right)\Big/ n$。10 名推销员任职年限如表 5-2 所示。

表 5-2 10 名推销员任职年限资料

推销员编号	1	2	3	4	5	6	7	8	9	10
任职年限（x_i）/年	1	2	3	4	5	6	7	8	9	10

要求：

（1）计算样本的可能个数。

（2）给出统计量 $\bar{X}$ 的分布、数学期望和标准差。

解　（1）可能样本数 $= N^n = 10^2 = 100$。

所有可能得到的样本如表 5-3 所示。表 5-3 中数对是用推销员编号表示的样本的各种配合方式，括号内数字是推销员任职年限的样本均值。

表 5-3　10 人中有放回抽 2 人的全部可能样本

第一次抽取	第二次抽取									
	1	2	3	4	5	6	7	8	9	10
1	1，1 （1）	1，2 （1.5）	1，3 （2）	1，4 （2.5）	1，5 （3）	1，6 （3.5）	1，7 （4）	1，8 （4.5）	1，9 （5）	1，10 （5.5）
2	2，1 （1.5）	2，2 （2）	2，3 （2.5）	2，4 （3）	2，5 （3.5）	2，6 （4）	2，7 （4.5）	2，8 （5）	2，9 （5.5）	2，10 （6）
3	3，1 （2）	3，2 （2.5）	3，3 （3）	3，4 （3.5）	3，5 （4）	3，6 （4.5）	3，7 （5）	3，8 （5.5）	3，9 （6）	3，10 （6.5）
4	4，1 （2.5）	4，2 （3）	4，3 （3.5）	4，4 （4）	4，5 （4.5）	4，6 （5）	4，7 （5.5）	4，8 （6）	4，9 （6.5）	4，10 （7）
5	5，1 （3）	5，2 （3.5）	5，3 （4）	5，4 （4.5）	5，5 （5）	5，6 （5.5）	5，7 （6）	5，8 （6.5）	5，9 （7）	5，10 （7.5）
6	6，1 （3.5）	6，2 （4）	6，3 （4.5）	6，4 （5）	6，5 （5.5）	6，6 （6）	6，7 （6.5）	6，8 （7）	6，9 （7.5）	6，10 （8）
7	7，1 （4）	7，2 （4.5）	7，3 （5）	7，4 （5.5）	7，5 （6）	7，6 （6.5）	7，7 （7）	7，8 （7.5）	7，9 （8）	7，10 （8.5）
8	8，1 （4.5）	8，2 （5）	8，3 （5.5）	8，4 （6）	8，5 （6.5）	8，6 （7）	8，7 （7.5）	8，8 （8）	8，9 （8.5）	8，10 （9）
9	9，1 （5）	9，2 （5.5）	9，3 （6）	9，4 （6.5）	9，5 （7）	9，6 （7.5）	9，7 （8）	9，8 （8.5）	9，9 （9）	9，10 （9.5）
10	10，1 （5.5）	10，2 （6）	10，3 （6.5）	10，4 （7）	10，5 （7.5）	10，6 （8）	10，7 （8.5）	10，8 （9）	10，9 （9.5）	10，10 （10）

（2）用表 5-3 中各样本配合方式的样本均值（括号中数字）数据做成分布数列（表 5-4），便描述了样本平均数这个统计量的分布。

表 5-4　任职年限样本均值分布数列

样本均值 $\bar{X}$	样本数	$P(\bar{X})$
1.0	1	0.01
1.5	2	0.02
2.0	3	0.03
2.5	4	0.04
3.0	5	0.05
3.5	6	0.06

续表

样本均值 $\bar{X}$	样本数	$P(\bar{X})$
4.0	7	0.07
4.5	8	0.08
5.0	9	0.09
5.5	10	0.10
6.0	9	0.09
6.5	8	0.08
7.0	7	0.07
7.5	6	0.06
8.0	5	0.05
8.5	4	0.04
9.0	3	0.03
9.5	2	0.02
10.0	1	0.01
合计	100	1.00

利用表 5-4 的资料，可以计算出样本平均数的期望值与方差。

$$E(\bar{X})=\sum\bar{X}P(\bar{X})=5.50\text{（年）}$$

$$V(\bar{X})=E(\bar{X}^2)-[E(\bar{X})]^2=\sum\bar{X}^2P(\bar{X})-\left[\sum\bar{X}P(\bar{X})\right]^2$$

$$=34.375-(5.5)^2=4.125$$

$$\sigma_{\bar{X}}=\sqrt{V(\bar{X})}=\sqrt{4.125}=2.031$$

例 5-2 只是为了说明有关抽样的概念所做的一个演示。在现实问题中，总体的情形（本例中为 10 名推销员的任职年限）是未知的，抽样时，也只是抽出某一个样本（而不是把可能得到的 100 个样本都列举出来）。因此，统计量的数学期望和方差是通过另外的途径来推导的。

二、有关数学定理

以下数学定理为抽样推断提供了理论基础。这里，我们就其结论和意义作扼要说明。

（一）大数定理

设有独立同分布的随机变量 $X_1, X_2, \cdots, X_n, \cdots$，并且有数学期望 $E(X_i)=\mu$ 及方差 $V(X_i)=\sigma^2$（$i=1,2,\cdots$）。则对任意的正数 ε，有

$$\lim_{n\to\infty}P\left(\left|\frac{1}{n}\sum_{i=1}^{n}X_i-\mu\right|<\varepsilon\right)=1 \tag{5-6}$$

该定理说明，当 n 充分大时，独立同分布的一系列随机变量的平均数与它们共同的

期望值之间的偏差，可以有很大的把握被控制在任意给定的范围之内。由于从总体中抽出的样本是独立且与总体同分布的，所以，当样本容量 n 充分大时，样本平均与总体平均之间的误差可以有很大的把握被控制在任意给定的要求之内，这就是人们用样本平均估计总体平均的理论根据。

由于比率指标是一个特殊的平均数，大数定理对比率指标自然也成立。设 N_1 是 n 次试验中事件 A 发生的次数，ρ 是事件 A 发生的概率，则对于任意小的正数 ε，有

$$\lim_{n\to\infty} p\left\{\left|\frac{N_1}{n}-\rho\right|<\varepsilon\right\}=1 \tag{5-7}$$

即当 n 充分大时，事件 A 发生的频率接近（依概率收敛于）事件 A 发生的概率，反映了频率在大量重复试验过程中的稳定性。该定理称为伯努利大数定理，它提供了用频率代替概率的理论根据。

大数定理表明：尽管个别现象受偶然因素影响，有各自不同的表现，但是，对总体大量观察后进行平均，就能使偶然因素的影响相互抵消，消除由个别偶然因素引起的极端性影响，从而可使总体平均数稳定下来，反映出事物变化的一般规律。

（二）正态分布的再生定理

如果变量 X 服从正态分布，总体的平均数是 μ，标准差是 σ，从这个总体中抽出一个容量是 n 的样本，则样本平均数 $\bar{X}$ 也服从正态分布，其均值 $E(\bar{X})$ 仍为 μ，其标准差为 $\sigma_{\bar{X}}$。

从**正态分布的再生定理**可以看出，只要总体变量服从正态分布，则从中抽取的样本，不管 n 是多少，样本平均数都服从正态分布。但是在客观实际中，总体并非都符合正态分布。对于从非正态分布的总体中抽取的样本平均数的分布问题，需要由中心极限定理来解决。

（三）中心极限定理

1. 样本平均数的中心极限定理

如果变量 X 的分布具有期望值 μ 和标准差 σ，从这个总体抽取容量为 n 的样本，则当 n 趋于无穷大时，样本平均数 $\bar{X}$ 近似服从正态分布，其平均数 $E(\bar{X})$ 仍为 μ，其标准差为 $\sigma_{\bar{X}}$。

中心极限定理告诉我们无论总体服从何种分布，只要它的平均数与标准差客观存在，我们就可以通过增大样本容量 n 的方式，保证样本平均数 $\bar{X}$ 近似服从正态分布。样本容量 n 越大，样本平均数的分布就越接近正态分布。

2. 样本比率的中心极限定理

从任意一个总体比率为 ρ、方差为 $\rho(1-\rho)$ 的(0, 1)分布总体中，抽取容量为 n 的样本，其样本比率 P 的分布会随着 n 的增大而趋近于平均数为 ρ、标准差为 σ_p 的正态分布。

由中心极限定理不难看出，正态分布在统计推断中具有非常重要的地位。

第二节 常见样本统计量的抽样分布

一、样本平均数的抽样分布

（一）样本平均数的期望值与方差

不同抽样方式的样本平均数和方差的具体计算方式有所不同，但这些样本统计量与总体参数之间的关系和样本统计量的分布规律是基本相似的。为简明起见，这里仅讨论简单抽样方式下，样本平均数的期望值与方差。关于其他抽样方式下，样本平均数的具体计算方式，我们将在本章第三节参数估计中给出。

在放回抽样的情形下，设从总体中抽出的样本为 $x_1, x_2, \cdots, x_n$，其是相互独立的，并且与总体服从同一分布。设总体均值为 μ，方差为 σ^2，则根据期望值和方差的计算规则，可推导出**样本平均数的期望值与方差**分别为

$$\begin{aligned} E(\bar{X}) &= E\left(\frac{X_1 + X_2 + \cdots + X_n}{n}\right) \\ &= \frac{1}{n}\left[E(X_1) + E(X_2) + \cdots + E(X_n)\right] = \mu \end{aligned} \tag{5-8}$$

$$\begin{aligned} \sigma_{\bar{X}}^2 &= D\left(\frac{X_1 + X_2 + \cdots + X_n}{n}\right) \\ &= \frac{1}{n^2}\left[D(X_1) + D(X_2) + \cdots + D(X_n)\right] = \frac{\sigma^2}{n} \end{aligned} \tag{5-9}$$

从式（5-8）和式（5-9）我们知道，样本平均数分布的期望值与总体的均值完全相同，方差则是总体分布方差的 $1/n$。由于样本平均数能“集中”分布于总体均值附近，因此，我们可以考虑用样本平均数来估计总体均值。用样本统计量去估计总体参数难免有误差，样本变量的离散程度越大，产生误差的可能性也越大。我们用样本平均数的标准差来反映样本平均数与总体平均数的误差程度，记为

$$\sigma_{\bar{x}} = \frac{\sigma}{\sqrt{n}} \tag{5-10}$$

样本平均数的标准差是总体标准差的 $1/\sqrt{n}$，前者通常比后者小得多。

【例 5-3】 计算例 5-2 中 10 名推销员平均的任职年限及其标准差，并与例 5-2 求得的样本平均数的期望值与方差作比较。

解 $\mu = (1+2+3+4+5+6+7+8+9+10)/10 = 5.5$（年）

$\sigma = \sqrt{\left[(1-5.5)^2 + (2-5.5)^2 + \cdots + (10-5.5)^2\right]/10} = 2.872\,28$（年）

$E(\bar{X}) = \mu = 5.5$（年）

$\sigma_{\bar{x}} = \dfrac{\sigma}{\sqrt{n}} = \dfrac{2.872\,28}{\sqrt{2}} = 2.031\,0$（年）

以上计算结果验证了样本平均数的期望值和标准差与总体均值和标准差之间的关系

确实如式（5-8）和式（5-9）所示。

在不放回抽样的情况下，数学上可以证明，其样本平均数的期望值同样等于总体的期望值。而样本平均数的标准差为

$$\sigma_{\bar{X}}=\sqrt{\frac{\sigma^2}{n}\left(\frac{N-n}{N-1}\right)} \tag{5-11}$$

其中，N 为总体单位数。

与放回抽样相比，这里多了一个 $\sqrt{\frac{N-n}{N-1}}\approx\sqrt{1-\frac{n}{N}}$，这个系数称为不放回抽样的修正系数。该系数在(0, 1)区间内，因此，不放回抽样的标准差比放回抽样小。当 N 远大于 n 时，修正系数近似为 1，修正与否对平均误差几乎没有影响，这时可以不考虑抽样方式差异，都按放回抽样处理。

（二）样本平均数的分布规律

当总体 X 服从正态分布时，根据正态分布的再生定理，样本平均数服从正态分布，即 $\bar{X}\sim N(\mu,\sigma_{\bar{X}}^2)$。

当总体不服从正态分布时，根据中心极限定理，只要样本容量 n 足够大，样本平均数 $\bar{X}$ 仍近似地服从正态分布 $N(\mu,\sigma_{\bar{X}}^2)$。一般来说，当总体分布接近正态分布时，所需的样本容量 n 可以较小；反之，则需要较大的样本容量。通常将样本单位数不少于 30 个的样本称为大样本。

利用样本平均数的概率分布，我们可以计算样本平均数落在某一取值区间的概率。

【例 5-4】　160 件电子元器件重量的均值为 5.02 克，标准差为 0.30 克，从中采用不放回方式随机抽取 64 件，试求：①样本平均数的期望值与方差；②总重量在 4.96 克与 5.00 克之间的概率。

解　（1）$E(\bar{X})=\mu=5.02$（克）

$$\sigma_{\bar{x}}=\sqrt{\frac{\sigma^2}{n}\left(\frac{N-n}{N-1}\right)}=\frac{0.30}{\sqrt{64}}\sqrt{\frac{(160-64)}{(160-1)}}=0.029\,14\text{（克）}$$

（2）该问题可化为求样本平均数的观测值在 4.96～5.00 克的概率。因为 $\bar{X}\sim N(5.02,0.30^2)$，所以，可先将其进行标准变换，并利用第四章介绍的标准正态分布求解概率。即有

$$P(4.96\leqslant\bar{X}\leqslant5.00)=P\left(\frac{4.96-5.02}{0.30}\leqslant Z\leqslant\frac{5.00-5.02}{0.30}\right)$$
$$=0.527\,9+0.579\,3-1=0.107\,2$$

二、样本比率的抽样分布

（一）样本比率的期望值与方差

设随机变量 X 服从两点分布，其总体平均数为 ρ，ρ 又称为总体比率，总体方差

$\sigma^2(\rho)=\rho(1-\rho)$。现对其进行 n 次独立重复观测，得到下列样本：$(X_1, X_2, \cdots, X_n)$，其中，观测结果为“成功”的次数是 N_1。

我们把样本中“成功”的次数所占比率定义为样本比率 P。

$$P=\frac{N_1}{n} \tag{5-12}$$

根据第四章的介绍，我们知道，N_1 服从二项分布，它的数学期望是 $n\rho$，方差是 $n\rho(1-\rho)$。利用这一结果与期望值的计算规则，可得

$$E(P)=E\left(\frac{N_1}{n}\right)=\frac{n\rho}{n}=\rho \tag{5-13}$$

$$V(P)=V\left(\frac{N_1}{n}\right)=\frac{V(N_1)}{n^2}=\frac{n\rho(1-\rho)}{n^2}=\frac{\rho(1-\rho)}{n} \tag{5-14}$$

式（5-13）和式（5-14）表明，**样本比率的期望值**等于总体比率，**样本比率的方差**是总体方差的 $1/n$。

在实际工作中，总体比率 ρ 常常是未知的，只要样本充分大，计算样本比率的期望值与方差时，可以用样本比率的观测值来代替。

样本比率是一种特殊的平均数，因此，在不放回抽样条件下，有关结论与样本平均数相类似，即

$$E(P)=\rho \tag{5-15}$$

$$\sigma_p=\sqrt{\frac{\rho(1-\rho)}{n}\left(\frac{N-n}{N-1}\right)} \tag{5-16}$$

当 N 很大，而抽样比 $n/N\leqslant 5\%$时，其修正系数 $\left(\frac{N-n}{N-1}\right)$ 趋于 1，这时样本比率的方差也可不必修正，可直接用式（5-14）来计算。

【例 5-5】 从某地区 6 000 名适龄儿童中用不放回抽样方法抽取 400 名儿童，其中有 320 名儿童入学，求样本入学率的标准差。

解 $P=\frac{320}{400}=80\%$

$$\sigma_p=\sqrt{\frac{\rho(1-\rho)}{n}\left(\frac{N-n}{N-1}\right)}\approx\sqrt{\frac{P(1-P)}{n}\left(1-\frac{n}{N}\right)}$$

$$=\sqrt{\frac{80\%\times 20\%}{400}\times\left(1-\frac{400}{6\,000}\right)}=1.932\%$$

（二）样本比率的分布规律

中心极限定理表明，当 n 充分大时，样本比率近似服从正态分布 $N\left(\rho,\frac{\rho(1-\rho)}{n}\right)$。这里大样本的条件是：$n\rho$ 和 $n(1-\rho)$ 都要大于或等于 5。实际工作中，当 $0.1\leqslant\rho\leqslant 0.9$，$n$ 符合表 5-5 要求的大小时，就可以认为 P 近似服从正态分布。由于总体参数通常是未知

的，所以，实际总体是否符合表 5-5 中所列的情况，可以用样本比率来近似判断。

表 5-5　用正态分布来近似时对样本量的要求

总体参数	ρ	0.50	0.45	0.40	0.35	0.30	0.25	0.20	0.15	0.10
	$1-\rho$	0.50	0.55	0.60	0.65	0.70	0.75	0.80	0.85	0.90
样本量至少为	N	36	37	38	40	43	48	57	71	100

（三）样本方差的抽样分布

要用样本方差 S^2 去推断总体的方差 σ^2，必须知道样本方差的抽样分布。那么，作为估计量的样本方差是如何分布的呢？数学上可以证明，对于来自正态总体的样本容量为 n 的简单随机样本，统计量 $\dfrac{(n-1)S^2}{\sigma^2}$ 服从自由度为$(n-1)$的 χ^2-分布，即

$$\chi^2=\frac{(n-1)S^2}{\sigma^2}\sim\chi^2(n-1) \tag{5-17}$$

【例 5-6】　某企业生产一种零件，已知其直径服从正态分布，总体的标准差为 0.01 毫米。现随机抽查 36 个零件，试求其样本标准差大于 0.012 的概率。

解　$\chi^2=\dfrac{(n-1)S^2}{\sigma^2}=\dfrac{35\times(0.012)^2}{0.01^2}=50.4$

利用 Excel 中的 CHIDIST 函数，可方便地求得这一概率。

CHIDIST（50.4，35）＝$P(x<X<\infty)$（右单尾概率）＝0.044 448

第三节　参 数 估 计

一、参数估计概述

（一）参数估计的定义与种类

参数估计，就是用样本统计量去估计总体的未知参数（或参数的函数），如估计总体均值、估计总体比率和总体方差等。

参数估计有两种基本形式：**点估计**和**区间估计**。前者是用一个样本统计量作为未知参数 θ 的估计值；后者则是给出具体的上限和下限，把 θ 包括在这个区间内。下面分别介绍点估计与区间估计的有关概念。

（二）点估计

点估计的方法，主要有矩估计法和最大似然估计法。**矩估计法**是用样本矩去估计总体矩（或是用样本矩的函数去估计总体矩的相应函数）的一种估计方法，由此获得的估计量称作矩估计量。**最大似然估计法**是把待估计的总体参数看作一个可以取不同数值的变量，计算当总体参数取上述不同数值的时候，发生当前所得到的样本观测值的不同概率，总体参数取哪一个数值的时候这种概率最大，便把这个数值作为对总体参数的估计结果。

设有随机样本$(X_1, X_2, \cdots, X_n)$，现在要用它来估计总体参数 θ。于是，构造随机样本的一个适当函数 $T(X_1, X_2, \cdots, X_n)$作为对 θ 的估计。这时，把 $T(X_1, X_2, \cdots, X_n)$称作 θ 的估计量，记作 $\hat{\theta} = T(X_1, X_2, \cdots, X_n)$。

本章第一节，我们已经给出了几种常见的用于估计总体参数的样本估计量。

（三）估计量的优良标准

同一个未知参数可能有多个可供选择的估计量，因此就产生了在不同估计量中选择最优或满意估计量的问题。样本统计量是一个随机变量，仅从一次抽样的结果来判断一个统计量的优劣是不确切的，必须通过多次试验或从抽样分布的特点出发，才能判断这个估计量是不是理想的估计量。具体来说，点估计的优良性包括以下四条标准。

1. *无偏性*

$\hat{\theta}$ 的数学期望值等于 θ。即有

$$E(\hat{\theta}) = \theta \tag{5-18}$$

无偏性要求用来估计总体参数的样本统计量，其分布是以总体参数真值为中心的，在一次具体的抽样估计中，估计值或者大于总体参数，或者小于总体参数；但是，在进行多次重复抽样估计的过程中，所有估计值的平均数应该等于待估计的总体参数。这表明估计量没有系统偏差。

例如，由于 $E(\overline{X}) = \mu$，样本平均是总体均值的一个无偏估计。

有了无偏性标准，我们还可以解释为什么对总体方差进行估计时，样本方差公式中离差平方和所除的不是样本容量 n，而是 $n-1$。证明如下：

$$\begin{aligned}
E(S^2) &= E\left[\frac{1}{n-1}\sum\left(X_i - \overline{X}\right)^2\right] \\
&= \frac{1}{n-1}E\sum\left[\left(X_i - \mu\right) - \left(\overline{X} - \mu\right)\right]^2 \\
&= \frac{1}{n-1}E\left[\sum\left(X_i - \mu\right)^2 - n\left(\overline{X} - \mu\right)^2\right] \\
&= \frac{1}{n-1}\left[\sum E\left(X_i - \mu\right)^2 - nE\left(\overline{X} - \mu\right)^2\right] \\
&= \frac{1}{n-1}\left[n\sigma^2 - n\frac{\sigma^2}{n}\right] \\
&= \sigma^2
\end{aligned}$$

这说明 $S^2 = \frac{1}{n-1}\sum\left(X_i - \overline{X}\right)^2$ 是总体方差的无偏估计。

2. *有效性*

有效性又称最小方差性。因为实际估计时，只是抽取一次样本，所以估计量仅仅无偏还是不够的，我们希望其样本观测值能够尽量集中在总体参数的附近。也就是说，在 θ 的所有无偏估计量中，$\hat{\theta}$ 的方差应该最小。

3. 一致性

一致性是指随着样本容量不断增大，样本统计量接近总体参数的可能性就越来越大，或者，对于任意给定的偏差控制水平，两者间偏差高于此控制水平的可能性越来越小，接近于 0。用公式表示就是

$$\lim_{n\to\infty} p\left\{\left|\hat{\theta}-\theta\right| < \varepsilon\right\}=1 \tag{5-19}$$

其中，ε 为一任意小的数。

式（5-19）说明，当 n 充分大时，$\hat{\theta}$ 与 θ 之间的偏差，可以有很大的把握被控制在任意给定的范围之内。当 n 趋于无穷大时，估计量 $\hat{\theta}$ 依概率收敛于 θ。

4. 充分性

估计量 $\hat{\theta}$ 包含了样本中关于 θ 的全部信息。

由大数定理我们知道，样本平均数是总体均值的一致估计，同时包含了样本中关于总体均值的全部信息。此外，还可以证明，样本平均数在总体均值的所有无偏估计量中，具有最小方差。因此，样本平均数是总体均值的一个无偏、有效且满足一致性和充分性要求的估计量。又因为比率是一个特殊的平均数，该结论对比率的估计也同样成立。

（四）区间估计与估计的精度和可靠性

点估计能够给出总体参数的具体估计值，但这个估计值的可靠性如何，点估计则无从回答。区间估计则弥补了点估计这方面的不足。

区间估计，实质上就是用两个互相联系的样本统计量给出总体参数 θ 的区间，即以 $\hat{\theta}_1$ 和 $\hat{\theta}_2$ 分别作为总体参数 θ 区间估计的下限与上限，同时要求该区间将 θ 包含在内的概率应达到一定的程度。即

$$P(\hat{\theta}_1 \leqslant \theta \leqslant \hat{\theta}_2)=1-\alpha \tag{5-20}$$

式中，被 $\hat{\theta}_1$ 和 $\hat{\theta}_2$ 框定的区间叫作**置信区间**。$\left|\hat{\theta}_i-\theta\right|=\Delta$（$i=1,2$）叫作**抽样极限误差**，它可以反映抽样估计误差的最大范围。

置信区间是以估计量为基础来构造的，由于估计量是随机变量，对于半径一定的置信区间来说，其位置是随机的。假若我们把一个给定的抽样方案下所有可能得到的不同的样本一一列举出来，分别用这些样本观测值来构造上述这种置信区间，那么，所有的这些置信区间，有的可以包含 θ，有的则不能。我们把置信区间能够包含 θ 的概率叫作**置信度**，即式（5-20）中的 $1-\alpha$。

作为参数的区间估计，应满足以下两个要求：一是估计的精度要求；二是可靠性要求。

精度要求，就是估计误差必须控制在一定的范围内。允许误差的最大值，可通过抽样极限误差来反映。显然，Δ 越小，估计的精度要求越高；Δ 越大，估计的精度要求越低。抽样极限误差的大小要根据研究对象的变异程度和分析任务的性质来确定。例如，对航天元器件的估计误差，就要求控制在极小的范围内；而对一些小商品如纽扣和别针的合格率估计，其

估计误差就可以控制在较大的范围内，因为这种误差对消费者、对厂商的负面影响都有限。

可靠性，是指估计结果正确的概率保证，可用置信度来反映。在区间估计中，置信度十分重要，只有精度而没有置信度的估计是毫无意义的。能够给出置信度的前提条件是，能够证实估计量 $\hat{\theta}$（精确地或是近似地）服从某种已知的常见分布。

应当指出，区间估计中的精度要求与可靠性要求常常存在矛盾。例如，通过抽样估计某班学生某课程平均成绩的范围，这时我们要考虑这个估计正确的概率大小问题。一种极端估计是：平均成绩在 0～100 分（百分制）。显然这个范围的估计，正确的概率是 100%，但这个估计无精度可言。如要提高精度，估计平均成绩在 70～80 分，这时估计正确的概率肯定低于 1。要想同时提高精度与可信度，只有扩大样本容量，才有可能办到。

请扫描二维码，获取资源：参考 5-1　如何正确解读置信区间

二、简单抽样方式下的参数估计

（一）总体均值的估计

设随机变量 $X \sim N(\mu, \sigma^2)$，$(X_1, X_2, \cdots, X_n)$是取自 X 的简单随机样本。根据简单随机样本的定义，自然有各个 X_i（$i = 1, 2, \cdots, n$）独立，并且与 X 有相同的分布，即 $X_i \sim N(\mu, \sigma^2)$。下面我们就总体方差已知与总体方差未知两种情况下，如何估计 X 的均值 μ 的问题进行讨论。

1. 总体方差已知的情形

1）点估计

$$\hat{\mu} = \bar{X} = \frac{1}{n}\sum_{i=1}^{n} X_i \tag{5-21}$$

根据前面的论述，我们已知该估计量是总体均值的最优无偏估计量，并且满足一致性和充分性。

2）区间估计

根据本章第二节的论述，我们已知 $\bar{X} \sim N\left(\mu, \sigma_{\bar{X}}^2\right)$。为了进行区间估计，先把 $\bar{X}$ 标准化。

$$Z = \frac{\bar{X} - \mu}{\sigma_{\bar{X}}} \tag{5-22}$$

显然，Z 是标准正态变量（图 5-1）。如果我们在图 5-1 的两个尾部各取面积 $\alpha/2$，临界值（我们把截取尾部面积的横坐标点叫作临界值）分别为 $-z_{\alpha/2}$ 和 $z_{\alpha/2}$，那么，显然有

$$P(-z_{\alpha/2} < Z < z_{\alpha/2}) = 1 - \alpha \tag{5-23}$$

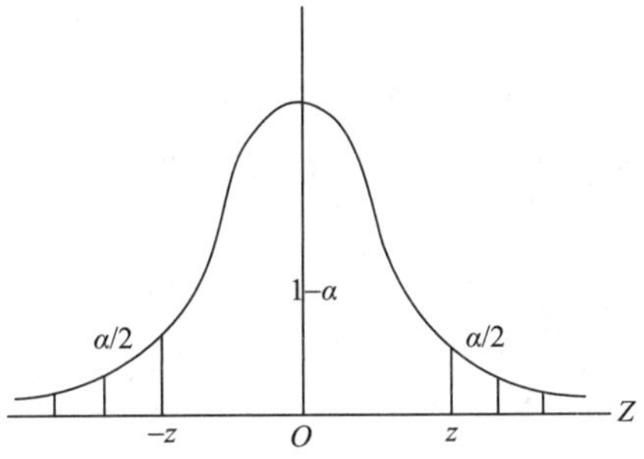

图 5-1　标准正态分布的双侧临界值

将式（5-22）代入式（5-23）得到

$$P\left(-z_{\alpha/2} < \frac{\bar{X}-\mu}{\sigma_{\bar{X}}} < z_{\alpha/2}\right) = 1-\alpha \tag{5-24}$$

在式（5-24）的括号内做不等式的等价变换后得到

$$P\left(\bar{X} - z_{\alpha/2}\sigma_{\bar{X}} < \mu < \bar{X} + z_{\alpha/2}\sigma_{\bar{X}}\right) = 1-\alpha \tag{5-25}$$

通常，我们先给出置信度$1-\alpha$的具体数值，据此查标准正态分布表求得$z_{\alpha/2}$值，然后计算置信区间的上下限。

放回抽样的场合，$\sigma_{\bar{X}} = \dfrac{\sigma}{\sqrt{n}}$。总体均值的置信度为$1-\alpha$的区间估计为

$$\hat{\mu} \pm z_{\alpha/2}\frac{\sigma}{\sqrt{n}} \tag{5-26}$$

抽样极限误差为

$$\Delta = z_{\alpha/2}\frac{\sigma}{\sqrt{n}} \tag{5-27}$$

不放回抽样的场合，$\sigma_{\bar{X}} = \sqrt{\dfrac{\sigma^2}{n}\left(\dfrac{N-n}{N-1}\right)}$。总体均值的置信度为$1-\alpha$的区间估计为

$$\hat{\mu} \pm z_{\alpha/2}\frac{\sigma}{\sqrt{n}}\sqrt{\frac{N-n}{N-1}} \tag{5-28}$$

抽样极限误差为

$$\Delta = z_{\alpha/2}\frac{\sigma}{\sqrt{n}}\sqrt{\frac{N-n}{N-1}} \tag{5-29}$$

【例 5-7】　某企业加工的产品直径X是一随机变量，且服从方差为 0.002 5 的正态分布。从某日生产的大量产品中随机抽取 6 个，测得平均直径为 16 厘米，试在 0.95 的置信度下，求该产品直径的均值置信区间。

解　本例中产品数量很多，即总体单位数N很大，故采用放回抽样的有关公式计算。

样本平均数：$\bar{X} = 16$

样本平均数的标准差：$\sigma_{\bar{X}} = \dfrac{\sigma}{\sqrt{n}} = \dfrac{0.05}{\sqrt{6}} = 0.020\,4$

临界值：$z_{0.05/2}=1.96$

抽样极限误差：$\Delta=z_{\alpha/2}\sigma_{\bar{X}}=1.96\times0.0204=0.04$

所求 μ 的置信区间为 $16-0.04<\mu<16+0.04$，即(15.96, 16.04)。

2. 总体方差未知的情形

在现实生活中，总体的方差通常是未知的，因此，还必须了解总体方差未知的场合下，应该如何进行参数估计。

1）点估计

$$\hat{\mu}=\bar{X}=\frac{1}{n}\sum_{i=1}^{n}X_i \tag{5-30}$$

显然，它与式（5-21）相同。可以证明它同样具有各种理想的性质。

2）区间估计

当总体方差 σ^2 未知时，可以用总体方差的无偏估计量 S^2 来代替 σ^2。按照与总体方差已知场合相类似的方法，对 $\bar{X}$ 进行标准变换后得到

$$t=\frac{\bar{X}-\mu}{S_{\bar{X}}} \tag{5-31}$$

数学上可以证明，当总体为正态分布时①，式（5-31）服从自由度为 $n-1$ 的 t-分布。

请扫描二维码，获取资源：参考 5-2 戈塞特与 t 分布

在自由度为 $n-1$ 的 t-分布的两个尾部各自截取面积 $\alpha/2$，查表（或应用 Excel 工具中的 TINV 函数），得到各尾部临界值 $\pm t_{\alpha/2}(n-1)$。于是可以写出

$$P\left(-t_{\alpha/2}(n-1)<\frac{\bar{X}-\mu}{S_{\bar{X}}}<t_{\alpha/2}(n-1)\right)=1-\alpha \tag{5-32}$$

对括号内的不等式作等价变换以后得到

$$P\left(\bar{X}-t_{\alpha/2}(n-1)S_{\bar{X}}<\mu<\bar{X}+t_{\alpha/2}(n-1)S_{\bar{X}}\right)=1-\alpha \tag{5-33}$$

放回抽样的场合，$S_{\bar{X}}=\dfrac{S}{\sqrt{n}}$。总体均值的置信度为 $1-\alpha$ 的区间估计为

$$\hat{\mu}\pm t_{\alpha/2}(n-1)\frac{S}{\sqrt{n}} \tag{5-34}$$

抽样极限误差为

$$\Delta=t_{\alpha/2}(n-1)\frac{S}{\sqrt{n}} \tag{5-35}$$

---

① 当总体为非正态总体，且 σ^2 未知时，只要样本足够大，一般当 $n>30$ 时，可以用样本方差代替总体方差，并利用式（5-30）近似地给出总体均值 μ 的置信区间。

在不放回抽样的场合，$S_{\bar{X}}=\sqrt{\frac{S^2}{n}\left(\frac{N-n}{N-1}\right)}$。总体均值的置信度为$1-\alpha$的区间估计为

$$\hat{\mu}\pm t_{\alpha/2}(n-1)\frac{S}{\sqrt{n}}\sqrt{\frac{N-n}{N-1}}$$

抽样极限误差为

$$\varDelta=t_{\alpha/2}(n-1)\frac{S}{\sqrt{n}}\sqrt{\frac{N-n}{N-1}}$$

【例 5-8】 在例 5-7 中，若总体方差未知，但通过抽取的 6 个样本测得的样本方差为 0.002 704，试求在 0.95 的置信度下，该产品直径的均值置信区间。

解 样本平均数 $\bar{X}=16$

样本平均数的标准差 $S_{\bar{X}}=\frac{S}{\sqrt{n}}=\frac{0.052}{\sqrt{6}}=0.0212$

查 t 分布表，可知：临界值 $t_{0.05/2}(6-1)=2.5706$

抽样极限误差 $\varDelta=t_{\alpha/2}(n-1)\frac{S}{\sqrt{n}}=2.5706\times0.0212=0.0545$

所求 μ 的置信区间为 $16-0.0545<\mu<16+0.0545$，即（15.945 5，16.054 5）。

（二）总体比率的估计

1. 点估计

$$\hat{\rho}=P=\frac{n_1}{n}$$

根据前面的有关论述，我们已知样本比率的期望值等于总体比率。它是总体比率的无偏估计量。

2. 区间估计

由于总体的分布是 0～1 分布，只有在大样本[①]的情况下，才服从正态分布。总体比率可以看成一种特殊的平均数，类似于总体均值的区间估计，总体比率的区间估计是

$$P\pm z_{\alpha/2}\sigma_p \tag{5-36}$$

式（5-36）中的样本比率标准差在放回抽样条件下是

$$\sigma_p=\sqrt{\frac{\rho(1-\rho)}{n}}$$

在不放回抽样的条件下是

$$\sigma_p=\sqrt{\frac{\rho(1-\rho)}{n}}\sqrt{\frac{N-n}{N-1}}$$

在实践中，由于总体比率 ρ 常常未知，样本比率标准差公式中的总体比率一般用样本成数 P 代替。

---

① 关于大样本的条件参见本章第一节关于样本比率抽样分布的论述。

【例 5-9】 在某市区随机调查了 300 个居民户，其中 6 户拥有量子点电视机。试求该区（按户计算的）量子点电视机拥有率的 0.95 置信区间。

解 本例总体单位数 N 很大，故采用放回抽样的有关公式计算。

$n=300$，$P=0.02$，$nP=6\geqslant 5$，可以认为户数 n 充分大，$\alpha=0.05$，$z_{\alpha/2}=z_{0.025}=1.96$。

$$\Delta=1.96\sqrt{\frac{0.02\times 0.98}{300}}=0.015\,8$$

所求电视机拥有率的置信区间为 $0.02-0.015\,8<\rho<0.02+0.015\,8$，即$(0.004\,2, 0.035\,8)$。

（三）总体方差的估计

1. 点估计

$$\hat{\sigma}^2=S^2=\frac{1}{n-1}\sum_{i=1}^{n}\left(X_i-\overline{X}\right)^2$$

根据前面的有关论述，我们已知样本方差是总体方差的无偏估计量，数学上还可以证明它具有一致性。

2. 区间估计

根据本章第一节的论述，我们已知

$$\chi^2=\frac{(n-1)S^2}{\sigma^2}\sim\chi^2(n-1) \tag{5-37}$$

可利用式（5-33）来推导总体方差的置信区间。

在自由度为 $n-1$ 的 χ^2-分布的两个尾部各自截取面积 $\alpha/2$，查表（或应用 Excel 中的 CHIINV 函数），得到两个尾部临界值 $\chi^2_{\alpha/2}(n-1)$ 和 $\chi^2_{1-\alpha/2}(n-1)$（见图 5-2，并注意 χ^2-分布不是对称分布），于是可以写出

$$P\left(\chi^2_{1-\alpha/2}(n-1)<\frac{(n-1)S^2}{\sigma^2}<\chi^2_{\alpha/2}(n-1)\right)=1-\alpha \tag{5-38}$$

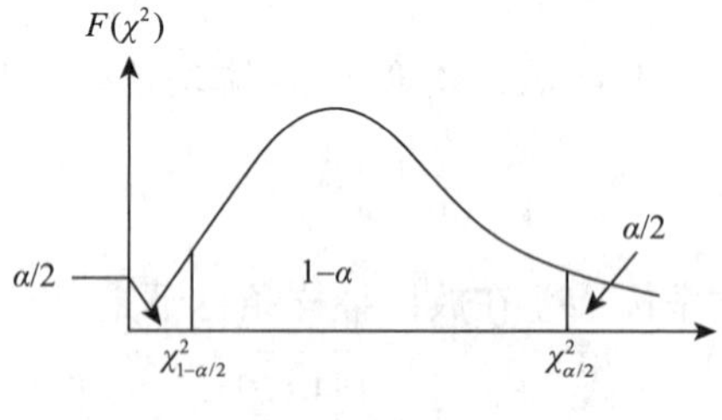

图 5-2 χ^2-分布的双侧临界值

变换后有

$$P\left(\frac{(n-1)S^2}{\chi^2_{\alpha/2}(n-1)}<\sigma^2<\frac{(n-1)S^2}{\chi^2_{1-\alpha/2}(n-1)}\right)=1-\alpha \tag{5-39}$$

因此，总体方差的置信度 $1-\alpha$ 的置信区间为 $\left(\frac{(n-1)S^2}{\chi^2_{\alpha/2}(n-1)},\frac{(n-1)S^2}{\chi^2_{1-\alpha/2}(n-1)}\right)$。

【例 5-10】 某公司生产一种健康食品，对每罐食品的重量有一定规定，不允许有过大的差异。设每罐食品的重量服从正态分布。现从生产线上按简单抽样方式抽查了 10 个样本，求得其样本方差为 9.2，试对总体方差进行置信度为 0.90 的区间估计。

解　$\chi^2_{0.95}(9)=3.33$，$\chi^2_{0.05}(9)=16.92$，置信度为 0.90 的置信区间为

$$\left(\frac{(n-1)S^2}{\chi^2_{\alpha/2}(n-1)},\frac{(n-1)S^2}{\chi^2_{1-\alpha/2}(n-1)}\right)=\left(\frac{9\times 9.2}{16.92},\frac{9\times 9.2}{3.33}\right)=(4.89,24.86)$$

三、其他抽样方式下的参数估计[①]

（一）类型抽样方式下，总体均值的估计

设总体由 N 个单位组成，根据对总体的认识，把总体分为 k 组，使得

$$N=N_1+N_2+\cdots+N_k \tag{5-40}$$

然后从各组中分别按随机方式抽出 $n_1,n_2\cdots,n_k$ 个单位组成样本。设样本容量为 n，它满足：$n=n_1+n_2+\cdots+n_k$。（5-41）

采用比例抽样方式，我们从每一类 N_i 中抽取 n_i 时要求两者间保持合适的比例，也就是保持各组样本单位数与总体同组单位数之比，等于样本容量与总体单位数之比，即

$$\frac{n_1}{N_1}=\frac{n_2}{N_2}=\cdots=\frac{n}{N} \tag{5-42}$$

所以各组的样本单位数应为

$$n_i=\frac{nN_i}{N}\qquad (i=1,2,\cdots,k) \tag{5-43}$$

设样本是：$x_{11},x_{12},\cdots,x_{1n_1}$，$x_{21},x_{22},\cdots,x_{2n_2}$，…，$x_{k1},x_{k2},\cdots,x_{kn_k}$，样本抽出来后，可按以下步骤计算样本平均数和样本平均数的标准差。

第一步：计算各组平均数。

$$\overline{X_i}=\frac{\sum\limits_{j=1}^{n_i}X_{ij}}{n_i}\qquad (i=1,2,\cdots,k) \tag{5-44}$$

第二步：将各组平均数以各组单位数或各样本组单位数为权数，进行加权平均，求出总的样本平均数。

$$\overline{X}=\frac{\sum n_i\overline{X_i}}{n} \tag{5-45}$$

第三步：计算类型抽样条件下样本平均数的标准差。

$$\sigma^2_{\overline{X}}=\frac{\sum n_i^2\sigma(\overline{X}_i)^2}{n^2} \tag{5-46}$$

---

① 限于篇幅，此处仅讨论实践中最常用的总体均值的估计。

其中，$\sigma_{\bar{X}}^2$ 为从第 i 组中抽样计算平均数的方差，如果每组都按放回方式抽样，这个组样本平均数的标准差就是

$$\sigma_{\bar{x}_i} = \frac{\sigma_i}{\sqrt{n_i}}$$

其中的

$$\sigma_i \approx \sqrt{\frac{\sum (x_i - \bar{x})^2}{n_i}} \tag{5-47}$$

是第 i 组的组内标准差。

记 $\overline{\sigma_i^2} = \frac{\sum n_i \sigma_i^2}{n}$，$\overline{\sigma_i^2}$ 是类型抽样条件下的方差，将其代入式（5-46），可得到放回抽样条件下总的样本平均数的标准差为

$$\sigma_{\bar{X}} = \sqrt{\frac{\sum n_i^2 \cdot \frac{\sigma_i^2}{n_i}}{n^2}} = \sqrt{\frac{1}{n} \cdot \frac{\sum n_i \sigma_i^2}{n}} = \sqrt{\frac{\overline{\sigma_i^2}}{n}} \tag{5-48}$$

同样也可以计算出不放回抽样条件下的样本平均数的标准差为

$$\sigma_{\bar{X}} = \sqrt{\frac{\overline{\sigma_i^2}}{n}\left(1 - \frac{n}{N}\right)} \tag{5-49}$$

从以上式子可以看出：类型抽样中样本平均数的标准差的大小取决于各组内方差的平均水平。因此，降低类型抽样中样本平均数标准差的办法是尽可能利用有关信息，将所要观察的标志值相近的单位划归一个组，从而使各组内部单位的差异尽可能地小。一般来说，只要分组恰当，同等条件下，类型抽样的效果会优于简单随机抽样。

求得总的样本平均数和总的样本平均数的标准差后，可按照前面介绍过的简单抽样总体方差未知场合的基本公式[参见式(5-34)]，进行参数的区间估计。

【例 5-11】 对某市所有个体商户（共 600 户）的月零售额进行抽样调查，由于个体商户之间的零售额差别较大，先按申报的资金划分为大、中、小三类，按 15%的比例总共抽取 90 户进行调查，抽样时采取放回抽样的方式，抽样调查结果如表 5-6 所示。试计算总的样本平均零售额及其标准差，并进行总体平均零售额的点估计和置信度为 95%的区间估计。

表 5-6 某市个体商户抽样调查结果

商户类别	总户数 N_i	抽样户 n_i	抽样平均零售额/万元	平均零售额的方差/万元
大	60	9	20	16.0
中	240	36	8	4.0
小	300	45	1	0.5
合计	600	90	—	—

解 零售额的样本平均数是

$$\overline{X}=\frac{\sum n_i\overline{X}_i}{n}=\frac{9\times20+36\times8+45\times1}{90}=5.7\text{（万元）}$$

类型抽样平均数的方差是

$$\overline{\sigma_i^2}=\frac{\sum n_i\sigma_i^{\,2}}{n}=\frac{9\times16+36\times4+45\times0.5}{90}=3.45\text{（万元）}$$

类型抽样样本平均数的标准差是

$$\sigma_{\overline{X}}=\sqrt{\frac{\overline{\sigma_i^2}}{n}}=\sqrt{\frac{3.45}{90}}=0.20\text{（万元）}$$

该市个体商户平均月零售额的点估计是 5.7 万元。

查 t 分布表，可知：临界值 $t_{0.05/2}(90-1)=1.987$。

抽样极限误差 $\Delta=t_{\alpha/2}(n-1)\dfrac{S}{\sqrt{n}}=1.987\times0.20=0.397\,4$（万元）。

所求个体户平均月零售额 μ 的置信区间为(5.7−0.397 4)万元＜μ＜(5.7 + 0.397 4)万元，即(5.302 6 万元, 6.097 4 万元)。

（二）等距抽样方式下，总体均值的估计

用等距抽样方式抽取一个样本后，可以计算样本平均数：

$$\overline{X}=\frac{\sum X_i}{n}\tag{5-50}$$

等距抽样下样本平均数的标准差和标志排列的顺序有关，情况比较复杂。

如果用来排队的标志是无关标志，而且随机选择起点取样，那么它就十分接近简单随机抽样的情形。为了简便起见，可以采用简单随机抽样下样本平均数的标准差公式近似反映，即

$$\sigma_{\overline{X}}=\frac{\sigma}{\sqrt{n}}\tag{5-51}$$

或

$$\sigma_{\overline{X}}=\sqrt{\frac{\sigma^2}{n}\left(1-\frac{n}{N}\right)}\tag{5-52}$$

实践中，总体方差 σ^2 通常是未知的，需要用样本方差代替。

如果用来排队的标志是有关标志，则相当于将总体划分为同等大小的若干类型，每个类型只抽取一个样本单位的类型抽样。所以，可采用与类型抽样类似的方式计算其样本平均数和样本平均数的标准差，并在此基础上进行样本平均数的区间估计。一般来说，同等条件下按恰当的有关标志进行的等距抽样的效果也会优于简单随机抽样。

（三）整群抽样方式下，总体均值的估计

设总体的全部 N 个单位被划分为 R 群，每群含有 M 个单位①。现在从总体 R 群中随

---

① 这里仅讨论各群包含的单位数相等的情况，如果各群的单位数不相等，则公式形式会有所变化。

机抽出 r 群组成样本，对选中的群中的所有单位进行全面调查。

第 i 群的样本平均数 $\overline{X_i}$ 可按式（5-53）计算：

$$\overline{X_i}=\frac{\sum_{j=1}^{M}X_{ij}}{M}\quad(i=1,2,\cdots,r)\tag{5-53}$$

式（5-53）中，X_{ij} 是第 i 个群中第 j 个单位的观察值。

总的样本平均数是

$$\overline{X}=\frac{\sum_{i=1}^{r}\sum_{j=1}^{M}X_{ij}}{rM}=\frac{\sum_{i=1}^{r}\overline{X_i}}{r}\tag{5-54}$$

从式（5-54）可以看出，整群抽样实质上是以群代替总体单位，以群平均数代替总体单位标志值之后的简单随机抽样。群间方差是

$$\delta^2=\frac{\sum(\mu_i-\mu)^2}{R}\tag{5-55}$$

由于实践中，总体方差一般是未知的，所以需要由样本数据估计群间样本方差：

$$S^2=\frac{\sum(\overline{X}_i-\overline{X})^2}{r-1}\tag{5-56}$$

由于整群抽样一般都采用不放回抽样的方法，所以总的样本平均数的标准差是

$$s_{\overline{X}}=\sqrt{\frac{S^2}{r}\left(\frac{R-r}{R-1}\right)}\tag{5-57}$$

由以上式子可以看出：整群抽样中样本平均数的方差与组内（群内）方差无关，而是取决于组间（群间）方差大小。因此，降低整群抽样方式下抽样平均数的标准差的途径是要设法降低群间方差。这一点恰好与类型抽样相反。也就是说，整群抽样方式下的群不应按照所要观察的标志值的大小去划分，而是希望各群的单位结构与总体的单位结构尽可能接近，各群的平均数都尽量接近总体的平均数，从而使得群间的抽样平均误差下降。在同等条件下，整群抽样的效果常常会低于简单随机抽样。

【例 5-12】 有一家加油站从第三季度中随机抽取 10 天，对所有进站加油车辆进行登记，得到各天中一辆汽车平均每次加油量如表 5-7 所示，试计算样本平均数（平均每次加油量）以及样本平均数的标准差，并进行置信度为 95%的平均每次加油量的区间估计。

表 5-7 加油量情况表

样本群编号	日均每次加油量/升 $\overline{x}_i$	与总样本平均数的离差	离差平方
1	24	−9	81
2	28	−5	25
3	26	−7	49
4	36	3	9
5	34	1	1
6	40	7	49

续表

样本群编号	日均每次加油量/升 $\bar{x}_i$	与总样本平均数的离差	离差平方
7	30	−3	9
8	28	−5	25
9	38	5	25
10	46	13	169
合计	330	—	442

解　样本平均数（平均每次加油量）$\overline{X}=\dfrac{\sum_{i=1}^{r}\overline{X}_i}{r}=\dfrac{330}{10}=33$（升）

用样本组间方差代替总体组间方差：

$$S^2=\frac{\sum(\overline{X}_i-\overline{X})^2}{r-1}=\frac{442}{9}=49.1$$

所求的总的样本平均数的标准差为

$$S_{\overline{X}}=\sqrt{\frac{S^2}{r}\left(\frac{R-r}{R-1}\right)}=\sqrt{\frac{49.1}{10}\left(\frac{92-10}{92-1}\right)}=2.103\,4\text{（升）}$$

平均每次加油量的点估计是 33 升。

查 t 分布表，可知：临界值 $t_{0.05/2}(10-1)=2.262$。

抽样极限误差 $\varDelta=t_{\alpha/2}(n-1)S_{\overline{X}}=2.262\times2.103\,4=4.757\,9$（升）。

所求平均每次加油量 μ 的置信区间为(33–4.757 9)升＜μ＜(33 + 4.757 9)升，即该区间为(28.242 1 升＜μ＜37.757 9 升)。

（四）多阶段抽样方式下，总体均值的估计

多阶段抽样是多种抽样方法的综合应用，可以根据各阶段的不同情况，灵活选用抽样方式。

下面以最简单的两阶段抽样为例[①]，假定总体共有 N 个总体单位，整个总体可分为 R 个群，每个群又包含了 M 个总体单位。第一阶段抽样是从 R 个群中随机不放回抽取 r 群，第二阶段是从被抽中的 r 个群各自的 M 个单位里再随机不放回抽取 m 个单位。若以 X_{ij} 表示第 i 个群中第 j 个单位的观察值，则第 i 群的样本平均数 $\overline{X_i}$ 可按式（5-58）计算：

$$\overline{X_i}=\frac{\sum_{j=1}^{M}X_{ij}}{m}\quad(i=1,2,\cdots,r)\tag{5-58}$$

① 为简明起见，这里假定各个群中抽取的单位数相同。实践中，这一假定未必成立，如果各个群中抽取的单位数不相同，以下所列的公式的具体形式也会有所调整。

总的样本平均数是

$$\overline{X}=\frac{\sum_{i=1}^{r}\overline{X}_i}{r} \tag{5-59}$$

总的样本平均标准差是

$$S_{\bar{X}}=\sqrt{\frac{(1-f_1)S_1^2}{r}+\frac{(1-f_2)S_2^2}{rm}} \tag{5-60}$$

其中，S_1^2 为第一阶段抽样的样本群间方差的无偏估计；S_2^2 为第二阶段抽样的样本方差的无偏估计。

$$S_1^2=\frac{\sum(\overline{X}_i-\overline{X})^2}{r-1} \tag{5-61}$$

$$S_2^2=\frac{\sum_{i=1}^{r}\sum_{j=1}^{m}(X_{ij}-\overline{X}_i)^2}{r(m-1)} \tag{5-62}$$

$(1-f_1)$ 和 $f_1(1-f_2)$ 分别是第一阶段和第二阶段不放回抽样的修正系数。$f_1=r/R$ 是第一阶段抽中的群数占总群数的比例。$f_2=m/M$ 是第二阶段各群中抽取的单位数占被抽取群所包含的所有单位数的比例。

由以上式子可以看出：两阶段抽样的误差既包含第一阶段的群间方差的影响，又包含第二阶段的群内方差的影响。随着抽样阶段的增加，抽样误差也会相应增大。因此，要根据不同抽样阶段的特点，采用不同的抽样方式，同时对于方差比较大的阶段可采用较大的抽样比，对于方差较小的阶段则采用较小的抽样比。

【例 5-13】 某大型商业集团公司下有 20 家子公司，为了快速掌握集团公司每天的销售额，拟采用两阶段抽样调查方法去进行估算。调查人员先从 20 家子公司中随机抽取 5 家子公司，又从各子公司当月开业的 30 天中抽取 10 天的经营情况进行调查，具体结果如表 5-8 所示。试根据该表的资料，计算每家公司平均每天的销售额，并在此基础上，进行置信度为 95%的该商业集团公司平均每天销售额的区间估计。

表 5-8 某商业集团公司抽查子公司销售额情况

子公司	日期										
	1	2	3	4	5	6	7	8	9	10	$\overline{X}_i$
1	100.2	162.4	342.3	227.4	561.6	103.5	323.4	654.6	560.5	672.4	370.83
2	400.1	263.4	654.1	363.5	571.9	121.5	202.5	633.8	323.1	765.6	429.95
3	200.5	301.5	452.5	531.6	462.4	244.6	483.1	420.6	471.6	673.1	424.15
4	300.5	451.7	652.6	231.6	375.3	304.8	341.9	362.4	435.3	462.7	391.88
5	303.3	272.6	351.4	372.3	562.5	143.6	212.7	432.6	362.4	532.4	354.58

解　根据以上资料，可知：$R=20$，$r=5$，$f_1=5/20=0.25,\ f_2=10/30=0.3333$，样本平均数 $\overline{X}=\sum X_i/r=394.28$。

第一阶段群方差的无偏估计：

$$S_1^2=\frac{\sum(\overline{X}_i-\overline{X})^2}{r-1}=\frac{(370.83-394.28)^2+(429.95-394.28)^2+\cdots+(354.58-394.28)^2}{4}=1\,074.08$$

第二阶段抽样单位方差的无偏估计：

$$S_2^2=\frac{\sum_{i=1}^{r}\sum_{j=1}^{m}(X_{ij}-\overline{X}_i)^2}{r(m-1)}=\frac{(100.2-370.83)^2+(400.1-429.95)^2+\cdots+(532.4-354.58)^2}{45}=29\,542.93$$

因此，考虑不放回抽样调整的样本平均的抽样误差：

$$\begin{aligned}S_{\overline{X}}&=\sqrt{\frac{(1-f_1)S_1^2}{r}+\frac{(1-f_2)S_2^2}{rm}}\\&=\sqrt{\frac{(1-0.25)\times 1\,074.08}{5}+\frac{(1-0.3333)\times 29\,542.93}{50}}\\&=23.5592\text{（万元）}\end{aligned}$$

从而可得：各子公司平均每天销售额的点估计是 394.28 万元。

该商业集团每天平均销售额的点估计是：$394.28\times 20=7\,885.56$（万元）。

查 t 分布表，可知：临界值 $t_{0.05/2}(45)=2.0141$。

该商业集团平均每天销售额的抽样极限误差：

$$\varDelta=t_{\alpha/2}(45)S_{\overline{X}}=2.0141\times 23.5592\times 20=949.01\text{（万元）。}$$

该商业集团平均每天销售额 μ 置信度为 95%的置信区间为：(7 885.56−949.01)万元＜μ＜(7 885.56＋949.01)万元，即(6 936.55 万元＜μ＜8 834.57 万元)。

第四节　样本容量的确定

一、问题的提出

由前面的论述，我们已知参数估计中的精度要求与可靠性要求常常是相互矛盾的。当抽样标准差保持不变时，抽样极限误差与临界值两者之间呈现同一方向的变化。因此，要提高估计精度（$\varDelta$ 减小），需以牺牲置信度（z 减小）为代价；要提高置信度（z 增大），又要以牺牲估计精度（$\varDelta$ 增大）为代价。但是，通过增加样本容量 n 有可能降低样本平均数的标准差，从而达到既保证一定的估计精度，又具有较高的置信度的目的。这时，需要考虑在给定的置信度与抽样极限误差的前提下，样本容量 n 究竟取多大合适，这就是样本容量的确定问题。

二、简单随机抽样条件下样本容量的确定

（一）估计总体均值时必要的样本容量

1. 总体方差已知，放回抽样

这时有

$$\Delta = z_{\alpha/2}\frac{\sigma}{\sqrt{n}}$$

上式两边取平方整理后可得

$$n = \frac{z_{\alpha/2}^2\sigma^2}{\Delta^2} \tag{5-63}$$

2. 总体方差已知，不放回抽样条件

这时有

$$\Delta = z_{\alpha/2}\frac{\sigma}{\sqrt{n}}\sqrt{1-\frac{n}{N}}$$

上式两边取平方并进行整理得

$$n = \frac{Nz_{\alpha/2}^2\sigma^2}{N\Delta^2 + z_{\alpha/2}^2\sigma^2} \tag{5-64}$$

由以上式子，可得出以下几点结论。

（1）从总体均值估计的抽样极限误差公式，可以推导出估计总体均值时必要的样本容量。

（2）在保证精度和可靠性的前提下，总体方差越大，必要的样本容量就越大，也就是说，必要的样本容量 n 与总体方差成正比。

（3）必要的样本容量 n 与允许的抽样极限误差 Δ 成反比，即在给定的置信水平下，允许误差越大，样本容量就可以越小；允许误差越小，样本容量就必须越大。

（4）必要的样本容量 n 与可靠性成正比，也就是说，我们要求的可靠程度越高，样本容量就应该越大。

应当指出，上述几条结论具有普遍的意义，对于各种抽样方式的参数估计都普遍适用。

（二）估计总体比率时必要的样本容量

采用与上述推导估计总体均值的样本容量相类似的方式，可以推导出以下公式。

（1）放回抽样：

$$n = \frac{z_{\alpha/2}^2P(1-P)}{\Delta_P^2} \tag{5-65}$$

（2）不放回抽样：

$$n = \frac{Nz_{\alpha/2}^2P(1-P)}{N\Delta_P^2 + z_{\alpha/2}^2P(1-P)} \tag{5-66}$$

（三）使用上述公式应注意的问题

（1）计算样本容量时，总体的方差与成数常常是未知的，这时需要用有关资料替代：一是用历史资料已有的方差与成数代替；二是在进行正式抽样调查前进行几次试验性调查，用试验调查得到方差的最大值代替；三是比率方差在完全缺乏资料的情况下，就用比率方差的最大可能值 0.25 代替。

（2）如果进行一次抽样调查，需要同时估计总体均值与比率，可用上面的公式同时计算出两个样本容量，取其中较大的结果，同时满足两方面的需要。

（3）上面的公式计算结果如果带小数，这时样本容量不按四舍五入法则取整数，而是取比这个数大的最小整数代替。例如，计算得到 $n=56.03$，那么，样本容量取 57，而不是 56。

【例 5-14】 对企业产品合格率进行抽样调查，根据历史上进行的两次调查资料，合格率分别是 15%和 13%，这次调查要求抽样极限误差不超过 5%，概率保证程度为 95%，问至少要抽出多少产品作为样本？

解 已知 $\alpha=5\%$，$\Delta_P=0.05$，$z_{\alpha/2}=1.96$。按历史上的两次调查资料，分别计算比率的方差为 $0.15\times(1-0.15)=0.127\,5$ 和 $0.13\times(1-0.13)=0.113\,1$。取其中方差最大者，因此选 $P=15\%$。由于企业产品数量一般都较大，抽出样本在总体中所占的比重很小，无论是放回抽样还是不放回抽样，结果相差不大，可按放回抽样方式计算，所以至少应抽取的样本容量是

$$n=\frac{z_{\alpha/2}^2P(1-P)}{\Delta_P^2}=\frac{1.96^2\times0.15\times(1-0.15)}{0.05^2}=195.92$$

因此，应抽取 196 件产品进行检验。

【例 5-15】 对某型号电池进行电流强度检验，根据以往正常生产的经验数据，已知电流强度的标准差 $\sigma=0.4$ 安培，合格率 $P=90\%$。采用随机重复抽样方式，需要在 99.73%的概率保证下，抽样平均电流的误差范围不超过 0.08 安培，抽样合格率误差范围不超过 5%，试求必要的抽样单位数。

解 已知 $1-\alpha=99.73\%$，$z_{\alpha/2}=3$，按抽样平均数与成数计算的样本容量分别是

$$n_1=\frac{z_{\alpha/2}^2\sigma^2}{\Delta^2}=\frac{3^2\times0.4^2}{0.08^2}=225\text{（个）}$$

$$n_2=\frac{z_{\alpha/2}^2P(1-P)}{\Delta_P^2}=\frac{3^2\times0.9\times0.1}{0.05^2}=324\text{（个）}$$

取以上计算结果中较大者，即 $n=324$，应抽 324 个电池作样本以保证抽样调查的准确性与可信度。

第五节　Excel 在参数估计中的应用

在 Excel 中，主要是使用公式与函数实现区间估计的有关计算，涉及的函数主要有：求平均数的函数 AVERAGE，求样本容量的函数 COUNT，求样本标准差的函数 STDEV，

求平方根的函数 SQRT，求 t-分布或标准正态分布下临界值的函数 TINV、NORMSINV。使用这些函数，可以构造出一个专门用于实现区间估计的通用工作表。

【例 5-16】 用 Excel 完成本章“思考与练习”部分计算题的第 1 题。

解 操作步骤如下。

（1）构造工作表。如图 5-3 所示，A、B 列为原始输入数据，A2∶A16 存放的是关于最大飞行速度的数据，图 5-3 中未完全显示出来。C、D 列为计算结果，分别在 C2、D2 单元格存放置信下限和上限。

	A	B	C	D
1	最大飞行速度	置信水平	置信下限	置信上限
2	422.2	0.95	420.29942	429.70058
3	417.2			
4	425.6			

图 5-3 区间估计

（2）定义变量名。将 A 列命名为“x”，将 B2 单元格命名为“置信水平”。

（3）计算置信上限、下限。

分别在 C2、D2 中输入如下的公式：

=AVERAGE(x)−T.INV.2T（1−置信水平，COUNT(x)−1）*STDEV.S(x)/SQRT（COUNT(x)）

=AVERAGE(x)＋T.INV.2T（1−置信水平，COUNT(x)−1）*STDEV.S（x）/SQRT（COUNT(x)）

其中，T.INV.2T 函数有两个参数，第一个参数指定显著性水平，第二个参数指定自由度，该函数返回临界值 $t_{\alpha/2}(n-1)$；AVERAGE 返回平均数，STDEV.S 返回样本标准差，这两个函数引用的单元格区域如果包含文本、逻辑值或空白单元格，则这些值将被忽略，但包含零值的单元格将计算在内；COUNT 函数返回其参数所指定的单元格区域中包含数字的单元格个数，在计数时，该函数将把数字、日期，或以文本代表的数字计算在内，但是错误值或其他无法转换成数字的文字将被忽略。

计算结果见图 5-3，可以看出该飞机最大飞行速度数学期望值的置信下限为 420.299 42，置信上限为 429.700 58，置信水平为 0.95。

有以下两点需要说明。

（1）可以使用该工作表作为计算 $\bar{x} \pm t_{\alpha/2}(n-1)\dfrac{s}{\sqrt{n}}$ 的通用工作表，并在此基础上做出更加通用的区间估计计算表。需要注意的是，为保证名称“x”能正确引用 A 列的所有单元格，要求不能进行删除 A 列的操作，否则请重新定义名称。另外，根据 AVERAGE、STDEV.S 与 COUNT 函数的特点，建议不要在 A 列输入任何其他无关的数据。

（2）在总体方差已知的情况下，可借助 CONFIDENCE 函数进行区间估计，该函数有三个参数，第一个参数指定显著性水平，第二个参数指定标准差，第三个参数指定样本容量，该函数返回 $z_{\alpha/2}\dfrac{\sigma}{\sqrt{n}}$。

➢本章小结

1. 统计推断是在对所要研究的总体进行概率抽样的基础上，利用有关的抽样分布，根据样本数据去估计或检验总体的数量特征。

2. 样本是从总体中抽出的部分单位的集合，一个样本中所包含的单位数称为样本容量。

3. 总体分布的数量特征就是总体的参数，也是抽样统计推断的对象。与总体参数相对应的是样本统计量。样本统计量是样本的一个函数，因此是随机变量。

4. 样本统计量的概率分布叫作抽样分布。简单随机抽样方式下，样本平均数服从正态分布，即 $\bar{X} \sim N(\mu,\sigma_{\bar{X}}^2)$；当 n 充分大时，样本比率近似服从正态分布 $N\left(\rho,\dfrac{\rho(1-\rho)}{n}\right)$；统计量 $\dfrac{(n-1)S^2}{\sigma^2}$ 服从自由度为 $(n-1)$ 的 χ^2-分布。

5. 点估计，就是构造适当的样本统计量，来充当总体参数的估计量。好的统计量的理想性质包括无偏性、有效性、一致性和充分性。

6. 区间估计，就是用两个互相联系的样本统计量给出总体参数 θ 的区间，即以 $\hat{\theta}_1$ 和 $\hat{\theta}_2$ 分别作为总体参数 θ 区间估计的下限与上限。该区间将 θ 包含在内的概率即 $P(\hat{\theta}_1 \leqslant \theta \leqslant \hat{\theta}_2)=1-\alpha$，称为置信度。

7. 本章介绍的简单抽样方式下，各种参数的估计可归纳如下：

估计对象	点估计	区间估计
总体均值	$\hat{\mu}=\bar{X}=\frac{1}{n}\sum_{i=1}^{n}X_i$	总体方差已知：$\hat{\mu}\pm z_{\alpha/2}\frac{\sigma}{\sqrt{n}}$ 总体方差未知：$\hat{\mu}\pm t_{\alpha/2}(n-1)\frac{S}{\sqrt{n}}$
总体比率	$\hat{\rho}=P=\frac{n_1}{n}$	$P\pm z_{\alpha/2}\sqrt{\frac{\rho(1-\rho)}{n}}$
总体方差	$\hat{\sigma}^2=S^2=\frac{1}{n-1}\sum_{i=1}^{n}(X_i-\bar{X})^2$	$\left(\frac{(n-1)S^2}{\chi^2_{\alpha/2}(n-1)},\frac{(n-1)S^2}{\chi^2_{1-\alpha/2}(n-1)}\right)$

注：该表中只列出放回抽样场合的估计公式，不放回抽样场合，均值和比率只是对样本统计量的标准差加以修正，即乘以修正系数 $\sqrt{\frac{N-n}{N-1}}$

8. 在统计实践中，除简单抽样外，常用的抽样方式还有：类型抽样、等距抽样、整群抽样和多阶段抽样。不同抽样方式下，抽样平均误差的表现形式有所不同。利用不同抽样方式下的样本平均数和抽样平均误差，同样可以进行总体均值的区间估计。

9. 在给定的置信度与抽样极限误差的前提下，样本容量 n 可利用抽样极限误差、临界值与抽样标准差三者间的数量关系去计算。

10. 在 Excel 中可使用各种函数按照有关公式实现区间估计的运算。

➢思考与练习

一、不定项选择题

1. 以下属于概率抽样的有（　　）。

A. 网民自由参加的网上调查　　B. 体育彩票摇奖

C. 按随机原则组织的农产量调查　　D. 街头随意的采访

2. 样本统计量的标准差与抽样极限误差间的关系是（　　）。

A. 样本统计量的标准差大于抽样极限误差

B. 样本统计量的标准差等于抽样极限误差

C. 样本统计量的标准差小于抽样极限误差

D. 样本统计量的标准差可能大于、等于或小于抽样极限误差

3. 在其他条件不变的情况下，如果重复抽样的抽样极限误差缩小为原来的1/2，则样本容量(　　)。

A. 扩大为原来的4倍　　B. 扩大为原来的2倍

C. 缩小为原来的1/2　　D. 缩小为原来的1/4

4. 当样本单位数充分大时，样本估计量充分地靠近总体指标的可能性趋于1，称为抽样估计的（　　）。

A. 无偏性　　B. 一致性　　C. 有效性　　D. 充分性

5. 抽样估计的误差（　　）。

A. 是不可避免要产生的　　B. 是可以通过改进调查方法消除的

C. 是可以事先预计的　　D. 只有调查结束之后才能计算

二、判断分析题

1. 以样本方差 S^2 对正态总体方差 σ^2 进行估计时，其双侧置信区间通常不是一个以 S^2 为中心的对称区间。

2. 置信度（$1-\alpha$）表明置信区间将总体参数包含在内的概率是（$1-\alpha$）。

3. 区间估计中的精度要求与可靠性是相互矛盾的，实践中无法做到精度与可靠性同时提高。

4. 在其他条件相同的情况下，不放回抽样估计的精度低于放回抽样。

5. 在小样本的情况下，利用样本方差代替总体方差去进行总体均值的区间估计，其估计的精度一般会有所降低。

三、计算题

1. 根据长期实验，飞机的最大飞行速度服从正态分布。现对某新型飞机进行了15次试飞，测得各次试飞时的最大飞行速度（单位：米/秒）为

422.2	417.2	425.6	425.8	423.1
418.7	428.2	438.3	434.0	412.3
431.5	413.5	441.3	423.0	420.3

试对该飞机最大飞行速度的数学期望值进行区间估计（置信概率0.95）。

2. 自动车床加工某种零件，零件的长度服从正态分布。现在加工过程中抽取16件，测得长度值（单位：毫米）为

12.14　12.12　12.01　12.28　12.09　12.16　12.03　12.01

12.06　12.13　12.07　12.11　12.08　12.01　12.03　12.06

试对该车床加工该种零件长度值的数学期望进行区间估计（置信概率 0.95）。

3. 用同样方式掷某骰子 600 次，各种点数出现频数如下：

点数	1	2	3	4	5	6	合计
出现频数/次	60	100	150	80	90	120	600

试对一次投掷中出现 1 点的概率进行区间估计（置信概率 0.95）。

4. 若在上述第 2 题中，零件长度的技术标准为 12.10 毫米，公差范围规定为 12.10±0.05 毫米。试根据样本数据对该车床加工该种零件发生长度不合格的概率进行区间估计（置信概率 0.95）。

5. 某微波炉生产厂家想要了解微波炉进入居民家庭生活的深度。他们从某地区已购买了微波炉的 2 200 个居民户中用简单随机不放回抽样方法以户为单位抽取了 30 户，询问每户一个月中使用微波炉的时间（单位：分钟）。调查结果依次为

300	450	900	50	700	400
520	600	340	280	380	800
750	550	20	1 100	440	460
580	650	430	460	450	400
360	370	560	610	710	200

试估计该地区已购买了微波炉的居民户平均一户一个月使用微波炉的时间。

6. 某大学有本科学生 4 000 名，从中用简单随机抽样方法抽出 80 人，询问各人是否有上网经历。调查结果为：其中有 8 人无此经历。试估计全校本科学生中无上网经历的学生所占比率。

7. 某中学老师想要考察该校学生英语考试成绩的离散程度，随机抽取了 41 位考生，并求出他们成绩的标准差 $S=12$。设全校学生英语成绩服从正态分布。试根据上述资料，对全校学生英语考试成绩的离散程度即总体方差进行置信度为 95%的区间估计。

8. 某城市有非农业居民 210 万户，从中用简单随机抽样方法抽取出 623 户调查他们住宅装修的意向。调查结果表明，其中有 350 户已经装修完毕，近期不再有新的装修意向；有 78 户未装修也不打算装修；其余的有近期装修的意向。试估计该城市非农业居民中打算在近期进行住宅装修的居民户数。

9. 一个市场分析人员想了解某一地区看过某一电视广告的家庭所占的比率。该地区共有居民 1 500 户，分析人员希望以 95%的置信度对总体比率进行估计，并要求估计的误差不超过 5 个百分点。另外，根据先前所做的一个调查，有 25%的家庭看过该广告。试根据上述资料，计算要进行总体比率的区间估计应当抽取的样本单位数。

10. 某高校有 25 个新生班，每班 45 人。现采取两阶段抽样的方式，抽取 5 个班，再从每个班抽取 9 人进行英语高考成绩的调查。结果如下表所示，要求根据表中资料对全校新生的平均英语成绩进行置信度为 95%的区间估计。

班级	同学								
	1	2	3	4	5	6	7	8	9
1	80	90	82	72	83	93	75	82	87
2	81	88	92	89	71	79	83	83	97

续表

班级	同学								
	1	2	3	4	5	6	7	8	9
3	87	83	69	79	82	88	95	81	90
4	76	86	78	93	95	72	88	83	80
5	92	83	89	83	88	82	86	95	85

请扫描二维码，获取资源：参考 5-3　第五章习题详解

第六章

假设检验与方差分析

【引例】　袋装咖啡的平均重量是否符合要求

某品牌的咖啡厂商声称其生产的袋装咖啡每袋的平均重量是 150 克。现从市场上抽取简单随机样本 $n = 100$ 袋，测得其平均重量为 $\bar{x} = 149.8$ 克，样本标准差 $s = 0.872$ 克。试问该厂商的袋装咖啡重量的期望值是否真如厂商所宣称的是 150 克。要解决这一问题，就要用到本章所介绍的假设检验的思想与方法。

第一节　假设检验的基本原理

一、什么是假设检验

在引例中，因为没有进行全面调查，所以并不能确切地把握总体参数的真实情况。用引例来说，150 克只是对总体均值的假定值。造成样本平均数不等于 150 克的原因可能有两种：一种是随机因素，因为抽样具有随机性，按抽取的样本计算的样本平均数有可能偏离总体的均值；另一种是系统性因素，真实的总体均值本来就不等于 150 克，它反映了事物的本质差别。

假设检验，就是事先对总体的参数或总体的分布形式做出一个假设，然后利用抽取的样本信息来判断这个假设（原假设）是否合理，即判断总体的真实情况与原假设是否存在显著的系统性差异，所以假设检验又被称为显著性检验。

一个完整的假设检验过程，包括以下几个步骤。

（1）提出假设。

（2）构造适当的检验统计量，并根据样本计算统计量的具体数值。

（3）规定显著性水平，建立检验规则。

（4）做出判断。

下面，我们将对各步骤的具体内容和所涉及的有关概念作进一步说明。

二、原假设与备择假设

进行假设检验，先要对总体参数或分布形式提出假设。提出的假设有两个：一个称为原假设或零假设，另一个称为备择假设或对立假设。**原假设**一般用 H_0 表示，通常是设定总体参数等于某值，或服从某个分布函数等；**备择假设**是与原假设互相排斥的假设，原假设与备择假设不可能同时成立。假设检验问题，实质上就是要判断 H_0 是否正确，若拒绝原假设 H_0，则意味着接受备择假设 H_1。

例如，在引例中我们可以提出两个假设：假设平均袋装咖啡重量与所要控制的标准没有显著差异，记为 H_0：$\mu=150$；假设平均袋装咖啡重量与所要控制的标准有显著差异，记为 H_1：$\mu\neq150$。

三、检验统计量

在给出假设的基础上，有必要构造检验统计量。**检验统计量**，就是根据所抽取的样本计算的用于检验原假设是否成立的随机变量。检验统计量中应当含有所要检验的总体参数，以便在“总体参数等于某数值”的假定下研究样本统计量的观测结果。检验统计量还应该在“H_0 成立”的前提下有已知的分布，从而便于计算出现某种特定的观测结果的概率。

【例 6-1】 构造引例的检验统计量，并计算相应的样本观测值。

解 H_0：$\mu=150$，H_1：$\mu\neq150$。

进行假设检验，一般需要先确定检验统计量的概率分布。假定咖啡的分袋包装生产线的装袋重量服从正态分布，所以其简单随机样本的均值 $\bar{X}$ 也服从正态分布。我们可以把 $\bar{X}$ 标准化，成为标准正态变量

$$Z=\frac{\bar{X}-E(\bar{X})}{\sqrt{V(\bar{X})}}\sim N(0,1) \tag{6-1}$$

由第五章可知，$E(\bar{X})=\mu$。由于原假设是 $\mu=150$，在原假设为真时，式（6-1）可以写作

$$Z=\frac{\bar{X}-150}{\sqrt{V(\bar{X})}}\sim N(0,1) \tag{6-2}$$

仍然由第五章可知，$V(\bar{X})=\sigma^2/n$①，以及

$$t=\frac{\bar{X}-150}{\sqrt{\dfrac{S^2}{n}}}\sim t(n-1) \tag{6-3}$$

式（6-3）中的 t 就是本例所要构造的检验统计量。

由于 t-分布在自由度≥30 的情形下可用标准正态分布来近似，而本例中 $n=100$，自由度 $n-1$ 远大于 30，故式（6-3）近似服从标准正态分布。根据样本数据计算

---

① 为节省篇幅，本章的假设检验全部只就无限总体或有限总体放回抽样的场合进行讨论。

$$z=\frac{149.8-150}{\sqrt{\frac{0.872^2}{100}}}=-2.29$$

四、显著性水平、*P*-值与临界值

样本统计量的观测值计算出来之后，应如何利用它对原假设是否成立做出判断呢？这时，需要利用概率论中的“小概率原理”即“小概率事件在单独一次的试验中基本上不会发生，可以不予考虑”。例如，虽然偶尔天空中会有陨石降落，但人们出门时，不必担心天空降落的陨石会砸伤自己。

在假设检验中，我们做出判断时所依据的逻辑是：如果在原假设正确的前提下，检验统计量的样本观测值的出现属于小概率事件，那么可以认为原假设不可信，从而否定它，转而接受备择假设。

至于小概率的标准是多大，这要根据实际问题而定。假设检验中，称这一标准为**显著性水平**，用α来表示，在应用中，通常取$\alpha=0.01$，$\alpha=0.05$。一般来说，犯第一类错误①可能造成的损失越大，α的取值应当越小。

对假设检验问题做出判断可依据两种规则：一是*P*-值规则；二是临界值规则。

（一）*P*-值规则

***P*-值**，实际上是检验统计量超过（大于或小于）具体样本观测值的概率。如果*P*-值小于所给定的显著性水平，则认为原假设不太可能成立；如果*P*-值大于所给定的标准，则认为没有充分的证据否定原假设。

【例 6-2】　假定$\alpha=0.05$，根据例 6-1 的结果，计算该问题的*P*-值，并做出判断。

解　查标准正态概率表，当$z=2.29$时，阴影面积为 0.989 0，尾部面积为 1−0.989 0 = 0.011 0，由对称性可知，当$z=-2.29$时，左侧面积为 0.011 0。

$$0.011\,0\leqslant\alpha/2=0.025$$

0.011 0 这个数字意味着，假若我们反复抽取$n=100$的样本，在 100 个样本中仅有可能出现一个使检验统计量等于或小于−2.29 的样本。该事件发生的概率小于给定的显著性水平，所以，可以判断$\mu=150$的假定是错误的，也就是说，根据观测的样本，有理由得出总体的μ与 150 克的差异是显著存在的。

（二）临界值规则

假设检验中，还有另外一种得出结论的方法：根据所提出的显著性水平标准（它是概率密度曲线的尾部面积）查表得到相应的检验统计量的数值，称作**临界值**，直接用检验统计量的观测值与临界值作比较，观测值落在临界值所划定的尾部（称之为拒绝域）内，便拒绝原假设；观测值落在临界值所划定的尾部之外（称之为不能拒绝域）的范围内，则认为拒绝原假设的证据不足。这种做出检验结论的方法，我们称之为临界值规则。

① 关于第一类错误的概念请参照本节后面的有关论述。

显然，P-值规则和临界值规则是等价的。在做检验的时候，只用其中一个规则即可。但是，应当指出，P-值规则较临界值规则具有更明显的优点。这主要是：第一，它更加简捷；第二，在 P-值规则的检验结论中，对于犯第一类错误的概率的表述更加精确。过去，计算一些常见分布的概率只能靠查表，比较麻烦，因此，通常使用临界值规则。现在，随着计算机在统计中的应用，精确地计算 P-值成为一件很容易的事情，特别是，在各种专用统计软件中，都会直接给出 P-值，因此，应当更加推荐使用 P-值规则。

【例 6-3】 假定 $\alpha = 0.05$，根据例 6-1 的结果，用临界值规则做出判断。

解 查表得到，临界值 $z_{0.025} = -1.96$。由于 $z = -2.29 < -1.96$，即检验统计量的观测值落在临界值所划定的左侧（即落在拒绝域），故拒绝 $\mu = 150$ 克的原假设。上面的检验结果意味着，由样本数据得到的观测值的差异提醒我们：该企业装袋生产线的生产过程已经偏离了控制状态，正在向装袋重量低于技术标准的状态倾斜。

五、双侧检验和单侧检验

在前面介绍的假设检验步骤中，我们看到，通过确定的检验统计量和事先给出的显著性水平，可以找出一个临界值，将统计量的取值范围划分成拒绝区域与不能拒绝区域两部分。拒绝区域是检验统计量取值的小概率区域，我们可以将这个小概率区域安排在检验统计量分布的两端，也可以安排在分布的一侧，分别称作**双侧检验**与**单侧检验**。单侧检验又按拒绝域在左侧还是在右侧而分为**左侧检验**与**右侧检验**两种。以服从正态分布的检验统计量 Z 为例，如图 6-1 所示。

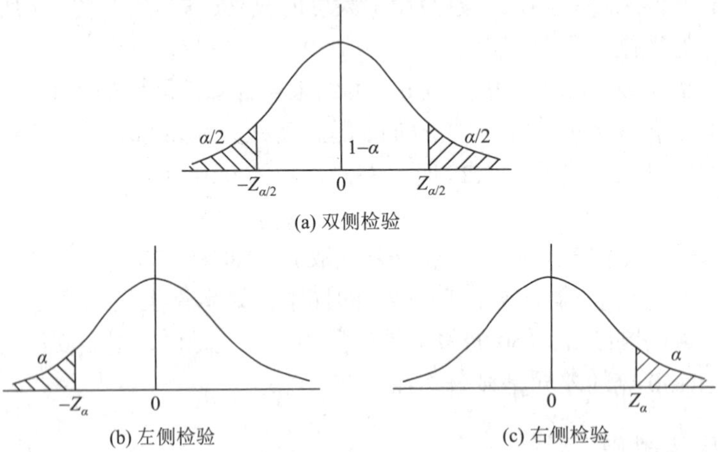

图 6-1 双侧、单侧检验的拒绝域分配

一个假设检验究竟是使用双侧检验还是使用单侧检验，单侧检验时，是使用左侧检验还是使用右侧检验，这取决于备择假设的性质。

备择假设的不同表述的适用场合可归纳如下。

（1）如果在 $\theta = \theta_0$ 之外，没有特别的理由做出到底是 $\theta < \theta_0$ 还是 $\theta > \theta_0$ 的判断，应采用双侧检验。如果事先已确知，在 $\theta = \theta_0$ 被拒绝后剩下的只有 $\theta < \theta_0$（或 $\theta > \theta_0$）一种可能性，应采用左单侧（或右单侧）检验。

（2）如果在 $\theta=\theta_0$ 被拒绝后，不论出现 $\theta<\theta_0$ 还是出现 $\theta>\theta_0$，我们都会采取相同的行动，应采用双侧检验。如果在 $\theta=\theta_0$ 被拒绝后，我们对 $\theta<\theta_0$ 和 $\theta>\theta_0$ 这两种情况会采取不同的行动，应采用单侧检验。

表 6-1 给出了各类检验与备择假设的对应关系、拒绝域的位置和 P-值检验时采用的显著性水平判断标准。表 6-1 中，θ 表示总体参数（如例 6-1 中的 μ），θ_0 表示 θ 的一个给定值（如例 6-1 的 150 克），α 是给定的显著性水平。

表 6-1 拒绝域的单、双侧与备择假设之间的对应关系

拒绝域位置	P-值检验的显著性水平判断标准	原假设	备择假设
双侧	$\alpha/2$	H_0：$\theta=\theta_0$	H_1：$\theta\neq\theta_0$
左单侧	α	H_0：$\theta\geqslant\theta_0$	H_1：$\theta<\theta_0$
右单侧	α	H_0：$\theta\leqslant\theta_0$	H_1：$\theta>\theta_0$

六、假设检验的两类错误

样本具有随机性，因此根据样本对总体进行推断有可能出现两种错误。

显著性检验中的**第一类错误**是指：原假设事实上正确，可是检验统计量的观测值却落入拒绝域，因而否定了本来正确的假设，这是弃真的错误。发生第一类错误的概率 α 在双侧检验时是两个尾部的拒绝域面积之和，在单侧检验时是单侧拒绝域的面积。

显著性检验中的**第二类错误**是指：原假设事实上不正确，而检验统计量的观测值却落入了不能拒绝域，因而没有否定本来不正确的原假设，这是取伪的错误。发生第二类错误的概率 β 是把来自 $\theta=\theta_1$（$\theta_1\neq\theta_0$）的总体的样本值代入检验统计量所得结果落入接受域的概率。

根据不同的检验问题，对于 α 和 β 大小的选择有不同的考虑。例如，在引例中，如果检验者站在卖方的立场上，他较为关心的是不要犯第一类错误，即不要发生产品本来合格却被错误地拒收这样的事情，至于说本不合格的产品被错误地接收并卖了出去，发生这种事情对卖者来说则无大碍（假设这里不考虑买者索赔及卖者须维护自己商业信誉问题），这时，α 要较小。反之，如果检验者站在买者的立场上，他关心的是不要把本来不合格的产品误当作合格品收下，也就是说，最好不要犯第二类错误，这时，β 要较小。

在样本容量 n 不变的条件下，犯两类错误的概率常常呈现反向的变化，要使 α 和 β 都同时减小，除非增加样本的容量。为此，统计学家奈曼与皮尔逊提出了一个原则，即在控制犯第一类错误的概率 α 情况下，尽量使犯第二类错误的概率 β 小。在实际问题中，我们往往把要否定的陈述作为原假设，而把拟采纳的陈述本身作为备择假设，只对犯第一类错误的概率 α 加以限制，而不考虑犯第二类错误的概率 β。

七、关于假设检验结论的理解

前面说过，假设检验要回答“观测到的差异是纯属于随机变异还是反映了真实的差异”这一问题。但事实上，假设检验只能够回答“我们能够拿出何种程度的证据来否定‘观测到的差异纯属于随机变异’这种可能”。当证据较强（很强）时，我们有把握针对后半个问题回答说，样本较显著（很显著）地表明差异是真实的；当证据较弱（很弱）时，我们无法对前半个问题作直接判断，而只能说拿不出足够的证据来否定“观测到的差异纯属于机会变异”这一原假设。这就是说，在假设检验中，相对而言，当原假设被拒绝时，我们能够以较大的把握肯定备择假设的成立。而当原假设未被拒绝时，我们并不能认为原假设确实成立。例如，当给定的α为 0.01 时，如果检验统计量的取值落入其发生概率不超过 0.04 但又大于 0.01 的区域时，我们不能拒绝原假设。但事实上，在原假设成立的前提下，其发生的概率最多也只有 0.04，因此难以证明原假设成立。如果将显著性水平定为 0.05，则原假设就会被否定。

请扫描二维码，获取资源：参考 6-1　女士品茶

第二节　总体均值的假设检验

一、单个总体均值的检验

（一）总体为正态分布，总体方差已知

来自总体的样本为$(X_1, X_2, \cdots, X_n)$。对于假设 H_0：$\mu=\mu_0$，在 H_0 成立的前提下，有检验统计量

$$Z=\frac{\bar{X}-\mu_0}{\sqrt{\frac{\sigma^2}{n}}} \sim N(0,1) \tag{6-4}$$

（二）总体分布未知，总体方差已知，大样本

来自总体的样本为$(X_1, X_2, \cdots, X_n)$。对于假设 H_0：$\mu=\mu_0$，在 H_0 成立的前提下，如果样本足够大（$n \geqslant 30$），近似地有检验统计量

$$Z=\frac{\bar{X}-\mu_0}{\sqrt{\frac{\sigma^2}{n}}} \sim N(0,1) \tag{6-5}$$

（三）总体为正态分布，总体方差未知

来自总体的样本为$(X_1, X_2, \cdots, X_n)$。对于假设 H_0：$\mu=\mu_0$，在 H_0 成立的前提下，有检验统计量

$$t=\frac{\bar{X}-\mu_0}{\sqrt{\frac{S^2}{n}}}\sim t(n-1) \tag{6-6}$$

若自由度$(n-1)\geqslant 30$，该t统计量近似服从标准正态分布。

前面对例 6-1 所做的假设检验就属于此类问题。

（四）总体分布未知，总体方差未知，大样本

来自总体的样本为$(X_1, X_2, \cdots, X_n)$。对于假设 H_0：$\mu=\mu_0$，在 H_0 成立的前提下，如果总体偏斜适度，且样本足够大，近似地有检验统计量

$$Z=\frac{\bar{X}-\mu_0}{\sqrt{\frac{S^2}{n}}}\sim N(0,1) \tag{6-7}$$

【例 6-4】　某厂采用自动包装机分装产品，假定每包产品的重量服从正态分布，每包标准重量为 1 000 克，某日随机抽查 9 包，测得样本平均重量为 986 克，样本标准差是 24 克。试问在$\alpha=0.05$ 的显著性水平上，能否认为这天自动包装机工作正常？

解　第一步，确定原假设与备择假设。

H_0：$\mu=1000$，H_1：$\mu\neq 1000$

以上的备择假设是总体均值不等于 1 000 克，因为只要均值偏离 1 000 克，就说明包装机工作不正常，因此使用双侧检验。

第二步，构造出检验统计量，计算检验统计量的观测值。

由于总体标准差未知，用样本标准差代替，相应检验统计量是t统计量。样本平均数$\bar{X}=986$，$n=9$，$S=24$，代入t检验统计量得

$$t=\frac{\bar{X}-\mu_0}{S/\sqrt{n}}=\frac{986-1\,000}{24/\sqrt{9}}=-1.75$$

第三步，确定显著性水平，确定拒绝域。

$\alpha=0.05$，查t分布表（自由度$n-1=8$），得临界值是$t_{\alpha/2}(n-1)=t_{0.025}(8)=2.306$，拒绝域是$|t|\geqslant 2.306$。

第四步，判断。

由于$|t|<2.306$，检验统计量的样本观测值落入接受域，所以不能拒绝 H_0。样本数据没有充分说明这天的自动包装机工作不正常。

二、双总体均值是否相等的检验

在许多情况下，人们需要比较两个不同总体的参数，看它们是否存在显著的差异。例如，同一品种的水稻在不同地区的产量是否有显著差异，对某一总统候选人的支持率在不同性别的人群中是否有显著差异等。下面分别介绍几种不同情况下所应用的检验统计量。

（一）两个正态总体，方差相等，但未知

两个正态总体为总体 1：$X_1 \sim N(\mu_1,\sigma_1^2)$；总体 2：$X_2 \sim N(\mu_2,\sigma_2^2)$。并且，$\sigma_1^2=\sigma_2^2=\sigma^2$。分别来自两个总体的样本为

样本 1：$(X_{11},X_{12},\cdots,X_{1n_1})$，$\bar{X}_1=\dfrac{1}{n_1}\sum_{i=1}^{n_1}X_{1i}$，$S_1^2=\dfrac{1}{n_1-1}\sum_{i=1}^{n_1}\left(X_{1i}-\bar{X}_1\right)^2$

样本 2：$(X_{21},X_{22},\cdots,X_{2n_2})$，$\bar{X}_2=\dfrac{1}{n_2}\sum_{i=1}^{n_2}X_{2i}$，$S_2^2=\dfrac{1}{n_2-1}\sum_{i=1}^{n_2}\left(X_{2i}-\bar{X}_2\right)^2$

并且，两样本独立。

为检验两个总体均值是否相等，我们提出原假设 H₀：$\mu_1=\mu_2$。可以证明，在原假设成立的条件下，以下检验统计量服从自由度为 n_1+n_2-2 的 t-分布，即

$$t=\frac{\bar{X}_1-\bar{X}_2}{\sqrt{\dfrac{(n_1-1)S_1^2+(n_2-1)S_2^2}{n_1+n_2-2}}\sqrt{\dfrac{1}{n_1}+\dfrac{1}{n_2}}}\sim t(n_1+n_2-2) \tag{6-8}$$

当 $n_1+n_2-2\geqslant 30$ 时，上述检验统计量近似服从标准正态分布。

（二）两个正态总体，方差不相等，但也未知

这时，使用检验统计量

$$t=\frac{\bar{X}_1-\bar{X}_2}{\sqrt{\dfrac{S_1^2}{n_1}+\dfrac{S_2^2}{n_2}}} \tag{6-9}$$

在原假设 H₀：$\mu_1=\mu_2$ 成立的条件下，由于 $\sigma_1^2\neq\sigma_2^2$，统计量式（6-9）不服从 t-分布，但是其分布近似于 t-分布，自由度近似地等于最接近 f 的自然数。这里，f 按式（6-10）计算。当自由度≥30 时，上述检验统计量近似服从标准正态分布。

$$f=\frac{\left(S_1^2/n_1+S_2^2/n_2\right)^2}{\dfrac{\left(S_1^2/n_1\right)^2}{n_1-1}+\dfrac{\left(S_2^2/n_2\right)^2}{n_2-1}} \tag{6-10}$$

必须注意，用式（6-9）所做的检验只是近似 t-检验。

（三）两个非正态总体，样本量足够大

假设有两个任意分布的总体，均值分别为 μ_1 和 μ_2。

分别来自两个总体的样本为

样本 1：$(X_{11},X_{12},\cdots,X_{1n_1})$，$\bar{X}_1=\dfrac{1}{n_1}\sum_{i=1}^{n_1}X_{1i}$，$S_1^2=\dfrac{1}{n_1-1}\sum_{i=1}^{n_1}\left(X_{1i}-\bar{X}_1\right)^2$

样本 2：$(X_{21},X_{22},\cdots,X_{2n_2})$，$\bar{X}_2=\dfrac{1}{n_2}\sum_{i=1}^{n_2}X_{2i}$，$S_2^2=\dfrac{1}{n_2-1}\sum_{i=1}^{n_2}\left(X_{2i}-\bar{X}_2\right)^2$

并且，两样本独立。

那么，只要 n_1 和 n_2 都足够大，在原假设 H₀：$\mu_1=\mu_2$ 成立的条件下，以下检验统计量近似服从标准正态分布。

$$Z=\frac{\bar{X}_1-\bar{X}_2}{\sqrt{\frac{S_1^2}{n_1}+\frac{S_2^2}{n_2}}} \qquad (6\text{-}11)$$

【例 6-5】 某工厂为了比较两种装配方法的效率，分别组织了两组员工，每组 9 人，一组采用新的装配方法，另外一组采用旧的装配方法。假设两组员工设备的装配时间均服从正态分布，两总体的方差相等但未知。现有 18 个员工的设备装配时间见表 6-2，根据这些数据，是否有理由认为新的装配方法更节约时间？（显著性水平 0.05）

表 6-2　两组员工设备的装配时间（单位：小时）

方法	装配时间								
新方法（X_2）	35	31	29	25	34	40	27	32	31
旧方法（X_1）	32	37	35	38	41	44	35	31	34

解　原假设与备择假设如下：

H_0：$\mu_1-\mu_2\leqslant 0$，H_1：$\mu_1-\mu_2>0$

该题属于两个正态总体，方差相等（但未知）的情况。因此，可利用式（6-8）计算检验统计量。

$$t=\frac{\bar{X}_1-\bar{X}_2}{\sqrt{\frac{(n_1-1)S_1^2+(n_2-1)S_2^2}{n_1+n_2-2}}\sqrt{\frac{1}{n_1}+\frac{1}{n_2}}}$$

$$=\frac{36.3333-31.5556}{\sqrt{\frac{8\times17.5+8\times20.0278}{9+9-2}}\sqrt{\frac{2}{9}}}=2.3397$$

查表可知，显著性水平为 0.05、自由度为 16 的单侧临界值为 1.745 9。t 统计量的样本观测值 2.339 7≥1.745 9，因此应拒绝原假设，即认为新的装配方法更节约时间。

请扫描二维码，获取资源：参考 6-2　药品疗效检验

第三节　总体比例的假设检验

一、单个总体比例的假设检验

来自总体的样本为$(X_1, X_2, \cdots, X_n)$。其中，各个 X_i（$i=1, 2, \cdots, n$）只取 1（“成功”）

和 0（“失败”）两个值。样本中“成功”的次数为n_1。根据第五章的论述，我们已知，当n达到一定数值时，样本比例$P=\frac{n_1}{n}$近似服从正态分布$N\left(\rho,\frac{\rho(1-\rho)}{n}\right)$。因此，对于假设$H_0$：$\rho=\rho_0$，在$H_0$成立的前提下，有

$$z=\frac{P-\rho_0}{\sqrt{\frac{\rho_0(1-\rho_0)}{n}}}\sim N(0,1) \tag{6-12}$$

【例 6-6】 一项调查结果声称，某市小学生每月零花钱达到 200 元的比例为 40%，某科研机构为了检验这个调查是否可靠，随机抽选了 100 名小学生，发现有 47 人每月零花钱达到 200 元，调查结果能否证实早先调查 40%的看法？（$\alpha=0.05$）

解 由于条件$n=100$充分大，可以利用正态近似的公式进行计算。

已知

$$H_0:\ \rho=40\%,\ H_1:\ \rho\neq 40\%$$

$$P=47\%,\ n=100$$

则有

$$Z=\frac{P-\rho}{\sqrt{\frac{\rho(1-\rho)}{n}}}=\frac{0.47-0.4}{\sqrt{\frac{0.4\times(1-0.4)}{100}}}=1.43$$

确定临界值$Z_{0.025}=1.96$，拒绝域$(-\infty,-1.96]\cup[1.96,+\infty)$。

$Z=1.43$，$Z_{0.025}=1.96$，$Z<Z_{0.025}$，P-值$=0.0764$。

P值大于$\alpha/2$故不能拒绝H_0，调查结果还不能推翻原先的调查结论。

二、两个总体的比例是否相等的检验

设有服从两点分布的随机变量X_1和X_2，参数（“成功”概率）分别为ρ_1和ρ_2。

分别对这两个随机变量进行独立重复观测n_1次和n_2次，观测结果为$(x_{11}, x_{12}, \cdots, x_{1n_1})$和$(x_{21}, x_{22}, \cdots, x_{2n_2})$，其中，每一次观测结果只取 1（“成功”）和 0（“失败”）两个值。对随机变量X_1的n_1次观测中“成功”次数为α_1，对随机变量X_2的n_2次观测中“成功”次数为α_2，样本比例分别记作$P_1=\alpha_1/n_1$和$P_2=\alpha_2/n_2$。

为检验ρ_1和ρ_2是否相等，建立原假设H_0：$\rho_1=\rho_2=\rho$。在原假设成立的条件下，有$P=(a_1+a_2)/(n_1+n_2)=(n_1p_1+n_2p_2)/(n_1+n_2)$是$\rho$的无偏估计量，当$n_1$和$n_2$都充分大时，检验统计量$Z$近似服从标准正态分布，即

$$Z=\frac{P_1-P_2}{\sqrt{P(1-P)\left(\frac{1}{n_1}+\frac{1}{n_2}\right)}}\sim N(0,1) \tag{6-13}$$

第四节　单因子方差分析

一、问题的提出

我们在本章第二节中讨论了两个方差相等的正态总体均值是否相等的检验问题。本节所要讨论的是多个方差相等的正态总体均值是否相等的检验问题。

【例 6-7】　已知在一组给定的条件下饲养小鸡所增加的体重服从正态分布。某养鸡场欲检验四种饲料配方对小鸡增重的影响是否不相同（假定已经经过检验表明不同饲料配方下的小鸡增重方差相等）。为此，它们对四组初始条件完全相同的小鸡，在完全相同的其他饲养条件下，分别使用四种不同的饲料配方进行喂养。所得到的增重数据如表 6-3 所示。

表 6-3　四种不同饲料配方下 38 周后小鸡的增重情况（单位：克）

饲料配方 i	小鸡序号 j						
	1	2	3	4	5	6	$y_{i\cdot}$
配方 1	370	420	450	490	—	—	1 730
配方 2	490	380	400	390	500	410	2 570
配方 3	330	340	400	380	470	—	1 920
配方 4	410	480	400	420	380	410	2 500
$y_{\cdot j}$	1 600	1 620	1 650	1 680	1 350	820	8 720

在这里，不同的饲料是小鸡饲养随机试验的不同条件，因此，四组不同的数据应分别看作四个不同总体即四个随机变量 Y_1、Y_2、Y_3、Y_4 各自的样本。所以我们现在的问题是要检验方差相等的四个正态随机变量 Y_1、Y_2、Y_3、Y_4 的均值（期望值）μ_1，μ_2，μ_3，μ_4 是否相等。

有时，人们还会使用另外的提法：增重与饲料配方是否有关。其实，回答了均值是否相等的问题，自然也就回答了增重与饲料配方是否有关的问题。因为如果试验条件的差别没有使均值产生差异，自然说明该试验条件不是变量的影响因素，即说明试验条件与变量相互独立。

对于类似本例的问题，一般地，把随机变量分组的数目记作 m，我们可建立下列假设：

H_0：$\mu_1 = \mu_2 = \cdots = \mu_m$

H_1：$\mu_1, \mu_2, \cdots, \mu_m$ 不全相等

对于该问题若采用第二节的检验方法，只能在多个总体中作两两检验。这样做的问题是：其一，无法做出综合结论；其二，大大增加了发生第一类错误的概率。为此，英国统计学家费希尔提出了一种新的方法，即方差分析。方差分析最早应用于生物和农业试验方面，以后在许多科学研究中都得到了应用。

二、方差分析的检验统计量

开展方差分析需要先建立样本数据的方差分析恒等式:

$$\mathrm{SST} = \mathrm{SSR} + \mathrm{SSE} \tag{6-14}$$

其中,

总离差平方和
$$\mathrm{SST} = \sum_{i=1}^{m}\sum_{j=1}^{n_i}\left(y_{ij} - \overline{y}_{\cdot\cdot}\right)^2 \tag{6-15}$$

组间离差平方和
$$\mathrm{SSR} = \sum_{i=1}^{m}\sum_{j=1}^{n_i}\left(\overline{y}_{i\cdot} - \overline{y}_{\cdot\cdot}\right)^2 = \sum_{i=1}^{m} n_i\left(\overline{y}_{i\cdot} - \overline{y}_{\cdot\cdot}\right)^2 \tag{6-16}$$

组内离差平方和
$$\mathrm{SSE} = \sum_{i=1}^{m}\sum_{j=1}^{n_i}\left(y_{ij} - \overline{y}_{i\cdot}\right)^2 \tag{6-17}$$

式(6-15)~式(6-17)中的样本平均数定义为

总样本平均数
$$\overline{y}_{\cdot\cdot} = \frac{\sum_{i=1}^{m} n_i \overline{y}_{i\cdot}}{\sum_{i=1}^{m} n_i} = \frac{1}{n}\sum_{i=1}^{m}\sum_{j=1}^{n_i} y_{ij} \tag{6-18}$$

各组样本平均数
$$\overline{y}_{i\cdot} = \frac{1}{n}\sum_{j=1}^{n_i} y_{ij} \tag{6-19}$$

其中,n_i 为各组样本观测值的个数;n 为所有样本观测值的个数;m 为分组数目。

通过表 6-3 的例子可以看出,观测值之间的差异来自两个方面:一是组间变异,即不同的配方组之间增重不同;二是组内变异,即在同一个配方组内,增重也有不同。现在的问题是:不同配方组之间增重水平的变异是由不同配方总体的均值确实不同造成的呢,还是纯属随机性的变异(总体的均值其实是相同的)?

可以证明,在原假设成立的条件下,下面的检验统计量服从分子自由度为 $m-1$,分母自由度为 $n-m$ 的 F-分布,即

$$F = \frac{\mathrm{SSR}/m-1}{\mathrm{SSE}/n-m} = \frac{\mathrm{MSR}}{\mathrm{MSE}} \sim F(m-1, n-m) \tag{6-20}$$

式(6-20)的分子 MSR 为**组间方差**,分母 MSE 为**组内方差**。F 值越大,越说明总的方差波动中,组间方差是主要部分,有利于拒绝原假设接受备选假设;反之,F 值越小,越说明随机方差是主要的方差来源,有利于接受原假设。因此,检验规则为:根据提出的显著性水平 α,把拒绝域放在分子自由度为 $m-1$,分母自由度为 $n-m$ 的 F-分布的右侧,当 P-值小于 α,或是检验统计量的样本值大于临界值(落在拒绝域)时拒绝原假设。

【例 6-8】 利用表 6-3 中的数据进行单因子方差分析(显著性水平为 $\alpha = 0.05$)。

解 (1)建立假设。

H_0: $\mu_1 = \mu_2 = \mu_3 = \mu_4$

H_1: μ_1、μ_2、μ_3、μ_4 不完全相同

（2）计算离差平方和。

$$\begin{aligned}
SSR &= \sum_{i=1}^{4}\sum_{j=1}^{n_i}\left(\overline{y}_{i\cdot}-\overline{y}_{\cdot\cdot}\right)^2=\sum_{i=1}^{4}n_i\overline{y}_{i\cdot}^2-n\overline{y}_{\cdot\cdot}^2 \\
&=\left[4\times\left(\frac{1\,730}{4}\right)^2+6\times\left(\frac{2\,570}{6}\right)^2+5\times\left(\frac{1\,920}{5}\right)^2+6\times\left(\frac{2\,500}{6}\right)^2\right]-\left[21\times\left(\frac{8\,720}{21}\right)^2\right] \\
&=3\,627\,988.333-3\,620\,876.190=7\,112.143
\end{aligned}$$

$$\begin{aligned}
SSE &= \sum_{i=1}^{4}\sum_{j=1}^{n_i}\left(y_{ij}-\overline{y}_{i\cdot}\right)^2=\sum_{i=1}^{4}\sum_{j=1}^{n_i}y_{ij}^2-\sum_{j=1}^{m}n_i\overline{y}_{i\cdot}^2 \\
&=3\,667\,800-3\,627\,988.333 \\
&=39\,811.667
\end{aligned}$$

（3）构造统计量并计算检验统计量的样本值。

$$F=\frac{SSR/(4-1)}{SSE/(21-4)}=\frac{MSR}{MSE}=\frac{7\,112.143/3}{39\,811.667/17}=1.01$$

（4）确定检验规则，做出检验结论。

P-值规则：

根据算得的检验统计量的样本值（*F* 值）算出 *P*-值 = 0.411 573（表 6-4）。由于 *P*-值 = 0.411 573＞显著性水平标准 $\alpha=0.05$，所以不能拒绝 H_0，即没有得到足以表明四种配方的饲料下小鸡增重水平有差异的显著证据。

表 6-4　方差分析表（一）

变异来源	离差平方和	自由度	均方差	*F* 值	*P*-值	临界值
组间	7 112.143	3	2 370.714	1.012 32	0.411 573	3.196 777
组内	39 811.667	17	2 341.863			
总计	46 923.81	20				

临界值规则：

根据给定的显著性水平 $\alpha=0.05$，查表得临界值为 $F_{0.05}(3,17)=3.20$。因 $F=1.06<3.20$，检验统计量的样本值落入接受域，所以不能拒绝 H_0，即没有得到足以表明四种配方的饲料下小鸡增重水平有差异的显著证据。

三、关于方差分析的两点说明

（一）方差分析中变量的类型

方差分析中的因变量是数量型变量。自变量可以是品质型变量，也可以是数量型变量。当自变量是数量型变量的时候，也要对其作统计分组设计，也就是将它按品质型变量来处理。

（二）总体的正态性和同方差

如前述，方差分析适用于多个正态总体 Y_i（$i=1, 2, \cdots, m$）均值的比较，且要求它们具有相同的方差。不过在实际应用中，即使对于正态性和同方差性都存在很大背离的数据，方差分析仍不失为一种提供有用的近似信息的技术。

第五节　双因子方差分析

一、问题的提出

方差分析中的“因子”，也称因素，它是一个独立的变量（自变量）。在本章第四节的例子中，我们要分析饲料是否为影响增重产生差异的原因，所以饲料是因子。该例中所考察的因子只有“饲料”一个，而其他因子，如鸡的品种、饲养条件等保持不变，我们称这种方差分析为单因子方差分析。如果要同时考察饲料和鸡的品种两个因子对小鸡的增重是否有影响，则称之为**双因子方差分析**。

设变量 Y 有 A、B 两个影响因子。对双因子的各种搭配进行重复观测的数据表如表 6-5 所示。表 6-5 中，y_{ijk}（$i=1, 2, \cdots, r$；$j=1, 2, \cdots, c$；$k=1, 2, \cdots, n_{ij}$）是因变量 Y 的观测数据（Y 必须是数量型变量）；A 和 B 是对 Y 的两个影响因素（它们可以是数量型变量，也可以是属性变量）；A 因子有 r 种表现（r 种处理），分别是 $A_1, A_2, \cdots, A_r$；B 因子有 c 种表现（c 种处理）分别是 $B_1, B_2, \cdots, B_c$；在每一个 A_iB_j 组格内（$i=1, 2, \cdots, r$；$j=1, 2, \cdots, c$）抽取一个容量为 n_{ij} 的简单随机样本，样本单位的序号用下标 k 表示。

表 6-5　双因子有重复观测数据表

A 因子的各种处理 A_i	B 因子的各种处理 B_j			
	B_1	B_2	$\cdots$	B_c
A_1	y_{111} $\vdots$ $y_{11n_{11}}$	y_{121} $\vdots$ $y_{12n_{12}}$	$\cdots$ $\cdots$	y_{1c1} $\vdots$ $y_{1cn_{1c}}$
$\vdots$	$\vdots$	$\vdots$	$\vdots$	$\vdots$
A_r	y_{r11} $\vdots$ $y_{r1n_{r1}}$	y_{r21} $\vdots$ $y_{r2n_{r2}}$	$\cdots$ $\cdots$	y_{rc1} $\vdots$ $y_{rcn_{rc}}$

例如，A 为某种新型饮料的颜色，$A_1, A_2, \cdots, A_r$ 是 r 种不同的颜色；B 为饮料销售的城市，$B_1, B_2, \cdots, B_c$ 是 c 个不同的城市，y 是超级市场饮料的销售量，y_{ijk} 是第 i 种颜色与第 j 个城市搭配下抽取的第 k 个超级市场的饮料销售量。

在这里要注意，不能把 A 的 r 个处理和 B 的 c 个处理看成“随机样本”。现在的 rc 个处理是 rc 个总体，即 A_i 和 B_j 的每一种搭配形成的组格都是一个总体（随机变量 Y_{ij}）。

对一个组格总体的 n_{ij} 个观测 y_{ij1}，y_{ij2}，…，$y_{ijn_{ij}}$ 才是随机样本。

我们把 A_i 与 B_j 的搭配所形成的组格总体即随机变量 Y_{ij} 的期望值记作 μ_{ij}，于是可以写出与表 6-5（样本）相应的总体期望值表，如表 6-6 所示。

表 6-6　组格总体期望值表

A 因子的各种处理 A_i	B 因子的各种处理 B_j				平均
	B_1	B_2	…	B_c	
A_1	μ_{11}	μ_{12}	…	μ_{1c}	$\mu_{1\cdot}$
A_2	μ_{21}	μ_{22}	…	μ_{2c}	$\mu_{2\cdot}$
⋮	⋮	⋮		⋮	⋮
A_r	μ_{r1}	μ_{r2}	…	μ_{rc}	$\mu_{r\cdot}$
平均	$\mu_{\cdot 1}$	$\mu_{\cdot 2}$	…	$\mu_{\cdot c}$	$\mu_{\cdot\cdot}$

表 6-6 中，横行的各行平均值 $\mu_{i\cdot}$ 表示在 A 的第 i 种处理下对 B 的各种处理产生的期望结果求平均（即“$i\bullet$”表示在 i 下对 j 求平均），纵栏的各栏平均值 $\mu_{\cdot j}$ 表示在 B 的第 j 种处理下对 A 的各种处理产生的期望结果求平均（即，“$\bullet j$”表示在 j 下对 i 求平均）；“$\mu_{\cdot\cdot}$”表示同时对 i 和 j 求平均。它们分别定义为

$$\mu_{i\cdot}=\frac{1}{c}\sum_{j=1}^{c}\mu_{ij} \tag{6-21}$$

$$\mu_{\cdot j}=\frac{1}{r}\sum_{i=1}^{r}\mu_{ij} \tag{6-22}$$

$$\mu_{\cdot\cdot}=\frac{1}{rc}\sum_{i=1}^{r}\sum_{j=1}^{c}\mu_{ij}=\frac{1}{r}\sum_{i=1}^{r}\mu_{i\cdot}=\frac{1}{c}\sum_{j=1}^{c}\mu_{\cdot j} \tag{6-23}$$

一般的双因子方差分析的任务如下。

（1）检查因子 A 对变量 Y 是否显著地有影响；也就是要检查因子 A 的各种处理对 Y 的作用是否显著地有差别；或者说，也就是要检查各个 $\mu_{i\cdot}$ 是否显著地不相等。

（2）检查因子 B 对变量 Y 是否显著地有影响；也就是要检查因子 B 的各种处理对 Y 的作用是否显著地有差别；或者说，也就是要检查各个 $\mu_{\cdot j}$ 是否显著地不相等。

（3）检查因子 A 和因子 B 的交互作用对变量 Y 是否显著地有影响；也就是要检查因子 A 的 r 种处理与因子 B 的 c 种处理的各种搭配下的交互作用对 Y 的作用是否显著地有差别。如果事先已经得知因子 A 和因子 B 相互独立并无交互作用，则不必对此项进行检验。此时的方差分析称为无交互作用的双因子方差分析。

相应地可以建立以下三个原假设。

H_{01}：$\mu_{1\cdot}=\mu_{2\cdot}=\cdots=\mu_{r\cdot}=\mu_{\cdot\cdot}$

H_{02}：$\mu_{\cdot 1}=\mu_{\cdot 2}=\cdots=\mu_{\cdot c}=\mu_{\cdot\cdot}$

H_{03}：$\mu_{ij}-[(\mu_{i\cdot}-\mu_{\cdot\cdot})+(\mu_{\cdot j}-\mu_{\cdot\cdot})]=\mu_{\cdot\cdot}$

备择假设是上述原假设所列全相等的各项“不全相等”。

二、有交互作用的双因子方差分析

与单因子方差分析类似，双因子方差分析也需要利用表 6-5 给出的观测数据，先建立样本数据的方差分析恒等式：

$$\mathrm{SST} = \mathrm{SSA} + \mathrm{SSB} + \mathrm{SSAB} + \mathrm{SSE} \tag{6-24}$$

其中，SST 为总离差平方和；SSA 为 A 因子处理间的离差平方和；SSB 为 B 因子处理间的离差平方和；SSAB 为 AB 交互作用处理间的离差平方和；SSE 为组格内离差平方和。

$$\mathrm{SST} = \sum_i \sum_j \sum_k \left(y_{ijk} - \overline{y}_{\dots}\right)^2 \tag{6-25}$$

$$\mathrm{SSA} = \sum_i \sum_j \sum_k \left(\overline{y}_{i\cdot\cdot} - \overline{y}_{\dots}\right)^2 \tag{6-26}$$

$$\mathrm{SSB} = \sum_i \sum_j \sum_k \left(\overline{y}_{\cdot j\cdot} - \overline{y}_{\dots}\right)^2 \tag{6-27}$$

$$\mathrm{SSAB} = \sum_i \sum_j \sum_k \left(\overline{y}_{ij\cdot} - \overline{y}_{i\cdot\cdot} - \overline{y}_{\cdot j\cdot} + \overline{y}_{\dots}\right)^2 \tag{6-28}$$

$$\mathrm{SSE} = \sum_i \sum_j \sum_k \left(y_{ijk} - \overline{y}_{ij\cdot}\right)^2 \tag{6-29}$$

以上式中的各种样本平均数定义为

总样本平均数 $$\overline{y}_{\dots} = \frac{1}{rcn_{ij}} \sum_{i=1}^{r} \sum_{j=1}^{c} \sum_{k=1}^{n_{ij}} y_{ijk} \tag{6-30}$$

组格样本平均数 $$\overline{y}_{ij\cdot} = \frac{1}{n_{ij}} \sum_{k=1}^{n_{ij}} y_{ijk} \tag{6-31}$$

A 因子各组处理样本平均数 $$\overline{y}_{i\cdot\cdot} = \frac{1}{c} \sum_{j=1}^{c} \overline{y}_{ij\cdot} \tag{6-32}$$

B 因子各组处理样本平均数 $$\overline{y}_{\cdot j\cdot} = \frac{1}{r} \sum_{i=1}^{r} \overline{y}_{ij\cdot} \tag{6-33}$$

其中，r 为 A 因子处理的种类；c 为 B 因子处理的种类；n_{ij} 为第 ij 个组格总体所包含的样本观测值个数。

将各种总离差平方和分别除以各自的自由度，可得到各离差平方和来源的方差，即

总方差 $$\mathrm{MST} = \frac{\mathrm{SST}}{\sum_{i=1}^{r} \sum_{j=1}^{c} n_{ij} - 1} \tag{6-34}$$

A 因子处理间方差 $$\mathrm{MSA} = \frac{\mathrm{SSA}}{r-1} \tag{6-35}$$

B 因子处理间方差 $$\mathrm{MSB} = \frac{\mathrm{SSB}}{c-1} \tag{6-36}$$

AB 交互作用处理间方差 $$\mathrm{MAB} = \frac{\mathrm{SAB}}{(r-1)(c-1)} \tag{6-37}$$

组格内方差
$$MSE = \frac{SSE}{\sum_{i=1}^{r}\sum_{j=1}^{c} n_{ij} - rc} \quad (6\text{-}38)$$

分别针对前面给出的三个原假设可建立下列检验统计量。

（1）针对 H_{01}：
$$F_A = \frac{MSA}{MSE} = \frac{SSA/(r-1)}{SSE\Big/\left(\sum_{i=1}^{r}\sum_{j=1}^{c} n_{ij} - rc\right)} \sim F(r-1) \quad (6\text{-}39)$$

（2）针对 H_{02}：
$$F_B = \frac{MSB}{MSE} = \frac{SSB/(c-1)}{SSE\Big/\left(\sum_{i=1}^{r}\sum_{j=1}^{c} n_{ij} - rc\right)} \sim F(c-1) \quad (6\text{-}40)$$

（3）针对 H_{03}：
$$F_{AB} = \frac{MAB}{MSE} = \frac{SAB/(r-1)(c-1)}{SSE\Big/\left(\sum_{i=1}^{r}\sum_{j=1}^{c} n_{ij} - rc\right)} \sim F((r-1)(c-1)) \quad (6\text{-}41)$$

【例 6-9】　为了分析光照因素 A 与噪声因素 B 对工人生产有无影响，以及光照效应与噪声效应有无交互作用，在此两因素不同的水平组合下做试验，结果如表 6-7 所示。

表 6-7　双因子下工人生产产量表（单位：件）

因素 A	因素 B								
	B_1			B_2			B_3		
A_1	15	15	17	19	19	16	16	18	21
A_2	17	17	17	15	15	15	19	22	22
A_3	15	17	16	18	17	16	18	18	18
A_4	18	20	20	15	16	17	17	17	17

解　设定以下三对假设。

H_{01}：光照因素 A 对产量没有显著影响；

H_{11}：光照因素 A 对产量有显著影响。

H_{02}：噪声因素 B 对产量没有显著影响；

H_{12}：噪声因素 B 对产量有显著影响。

H_{03}：光照效应与噪声效应没有交互作用；

H_{13}：光照效应与噪声效应有交互作用。

将表 6-7 的数据输入 Excel，进行“有重复双因素分析”（具体操作参见本章第六节的有关论述），Excel 输出的方差分析表如表 6-8 所示。

表 6-8 方差分析表（二）

差异源	SS 离差平方和	df 自由度	MS 方差	*F* *F* 统计量	*P*-value *P*-值	*F* crit 临界值
（*B* 因素）	28.388 889	2	14.194 4	9.462 96	0.000 93	3.402 83
（*A* 因素）	2.083 333 3	3	0.694 44	0.462 96	0.710 77	3.008 79
交互	63.833 333	6	10.638 9	7.092 59	0.000 2	2.508 19
内部	36	24	1.5			
总计	130.305 56	35				

从表 6-8 可知：$F_A = 0.462\ 96 < F_{0.05}(3, 24) = 3.008\ 79$，接受 H_{01}，没有充分证据说明光照对产量有显著影响；$F_B = 9.462\ 96 > F_{0.05}(2, 24) = 3.402\ 83$，拒绝 H_{02}，有充分证据说明噪声对产量有显著影响；$F_{AB} = 7.092\ 59 > F_{0.05}(6, 24) = 2.508\ 19$，拒绝 H_{03}，有充分证据说明光照与噪声存在交互作用并由此对产量产生显著影响。

第六节 Excel 在假设检验与方差分析中的应用

一、假设检验

对于参数检验，Excel 提供了 *t*-检验、*Z*-检验和 *F*-检验分析工具。此外，也可以综合利用公式与相关函数计算出检验统计量和临界值。

【例 6-10】 用引例的数据进行假设检验（显著性水平 0.05，双侧检验）。

解 操作步骤如下。

（1）构造工作表，见图 6-2。图 6-2 中方框内为计算所得数据，方框外为原始输入数据。注意，如果给出了具体的样本中每袋咖啡的重量，则样本均值、样本标准差、样本容量分别可以用 AVERAGE 函数、STDEV.S 函数和 COUNT 函数进行计算。

	A	B
1	样本均值	149.8
2	总体均值	150
3	样本标准差	0.872
4	样本容量	100
5	显著性水平	0.05
6	检验统计量Z	-2.293578
7	临界值z	1.95996398
8	P值	0.02181475

图 6-2 单总体均值假设检验

（2）计算检验统计量 *Z*（由于样本容量较大，所以使用 *Z* 统计量）。在 B6 单元格输入公式"=（B1−B2）/（B3/SQRT（B4））"。

（3）计算临界值 $z_{\alpha/2}$。在 B7 中输入公式"= NORM.S.INV（1−B5/2）"。

（4）计算 P-值。在 B8 中输入公式“ = NORM.S.DIST（B6，TRUE）*2”。

（5）根据以上的计算结果，使用临界值规则或 P-值规则进行判断，检验统计量的观测值落在拒绝域，因而拒绝 $\mu=150$ 克的原假设。

【例 6-11】 利用 Excel 求解例 6-5 的问题。

解 原假设与备择假设如下。

H_0：$\mu_1-\mu_2\leqslant 0$，H_1：$\mu_1-\mu_2>0$

（1）输入数据，见图 6-3。A、B 列为原始输入数据。

	A	B	C	D	E	F
1	旧方法装配时间	新方法装配时间		t-检验：双样本等方差假设		
2	32	35				
3	37	31			旧方法装配时间	新方法装配时间
4	35	29		平均	36.33333333	31.55555556
5	38	25		方差	17.5	20.02777778
6	41	34		观测值	9	9
7	44	40		合并方差	18.76388889	
8	35	27		假设平均差	0	
9	31	32		df	16	
10	34	31		t Stat	2.339757116	
11				P(T<=t) 单尾	0.016294542	
12				t 单尾临界	1.745883676	
13				P(T<=t) 双尾	0.032589084	
14				t 双尾临界	2.119905299	

图 6-3 双总体均值假设检验

（2）使用分析工具库中的“t-检验：双样本等方差假设”分析工具，调出该对话框。对话框的填写见图 6-4。由于原假设是 $\mu_{旧}-\mu_{新}\leqslant 0$，所以填写假设平均差为 0；由于数据的首行包括标志项，所以选择“标志”选项。单击“确定”按钮，可以得到图 6-3D～F 列所示的结果。

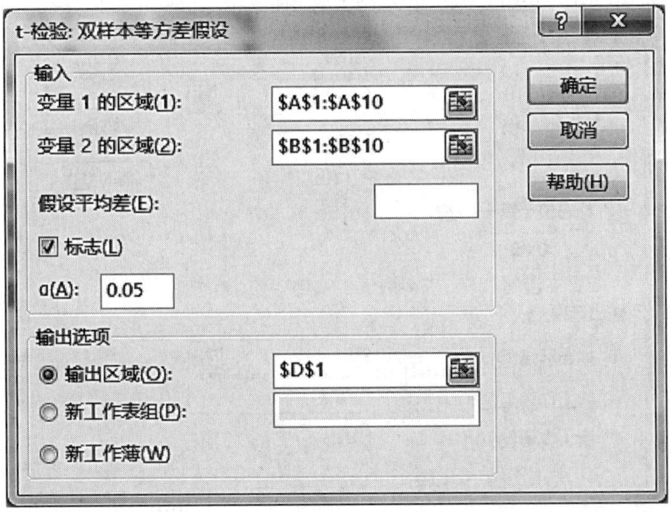

图 6-4 “t-检验：双样本等方差假设”对话框

（3）结果分析。

检验结果分别给出了两组装配时间的平均值、方差和样本个数。其中，合并方差是两个样本方差加权平均值，权数是每个样本的样本容量；df 是假设检验的自由度，它等于两个样本容量之和减 2；*t* Stat 是 *t* 统计量，其计算公式是本章的式（6-8）；“$P(T<=t)$单尾”是单侧检验的显著性水平；“*t* 单尾临界”是单侧检验 *t* 的临界值；“$P(T<=t)$双尾”是双侧检验的显著性水平；“*t* 双尾临界”是双侧检验 *t* 的临界值。可以看出本例中 *t* 统计量的样本观测值大于“*t* 单尾临界”，因此在 5%显著性水平下，应拒绝原假设，即认为新的装配方法更节约时间。

二、方差分析

Excel 提供了方差分析工具，利用该工具可方便地进行单因子方差分析和双因子方差分析（分为因子有交互作用和无交互作用两种）。

【例 6-12】 用 Excel 实现例 6-7 的计算过程。

解 操作步骤如下。

（1）作表，见图 6-5，其中第一行中的数字表示小鸡序号。

	A	B	C	D	E	F	G
1		**1**	**2**	**3**	**4**	**5**	**6**
2	**配方1**	370	420	450	490		
3	**配方2**	490	380	400	390	500	410
4	**配方3**	330	340	400	380	470	
5	**配方4**	410	480	400	420	380	410

图 6-5 单因素方差分析

（2）调出“方差分析：单因素方差分析”对话框，按图 6-6 所示填写。

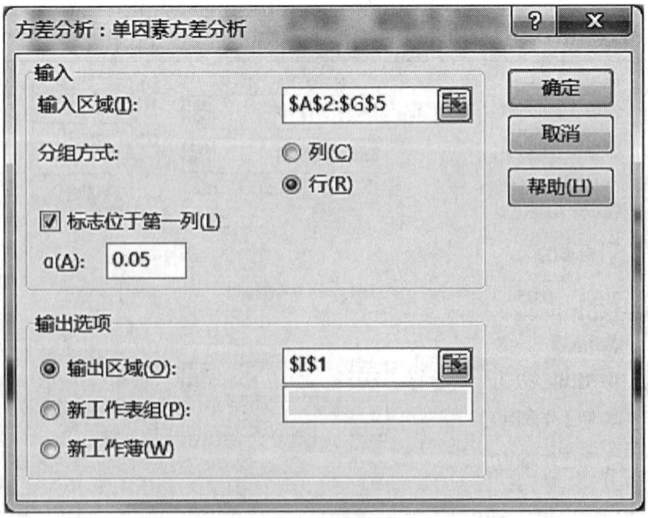

图 6-6 “方差分析：单因素方差分析”对话框

“输入区域”：指定待分析数据的单元格区域，该区域必须由两个或两个以上按列或行组织的相邻数据区域组成。本例输入区域是“A2：G5”，注意不要填写为“A1：G5”，即不要将小鸡序号所在的行包括在内。

“分组方式”：“组”的含义与方差分析恒等式的组间/内方差中“组”的含义是相同的，对于本例来讲，是指每一种饲料配方下小鸡增重水平的数据是按行还是按列存放。

“标志位于第一行/列”：如果输入区域的第一行中包含标志项，请选中“标志位于第一行”复选框；如果输入区域的第一列中包含标志项，请选中“标志位于第一列”复选框；如果输入区域没有标志项，则该复选框不会被选中，Excel 将在输出表中生成适宜的数据标志。

“α”：在此输入计算 F 统计临界值的置信度。

（3）单击“确定”按钮，即可得到方差分析的结果。输出结果包括两个部分：第一部分是每一组数据的观测值个数、总和、平均和方差；第二部分是方差分析表，见前面已列出的表 6-4。

【例 6-13】　用 Excel 实现例 6-9 的计算过程。

该项工作可以使用“方差分析：可重复双因素分析”工具来完成。

（1）输入数据，如图 6-7 所示。其中，B2：B4 单元格存放的是在“A1”与“B1”因素水平共同作用下，进行 3 次试验所得的结果；D5：D7 单元格存放的是在“A3”与“B2”因素水平共同作用下，进行 3 次试验所得的结果，其余类推。

	A	B	C	D	E
1		A1	A2	A3	A4
2	B1	15	17	15	18
3		15	17	17	20
4		17	17	16	20
5	B2	19	15	18	15
6		19	15	17	16
7		16	15	16	17
8	B3	16	19	18	17
9		18	22	18	17
10		21	22	18	17

图 6-7　有交互作用的双因子方差分析

（2）调出“方差分析：可重复双因素分析”对话框，其填写如图 6-8 所示。该分析工具对话框与单因素方差分析对话框基本相同，只是多了一个“每一样本的行数”编辑框，其中输入包含在每个样本中的行数。本例中，在每种不同因素水平组合下，分别进行了 3 次试验，因此“每一样本的行数”为“3”。每个样本必须包含同样的行数。另外，在该分析工具对话框中去掉了“标志位于第一行”复选框，但要注意输入区域必须包括因素水平标志（“A1”“B2”等）所在的单元格区域，也即输入区域为“A1：E10”，而不是只包括数据的单元格区域“B2：E10”。

（3）单击“确定”按钮，得到方差分析表（表 6-8）。

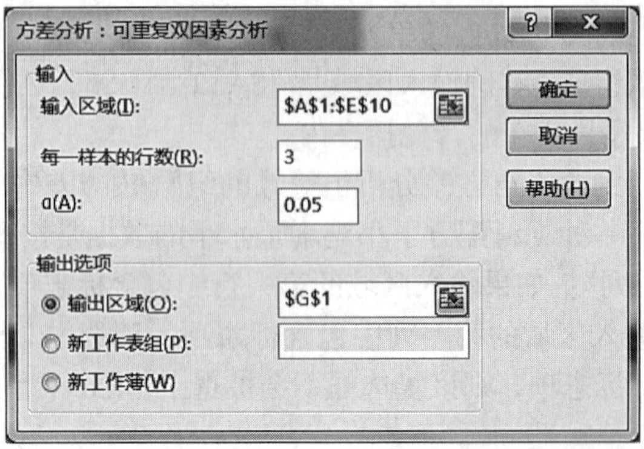

图 6-8 有交互作用的双因子方差分析对话框

➢本章小结

1. 假设检验，就是事先对总体的参数或总体的分布形式做出一个假设，然后利用抽取的样本信息来判断这个假设（原假设）是否合理。

2. 假设检验的基本步骤包括：①提出假设；②构造适当的检验统计量，并根据样本计算统计量的具体数值；③规定显著性水平，建立检验规则；④做出判断。

3. 假设检验所涉及的基本概念主要有：原假设和备择假设；双侧检验和单侧检验；第一类错误及其发生概率以及第二类错误及其发生概率；*P*-值与临界值。

4. 实践中常用的参数假设检验主要包括总体均值的检验与总体比例的检验。不同情况下，所构造的检验统计量有所不同。

5. 方差分析是对多个总体同时进行假设检验的一种方法，利用方差分析还可以对有关因子对因变量的影响进行分析，包括单因子方差分析与双因子方差分析。

6. 对于总体的参数检验，Excel 提供了 *t*-检验、*Z*-检验和 *F*-检验分析工具，也可以综合利用公式与相关函数计算出检验所需的统计量和临界值。

7. 利用 Excel 提供的方差分析工具，可以方便地进行单因子方差分析、无重复作用（即无交互作用）的双因子方差分析和有重复作用（即有交互作用）的双因子方差分析。

➢思考与练习

一、单项选择题

某种电子元件的使用者要求，一批元件的废品率不能超过2‰，否则拒收。

1. 使用者在决定是否接收而进行抽样检验时，提出的原假设是（ ）。

A. H_0：$P \geqslant 2‰$　　B. H_0：$P \leqslant 2‰$　　C. H_0：$P = 2‰$　　D. 其他

2. 对上述检验问题，标准正态检验统计量的取值区域分成拒绝域和接受域两部分。拒绝域位于接受域之（ ）。

A. 左侧　　B. 右侧　　C. 两侧　　D. 前三种可能性都存在

3. 在上述检验中，0.05 显著性水平对应的标准正态分布临界值是（ ）。

A. 1.645　　B. ±1.96　　C. −1.645　　D. ±1.645

4. 若算得检验统计量的样本值为 1.50，电子元件的实际废品率是 3.5‰，则会出现（　　）。

A. 接受了正确的假设　　B. 拒绝了错误的假设

C. 弃真错误　　D. 取伪错误

5. 使用者更担心出现取伪错误而造成的损失，那么他宁可把显著性水平定得（　　）。

A. 大　　B. 小

C. 大或小都可以　　D. 先决条件不足，无法决定

二、问答题

1. 某县要了解该县小学六年级学生语文理解程度是否达到或超过及格水平（60 分）。为此，从全体六年级学生中用简单随机放回抽样方法抽取了 400 人进行测试，得到平均成绩 61.6 分，标准差 14.4 分。要根据样本数据对总体参数的论断值（语文理解程度的期望值 60 分）作显著性检验，显著性水平先后按 $\alpha = 0.05$ 和 $\alpha = 0.01$ 考虑。请就上面的工作任务回答下列问题：

（1）指出由样本数据观测到何种差异；

（2）指出出现这种差异的两种可能的原因；

（3）针对这两种可能的原因提出相应的两种假设（原假设和备择假设），指出所提出的假设对应的是单侧检验还是双侧检验，说明为什么要用单侧检验或者双侧检验；

（4）仿照式（6-7）构造检验统计量（如在那里说明过的：这个检验统计量服从 t-分布。不过，由于我们在这里所使用的是一个 400 人的足够大的样本，因而可以用标准正态分布作为 t-分布的近似）；

（5）计算检验统计量的样本值；

（6）根据上述样本值查表确定观测到的显著性水平；

（7）用观测到的显著性水平与检验所用的显著性水平标准进行比较（注意：如果是单侧检验，这个标准用 α 值，如果是双侧检验，这个标准用 $\alpha/2$ 值），并说明，通过比较，你是否认为得到了足以反对“观测到的差异纯属机会变异”这一论断（或是足以反对原假设）的证据？为什么？

（8）根据提出的显著性水平建立检验规则，然后用检验统计量的样本值与检验规则进行比较，重新回答上条的问题；

（9）根据上面所做的工作，针对本题的研究任务给出结论性的表述。

2. 是否 $\alpha + \beta = 1$？（这里的 α 是犯弃真错误的概率，β 是犯取伪错误的概率）请说明为什么是或为什么不是。

3. 据一个汽车制造厂家称，某种新型小汽车耗用每加仑［1 加仑（美）≈3.785 升］汽油至少能行驶 25 公里，一个消费者研究小组对此感兴趣并进行检验。检验时的前提条件是已知生产此种小汽车的单位燃料行驶里程技术性能指标服从正态分布，总体方差为 4。试回答下列问题：

（1）对于由 16 辆小汽车所组成的一个简单随机样本，取显著性水平为 0.01，则检验中根据 $\bar{x}$ 来确定是否拒绝制造厂家的宣称时，其依据是什么（即检验规则是什么）？

（2）按上述检验规则，当样本均值为每加仑 23 公里、24 公里、25.5 公里时，犯第一类错误的概率是多少？

三、计算题

1. 一台自动机床加工零件的直径 X 服从正态分布，加工要求为 $E(X) = 5$ 厘米。现从一天的产品中抽取 50 个，分别测量直径后算得 $\bar{x} = 4.8$ 厘米，标准差为 0.6 厘米。试在显著性水平 0.05 的要求下检验这天的产品直径平均值是否处在控制状态（用临界值规则）。

2. 已知初婚年龄服从正态分布。根据 9 个人的调查结果，样本均值 $\bar{x}=23.5$ 岁，样本标准差（以 9–1 作为分母计算）$s=3$ 岁。问是否可以认为该地区初婚年龄数学期望值已经超过 20 岁（$\alpha=0.05$，用临界值规则）？

3. 从某县小学六年级男学生中用简单随机抽样方式抽取 400 名，测量他们的体重，算得平均值为 61.6 千克，标准差是 14.4 千克。如果不知六年级男生体重随机变量服从何种分布，可否用上述样本均值猜测该随机变量的数学期望值为 60 千克？按显著性水平 0.05 和 0.01 分别进行检验（用临界值规则）。

4. 某公司负责人发现开出去的发票有大量笔误，而且断定这些发票中，有笔误的发票占 20%以上。随机抽取 400 张发票，检查后发现其中有笔误的占 18%，这是否可以证明负责人的判断正确（$\alpha=0.05$，用临界值规则）？

5. 从某地区劳动者有限总体中用简单随机放回的方式抽取一个 4 900 人的样本，其中具有大学文化程度的为 600 人。我们猜测，在该地区劳动者随机试验中任意一人具有大学文化程度的概率是 11%。要求检验上述猜测（$\alpha=0.05$，用临界值规则）。

6. 从某市已办理购房贷款的全体居民中用简单随机不放回方式抽取了 342 户，其中，月收入 5 000 元以下的有 137 户，户均借款额 7.463 5 万元，各户借款额之间的方差 24.999；月收入 5 000 元及以上的有 205 户，户借款额 8.975 6 万元，各户借款额之间的方差 28.541。可见，在申请贷款的居民中，收入较高者，申请数额也较大。试问，收入水平不同的居民之间申请贷款水平的这种差别是一种必然规律，还是纯属偶然（$\alpha=0.05$，用 P-值规则和临界值规则）？

7. 用不放回简单随机抽样方法分别从甲、乙两地各抽取 200 名六年级学生进行数学测试，平均成绩分别为 62 分、67 分，标准差分别为 25 分、20 分，试以 0.05 的显著性水平检验两地六年级数学教学水平是否显著地有差异。

8. 从成年居民有限总体中简单随机不放回地抽取 228 人，经调查登记知其中男性 100 人，女性 128 人。就企业的促销活动（如折扣销售、抽奖销售、买几赠几等）是否会激发本人购买欲望这一问题请他们发表意见。男性中有 40%的人、女性中有 43%的人回答说促销活动对自己影响不大或没有影响。试问，促销活动对不同性别的人购买欲望的影响是否有差别（$\alpha=0.10$，用临界值规则）？

9. 从甲、乙两地区居民中用不放回简单随机抽样方法以户为单位从甲地抽取 400 户居民，从乙地抽取 600 户居民，询问对某电视节目的态度。询问结果是表示喜欢的分别为 40 户和 30 户。试以单侧 0.05（双侧 0.10）的显著性水平检验甲、乙两地区居民对该电视节目的偏好是否显著地有差异（用临界值规则）。

10. 某企业为了扩大市场占有率，开展产品促销活动，拟研究三种广告宣传形式即街头标牌广告、公交车广告和随报刊邮递广告对促销的效果，为此选择了三个人口规模和经济发展水平以及该企业产品过去的销售量类似的地区，然后随机地将三种广告宣传形式分别安排在其中一个地区进行试验，共试验了 6 周，各周销售量如下表所示。各种广告宣传方式的效果是否显著地有差异（$\alpha=0.05$，用 P-值规则和临界值规则）？

三种广告宣传方式的销售量（单位：箱）

地区和广告方式	观测序号					
	1	2	3	4	5	6
甲地区：街头标牌广告	53	52	66	62	51	58
乙地区：公交车广告	61	46	55	49	54	56
丙地区：随报刊邮递广告	50	40	45	55	40	42

11. 从本市高考考生中简单随机抽取 50 人，登记个人的考试成绩、性别、父母文化程度（按父母中较高者，文化程度记作：A 表示大专以上，B 表示高中，C 表示初中，D 表示小学以下）。数据如下：

（500，女，A）	（498，男，A）	（540，男，A）	（530，女，A）	（450，女，A）
（400，女，A）	（560，男，A）	（460，男，A）	（510，男，A）	（520，女，A）
（524，男，A）	（450，男，B）	（490，女，B）	（430，男，B）	（520，男，B）
（540，女，B）	（410，男，B）	（390，男，B）	（580，女，B）	（320，男，B）
（430，男，B）	（400，女，B）	（550，女，B）	（370，女，B）	（380，男，B）
（470，男，B）	（570，女，C）	（320，女，C）	（350，女，C）	（420，男，C）
（450，男，C）	（480，女，C）	（530，女，C）	（540，男，C）	（390，男，C）
（410，女，C）	（310，女，C）	（300，男，C）	（540，女，D）	（560，女，D）
（290，女，D）	（310，男，D）	（300，男，D）	（340，男，D）	（490，男，D）
（280，男，D）	（310，女，D）	（320，女，D）	（405，女，D）	（410，男，D）

（1）试检验学生的性别是否显著地影响考试成绩（显著性水平 0.05，用 *P*-值规则和临界值规则）；

（2）试检验家长的文化程度是否显著地影响学生的考试成绩（显著性水平 0.05，用 *P*-值规则和临界值规则）。

12. 某金属材料生产过程中，为提高其强度，需要进行热处理。热处理的温度和时间是影响该材料强度的两个主要因素。现取温度三个水平和时间四个水平，各个不同水平的每一组合都进行了两次试验，测得该材料在各种热处理方式下的强度数据如下表所示。试分析温度、时间两个因素各自以及两个因素的交互作用对材料强度是否显著地有影响（显著性水平 0.01，用 *P*-值规则和临界值规则）。

某金属材料热处理后的强度

温度 A	时间 B			
	B_1	B_2	B_3	B_4
A_1	53	69	63	56
	56	71	64	59
A_2	71	77	69	58
	68	78	70	59
A_3	75	72	68	56
	76	71	66	58

请扫描二维码，获取资源：参考 6-3　第六章习题详解

第七章

相关与回归分析

【引例】　“回归分析”的由来

“回归”这个词最早是由英国著名生物学家、统计学家高尔顿在研究人类遗传问题时提出来的。他和他的学生皮尔逊收集了 1 078 对父亲及其儿子的身高数据。他们发现儿子的身高与其父亲的身高之间有着密切的联系。总的来看，父亲的身高较高时，儿子的身高也会比较高。也就是说可以用父亲的身高去大致地预测儿子的身高。他们还对数据作了进一步深入的分析，发现了一个很有趣的现象：当一位父亲高于平均身高时，他的儿子比他更高的概率要小于比他更矮的概率；而当一位父亲矮于平均身高时，他的儿子比他更矮的概率要小于比他更高的概率。它反映了一个规律，即儿子的身高，有向他们父辈的平均身高回归的趋势。这就是回归效应。高尔顿提出的回归分析的思想与方法被后来的统计学家普遍接受，并且被广泛运用到经济管理和其他领域。在本章中，我们将介绍相关分析与回归分析的基本理论与方法。

第一节　相关与回归分析的基本概念

一、函数关系与相关关系

客观现象总是普遍联系和相互依存的。客观现象之间的数量联系存在着两种不同的类型：一种是函数关系；另一种是相关关系。

当一个或几个变量取一定的值时，另一个变量有确定值与之相对应，我们称这种关系为确定性的**函数关系**。例如，某种商品的销售收入 Y 与该商品的销售量 X 以及该商品的平均单价 P 之间的关系可用 $Y=PX$ 表示，这就是一种函数关系。一般把作为影响因素的变量称为自变量，把发生对应变化的变量称为因变量。在上例中，Y 是因变量，P 与 X 则是自变量。

当一个或几个相互联系的变量取一定数值时，与之相对应的另一变量的值虽然不确定，但它仍按某种规律在一定的范围内变化。变量间的这种相互关系，称为具有不确定性的**相关关系**。例如，劳动生产率与工资水平的关系、投资额和国民收入的关系、商品流转规模与流通费用的关系等都属于相关关系。

变量之间的函数关系和相关关系，在一定条件下是可以互相转化的。本来具有函数关系的变量，当存在观测误差时，其函数关系往往以相关的形式表现出来。而具有相关关系的变量之间的联系，如果我们对其有了深刻的规律性认识，并且能够把影响因变量变动的因素全部纳入方程，这时的相关关系也可能转化为函数关系。另外，相关关系也具有某种变动规律性，所以，相关关系经常可以用一定的函数形式去近似地描述。客观现象的函数关系可以用数学分析的方法去研究，而研究客观现象的相关关系必须借助于统计学中的相关与回归分析方法。

二、相关关系的种类

客观现象的相关关系可以按不同的标志加以区分。

（1）按相关的程度可分为完全相关、不完全相关和不相关。当一种现象的数量变化完全由另一种现象的数量变化所确定时，称这两种现象间的关系为**完全相关**。例如，在价格不变的条件下，某种商品的销售总额与其销售量总是成正比。在这种场合，相关关系便成为函数关系。因此，也可以说函数关系是相关关系的一个特例。当两个现象彼此互不影响，其数量变化各自独立时，称之为**不相关**现象。例如，通常认为股票价格的高低与气温的高低是不相关的。两个现象之间的关系介于完全相关和不相关之间，称为**不完全相关**，一般的相关现象都是指这种不完全相关。

（2）按相关的方向可分为正相关和负相关。当一个现象的数量增加（或减少），另一个现象的数量也随之增加（或减少）时，称为**正相关**。例如，消费水平随收入的增加而提高。当一个现象的数量增加（或减少），而另一个现象的数量向相反方向变动时，称为**负相关**。例如，商品流转的规模越大，流通费用水平则越低。

（3）按相关的形式可分为线性相关和非线性相关。当两种相关现象之间的关系大致呈现为线性关系时，称之为**线性相关**。例如，人均消费水平与人均收入水平通常呈线性关系。如果两种相关现象之间并不表现为直线的关系，而是近似于某种曲线方程的关系，则这种相关关系称为**非线性相关**。例如，产品的平均成本与产品总产量就是一种非线性相关。

（4）按所研究的变量多少可分为单相关、复相关和偏相关。两个变量之间的相关，称为**单相关**。当所研究的是一个变量对两个或两个以上其他变量的相关关系时，称为**复相关**。例如，某种商品的需求与其价格水平以及收入水平之间的相关关系便是一种复相关。在某一现象与多种现象相关的场合中，假定其他变量不变，专门考察其中两个变量的相关关系称为**偏相关**。例如，在假定人们的收入水平不变的条件下，某种商品的需求与其价格水平的相关关系就是一种偏相关。

三、相关分析与回归分析

相关分析与回归分析是研究现象之间相关关系的两种基本方法。**相关分析**，就是用一个指标来表明现象间相互依存关系的密切程度。**回归分析**，就是根据相关关系的具体形态，选择一个合适的数学模型，来近似地表达变量间的平均变化关系。

相关分析和回归分析有着密切的联系，它们不仅具有共同的研究对象，而且在具体应用时，常常必须互相补充。相关分析需要依靠回归分析来表明现象数量相关的具体形式，而回归分析则需要依靠相关分析来表明现象数量变化的相关程度。只有当变量之间高度相关时，进行回归分析寻求其相关的具体形式才有意义。由于上述原因，回归分析与相关分析在一些统计学的书籍中被合称为相关关系分析。

但是，应当指出相关分析与回归分析之间在研究目的和方法上是有明显区别的。相关分析研究变量之间相关的方向和相关的程度。但是相关分析不能指出变量间相互关系的具体形式，也无法从一个变量的变化来推测另一个变量的变化情况。回归分析则是研究变量之间相互关系的具体形式，它对具有相关关系的变量之间的数量联系进行测定，确定一个相关的数学方程式，根据这个数学方程式可以从已知量来推测未知量，从而为估算和预测提供一个重要的方法。因此，相关分析可以不必确定变量中哪个是自变量，哪个是因变量，其所涉及的变量可以都是随机变量。而回归分析则必须事先研究确定具有相关关系的变量中哪个为自变量，哪个为因变量。一般地说，回归分析中因变量是随机变量，而把自变量作为研究时给定的非随机变量。

相关分析与回归分析可以加深人们对客观现象之间相关关系的认识，因而是对客观现象进行分析的有效方法。但是，相关分析和回归分析只是定量分析的手段。虽然相关分析与回归分析可以从数量上反映现象之间的联系形式及其密切程度，但是无法准确地判断现象内在联系的有无，也无法单独以此来确定何种现象为因，何种现象为果。只有以实质性的科学理论为指导，并结合实际经验进行分析研究，才能正确判断事物的内在联系和因果关系。如果对本来没有内在联系的现象，仅凭数据进行相关分析和回归分析，就可能是一种“伪相关”或“伪回归”，这样不仅没有实际的意义，而且会导致荒谬的结论。因此，在应用这两种方法对客观现象进行研究时，一定要始终注意把定性分析和定量分析结合起来，在定性分析的基础上开展定量分析。

请扫描二维码，获取资源：参考 7-1　教堂数与监狱服刑人数同步增长

对于相关分析与回归分析，既可以从描述统计的角度也可以从推断统计的角度来说明。本章采用了后一种方式。这不仅是因为后者可以将前者的内容包含在内，而且还因为在有关现实经济和管理问题的定量分析中，作为推断统计的相关分析与回归分析更加具有广泛的应用价值。

四、相关图

相关图又称散点图。它是以直角坐标系的横轴代表变量 X，纵轴代表变量 Y，将两个变量间相对应的变量值用坐标点的形式描绘出来，用来反映两个变量之间相关关系的图形。相关图是研究相关关系的直观工具，一般在进行详细的定量分析之前，可以先利用

它对现象之间存在的相关关系的方向、形式和密切程度作大致的判断。

例如，从图 7-1（a）可以看出，变量 X 和 Y 具有向相同方向变动的趋势，表明它们之间存在正相关关系。从图 7-1（b）可以看出，两个变量之间的变动趋于相反的方向，表明它们之间存在负相关关系。从图 7-1（c）可以看出，两个变量之间不存在变动的规律，表明二者之间不存在相关关系。

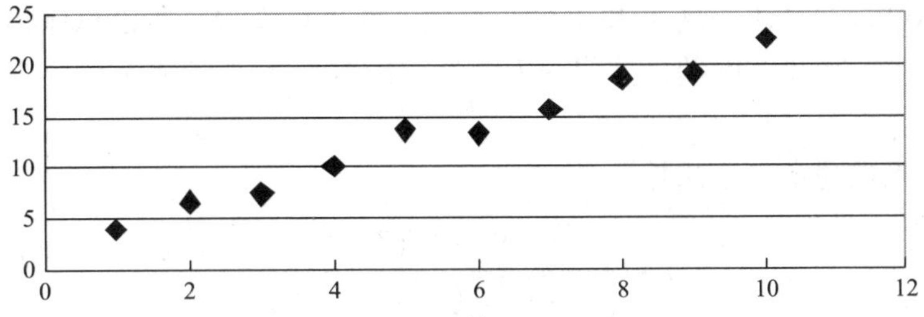

(a)

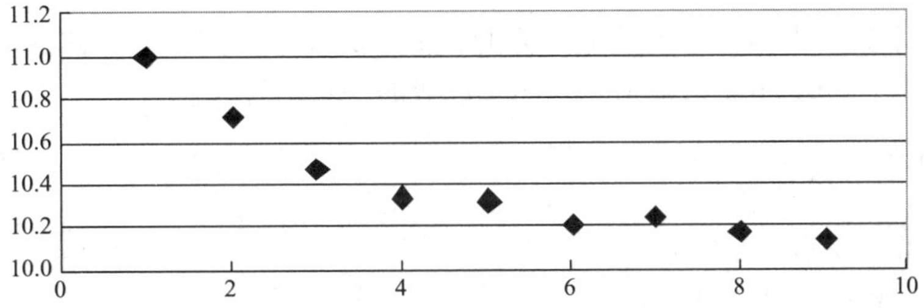

(b)

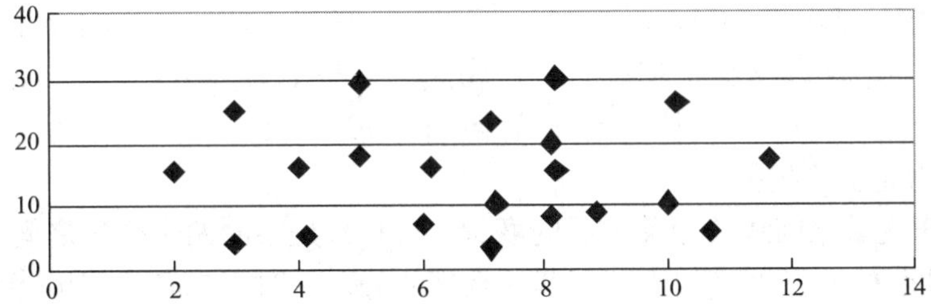

(c)

图 7-1　相关图

第二节　简单线性相关与回归分析

一、相关系数及其检验

（一）相关系数的定义

单相关分析是对两个变量之间的线性相关程度进行分析。单相关分析所采用的尺度为单相关系数，简称**相关系数**。

总体相关系数的定义式是

$$\gamma=\frac{\operatorname{Cov}(X,Y)}{\sqrt{\operatorname{Var}(X)\operatorname{Var}(Y)}} \tag{7-1}$$

其中，$\operatorname{Cov}(X,Y)$ 为变量 X 和 Y 的协方差；$\operatorname{Var}(X)$ 和 $\operatorname{Var}(Y)$ 分别为变量 X 和 Y 的方差。

总体相关系数是反映两个变量之间线性相关程度的一种特征值，表现为一个常数。由于实际上不可能对总体变量 X 和 Y 的全部数值都进行观测，所以总体相关系数一般是未知的。通常需要从总体中随机抽取一定数量的样本，通过 X 和 Y 的样本观测值去估计样本相关系数。

样本相关系数的定义公式是

$$r=\frac{\sum(X_t-\bar{X})(Y_t-\bar{Y})}{\sqrt{\sum(X_t-\bar{X})^2\sum(Y_t-\bar{Y})^2}} \tag{7-2}$$

其中，$\bar{X}$ 和 $\bar{Y}$ 分别为 X 和 Y 的样本平均数。

样本相关系数是根据样本观测值计算的，抽取的样本不同，其具体的数值也会有所差异。容易证明，样本相关系数是总体相关系数的一致估计量。

（二）相关系数的特点

样本相关系数 r 有以下特点。

（1）r 的取值介于-1 与 1 之间。

（2）当 $r=0$ 时，X 与 Y 的样本观测值之间没有线性关系。

（3）在大多数情况下，$0<|r|<1$，即 X 与 Y 的样本观测值之间存在着一定的线性关系，当 $r>0$ 时，X 与 Y 为正相关，当 $r<0$ 时，X 与 Y 为负相关。

（4）如果 $|r|=1$，则表明 X 与 Y 完全线性相关，当 $r=1$ 时，称为完全正相关，而 $r=-1$ 时，称为完全负相关。

（5）r 是对变量之间线性相关关系的度量。$r=0$ 只是表明两个变量之间不存在线性关系，它并不意味着 X 与 Y 之间不存在其他类型的关系。对于二者之间可能存在的非线性相关关系，需要利用其他指标去进行分析。

（三）相关系数的计算

具体计算样本相关系数时，通常利用以下公式：

$$r=\frac{n\sum X_tY_t-\sum X_t\sum Y_t}{\sqrt{\left(n\sum X_t^2-\left(\sum X_t\right)^2\right)\left(n\sum Y_t^2-\left(\sum Y_t\right)^2\right)}} \tag{7-3}$$

式（7-3）可由样本相关系数的定义式推导而来。

【例 7-1】 表 7-1 的第二列和第三列是 2014 年我国各省区市城镇居民人均年可支配收入和人均年消费支出的有关资料，试利用表中的数据计算人均消费支出与人均可支配收入的样本相关系数。

表 7-1　2014 年我国城镇居民人均年消费支出和收入情况

地区	人均可支配收入 X/千元	人均消费支出 Y/千元	X^2	Y^2	XY
北京	52.859	36.642	2 794.092	1 342.636	1 936.866
天津	34.101	26.230	1 162.902	687.988	894.462
河北	26.152	17.587	683.935	309.289	459.928
山西	25.828	15.819	667.071	250.228	408.559
内蒙古	30.594	21.876	935.999	478.580	669.291
辽宁	31.126	21.557	968.811	464.692	670.969
吉林	24.901	17.973	620.053	323.015	447.534
黑龙江	24.203	17.152	585.767	294.194	415.125
上海	52.962	36.946	2 804.959	1 365.016	1 956.735
江苏	37.173	24.966	1 381.868	623.303	928.075
浙江	43.714	28.661	1 910.956	821.468	1 252.913
安徽	26.936	17.234	725.535	296.995	464.198
福建	33.275	23.520	1 107.248	553.199	782.642
江西	26.500	16.732	702.256	279.953	443.395
山东	31.545	19.854	995.104	394.172	626.293
河南	25.576	17.154	654.112	294.270	438.732
湖北	27.051	18.192	731.782	330.959	492.128
湖南	28.838	19.501	831.634	380.303	562.382
广东	34.757	25.673	1 208.060	659.107	892.323
广西	26.416	16.321	697.798	266.380	431.138
海南	26.356	18.448	694.661	340.342	486.232
重庆	27.239	19.742	741.954	389.758	537.757
四川	26.205	19.277	686.715	371.597	505.155
贵州	24.580	16.914	604.159	286.090	415.745
云南	26.373	17.675	695.547	312.405	466.147
西藏	25.457	17.022	648.040	289.749	433.323
陕西	26.420	18.464	698.027	340.914	487.819
甘肃	23.767	17.451	564.874	304.533	414.756
青海	24.542	19.201	602.327	368.665	471.229
宁夏	25.186	18.984	634.335	360.388	478.128
新疆	26.275	19.415	690.358	376.932	510.116
合计	926.907	642.182	29 430.81	14 157.14	20 380.06

资料来源：中国经济数据库（China Economic Information Center，CEIC）

注：由于保留小数点尾数不同，计算机软件包计算结果与手算结果有一定误差，个别时候误差可能较大，这里的结果以计算机 Excel 回归分析计算的结果为准（本节以下各例与此相同，不一一标注）。

解 将表 7-1 中的有关数据代入式（7-3），可得：

$$r=\frac{31\times 20\,380.06-926.907\times 642.182}{\sqrt{(31\times 29\,430.81-926.907^2)(31\times 14\,157.14-642.182^2)}}=0.973\,6$$

（四）相关系数的检验

在实际的客观现象分析研究中，相关系数一般都是利用样本数据计算的，因而具有一定的随机性，样本容量越小其可信程度就越差，因此也需要进行检验。相关系数的显著性检验问题可分为两类：一是对总体相关系数是否等于 0 进行检验；二是对总体相关系数是否等于某一个给定的不为 0 的数值进行检验。限于篇幅，这里只介绍对总体相关系数 γ 是否等于 0 进行检验。

数学上可以证明，在 X 与 Y 都服从正态分布，并且又有 $\rho=0$ 的条件下，可以采用 t 检验来确定 r 的显著性。其步骤如下。

首先，计算相关系数 r 的 t 值：

$$t=\frac{r\sqrt{n-2}}{\sqrt{1-r^2}} \tag{7-4}$$

其次，根据给定的显著性水平和自由度$(n-2)$，查找 t 分布表中相应的临界值 $t_{\alpha/2}$。若 $|t|\geqslant t_{\alpha/2}$，表明 r 在统计上是显著的；若 $|t|<t_{\alpha/2}$，表明 r 在统计上是不显著的。

【例 7-2】 假设根据 6 对样本观测数据计算出某公司的股票价格与气温的样本相关系数 $r=0.50$，试问是否可以根据 5%的显著性水平认为该公司的股票价格与气温之间存在一定程度的线性相关关系？

解 H_0：$\gamma=0$，H_1：$\gamma\neq 0$

将本例中数据代入式（7-4），计算 r 的 t 检验值：

$$t=\frac{0.50\sqrt{(6-2)}}{\sqrt{1-0.50^2}}=1.154\,7$$

查表可知：显著性水平为 5%，自由度为 4 的临界值 $t_{\alpha/2}=2.776$，本例中的 t 值小于 2.776，因此，r 不能通过显著性检验。这就是说，尽管根据样本观测值计算的 r 达到 0.50，但是由于样本单位过少，这一结论并不可靠，它不足以证明该公司的股票价格与气温之间存在一定程度的线性相关关系。

二、标准的一元线性回归模型

（一）总体回归函数

当变量之间存在显著的相关关系时，可以利用一定的数学模型对其进行回归分析。在回归分析中，最简单的模型是只有一个因变量和一个自变量的线性回归模型，即一元线性回归模型，又称简单线性回归模型。

该模型假定因变量 Y 主要受自变量 X 的影响，它们之间存在着近似的线性函数关系，即有

$$Y_t=\beta_1+\beta_2X_t+u_t \tag{7-5}$$

式（7-5）被称为**总体回归函数**。式（7-5）中的 β_1 和 β_2 是未知的参数，又叫回归系数。Y_t 和 X_t 分别是 Y 和 X 的第 t 个观测值。u_t 是随机误差项，又称**随机干扰项**，它是一个特殊的随机变量，反映未列入方程式的其他各种因素对 Y 的影响。

为了便于大家理解，我们举一个具体例子，作进一步说明。在许多经济学的入门教科书中，都可以看到以下形式的消费函数：

$$Y_t = \beta_1 + \beta_2 X_t \tag{7-6}$$

其中，Y 为消费支出；X 为可支配收入；β_1 为基础消费水平的常数项，代表不受可支配收入影响的消费支出；β_2 为边际消费倾向，它表明可支配收入每增加一个单位时，消费支出所增加的数量。

式（7-6）类型的消费函数认为，可支配收入是决定消费支出的主要因素，而且它们之间的关系是线性关系。如果以 Y 为纵轴，X 为横轴，则式（7-6）可以用一条直线来表示。这种确定型的消费函数作为理论分析的一种抽象是允许的。但是，在现实经济生活中，这种确定型的消费函数却是很难成立的。试想一下，在全国亿万个家庭中，考察一下具有相同收入的家庭，他们用于消费的部分会完全相同吗？也就是说，在给定的 X 值下，Y 是否都会得到相同的结果？显而易见，这是不可能的。因为，除了收入之外，还有各种影响消费的因素。一些家庭虽然收入相同，但是其消费习惯、家庭所处的地理位置和气候条件等千差万别，这都会使他们用于消费的部分产生差异。所以，我们只能说，平均来看消费支出与可支配收入的关系能够用直线反映。如果用数学形式表示，可有

$$E(Y_t) = \beta_1 + \beta_2 X_t \tag{7-7}$$

式（7-7）表明：在 X 的值给定的条件下，Y 的期望值是 X 的严密的线性函数。式（7-7）所反映的直线被称为总体回归线。Y 的实际观测值并不一定位于该直线上，只是散布在该直线的周围。我们把各实际观测点与总体回归线垂直方向的间隔（图 7-2）称为随机误差项，也就是

$$u_t = Y_t - E(Y_t) \tag{7-8}$$

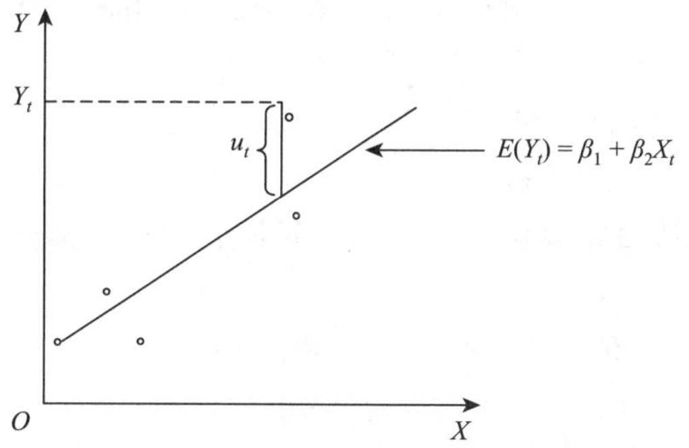

图 7-2　总体回归线与随机误差项

在反映 Y 的实际观测值与给定的 X 值的线性关系式中，引进随机误差项，就得到总体回归函数式（7-5）。

（二）样本回归函数

在现实问题研究中，由于所要研究的现象的总体单位数一般是很多的，在许多场合甚至是无限的，所以无法掌握因变量 Y 总体的全部取值。也就是说，总体回归函数事实上是未知的，需要利用样本的信息对其进行估计。

根据样本数据拟合的直线，称为样本回归线。显然，样本回归线的函数形式应与总体回归线的函数形式一致。一元线性回归模型的样本回归线可表示为

$$\hat{Y}_t = \hat{\beta}_1 + \hat{\beta}_2 X_t \tag{7-9}$$

其中，$\hat{Y}_t$ 为样本回归线上与 X_t 相对应的 Y 值，可视为 $E(Y_t)$ 的估计；$\hat{\beta}_1$ 为样本回归函数的截距系数；$\hat{\beta}_2$ 为样本回归函数的斜率系数。$\hat{\beta}_1$ 和 $\hat{\beta}_2$ 是对总体回归系数 β_1 和 β_2 的估计。

实际观测到的因变量 Y_t 值，并不完全等于 $\hat{Y}_t$，如果用 e_t 表示二者之差（$e_t = Y_t - \hat{Y}_t$），则有

$$Y_t = \hat{\beta}_1 + \hat{\beta}_2 X_t + e_t \quad (t = 1, 2, \cdots, n) \tag{7-10}$$

式（7-10）称为**样本回归函数**。其中，e_t 为残差，在概念上，e_t 与总体误差项 u_t 相互对应；n 为样本的容量。

样本回归函数与总体回归函数之间的联系显而易见。这里需要特别指出的是它们之间的区别。第一，总体回归线是未知的，它只有一条；而样本回归线则是根据样本数据拟合的，每抽取一组样本，便可以拟合一条样本回归线。第二，总体回归函数中的 β_1 和 β_2 是未知的参数，表现为常数；而样本回归函数中的 $\hat{\beta}_1$ 和 $\hat{\beta}_2$ 是随机变量，其具体数值随所抽取的样本观测值不同而变动。第三，总体回归函数中的 u_t 是 Y_t 与未知的总体回归线之间的纵向距离，它是不可直接观测的；而样本回归函数中的 e_t 是 Y_t 与样本回归线之间的纵向距离，当根据样本观测值拟合出样本回归线之后，可以计算出 e_t 的具体数值。

综上所述，样本回归函数是对总体回归函数的近似反映。回归分析的主要任务就是采用适当的方法，充分利用样本所提供的信息，使得样本回归函数尽可能地接近于真实的总体回归函数。

（三）误差项的标准假定

随机误差项 u_t 是无法直接观测的。为了进行回归分析，通常需要对其概率分布提出一些假定。这些假定如下。

假定 1 误差项的期望值为 0，即对所有的 t 总有

$$E(u_t) = 0 \tag{7-11}$$

假定 2 误差项的方差为常数，即对所有的 t 总有

$$\mathrm{Var}(u_t) = E\left(u_t^2\right) = \sigma^2 \tag{7-12}$$

假定 3 误差项之间不存在序列相关关系，其协方差为零，即当 $t \neq s$ 时有

$$\mathrm{Cov}(u_t, u_s) = 0 \tag{7-13}$$

假定 4　自变量是给定的变量，与随机误差项线性无关。

假定 5　随机误差项服从正态分布。

满足以上标准假定的一元线性模型，称为**标准的一元线性回归模型**。

应当指出，在现实生活中，由于各种原因，上述标准假定常常不能得到满足。那么学习以标准假定为基础的回归分析理论与方法是否会失去意义呢？当然不会。同其他一切科学研究一样，对相关现象的分析方法的研究，都可以从标准的理想状态出发，先研究这一状态下的基本方法与规律，然后再以此为规范，进一步研究现实存在的非理想状态下可以采用的方法。非标准条件下的分析方法，属于计量经济学研究的内容，对此本书不作进一步的讨论。

三、一元线性回归模型的估计

（一）回归系数的点估计

如前所述，回归分析的主要任务就是建立能够近似反映真实总体回归函数的样本回归函数。在根据样本资料确定样本回归方程时，一般总是希望 Y 的估计值从整体来看尽可能地接近其实际观测值。这就是说，残差 e_t 的总量越小越好。可是，由于 e_t 有正有负，简单的代数和会相互抵消，所以为了便于处理，通常采用残差平方和 $\sum e_t^2$ 作为衡量总偏差的尺度。**最小二乘法**就是根据这一思路，通过使残差平方和为最小来估计回归系数的一种方法。设

$$\begin{aligned} Q &= \sum e_t^2 = \sum (Y_t - \hat{Y}_t)^2 \\ &= \sum (Y_t - \hat{\beta}_1 - \hat{\beta}_2 X_t)^2 \end{aligned} \tag{7-14}$$

很明显，残差平方和 Q 的大小将依赖于 $\hat{\beta}_1$ 和 $\hat{\beta}_2$ 的取值。根据微积分中求极小值的原理，可知 Q 存在极小值，同时欲使 Q 达到最小，Q 对 $\hat{\beta}_1$ 和 $\hat{\beta}_2$ 的偏导数必须等于零。

将 Q 对 $\hat{\beta}_1$ 和 $\hat{\beta}_2$ 求偏导数，并令其等于零，可得

$$-2\sum (Y_t - \hat{\beta}_1 - \hat{\beta}_2 X_t) = 0 \tag{7-15}$$

$$-2\sum X_t (Y_t - \hat{\beta}_1 - \hat{\beta}_2 X_t) = 0 \tag{7-16}$$

加以整理后有

$$n\hat{\beta}_1 + \hat{\beta}_2 \sum X_t = \sum Y_t \tag{7-17}$$

$$\hat{\beta}_1 \sum X_t + \hat{\beta}_2 \sum X_t^2 = \sum X_t Y_t \tag{7-18}$$

以上方程组称为正规方程组或标准方程组，式（7-17）中的 n 是样本容量。求解这一方程组可得

$$\hat{\beta}_2 = \frac{n\sum X_t Y_t - \sum X_t \sum Y_t}{n\sum X_t^2 - \left(\sum X_t\right)^2} \tag{7-19}$$

$$\hat{\beta}_1 = \sum Y_t / n - \hat{\beta}_2 \sum X_t / n = \bar{Y} - \hat{\beta}_2 \bar{X} \tag{7-20}$$

式（7-19）和式（7-20）分别是估计总体回归系数 β_2 和 β_1 的公式。

【例 7-3】　我们利用例 7-1 的表 7-1 中已给出的我国 2014 年城镇居民人均消费支出

和人均可支配收入的数据，来估计我国城镇居民的边际消费倾向和基础消费水平。

解 $Y_i = \beta_1 + \beta_2 X_i + u_i$

将表 7-1 中合计栏的有关数据代入式（7-19）和式（7-20），可得

$$\hat{\beta}_2 = \frac{31 \times 20\,380.06 - 926.907 \times 642.182}{31 \times 29\,430.81 - 926.907^2} = 0.686\,8$$

$$\hat{\beta}_1 = 642.182 \div 31 - 0.686\,8 \times 926.907 \div 31 = 0.179\,5$$

求得的样本回归方程为

$$\hat{Y}_i = 0.179\,5 + 0.686\,8 X_i$$

上式中 0.686 8 是边际消费倾向，表示人均可支配收入每增加 1 000 元，人均消费支出会增加 686.8 元；0.179 5 是基本消费水平，即与收入无关的最基本的人均消费为 179.5 元。

（二）总体方差的估计

除了 β_1 和 β_2 外，一元线性回归模型还包括了另一个未知参数，那就是总体随机误差项的方差 σ^2。σ^2 可以反映理论模型误差的大小，它是检验模型时必须利用的一个重要参数。随机误差项本身是不能直接观测的，因此，需要用最小二乘残差代替随机误差项来估计 σ^2。数学上可以证明，σ^2 的无偏估计 S^2 可由式（7-21）给出：

$$S^2 = \frac{\sum e_t^2}{n-2} \qquad (7\text{-}21)$$

其中，分子是残差平方和，分母是自由度，n 为样本观测值的个数，2 为一元线性回归方程中回归系数的个数。在一元线性回归模型中，残差 e_t 必须满足以下两个可由式（7-15）和式（7-16）导出的约束条件：

$$\sum e_t = 0, \quad \sum e_t X_t = 0 \qquad (7\text{-}22)$$

因而失去了两个自由度，其自由度为 $n-2$。

S^2 的正平方根 S，又叫作回归估计的标准误差。S 越小表明实际观测点与所拟合的样本回归线的离差程度越小，即回归线具有较强的代表性；反之，S 越大表明实际观测点与所拟合的样本回归线的离差程度越大，即回归线的代表性较差。

直接根据式（7-21）计算 S^2，需要逐一计算出残差平方的数值，这样比较麻烦，而且计算误差较大。因此，一般采用以下公式计算残差平方和：

$$\sum e_t^2 = \sum Y_t^2 - \hat{\beta}_1 \sum Y_t - \hat{\beta}_2 \sum X_t Y_t \qquad (7\text{-}23)$$

式（7-23）的推导过程如下：

$$\begin{aligned} \sum e_t^2 &= \sum \left(Y_t - \hat{\beta}_1 - \hat{\beta}_2 X_t\right) e_t \\ &= \sum Y_t e_t = \sum Y_t \left(Y_t - \hat{\beta}_1 - \hat{\beta}_2 X_t\right) \\ &= \sum Y_t^2 - \hat{\beta}_1 \sum Y_t - \hat{\beta}_2 \sum X_t Y_t \end{aligned}$$

【例 7-4】 根据例 7-1 中给出的有关数据和例 7-3 中已得到的回归系数估计值，计算

我国城镇居民消费函数的总体方差 S^2 和回归估计标准差 S。

解　将例 7-1 中给出的有关数据和例 7-3 中已得到的回归系数估计值代入式（7-23），得

$$\sum e_t^2 = 14\,157.14 - 0.179\,5 \times 642.182 - 0.686\,8 \times 20\,380.06 = 44.435\,5$$

将以上结果代入式（7-21），可得

$$S^2 = 44.435\,5/(31-2) = 1.532$$

进而有

$$S = \sqrt{1.532} = 1.237\,7$$

（三）最小二乘估计量的性质

最小二乘法是多种估计方法中的一种。按照最小二乘法求得的估计总体回归系数的数学公式（7-19）和式（7-20）是样本观测值的函数，通常称之为**最小二乘估计量**。最小二乘估计量的形式是不变的，但根据所选取的样本不同，其具体数值即回归系数的估计值却会随之变化，因此，它是一种随机变量。可以证明，在标准假定能够得到满足的条件下，回归系数的最小二乘估计量的期望值等于其真值，即有

$$E\left(\hat{\beta}_1\right) = \beta_1,\quad E\left(\hat{\beta}_2\right) = \beta_2 \tag{7-24}$$

其方差为

$$\mathrm{Var}\left(\hat{\beta}_1\right) = \sigma_{\hat{\beta}_1}^2 = \sigma^2\left(\frac{1}{n} + \frac{\bar{X}^2}{\sum\left(X_t - \bar{X}\right)^2}\right) \tag{7-25}$$

$$\mathrm{Var}\left(\hat{\beta}_2\right) = \sigma_{\hat{\beta}_2}^2 = \frac{\sigma^2}{\sum(X_t - \bar{X})^2} \tag{7-26}$$

$\hat{\beta}_2$ 和 $\hat{\beta}_1$ 的期望值与方差的推导过程基本类似。这里只就 $\hat{\beta}_2$ 进行证明。

为了便于讨论，将 $Y_t = \beta_1 + \beta_2 X_t + u_t$ 代入估计量 $\hat{\beta}_2$，并作以下变形：

$$\hat{\beta}_2 = \frac{n\sum X_t Y_t - \sum X_t \sum Y_t}{n\sum X_t^2 - \left(\sum X_t\right)^2} = \frac{\sum(X_t - \bar{X})(Y_t - \bar{Y})}{\sum(X_t - \bar{X})^2} = \frac{\sum(X_t - \bar{X})Y_t}{\sum(X_t - \bar{X})^2} = \beta_2 + \frac{\sum(X_t - \bar{X})u_t}{\sum(X_t - \bar{X})^2} \tag{7-27}$$

为了推导式（7-27），利用了以下恒等式：

$$\sum(X_t - \bar{X}) = 0$$

$$\sum(X_t - \bar{X})^2 = \sum(X_t - \bar{X})X_t$$

$$\sum(X_t - \bar{X})(Y_t - \bar{Y}) = \sum(X_t - \bar{X})Y_t$$

这样，回归系数的最小二乘估计量可以表现为所要估计的参数的真值与随机误差项的线性组合。我们已假定 X_t 是给定的变量（不是随机变量），因此，同各期误差项相乘的权数也都是确定量。为了叙述的方便，令

$$w_t = \frac{(X_t - \bar{X})}{\sum(X_t - \bar{X})^2} \tag{7-28}$$

利用前面所述的关于随机误差项的标准假定和期望值运算的规则，可以证明 $\hat{\beta}_2$ 的期望值为

$$
\begin{aligned}
E\left(\hat{\beta}_2\right) &= \beta_2 + E\left(\sum w_t u_t\right) \\
&= \beta_2 + \sum w_t E\left(u_t\right) \text{（根据标准假定4）} \\
&= \beta_2 + \sum w_t \times 0 \text{（根据标准假定1）} \\
&= \beta_2
\end{aligned}
\tag{7-29}
$$

$\hat{\beta}_2$ 的方差为

$$
\begin{aligned}
\operatorname{Var}\left(\hat{\beta}_2\right) &= \operatorname{Var}\left(\beta_2 + \sum w_t u_t\right) \\
&= E\left(\sum w_t u_t\right)^2 \\
&= \sum w_t^2 E\left(U_t^2\right) \text{（根据标准假定4、3）} \\
&= \sigma^2 \sum w_t^2 \text{（根据标准假定2）} \\
&= \frac{\sigma^2}{\sum (X_t - \bar{X})^2}
\end{aligned}
\tag{7-30}
$$

证毕。

由以上推导过程可知，最小二乘估计量是因变量观测值 Y_t 的线性函数，其期望值等于总体回归系数的真值。因此，最小二乘估计量是总体回归系数的线性无偏估计量。数学上还可以进一步证明，在所有的线性无偏估计量中，回归系数的最小二乘估计量的方差最小；同时随着样本容量的增大，其方差会不断缩小。也就是说，回归系数的最小二乘估计量是最优线性无偏估计量和一致估计量。

标准线性回归模型中，回归系数的最小二乘估计量所具有的上述性质最先是由数学家高斯和马尔可夫提出并证明的，因此被称为**高斯–马尔可夫定理**。通俗地讲，这一定理表明，在标准的假定条件下，最小二乘估计量是一种最佳的估计方式。但是应当明确，这并不意味着根据这一方式计算的每一个具体的估计值都比根据其他方式计算的具体估计值更接近真值，而只是表明如果反复多次进行估计值计算或是扩大样本的容量进行估计值计算，按最佳估计方式计算的估计值接近真值的可能性（概率）最大。

（四）回归系数的区间估计

利用以上得到的回归系数的点估计及其方差，还可以对回归系数进行区间估计。为了进行区间估计，有必要了解 $\hat{\beta}_1$ 和 $\hat{\beta}_2$ 的概率分布，因为 $\hat{\beta}_1$ 和 $\hat{\beta}_2$ 均为线性估计量，是因变量 Y_t 的线性组合。根据本节所述的标准假定，可知 Y_t 是服从正态分布的变量，所以 $\hat{\beta}_1$ 和 $\hat{\beta}_2$ 也服从正态分布。另外，以上我们已给出了 $\hat{\beta}_1$ 和 $\hat{\beta}_2$ 的期望值与方差，所以有

$$
\hat{\beta}_1 \sim N\left(\beta_1, \sigma_{\hat{\beta}_1}^2\right), \quad \hat{\beta}_2 \sim N\left(\beta_2, \sigma_{\hat{\beta}_2}^2\right) \tag{7-31}
$$

在总体方差已知的情况下，利用上述正态分布便可以进行区间估计。可是，一般来说，总体方差 σ^2 是未知的，要用其无偏估计量 S^2 去代替。数学上可以证明，当样本为小

样本时，回归系数估计值的标准化变换值 t 服从自由度为 $n-k$ 的 t 分布（n 是样本容量，k 是回归系数的个数，在标准的一元线性回归模型中，$k=2$）。根据第五章中介绍的关于参数区间估计的原理，可得到以下回归系数区间估计的公式：

$$\hat{\beta}_j \pm t_{\alpha/2}(n-2)\times S_{\hat{\beta}_j} \qquad (j=1,2) \tag{7-32}$$

其中，$S_{\hat{\beta}_j}$ 为回归系数 $\hat{\beta}_j$ 估计的样本标准误差；$t_{\alpha/2}(n-2)$ 为显著性水平为 α、自由度为 $(n-2)$ 的 t 分布双侧临界值。

$$S_{\hat{\beta}_1}=S\sqrt{\frac{1}{n}+\frac{\bar{X}^2}{\sum(X_t-\bar{X})^2}} \tag{7-33}$$

$$S_{\hat{\beta}_2}=\frac{S}{\sqrt{\sum(X_t-\bar{X})^2}} \tag{7-34}$$

【例 7-5】 利用例 7-1 的有关资料和例 7-3 与例 7-4 的计算结果，对例 7-3 中估计的我国城镇居民边际消费倾向进行置信度为 95%的区间估计。

解 将前面已求得的有关数据代入式（7-34），可得

$$S_{\hat{\beta}_2}=1.237\,7\div\sqrt{29\,430.81-926.907^2/31}=0.029\,9$$

查 t 分布表可知：显著性水平为 5%，自由度为 29 的 t 分布双侧临界值是 2.045 2，前面已求得 $\hat{\beta}_2=0.686\,8$，将其代入式（7-32），可得

$$0.686\,8-2.045\,2\times0.029\,9\leqslant\beta_2\leqslant0.686\,8+2.045\,2\times0.029\,9$$

即 $0.625\,7\leqslant\beta_2\leqslant0.747\,9$。

四、一元线性回归模型的检验

（一）回归模型检验的种类

回归模型中的参数估计出来之后，还必须对其进行检验。如果通过检验发现模型有缺陷，则必须回到模型的设定阶段或参数估计阶段，重新选择因变量和自变量及其函数形式，或者对数据进行加工整理之后再次估计参数。

回归模型的检验包括理论意义检验、一级检验和二级检验。**理论意义检验**主要涉及参数估计值的符号和取值区间，如果它们与实质性科学的理论以及人们的实践经验不相符，就说明模型不能很好地解释现实的现象。例如，在前面所列举的消费函数中，β_2 的取值区间应为［0, 1］。如果根据样本数据估计的 $\hat{\beta}_2$ 大于 1 或小于 0，则不能通过经济意义检验。在对实际的社会经济现象进行回归分析时，常常会遇到经济意义检验不能通过的情况。造成这一结果的主要原因是：社会经济的统计数据无法像自然科学中的统计数据那样通过有控制的实验去取得，因而所观测的样本容量有可能偏小，不具有足够的代表性和识别力，或者不能满足标准线性回归分析所要求的假定条件。一级检验又称**统计学检验**，它是利用统计学中的抽样理论来检验样本回归方程的可靠性，具体又可分为拟合程度评价和显著性检验。一级检验是对所有现象进行回归分析时都必须通过的检验。

二级检验又称**经济计量学检验**，它是对标准线性回归模型的假定条件能否得到满足进行检验，具体包括序列相关检验、异方差性检验、多重共线性检验等。二级检验对于社会经济现象的定量分析具有特别重要的意义。关于二级检验的问题在计量经济学教科书中有详细介绍，本书只讨论一级检验。

（二）拟合程度的评价

拟合程度，是指样本观测值聚集在样本回归线周围的紧密程度。判断回归模型拟合程度优劣最常用的数量尺度是样本决定系数（又称决定系数）。它是建立在对总离差平方和进行分解的基础之上的。

因变量的实际观测值与其样本均值的离差即总离差$(Y_t-\overline{Y})$，它可以分解为两部分：一部分是因变量的理论回归值与其样本均值的离差$(\hat{Y}_t-\overline{Y})$，它可以看成能够由回归线解释的部分，称为可解释离差；另一部分是实际观测值与理论回归值的离差$(Y_t-\hat{Y}_t)$，它是不能由回归线加以解释的残差e_t。对任意一个实际观测值Y_t总有

$$\begin{aligned}(Y_t-\overline{Y})&=(\hat{Y}_t-\overline{Y})+(Y_t-\hat{Y}_t)\\&=(\hat{Y}_t-\overline{Y})+e_t\end{aligned}\tag{7-35}$$

对式（7-35）两边取平方并求和，得到

$$\sum(Y_t-\overline{Y})^2=\sum(\hat{Y}_t-\overline{Y})^2+\sum(Y_t-\hat{Y}_t)^2+2(\hat{Y}_t-\overline{Y})(Y_t-\hat{Y}_t)$$

利用残差的定义与式（7-22），可以证明：

$$\sum(\hat{Y}_t-\overline{Y})(Y_t-\hat{Y}_t)=0$$

从而有

$$\sum(Y_t-\overline{Y})^2=\sum(\hat{Y}_t-\overline{Y})^2+\sum(Y_t-\hat{Y}_t)^2$$

即

$$\text{SST}=\text{SSR}+\text{SSE}\tag{7-36}$$

其中，SST 为总离差平方和；SSR 为由回归线可以解释的那一部分离差平方和，称为回归平方和；SSE 为用回归线无法解释的离差平方和，称为残差平方和。

式（7-36）的两边同除以 SST，得

$$1=\frac{\text{SSR}}{\text{SST}}+\frac{\text{SSE}}{\text{SST}}\tag{7-37}$$

显而易见，各个样本观测点与样本回归线靠得越紧，SSR 在 SST 中所占的比例就越大。因此，可定义这一比例为决定系数，即有

$$r^2=\frac{\text{SSR}}{\text{SST}}=1-\frac{\text{SSE}}{\text{SST}}\tag{7-38}$$

决定系数是对回归模型拟合程度的综合度量。决定系数越大，模型拟合程度越高；决定系数越小，则模型对样本的拟合程度越差。

决定系数r^2具有如下特性。

（1）决定系数 r^2 具有非负性①。

由决定系数的定义式可知，r^2 的分子分母均是不可能为负值的平方和，因此其比值必大于零。

（2）决定系数的取值范围为 $0 \leqslant r^2 \leqslant 1$。

由 r^2 的计算公式可以看出：当所有的实际观测值都位于回归线上时，$\text{SSE}=0$，这时 $r^2=1$，说明总离差可以完全由所估计的样本回归线来解释；当实际观测值并不是全部位于回归线上，但又大致分布在其附近时，$\text{SSE}>0$，这时 $r^2<1$；当回归线没有解释任何离差，模型中解释变量 X 与因变量 Y 完全无关时，Y 的总离差可全部归于残差平方和，即 $\text{SSE}=\text{SST}$，这时 $r^2=0$。

（3）决定系数是样本观测值的函数，它也是一个统计量。

（4）在一元线性回归模型中，决定系数是单相关系数的平方。

【例 7-6】　利用例 7-4 中计算的残差平方和，计算例 7-3 所拟合的样本回归方程的决定系数。

解　$$r^2=1-\frac{\text{SSE}}{\text{SST}}=1-\frac{44.426\,3}{853.959\,3}=0.948\,0$$

上式中的 SST 是利用表 7-1 中给出的数据，按下式计算的：

$$\text{SST}=\sum Y_i^2-\left(\sum Y_i\right)^2\Big/n=14\,157.122-(642.182)^2\div 31=853.959\,3$$

（三）显著性检验

回归分析中的显著性检验包括两方面的内容：一是对各回归系数的显著性检验；二是对整个回归方程的显著性检验。在一元线性回归模型中，只有一个解释变量 X，对 $\beta_2=0$ 的检验与对整个方程的显著性检验是等价的。因此这里只介绍对回归系数的显著性检验，对整个回归方程的显著性检验将在本章第二节中介绍。

回归系数的显著性检验，就是根据样本估计的结果对总体回归系数的有关假设进行检验。β_1 与 β_2 的检验方法是相同的，但 β_2 的检验更为重要，因为它表明自变量对因变量影响的程度。

下面我们以 β_2 的检验为例，介绍回归系数显著性检验的基本步骤。

1. t 检验

1）提出假设

对回归系数进行显著性检验，所提出的假设的一般形式是

$$\text{H}_0:\ \beta_2=\beta_2^*,\ \text{H}_1:\ \beta_2\neq\beta_2^* \tag{7-39}$$

其中，H_0 为原假设；H_1 为备择假设；β_2^* 为假设的总体回归系数的真值。

在许多回归分析的计算机程序里，常常令 $\beta_2^*=0$。这是因为 β_2 是否为 0，可以表明 X 对 Y 是否有显著的影响。

---

① 但是在回归模型中不包括截距项的场合，由于总离差平方和的分解公式不成立，按式（7-38）计算的 r^2 有可能小于 0。

2）确定显著性水平α

显著性水平的大小应根据犯哪一类错误可能带来损失的大小确定。一般情况下可取0.05。

3）计算回归系数的t值

$$t_{\hat{\beta}_2}=\frac{\hat{\beta}_2-\beta_2^*}{S_{\hat{\beta}_2}} \tag{7-40}$$

其中，$S_{\hat{\beta}_2}$为回归系数$\hat{\beta}_2$估计的标准误差。

4）确定临界值

t检验的临界值是由显著性水平和自由度 df 决定的。这时应该注意，原假设和备择假设设定的方式不同，据以判断的接受域和拒绝域也不相同。例如，对 H_0：$\beta_2=0$，H_1：$\beta_2\neq0$，进行的是双侧t检验；而对 H_0：$\beta_2=0.9$，H_1：$\beta_2<0.9$，进行的是单侧t检验。对此，在双侧检验的场合，依据α和 df，查t分布表所确定的临界值是$-t_{\alpha/2}$和$t_{\alpha/2}$；而在单侧检验的场合，所确定的临界值是t_α。

5）做出判断

如果$t_{\hat{\beta}_2}$的绝对值大于临界值的绝对值，就拒绝原假设，接受备择假设；反之，如果$t_{\hat{\beta}_2}$的绝对值小于临界值的绝对值，则接受原假设。

2. p检验

回归系数的显著性检验还可以采用p检验。其前三步与t检验相同，但t值计算出来之后，并不与t分布的临界值进行对比，而是直接计算自由度为$(n-2)$的t统计量大于或小于根据样本观测值计算的$t_{\hat{\beta}_2}$的概率，即p值。然后将其与给定的显著性水平α对比，如果p小于α，则拒绝原假设，反之则接受原假设。利用 Excel 进行回归分析时，计算机将直接给出回归系数估计的p值。

【例 7-7】 利用例 7-3 和例 7-5 的有关资料和计算结果，对例 7-3 中估计的我国城镇居民边际消费倾向进行显著性检验。

（1）以 5%的显著性水平检验可支配收入是否对消费支出有显著影响。

（2）对 H_0：$\beta_2=0.7$，H_1：$\beta_2<0.7$ 进行检验。

解 （1）首先，提出假设 H_0：$\beta_2=0$，H_1：$\beta_2\neq0$。

其次，利用式（7-40）计算t值

$$t_{\hat{\beta}_2}=0.686\,8/0.029\,9=22.97$$

查t分布表可知：显著性水平为 5%，自由度为 29 的双侧t检验的临界值是 2.045 2。以上计算的t值远远大于此临界值，所以拒绝原假设，接受备择假设，即认为可支配收入对消费支出的影响是非常显著的。

（2）利用式（7-40）计算t值

$$t_{\hat{\beta}_2}=(0.672\,4-0.7)/0.005\,6=-4.93$$

查t分布表可知：显著性水平为 5%，自由度为 12 的单侧t检验的临界值是 1.782。因为计算的t值的绝对值大于此临界值，所以否定$\beta_2=0.7$的原假设，接受备择假设，认为我国城镇居民的平均消费倾向小于 0.7。

五、一元线性回归模型预测

（一）回归预测的基本公式

建立回归模型的重要目的之一是进行预测。如果所拟合的样本回归方程经过检验，被认为具有经济意义，同时被证明有较高的拟合程度，就可以利用其来进行预测。简单回归预测的基本公式如下：

$$\hat{Y}_f = \hat{\beta}_1 + \hat{\beta}_2 X_f \tag{7-41}$$

其中，X_f 为给定的 X 的具体数值；$\hat{Y}_f$ 为 X_f 给定时 Y 的预测值；$\hat{\beta}_1$ 和 $\hat{\beta}_2$ 为已估计出的样本回归系数。

回归预测是一种有条件的预测，在进行回归预测时，必须先给出 X_f 的具体数值。当给出的 X_f 属于样本内的数值时，利用式（7-41）去计算 $\hat{Y}_f$ 称为内插检验或事后预测。而当给出的 X_f 在样本之外时，利用式（7-41）去计算 $\hat{Y}_f$ 称为外推预测或事前预测。通常所说的预测是指事前预测。

（二）预测误差

$\hat{Y}_f$ 是根据样本回归方程计算的，它是样本观测值的函数，因而也是一个随机变量。$\hat{Y}_f$ 与所要预测的 Y 的真值之间必然存在一定的误差。在实际的回归模型预测中，产生预测误差的原因可以概括为以下四个。

（1）模型本身中的误差因素所造成的误差。由于总体回归函数并未将所有影响 Y 的因素都纳入模型，同时其具体的函数形式也只是实际变量之间数量联系的近似反映，所以必然存在误差。这一误差可以用总体随机误差项的方差来评价。

（2）回归系数的估计值同其真值不一致所造成的误差。如前所述，样本回归系数是根据样本估计的，它与总体回归系数之间总是有一定的误差。这一误差可以用回归系数的最小二乘估计量的方差来评价。

（3）自变量 X 的设定值同其实际值的偏离所造成的误差。当给出的 X_f 在样本之外时，其本身也需要利用某种方法去进行预测。如果 X_f 与未来时期 X 的实际值不符，将其代入式（7-41）求得的 Y 的预测值当然也会与其实际值有所不同。

（4）未来时期总体回归系数发生变化所造成的误差。在研究客观经济现象的总体回归方程中，总体回归系数是一定时期内经济结构的数量特征，随着社会经济运行机制和经济结构的变化，它也会有所变动。这时，如果仍沿用根据样本期数据拟合的样本回归方程去进行预测，也会造成误差。

在以上造成预测误差的原因中，（3）（4）两项不属于回归方程本身的问题，而且也难以事先予以估计和控制。因此，在下面的讨论中，假定只存在（1）（2）两种误差。

设 X_f 给定时 Y 的真值为 Y_f，

$$Y_f = \beta_1 + \beta_2 X_f + u_f \tag{7-42}$$

则有

$$\begin{aligned} e_f &= Y_f - \hat{Y}_f \\ &= \left(\beta_1 + \beta_2 X_f + u_f\right) - \left(\hat{\beta}_1 + \hat{\beta}_2 X_f\right) \\ &= \left(\beta_1 - \hat{\beta}_1\right) + \left(\beta_2 - \hat{\beta}_2\right) X_f + u_f \end{aligned} \tag{7-43}$$

其中，e_f 为预测的残差。

利用期望值与方差的运算规则以及前面给出的回归系数最小二乘估计量的期望值和方差，可以证明：

$$E(e_f) = 0 \tag{7-44}$$

$$\operatorname{Var}(e_f) = \sigma^2 \left(1 + \frac{1}{n} + \frac{\left(X_f - \bar{X}\right)^2}{\sum\left(X_t - \bar{X}\right)^2}\right) \tag{7-45}$$

在此基础上，还可以进一步证明 $\hat{Y}_f$ 是 Y_f 的最优线性无偏估计，即在标准假定能够满足的情况下，式（7-41）是 Y_f 的最佳预测方式。

（三）区间预测

式（7-41）给出的是对 Y_f 的点估计，在许多场合，人们更为关心的是对 Y_f 的区间估计。在标准假定条件下，e_f 服从正态分布，即

$$e_f \sim N\left(0, \operatorname{Var}(e_f)\right) \tag{7-46}$$

由于 $\operatorname{Var}(e_f)$ 中的 σ^2 是未知的，通常用其无偏估计 S^2 来代替。若用 S_{e_f} 来表示预测标准误差的估计值，

$$S_{e_f} = S\sqrt{1 + \frac{1}{n} + \frac{\left(X_f - \bar{X}\right)^2}{\sum\left(X_t - \bar{X}\right)^2}} \tag{7-47}$$

则数学上可以证明：$\left(Y_f - \hat{Y}_f\right) / S_{e_f}$ 服从于自由度为 $(n-2)$ 的 t 分布。按照确定置信区间的方法，可以得出 Y_f 的 $(1-\alpha)$ 的置信区间为

$$\hat{Y}_f \pm t_{\alpha/2}(n-2) \times S_{e_f} \tag{7-48}$$

其中，$t_{\alpha/2}(n-2)$ 为置信度为 $(1-\alpha)$、自由度为 $(n-2)$ 的 t 分布的临界值。

对于每一个给定的 X 值，计算相应的 Y 的置信区间，并将连接各点的曲线描绘在平面图上，便可得到图 7-3。

从置信区间和 S_{e_f} 的计算公式以及图 7-3，可以得到以下结论。

第一，置信区间的上下限对称地落在样本回归线两边，呈中间小两头大的喇叭形。当 $X_f = \bar{X}$ 时，置信区间最窄，而当 X_f 远离 $\bar{X}$ 时，其置信区间逐渐增大。这就是说，在用回归模型进行预测时，X_f 的取值不宜离开 $\bar{X}$ 过远，否则预测精度将会降低，有可能使预测失效。

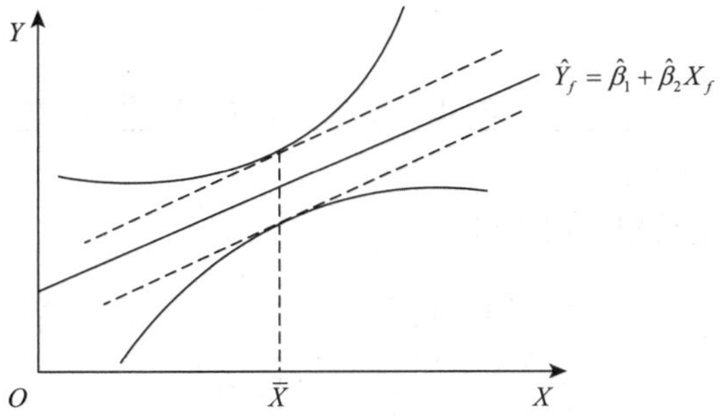

图 7-3　回归预测的置信区间

第二，在样本容量 n 保持不变时，$t_{\alpha/2}(n-2)$ 的值随置信度 $(1-\alpha)$ 的提高而增加，因此，要求预测值的概率保证程度增加，在其他条件不变时，也就意味着预测精度的降低。

第三，当其他条件不变时，$t_{\alpha/2}(n-2)$ 和 S_{e_f} 的值均为样本容量 n 的减函数，即随着 n 的增加，这二者将逐渐减少。这说明随着样本容量的增加，预测精度将会提高，而样本容量过小，预测的精度就较差。

第四，当 n 足够大时，S_{e_f} 会趋近于 S；$t_{\alpha/2}(n-2)$ 会趋近于 $z_{\alpha/2}$［$z_{\alpha/2}$ 是置信度为 $(1-\alpha)$ 的标准正态分布的临界值］。这时，可以用 S 和 $z_{\alpha/2}$ 取代 S_{e_f} 和 $t_{\alpha/2}$ 来确定预测区间，即样本容量充分大时，Y_f 的 $(1-\alpha)$ 的置信区间为

$$\hat{Y}_f \pm z_{\alpha/2}\times S \tag{7-49}$$

按式（7-49）确定的预测区间的上、下限在平面图上呈两条直线（参见图 7-3 中与样本回归线平行的两条虚线）。

【例 7-8】　假定已知某居民家庭的年人均可支配收入为 30 000 元，要求利用例 7-3 中拟合的样本回归方程与有关数据，计算置信度为 95%的年人均消费支出的预测区间。

解　将有关数据代入拟合好的样本回归方程，可得

$$\begin{aligned}\hat{Y}_f &= 0.179\,4+0.686\,8X_f\\ &=0.179\,4+0.686\,8\times 30=20.783\,4\ （\times 10^3\text{元}）\end{aligned}$$

从前面的结果可知：

$$S=1.237\,7$$

$$\sum X_i=926.909,\quad n=31$$

$$\sum\left(X_t-\bar{X}\right)^2=29\,430.940-(926.909)^2/31=1\,716.091\,8$$

将其代入求预测标准误差估计值的式（7-47），有

$$S_{e_f}=1.237\,7\sqrt{1+1/31+(30-926.909/31)^2/1\,716.091\,8}=1.257\,5\ （\times 10^3\text{元}）$$

查 t 分布表可知：显著性水平为 5%，自由度为 29 的双侧 t 检验的临界值是 2.045 2。因此，当人均可支配收入为 30 000 元时，置信度为 95%的消费支出的预测区间如下：

$$20.783\,4-2.045\,2\times 1.257\,5\leqslant Y_f\leqslant 20.783\,4+2.045\,2\times 1.257\,5$$

$$18.211\,6\ （\times 10^3\text{元}）\leqslant Y_f\leqslant 23.355\,2\ （\times 10^3\text{元}）$$

第三节　多元线性相关与回归分析

一、标准的多元线性回归模型

本章第二节介绍的一元线性回归分析所反映的是一个因变量与一个自变量之间的关系。但是，在现实中，某一现象的变动常受多种现象变动的影响。例如，消费除了受本期收入水平的影响外，还会受以往消费和收入水平的影响。这就是说，影响因变量的自变量通常不是一个，而是多个。在许多场合，仅仅考虑单个变量是不够的，还需要就一个因变量与多个自变量的联系来进行考察，才能获得比较满意的结果。这就产生了测定与分析多因素之间相关关系的问题。

研究在线性相关条件下，两个和两个以上自变量对一个因变量的数量变化关系，称为**多元线性回归分析**，表现这一数量关系的数学公式，称为多元线性回归模型。多元线性回归模型是一元线性回归模型的扩展，其基本原理与一元线性回归模型相类似，只是在计算上比较麻烦一些而已。限于本书的篇幅和程度，本节对于多元回归分析中与一元回归分析相类似的内容，仅给出必要的结论，不作进一步的论证。只对某些多元回归分析所特有的问题作比较详细的说明。

多元线性回归模型总体回归函数的一般形式如下：

$$Y_t = \beta_1 + \beta_2 X_{2t} + \cdots + \beta_k X_{kt} + u_t \quad (t = 1, 2, \cdots, n) \tag{7-50}$$

式（7-50）假定因变量 Y 与 $(k-1)$ 个自变量之间的回归关系可以用线性函数来近似反映。其中，Y_t 为变量 Y 的第 t 个观测值；X_{jt} 为第 j 个自变量 X_j 的第 t 个观测值 $(j = 2, \cdots, k)$；u_t 为随机误差项；$\beta_1, \beta_2, \cdots, \beta_k$ 为总体回归系数。β_j 表示在其他自变量保持不变的情况下，自变量 X_j 变动一个单位所引起的因变量 Y 平均变动的数额，因而又叫作偏回归系数。式（7-50）中，总体回归系数是未知的，必须利用有关的样本观测值来进行估计。

假设已给出了 n 个观测值，同时 $\hat{\beta}_1, \hat{\beta}_2, \cdots, \hat{\beta}_k$ 为总体回归系数的估计，则**多元线性回归模型的样本回归函数**如下：

$$Y_t = \hat{\beta}_1 + \hat{\beta}_2 X_{2t} + \cdots + \hat{\beta}_k X_{kt} + e_t \quad (t = 1, 2, \cdots, n) \tag{7-51}$$

其中，e_t 为 Y_t 与其估计值 $\hat{Y}_t$ 之间的离差，即残差。

与一元线性回归分析相类似，为了进行多元线性回归分析也需要提出一些必要的假定。多元线性回归分析的标准假定除了包括本章第二节中已经提出的关于随机误差项的假定外，还要追加一条假定。这就是回归模型所包含的自变量之间不能具有较强的线性关系，同时样本容量必须大于所要估计的回归系数的个数，即 $n > k$。我们称这条假定为标准假定 6。

二、多元线性回归模型的估计

（一）回归系数的估计

多元线性回归模型中回归系数的估计同样采用最小二乘法。设

$$Q=\sum e_t^2=\sum\left(Y_t-\hat{Y}_t\right)^2 \\ =\sum\left(Y_t-\hat{\beta}_1-\hat{\beta}_2X_{2t}-\cdots-\hat{\beta}_kX_{kt}\right)^2 \tag{7-52}$$

根据微积分中求极小值的原理，可知残差平方和 Q 存在极小值，欲使 Q 达到最小，Q 对 $\hat{\beta}_1,\hat{\beta}_2,\cdots,\hat{\beta}_k$ 的偏导数必须等于零。将 Q 对 $\hat{\beta}_1,\hat{\beta}_2,\cdots,\hat{\beta}_k$ 求偏导数，并令其等于零，加以整理后可得到以下 k 个方程式：

$$\begin{aligned} n\hat{\beta}_1+\hat{\beta}_2\sum X_{2t}+\cdots+\hat{\beta}_k\sum X_{kt}&=\sum Y_t \\ \hat{\beta}_1\sum X_{2t}+\hat{\beta}_2\sum X_{2t}^2+\cdots+\hat{\beta}_k\sum X_{2t}X_{kt}&=\sum X_{2t}Y_t \\ &\vdots \\ \hat{\beta}_1\sum X_{kt}+\hat{\beta}_2\sum X_{2t}X_{kt}+\cdots+\hat{\beta}_k\sum X_{kt}^2&=\sum X_{kt}Y_t \end{aligned} \tag{7-53}$$

以上 k 元一次方程组称为正规方程组或标准方程组，求解这一方程组便可以得到 $\hat{\beta}_1,\hat{\beta}_2,\cdots,\hat{\beta}_k$。

求解多元回归方程，用矩阵形式来表达较为简便①。记

$$\boldsymbol{Y}=\begin{pmatrix} y_1 \\ y_2 \\ \vdots \\ y_n \end{pmatrix} \quad \boldsymbol{X}=\begin{pmatrix} 1 & x_{21} & \cdots & x_{k1} \\ 1 & x_{22} & \cdots & x_{k2} \\ \vdots & \vdots & & \vdots \\ 1 & x_{2n} & \cdots & x_{kn} \end{pmatrix} \quad \boldsymbol{U}=\begin{pmatrix} u_1 \\ u_2 \\ \vdots \\ u_n \end{pmatrix}$$

$$\boldsymbol{B}=\begin{pmatrix} \beta_1 \\ \beta_2 \\ \vdots \\ \beta_k \end{pmatrix} \quad \hat{\boldsymbol{Y}}=\begin{pmatrix} \hat{y}_1 \\ \hat{y}_2 \\ \vdots \\ \hat{y}_n \end{pmatrix} \quad \hat{\boldsymbol{B}}=\begin{pmatrix} \hat{\beta}_1 \\ \hat{\beta}_2 \\ \vdots \\ \hat{\beta}_k \end{pmatrix} \quad \boldsymbol{e}=\begin{pmatrix} e_1 \\ e_2 \\ \vdots \\ e_n \end{pmatrix}$$

则**总体回归函数**式（7-50）可以写为

$$\boldsymbol{Y}=\boldsymbol{XB}+\boldsymbol{U} \tag{7-54}$$

样本回归函数式（7-51）可以写为

$$\boldsymbol{Y}=\boldsymbol{X}\hat{\boldsymbol{B}}+\boldsymbol{e} \tag{7-55}$$

标准方程组式（7-53）可以写为

$$(\boldsymbol{X'X})\hat{\boldsymbol{B}}=\boldsymbol{X'Y} \tag{7-56}$$

其中，$\boldsymbol{X'}$为 $\boldsymbol{X}$ 的转置矩阵。$(\boldsymbol{X'X})$是一个 $k\times k$ 的对称矩阵，根据标准假定 6，$(k-1)$个自变量之间不存在高度的线性相关，因此其逆矩阵存在。在式（7-56）的两边同时左乘$(\boldsymbol{X'X})^{-1}$，可以得到

$$\hat{\boldsymbol{B}}=(\boldsymbol{X'X})^{-1}\boldsymbol{X'Y} \tag{7-57}$$

式（7-57）是**回归系数最小二乘估计的一般形式**。

① 这里给出的矩阵形式具有一般性，对于一元线性回归模型也同样适用。对于尚未学过矩阵代数的读者，可以不必掌握这一部分内容。

实际求解多元回归方程中的回归系数的估计值，通常需要依靠电子计算机。在电子计算机技术十分发达的今天，多元回归分析的计算已经变得相当简单。利用现成的软件包，如 Excel 等，只要将有关数据输入电子计算机，并指定因变量和相应的自变量，立刻就能得到计算结果。因此，对于从事应用研究的人们来说，更为重要的是要能够理解输入和输出之间相互对应的关系，以及对电子计算机输出的结果做出正确的解释。

（二）总体方差的估计

除了回归系数以外，多元线性回归模型中还包含了另一个未知参数，那就是随机误差项的方差σ^2。与一元线性回归分析相类似，多元线性回归模型中的σ^2也是利用残差平方和除以其自由度来估计的，即有

$$S^2 = \frac{\sum e_t^2}{n-k} \qquad (7\text{-}58)$$

其中，n为样本观测值的个数；k为方程中回归系数的个数；在$(k-1)$元回归模型中，标准方程组有 k 个方程式，残差必须满足 k 个约束条件，因此其自由度为$(n-k)$。数学上可以证明，S^2是σ^2的无偏估计。S^2的正平方根 S 又叫作回归估计的标准误差。S 越小表明样本回归方程的代表性越强。

在编制计算机程序时，残差平方和一般不是按照其定义式计算，而是利用式（7-59）计算：

$$\sum e_t^2 = e'e = \boldsymbol{Y'Y} - \boldsymbol{\hat{B}'X'Y} \qquad (7\text{-}59)$$

式（7-59）是**残差平方和的矩阵形式**。其中，“′”表示求转置；$\boldsymbol{Y}$为因变量样本观测值向量；$\boldsymbol{X}$为自变量样本观测值矩阵；$\boldsymbol{\hat{B}'}$为回归系数估计值向量的转置向量。

（三）最小二乘估计量的性质

与一元线性回归模型类似，多元线性回归模型中回归系数的最小二乘估计量也是随机变量。数学上可以证明，在标准假定条件可以得到满足的情况下，多元线性回归模型中回归系数最小二乘估计量的期望值同样等于总体回归系数的真值，即有

$$\boldsymbol{E(\hat{B}) = B} \qquad (7\text{-}60)$$

回归系数最小二乘估计量的方差、协方差矩阵为

$$\begin{aligned}\mathrm{Var}(\boldsymbol{\hat{B}}) &= E(\boldsymbol{\hat{B}-B})(\boldsymbol{\hat{B}-B})' \\ &= \sigma^2(\boldsymbol{X'X})^{-1}\end{aligned} \qquad (7\text{-}61)$$

该矩阵主对角元素是各回归系数估计量的方差$E\left(\hat{\beta}_j-\beta_j\right)^2$，其他元素是各回归系数估计量之间的协方差$E\left(\hat{\beta}_j-\beta_j\right)\left(\hat{\beta}_i-\beta_i\right)$（$i \neq j$）。在此基础上，还可以进一步证明回归系数的最小二乘估计量是最优线性无偏估计量和一致估计量。也就是说，在标准的多元线性回归模型中，高斯–马尔可夫定理同样成立。

三、多元线性回归模型的检验和预测

（一）拟合程度的评价

在多元线性回归分析中，总离差平方和的分解公式依然成立。因此，也可以用本章第二节所定义的决定系数作为评价模型拟合程度的一项指标。不过，为了避免混淆，多元回归的决定系数用 R^2 表示。

利用 R^2 来评价多元线性回归方程的拟合程度，必须注意以下问题：

$$R^2 = 1 - \frac{\sum e_t^2}{\sum\left(Y_t - \bar{Y}\right)^2} \tag{7-62}$$

由决定系数的定义可知，R^2 的大小取决于残差平方和 $\sum e_t^2$ 在总离差平方和 $\sum\left(Y_t-\bar{Y}\right)^2$ 中所占的比重。在样本容量一定的条件下，总离差平方和与自变量的个数无关，而残差平方和则会随着模型中自变量个数的增加不断减少，至少不会增加。因此，R^2 是自变量个数的非递减函数。在一元线性回归模型中，所有模型包含的变量数目都相同，如果所使用的样本容量也一样，决定系数便可以直接作为评价拟合程度的尺度。然而在多元线性回归模型中，各回归模型所含的变量的数目未必相同，以 R^2 的大小作为衡量拟合优劣的尺度是不合适的。因此，在多元回归分析中，人们更常用的评价指标是**修正自由度的决定系数** $\bar{R}^2$。该指标的定义如下：

$$\bar{R}^2 = 1 - \frac{\sum e_t^2/(n-k)}{\sum(Y_t-\bar{Y})^2/(n-1)} \tag{7-63}$$

$$= 1 - \frac{(n-1)}{(n-k)}(1-R^2) \tag{7-64}$$

其中，n 为样本容量；k 为模型中回归系数的个数；$(n-1)$和$(n-k)$实际上分别为总离差平方和与残差平方和的自由度。

修正自由度的决定系数 $\bar{R}^2$ 具有以下特点。

（1）$\bar{R}^2 \leqslant R^2$。因为 $k \geqslant 1$，所以根据 $\bar{R}^2$ 和 R^2 各自的定义式可以得出这一结论。对于给定的 R^2 值和 n 值，k 值越大，$\bar{R}^2$ 越小。在进行回归分析时，一般总是希望以尽可能少的自变量去达到尽可能高的拟合程度。$\bar{R}^2$ 作为综合评价这两方面情况的一项指标显然比 R^2 更为合适。

（2）$\bar{R}^2$ 小于 1，但未必都大于 0。在拟合极差的场合，$\bar{R}^2$ 有可能取负值。

【例 7-9】 假设有 7 年的年度统计资料，现利用其对同一因变量拟合了两个样本回归方程。方程 1 中：$k=6$，$R^2=0.82$。方程 2 中：$k=2$，$R^2=0.80$。试对这两个回归方程的拟合程度做出评价。

解 如果仅从 R^2 考察，似乎方程 1 的拟合程度更佳。但是，由于两个方程选用的自变量个数不同，这一结论是不正确的。将上列数据代入式（7-64），可得

方程 1 的 $\bar{R}^2 = 1-[(7-1)/(7-6)](1-0.82) = -0.08$

方程 2 的 $\bar{R}^2 = 1-[(7-1)/(7-2)](1-0.80) = 0.76$

由此可见，方程 2 的实际拟合程度远远优于方程 1。

（二）显著性检验

多元线性回归模型的显著性检验同样包括两方面的内容，即回归系数的显著性检验与回归方程的显著性检验。

1. 回归系数的显著性检验

多元线性回归分析中进行这一检验的目的主要是检验与各回归系数对应的自变量对因变量的影响是否显著，以便对自变量的取舍做出正确的判断。一般来说，当发现某个自变量的影响不显著时，应将其从模型中删除。这样才能够做到以尽可能少的自变量去达到尽可能高的拟合程度。

多元线性回归模型中回归系数的检验同样采用 t 检验和 p 检验，其原理和基本步骤与一元线性回归模型基本相同，这里不再赘述。下面仅给出回归系数显著性检验 t 统计量的一般计算公式：

$$t_{\hat{\beta}_j}=\frac{\hat{\beta}_j}{S_{\hat{\beta}_j}} \quad (j=1,2,\cdots,k) \tag{7-65}$$

其中，$\hat{\beta}_j$ 为回归系数的估计值；$S_{\hat{\beta}_j}$ 为 $\hat{\beta}_j$ 的标准差的估计值。$S_{\hat{\beta}_j}$ 按式（7-66）计算：

$$S_{\hat{\beta}_j}=\sqrt{S^2\times\psi_{jj}} \tag{7-66}$$

其中，ψ_{jj} 为 $(\boldsymbol{X'X})^{-1}$ 的第 j 个对角线元素；S^2 为随机误差项方差的估计值。

式（7-65）的 t 统计量背后的原假设是 $\mathrm{H_0}$：$\beta_j=0$，因此 t 的绝对值越大表明 β_j 为 0 的可能性越小，即表明相应的自变量对因变量的影响是显著的。

2. 回归方程的显著性检验

多元线性回归模型包含了多个回归系数，因此对于多元线性回归模型，除了要对单个回归系数进行显著性检验外，还要对整个回归模型进行显著性检验。由离差平方和的分解公式可知，回归模型的总离差平方和等于回归平方和与残差平方和的总和。回归模型总体函数的线性关系是否显著，其实质就是判断回归平方和与残差平方和之比值的大小问题。由于回归平方和与残差平方和的数值会随观测值的样本容量和自变量个数的不同而变化，所以不宜直接比较，而必须在方差分析的基础上利用 F 检验进行。其具体的方法步骤可归纳如下。

（1）假设总体回归方程不显著，即有

$$\mathrm{H_0}:\ \beta_2=\beta_3=\cdots=\beta_k=0$$

（2）进行方差分析，列出回归模型方差分析表（表 7-2）。

表 7-2　回归模型方差分析表

离差名称	平方和	自由度	样本方差
回归平方和	$\mathrm{SSR}=\sum(\hat{Y}_t-\bar{Y})^2$	$k-1$	$\mathrm{SSR}/(k-1)$
残差平方和	$\mathrm{SSE}=\sum e_t^2$	$n-k$	$\mathrm{SSE}/(n-k)$
总离差平方和	$\mathrm{SST}=\sum(Y_t-\bar{Y})^2$	$n-1$	

表 7-2 中，回归平方和的取值受 k 个回归系数估计值的影响，同时又要服从 $\sum \hat{Y}_t / n = \bar{Y}$ 的约束条件，因此其自由度是$(k-1)$。残差平方和取决于 n 个因变量的观测值，同时又要服从 k 个正规方程式的约束，因此其自由度是$(n-k)$。回归平方和与残差平方和各除以自身的自由度得到的是各自的样本方差。

（3）根据方差分析的结果求 F 统计量，即

$$F = \frac{\mathrm{SSR}/(k-1)}{\mathrm{SSE}/(n-k)} \tag{7-67}$$

数学上可以证明，在随机误差项服从正态分布同时原假设成立的条件下，F 服从自由度为$(k-1)$和$(n-k)$的 F 分布。

（4）根据自由度和给定的显著性水平 α，查 F 分布表中的理论临界值 F_α。当 $F > F_\alpha$ 时，拒绝原假设，即认为总体回归函数中各自变量与因变量的线性回归关系显著。当 $F < F_\alpha$ 时，接受原假设，即认为总体回归函数中，自变量与因变量的线性关系不显著，因而所建立的回归模型没有意义。

（三）多元线性回归预测

在通过各种检验的基础上，多元线性回归模型可以用于预测。多元线性回归预测与一元线性回归预测的原理是一致的，其基本公式如下：

$$\hat{Y}_f = \hat{\beta}_1 + \hat{\beta}_2 X_{2f} + \cdots + \hat{\beta}_k X_{kf} \tag{7-68}$$

其中，X_{jf}（$j = 2, 3, \cdots, k$）为给定的 X_j 在预测期的具体数值；$\hat{\beta}_j$ 为已估计出的样本回归系数；$\hat{Y}_f$ 为 X_j 给定时 Y 的预测值。

该方程的矩阵形式为

$$\hat{Y}_f = \boldsymbol{X}'_f \hat{\boldsymbol{\beta}} \tag{7-69}$$

其中，

$$\boldsymbol{X}_f = \begin{pmatrix} 1 \\ X_{2f} \\ \vdots \\ X_{kf} \end{pmatrix} \quad \hat{\boldsymbol{\beta}} = \begin{pmatrix} \hat{\beta}_1 \\ \hat{\beta}_2 \\ \vdots \\ \hat{\beta}_k \end{pmatrix}$$

多元线性回归预测标准误差的计算公式如下：

$$S_{e_f} = S\sqrt{1 + \boldsymbol{X}'_f (\boldsymbol{X}'\boldsymbol{X})^{-1} \boldsymbol{X}_f} \tag{7-70}$$

其中，S 为回归方程估计的标准误差。

多元线性回归预测 Y_f 的$(1-\alpha)$的置信区间可由式（7-71）给出：

$$Y_f \pm t_{\alpha/2} \times S_{e_f} \tag{7-71}$$

其中，$t_{\alpha/2}$ 为显著性水平为 α 的 t 分布双侧临界值。

四、复相关系数和偏相关系数

在多变量的情况下，变量之间的相关关系是很复杂的，需要计算复相关系数与偏相关系数。

（一）复相关系数

样本**复相关系数**（以下简称复相关系数）的定义式如下：

$$R=\frac{\sum(Y_t-\bar{Y})(\hat{Y}_t-\bar{Y})}{\sqrt{\sum(Y_t-\bar{Y})^2\sum(\hat{Y}_t-\bar{Y})^2}} \tag{7-72}$$

式（7-72）与单相关系数的定义式十分类似，不同之处仅在于用根据 $X_2, X_3, \cdots, X_k$ 等计算的回归估计值 $\hat{Y}_t$ 代替了单相关系数定义式中的 X_t。在所涉及的变量只有两个时，因为 $\hat{Y}_t$ 是 X_t 的严密函数，所以式（7-72）完全等价于单相关系数的定义式。而在多元线性回归分析的场合，以上定义的复相关系数的平方实际上就是多元线性回归方程的决定系数。

实际计算复相关系数时，一般不直接根据其定义式，而是先计算出决定系数，然后再求决定系数的平方根。应当指出：在多个变量的情况下，Y 与其他多个变量之间既可能有正相关又可能有负相关，所以复相关系数也就只取正值。因此，复相关系数只是反映一个变量 Y 与其他多个变量 $X_2, X_3, \cdots, X_k$ 之间线性相关程度的指标，而不能反映其相互之间线性相关的方向。

复相关系数的取值区间为 $0 \leqslant R \leqslant 1$。复相关系数为 1 表明 Y 与 $X_2, X_3, \cdots, X_k$ 之间存在严密的线性关系；复相关系数为 0 则表明 Y 与 $X_2, X_3, \cdots, X_k$ 之间不存在任何线性相关关系。一般情况下，复相关系数的取值在 0～1，表明变量之间存在一定程度的线性相关关系。

（二）偏相关系数

在对其他变量的影响进行控制的条件下，衡量多个变量中某两个变量之间的线性相关程度和相关方向的指标称为**偏相关系数**。偏相关系数不同于本章第二节中所介绍的单相关系数。在计算单相关系数时，只需要掌握两个变量的观测数据，并不考虑其他变量对这两个变量可能产生的影响。而在计算偏相关系数时，需要掌握多个变量的数据，一方面考虑多个变量相互之间可能产生的影响，另一方面又采用一定的方法控制其他变量，专门考察两个特定变量的净相关关系。在多变量相关的场合，由于变量之间存在错综复杂的关系，偏相关系数与单相关系数在数值上可能相差很大，有时甚至符号都可能相反。单相关系数受其他因素的影响，反映的往往是表面的非本质的联系，而偏相关系数则较能说明现象之间真实的联系。例如，一种商品的需求既受收入水平的影响又受其价格的影响。按照经济学理论，在一定的收入水平下，该商品的价格越高，商品的需求量就越小。也就是说，需求与价格之间应当是负相关。可是，在现实经济生活中，由于收入和价格常常都有不断提高的趋势，如果不考虑收入对需求的影响，仅仅利用需求和价格的时间序列数据去计算单相关系数，就有可能得出价格越高，需求越大的错误结论。

在明确偏相关系数与单相关系数区别的基础上，我们再来讨论偏相关系数的定义公式。在本章第二节中，我们已经给出了样本单相关系数的定义公式：

$$r = \frac{\sum (X_t - \bar{X})(Y_t - \bar{Y})}{\sqrt{\sum (X_t - \bar{X})^2 \sum (Y_t - \bar{Y})^2}} \tag{7-73}$$

样本相关系数的定义还可以从另一个角度给出。在进行相关分析时，对于所涉及的两个变量 X 和 Y 是同等看待的。若设

$$\hat{Y}_t = \hat{\beta}_1 + \hat{\beta}_2 X_t \tag{7-74}$$

$$\hat{X}_t = \hat{\alpha}_1 + \hat{\alpha}_2 Y_t \tag{7-75}$$

则样本单相关系数也可定义为两个样本回归系数的乘积的开方，即

$$r = \pm\sqrt{\hat{\beta}_2 \hat{\alpha}_2} \tag{7-76}$$

式（7-76）中 r 的符号应与回归系数的符号一致。回归系数为正数时，r 取正值；回归系数为负数时，r 取负值。容易证明式（7-73）与式（7-76）是完全等价的。也就是说，单相关系数可以表现为两个回归系数的几何平均数。样本偏相关系数也可以按照类似的形式来定义，即偏相关系数等于两个相应的偏回归系数的几何平均数。

为简明起见，下面以三个变量的偏相关分析为例。设有三个变量 X_1、X_2 和 X_3。三个变量各自以另两个变量为自变量拟合的样本回归方程如下：

$$\hat{X}_{1t} = \hat{\beta}_{1.23} + \hat{\beta}_{12.3} X_{2t} + \hat{\beta}_{13.2} X_{3t} \tag{7-77}$$

$$\hat{X}_{2t} = \hat{\beta}_{2.13} + \hat{\beta}_{21.3} X_{1t} + \hat{\beta}_{23.1} X_{3t} \tag{7-78}$$

$$\hat{X}_{3t} = \hat{\beta}_{3.12} + \hat{\beta}_{31.2} X_{1t} + \hat{\beta}_{32.1} X_{2t} \tag{7-79}$$

式（7-77）～式（7-79）中的第 1 项均为截距系数，表示当模型中的自变量取零值时因变量的平均值。例如，$\hat{\beta}_{1.23}$ 表示 X_2、X_3 为 0 时 X_1 的平均值。式中其他的回归系数称为偏回归系数，它们都有三个下标，在小圆点左边的下标为主下标，小圆点右边的下标为次下标。主下标表示所要考察的两个变量；次下标表示在考察上述两个变量的关系时，使其保持不变的变量。不难理解，偏回归系数表示：当其他自变量保持不变时，某一自变量变化一单位而使因变量平均变化的数值。例如，$\hat{\beta}_{12.3}$ 表示 X_3 保持不变时，X_2 变化一单位而引起的 X_1 平均变化的数值；$\hat{\beta}_{32.1}$ 表示 X_1 保持不变时，X_2 变化一单位而引起的 X_3 平均变化的数值。

利用以上偏回归系数，三个变量之间的偏相关系数可定义如下：

$$r_{12.3} = \pm\sqrt{\hat{\beta}_{12.3}\hat{\beta}_{21.3}} \tag{7-80}$$

$$r_{13.2} = \pm\sqrt{\hat{\beta}_{13.2}\hat{\beta}_{31.2}} \tag{7-81}$$

$$r_{23.1} = \pm\sqrt{\hat{\beta}_{23.1}\hat{\beta}_{32.1}} \tag{7-82}$$

偏相关系数的取值范围与单相关系数一样，也是−1～1，其符号与相应的偏回归系数相同。

以上偏相关系数的定义可以推广到 k 个变量的场合。在进行实际的客观现象的定量分析时，人们所关心的通常是某一个因变量 Y 与多个自变量之间的偏相关程度。这时若

令 Y 为 X_1，则 Y 与各自变量的偏相关系数的一般形式可表现为

$$r_{1j.2,3,\cdots,(j-1),(j+1),\cdots,k}=\pm\sqrt{\hat{\beta}_{1j.2,3,\cdots,(j-1),(j+1),\cdots,k}\hat{\beta}_{j1.2,3,\cdots,(j-1),(j+1),\cdots,k}}\quad (j=2,3,\cdots,k) \qquad (7\text{-}83)$$

其中，$\hat{\beta}_{1j.2,3,\cdots,(j-1),(j+1),\cdots,k}$ 为 Y 对 X_j 的偏回归系数；$\hat{\beta}_{j1.2,3,\cdots,(j-1),(j+1),\cdots,k}$ 为 X_j 对 Y 的偏回归系数；$r_{1j.2,3,\cdots,(j-1),(j+1),\cdots,k}$ 为 k 个变量情况下 Y 与 X_j 的偏相关系数，它反映其他自变量保持不变时 Y 与 X_j 的净相关程度。

请扫描二维码，获取资源：参考 7-2 能否单纯靠增加人口去增加财政收入

第四节 非线性回归分析

一、非线性回归分析的意义

此前我们一直假定因变量和自变量之间的相关关系可以用线性方程来近似地反映。但是，在现实生活中，非线性关系是大量存在的。在许多场合，非线性回归函数比线性回归函数更能够正确地反映客观现象之间的相互联系。例如，在考虑建立生产函数时，线性假定就不太合适。因为，线性生产函数实际上是假定各生产要素的边际生产率不变，即资本投入每增加一单位，产出总是增加 β_1，劳动投入每增加一单位，产出总是增加 β_2。在这种类型的生产函数中，资本和劳动之间能够完全替代，即便某一生产要素的投入为零，只要另一生产要素的投入足够多，产出还会继续增加。显而易见，这是不符合客观现实的。而要建立边际生产率递减、生产要素之间可以替代但又不能完全替代这样一种更符合客观现实的生产函数，就必须考虑采用非线性回归模型。

非线性回归分析必须着重解决以下两个问题。第一，如何确定非线性函数的具体形式。与线性回归分析的场合不同，非线性回归函数有多种多样的具体形式，需要根据所要研究的问题的性质并结合实际的样本观测值做出恰当的选择。第二，如何估计函数中的参数。非线性回归分析最常用的方法仍然是最小二乘估计法，但需要根据函数的不同类型，作适当的处理。

二、非线性函数形式的确定

在对实际的客观现象进行定量分析时，选择回归方程的具体形式应遵循以下原则。

首先，方程形式应与有关实质性科学的基本理论相一致。例如，采用幂函数的形式，能够较好地反映生产函数；采用多项式方程能够较好地反映总成本与总产量之间的关系；等等。

其次，方程有较高的拟合程度。因为只有这样，才能说明回归方程可以较好地反映现实经济的运行情况。

最后，方程的数学形式要尽可能简单。如果几种形式都能基本符合上述两项要求，则应该选择其中数学形式较简单的一种。一般来说，数学形式越简单，其可操作性就越强。

为了帮助读者选择合适的函数形式，下面我们扼要介绍实际分析中较常用的几种非线性函数的特点。

（一）抛物线函数

抛物线函数的具体形式为

$$Y = a + bX + cX^2 \tag{7-84}$$

其中，a、b 和 c 为待定参数。

判断某种现象是否适合应用抛物线，可以利用差分法。其步骤如下。

首先将样本观察值按 X 的大小顺序排列，然后按式（7-85）和式（7-86）计算 X 和 Y 的一阶差分 ΔX_t、ΔY_t 以及 Y 的二阶差分 ΔY_{2t}。

$$\Delta X_t = X_t - X_{t-1};\ \Delta Y_t = Y_t - Y_{t-1} \tag{7-85}$$

$$\Delta Y_{2t} = \Delta Y_t - \Delta Y_{t-1} \tag{7-86}$$

当 ΔX_t 接近于常数，而 ΔY_{2t} 的绝对值接近于常数时，Y 与 X 之间的关系可以用抛物线方程近似反映。

（二）双曲线函数

假如 Y 随着 X 的增加而增加（或减少），最初增加（或减少）很快，以后逐渐放慢并趋于稳定，则可以选用双曲线来拟合。双曲线的方程式是

$$Y = a + b(1/X) \tag{7-87}$$

（三）幂函数

幂函数的一般形式是

$$Y = aX_1^{b_1}X_2^{b_2}\cdots X_k^{b_k} \tag{7-88}$$

这类函数的优点在于：方程中的参数可以直接反映因变量 Y 对于某一个自变量的弹性。Y 对于 X_j 的弹性，是指在其他情况不变的条件下，X_j 变动 1%时所引起 Y 变动的百分比。弹性是一个无量纲的数值，它是定量分析中常用的一个尺度。其一般定义如下：

$$EYX_j = \frac{\partial Y/Y}{\partial X_j/X_j} = \frac{\partial Y}{\partial X_j}.\frac{X_j}{Y} \tag{7-89}$$

利用求偏导数的规则，容易证明：在幂函数中

$$EYX_j = b_j aX_1^{b_1}X_2^{b_2}\cdots X_j^{b_{j-1}}\cdots X_k^{b_k} \times X_j / Y = b_j \tag{7-90}$$

其中，EYX_j 为 X_j 对 Y 的弹性。

由于幂函数所具有的上述优点，它在生产函数分析和需求函数分析中，得到了广泛的应用。

（四）指数函数

指数函数的方程形式为

$$Y = abX \tag{7-91}$$

其中，有两个待定参数a和b。当$a>0,b>1$时，该曲线随X值的增加而弯曲上升趋于$+\infty$；当$a>0$，$0<b<1$时，曲线随X值的增加而弯曲下降趋于0。

这种曲线被广泛应用于描述客观现象的变动趋势。例如产值、产量按一定比例增长，符合第一种形式的曲线；成本、原材料消耗按一定比例降低，就符合第二种形式的曲线。

（五）对数函数

对数函数的方程形式为

$$Y = a + b\ln X \tag{7-92}$$

其中，ln 为取自然对数。对数函数的特点是随着X的增加，X的单位变动对因变量Y的影响效果不断递减。

（六）S 形曲线函数

最常用的S形曲线是逻辑曲线。逻辑曲线的方程式如下：

$$Y = \frac{L}{1 + \mathrm{e}^{-(a+bx)}} \quad (L, a, b > 0) \tag{7-93}$$

其中，e 为自然对数的底。逻辑曲线具有以下性质：Y是X的非减函数，开始时随着X的增加，Y的增长速度也逐渐加快，但是Y达到一定水平之后，其增长速度又逐渐放慢；最后无论X如何增加，Y只会趋近于L，而永远不会超过L。由于逻辑曲线的这一特点，它常被用来表现耐用消费品普及率的变化，或者经济主体发生某种行为的概率。

（七）多项式函数

多项式函数在非线性回归分析中占有重要的地位。因为根据数学中级数展开的原理，任何曲线、曲面、超曲面的问题，在一定的范围内都能够用多项式任意逼近。所以，当因变量与自变量之间的确实关系未知时，可以用适当幂次的多项式来近似反映。

当所涉及的自变量只有一个时，所采用的多项式方程称为一元多项式，其一般形式如下：

$$Y = b_0 + b_1X + b_2X^2 + \cdots + b_kX^k \tag{7-94}$$

事实上前面介绍过的线性函数、抛物线函数和双曲线函数都是一元多项式的特例。

当所涉及的自变量在两个及以上时，所采用的多项式称为多元多项式。例如，二元二次多项式的形式如下：

$$Y = b_0 + b_1X_1 + b_2X_2 + b_3X_1X_2 + b_4X_1^2 + b_5X_2^2 \tag{7-95}$$

一般来说，涉及的变量越多，变量的幂次越高，计算量就越大。因此，在实际的定量分析中，一般尽量避免采用多元高次多项式。

三、非线性回归模型估计

不少具有实用价值的非线性函数，可以通过适当的变换转化为线性函数，然后再利用线性回归分析的方法进行估计和检验。

常用的非线性函数的线性变换方法有以下几种。

（一）倒数变换

倒数变换是用新的变量来替换原模型中变量的倒数，从而使原模型变成线性模型的一种方法。例如，对于双曲线函数，令 $X^* = 1/X$ 代入原方程式，可有：$Y = a + bX^*$。

（二）半对数变换

这种方法主要应用于对数函数的线性变换。对于对数函数，令 $X^* = \ln X$，代入原方程，同样可得：$Y = a + bX^*$。

（三）双对数变换

这种方法通过用新变量替换原模型中变量的对数，从而使原模型变换为线性模型。例如，对幂函数的两边求对数，可得

$$\ln Y = \ln a + b_1 \ln X_1 + b_2 \ln X_2 + \cdots + b_k \ln X_k$$

令 $Y^* = \ln Y$；$b_0 = \ln a$；$X_1^* = \ln X_1, \cdots, X_k^* = \ln X_k$，代入上式可得

$$Y^* = b_0 + b_1 X_1^* + b_2 X_2^* + \cdots + b_k X_k^*$$

（四）多项式变换

这种方法适用于多项式方程的变换。例如，对于二元二次多项式，可令 $X_2^* = X_1$，$X_3^* = X_2$，$X_4^* = X_1X_2$，$X_5^* = X_1^2$，$X_6^* = X_2^2$，代入式（7-95），可得

$$Y = b_1 + b_2X_2^* + b_3X_3^* + b_4X_4^* + b_5X_5^* + b_6X_6^*$$

以上所述的线性变换的方法具有简便易行的优点。但是，在实际应用时要注意以下几个问题。

第一，对于一些比较复杂的非线性函数，常常需要综合利用上述的几种方法。例如，对于逻辑曲线函数，若假定 $L = 1$，则可以采用以下方式进行线性变换。首先，式（7-93）两边同时取倒数，可得

$$\frac{1}{Y} = 1 + e^{-(a+bx)}$$

整理后有

$$\frac{1-Y}{Y} = e^{-(a+bx)} \tag{7-96}$$

上式两边取自然对数，可得

$$\ln((1-Y)/Y) = -(a + bX) \tag{7-97}$$

令 $Y^* = \ln((1-Y)/Y)$；$b_1 = -a$；$b_2 = -b$，代入式（7-97），可得

$$Y^* = b_1 + b_2X \tag{7-98}$$

在以上变换过程中，综合利用了倒数变换和对数变换。

第二，为了能够根据样本观测值，对通过变换得到的线性回归方程式进行估计，该方程中的所有变量都不允许包含未知的参数。例如，如果 L 未知，则上面所述的逻辑曲线方程的线性变换就是不正确的。这是因为这种情况下 Y^*包含了未知的 L，因而是不可观测的。

第三，在以上的讨论中，为了叙述方便，我们省略了非线性回归函数中包含的随机误差项。但事实上与线性回归分析的场合一样，非线性回归分析也要考虑随机误差项的问题。只有当变换后的新模型中包含的误差项能够满足各种标准假定时，新模型中回归系数最小二乘估计量的各种理想性质才能成立。

第四，严格地说，上述的各种线性变换方法只是适用于变量为非线性的函数。对于参数为非线性或参数与变量均为非线性的函数来说，即使有可能进行线性变换和回归估计，也无法得到原方程中非线性参数的无偏估计量。

第五，并不是所有的非线性函数都可以通过变换得到与原方程完全等价的线性方程。在遇到这种情况时，还需要利用其他一些方法如泰勒级数展开法等去进行估计。这些方法比较复杂，超出了本书的程度，这里不作进一步的介绍。

四、二元离散选择模型

二元离散选择模型是一种在实践中常用于测算在给定自变量数值的条件下，某个事件发生概率的统计模型。例如，在一定的收入水平 X 的条件下，居民可能拥有住房，也可能不拥有住房，用虚拟变量表示：拥有住房记为 1，不拥有住房记为 0，在给定条件下居民拥有住房的概率为 P。

二元离散选择模型假定居民拥有住房的概率可以用逻辑曲线来表达，即有

$$P_i=\frac{1}{1+\mathrm{e}^{-(a+bx_i)}} \quad (7\text{-}99)$$
①

显而易见，以上给出的概率 P_i 的取值区间为：$0 \leqslant P_i \leqslant 1$。随着收入 X 的增大，$\mathrm{e}^{-(a+bx_i)}$ 也会趋近于 0，式（7-99）中的分母会趋近于 1，所以居民拥有住房的概率也趋近于 1，但不会超过 1。而随着收入 X 的减小，$\mathrm{e}^{-(a+bx_i)}$ 会随之增大，居民拥有住房的概率则会随之变小。但是在该模型中，P_i 与 X 的关系并非线性相关关系，而是一种非线性相关关系，这显然更符合经济现实。

根据观察的数据难以直接用标准的最小二乘法对式（7-99）去进行估计。这时，可以采用极大似然法，即根据大容量的样本，反复迭代比较，去估计出有关参数。这种方法相对复杂，超出本书的程度，但在不少统计软件如 SPSS 中，已经配备了相应的程序，调用起来还是比较方便的。

在实践中，还可考虑将逻辑函数变换成线性函数，然后采用标准的方法去进行估计。

如式（7-97）的推导过程所示，式（7-99）可以转换为以下形式，然后利用通常的估

① 为简明起见，式（7-99）中假定影响居民是否拥有住房的概率的自变量只有 1 个 X，其实有更多解释变量也可以，并不影响本节的有关结论。

计方法去进行估计。

$$\ln\left(\frac{1-P_i}{P_i}\right)=\beta_1+\beta_2 X_i+u_i \qquad (7\text{-}100)$$

其中，u_i 为随机误差项。

还应当指出，直接根据个体观察数据对式（7-100）进行估计并无意义。因为，就个体观察值而言，P_i 的取值只有两种可能，不是 0 就是 1，这时无法直接进行数学运算。因此需要先利用有关数据，去估计各组（如不同收入水平居民拥有住房）的概率，然后再按式（7-100）去估计参数（具体计算机实现，请参见本章第五节给出的例子）。

五、相关指数

变量之间存在的非线性相关的强弱，难以用单相关系数去判断。在这种情况下，可以利用相关指数作为判断变量之间是否显著存在某种类型的非线性相关关系的尺度。相关指数，也就是对非线性回归模型进行拟合时所得到的决定系数。

【例 7-10】假设变量 Y 与变量 X 的样本观测值如表 7-3 所示。

表 7-3　样本观测值

X	0	1	2	3	4	5	6
Y	10	5	2	1	2	5	10.2

试计算 Y 与 X 的单相关系数和以 Y 为因变量、X 为自变量的抛物线方程的相关指数，判断 Y 与 X 之间是否存在某种相关关系？

解　利用求单相关系数的公式可得：Y 与 X 的单相关系数 $r_{xy}=0.013\,8$，该单相关系数很小，因此可以认为两者之间线性关系很不密切。但是，如果利用上述数据拟合抛物线方程可得：$Y=15.371\,4-7.121\,4X+0.810\,28X^2$，$R^2=0.997\,02$，$F=6\,610.77$。

以上方程的可决系数很大，F 检验十分显著，因此，可以认为 Y 与 X 之间存在非常显著的抛物线形式的相关关系。

第五节　Excel 在相关与回归分析中的应用

一、案例背景与数据资料

这里我们给出一个具体实例，说明如何利用 Excel 进行相关与回归分析。

【例 7-11】[①]　Checkers Pizza 公司是美国休斯敦附近 Westbury（韦斯特伯里）镇上仅有的从事家庭比萨饼送货业务的两家公司之一，另一家竞争者欧文公司也提供同样的产品与服务。此外，麦当劳连锁店提供的汉堡包等服务属于替代性商品，同样与公司存在竞争关系。

公司的经理安妮知道她的顾客对于价格是非常敏感的，镇上的比萨饼购买者很关注

① 本案例数据引自莫瑞斯 S C，托马斯 C R. 管理经济学（原书第 7 版）. 陈章武，等译. 北京：机械工业出版社，2003.

她与她的竞争者的价格变化。安妮决定估计她的比萨饼的需求函数。她收集了过去 24 个月的有关数据，如图 7-4 所示（已输入 Excel）。

	A	B	C	D	E	F
1	过去24个月	Q	P	M	P_{Al}	P_{BMac}
2	1	1773	8.65	25500	10.55	1.25
3	2	1863	8.65	25600	10.45	1.35
4	3	1798	8.65	25700	10.35	1.55
5	4	1775	8.65	25970	10.3	1.05
6	5	1796	8.65	25970	10.3	0.95
7	6	1786	8.65	25750	10.25	0.95
8	7	1916	7.5	25750	10.25	0.85
9	8	1997	7.5	25950	10.15	1.15
10	9	2008	7.5	25950	10	1.25
11	10	2012	7.5	26120	10	1.75
12	11	1864	8.5	26120	10.25	1.75
13	12	1884	8.5	26120	10.25	1.85
14	13	1762	8.5	26200	9.75	1.5
15	14	1398	9.99	26350	9.75	1.1
16	15	1480	9.99	26450	9.65	1.05
17	16	1458	9.99	26350	9.6	1.25
18	17	1469	9.99	26850	10	0.55
19	18	1525	10.25	27350	10.25	0.55
20	19	1587	10.25	27350	10.2	1.15
21	20	1554	10.25	27950	10	1.15
22	21	1622	9.75	28159	10.1	0.55
23	22	1717	9.75	28264	10.1	0.55
24	23	1755	9.75	28444	10.1	1.2
25	24	1731	9.75	28500	10.25	1.2

图 7-4 关于比萨饼需求的有关数据

图 7-4 中，有关符号含义如下。

Q：比萨饼的需求量。

P：比萨饼的价格。

M：小镇居民的人均年收入（按各月收入推算）。

P_{Al}：欧文公司商品的价格。

P_{BMac}：麦当劳连锁店商品的价格。

要求根据表中的数据进行以下分析。

（1）绘制本公司比萨饼的需求量与价格的相关图。

（2）估计以下线性需求模型的参数，并进行统计检验。

$$Q = \beta_1 + \beta_2 P + \beta_3 M + \beta_4 P_{\mathrm{Al}} + \beta_5 P_{\mathrm{BMac}} + u$$

（3）计算本公司比萨饼的需求量与上述模型中其他各变量的单相关系数；计算本公司比萨饼的需求量与小镇居民人均收入的偏相关系数。

（4）假定小镇居民的人均年收入为 29 000 美元，欧文公司和麦当劳连锁店商品的价格分别为 10.5 美元和 1.3 美元，本公司价格维持在 9.75 美元，试预测本公司比萨饼的需求量，并给出置信度为 95%的预测区间。

二、相关图的绘制

利用 Excel 中的图表工具可以很方便地绘制相关图。

在将有关数据已经输入到工作表的基础上，绘制散点图的步骤如下。

（1）选定比萨饼的需求量与价格数据所在的单元格区域 B1：C25，也可以选定 B2：C25 单元格区域。

（2）在"插入"选项卡"图表"命令组中，点击"散点图（X、Y）"或"气泡图"，即可得到相应的散点图。

（3）为了使散点图看起来更美观一些，对其进行适当修改，修改后的结果见图 7-5。根据散点图可以看出，比萨饼的需求量与其价格之间存在较强的负相关关系。

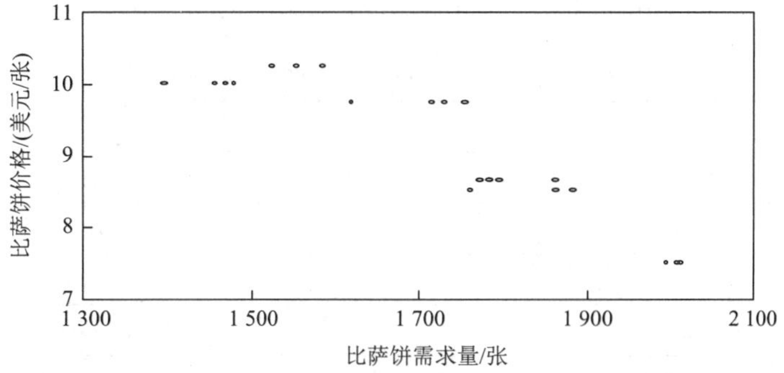

图 7-5　比萨饼价格与比萨饼需求量的散点图

三、线性回归分析

对于回归分析，Excel 提供了专门的"回归"分析工具，利用该工具可以方便地进行线性回归模型的估计与检验。

（1）调出"回归"分析对话框，本例中可按图 7-6 所示填写。

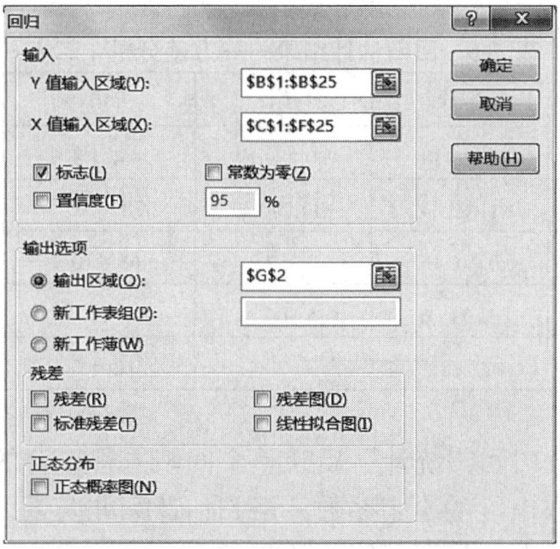

图 7-6　回归分析对话框

注意使用“回归”分析工具时，所有变量只能按列存放。在该对话框中，“Y 值输入区域”指定因变量数据区域，该区域只能由单列数据组成；“X 值输入区域”指定自变量数据区域，Excel 将此区域中的自变量从左到右排列，一列数据作为一个自变量，自变量的个数最多可达 16 个，并且自变量必须连续排列，即“X 值输入区域”必须是连续的区域；“标志”，当输入的数值区域包括变量名时，选择该复选项；“置信度”，如果需要在汇总输出表中包含附加的置信度信息，则选中此复选框，然后输入所要使用的置信度，95% 为默认值；“常数为零”，如果不想回归方程中包含常数项，则选中此复选框；“残差”，如果需要查看残差，则选中此复选框；“标准残差”，如果需要在残差输出表中包含标准残差，则选中此复选框；“残差图”，如果需要生成一张图表，绘制每个自变量及其残差，则选中此复选框；“线性拟合图”，如果需要为预测值和观察值生成一个图表，则选中此复选框。

（2）填写完成后，单击“确定”按钮，计算机输出的结果见表 7-4～表 7-6。

表 7-4 回归估计结果——回归统计

回归统计	
复相关系数	0.984 8
R^2	0.969 9
调整 R^2	0.963 5
标准误差	34.716 4
观测值	24

表 7-5 回归估计结果——方差分析（一）

项目	df	SS	MS	F	Significance F
回归分析	4	736 902.49	184 225.62	152.86	$3.637\,9\times10^{-14}$
残差	19	22 899.34	1 205.23		
总计	23	759 801.83			

表 7-6 回归估计结果——方差分析（二）

变量	系数	标准误差	t 统计	P 值	下限 95%	上限 95%
截距项	−347.794 4	414.438	−0.839 19	0.411 8	−1 215.22	519.635 3
P	−195.844 5	11.039 4	−17.740 43	2.78×10^{-13}	−218.95	−172.739
M	0.074 74	0.010 16	7.357 2	5.68×10^{-7}	0.053 5	0.095 998
P_{Al}	174.662 5	31.717 6	5.506 8	2.6×10^{-5}	108.276 8	241.048 2
P_{BMac}	81.618 8	22.182	3.679 4	0.001 6	35.189 4	128.048 1

上述结果的第一部分“回归统计”反映整个回归方程拟合的情况，具体有复相关系数、决定系数 R^2、调整自由度的决定系数、回归估计标准误差以及样本观察值个数。

第二部分是方差分析表，包括可解释的离差平方和、残差平方和、总离差平方和、它们的自由度以及由此计算出的 F 统计量和 F 统计量的显著性水平。

第三部分是回归系数的估计值及它们的估计标准误差、t 统计量、t 统计量的 P-值、回归系数估计值的上下限。

如果在前面的选项中，要求输出残差、残差图和线性拟合图，则计算机输出结果除了以上三个基本部分外，还包括所要求的内容。

（3）对计算机输出结果的解释。

根据以上结果，可得到本例样本回归方程为

$$\hat{Q} = -347.7944 - 195.8445P + 0.07474M + 174.6625P_{\text{Al}} + 81.6188P_{\text{BMac}}$$
$$(-0.83919)\ (-17.74043)\ (7.3572)\ (5.5068)\ (3.6794)$$

以上括号中的数字为各回归系数的 t 值。

F 统计量为 152.86，说明模型整体的线性关系非常显著。参数 $\hat{\beta}_2$、$\hat{\beta}_3$、$\hat{\beta}_4$、$\hat{\beta}_5$ 的符号与理论分析的结论相同，同时其 P-值均很小，因此在 1%的显著性水平上，这四个参数均能通过显著性检验，即模型的四个自变量对比萨饼的需求量有显著的影响。另外修正自由度的决定系数达 0.963 5，说明模型可以解释 96.35%的比萨饼需求量的变化。

四、单相关系数和偏相关系数的计算

（一）单相关系数的计算

调出“相关系数”对话框，按图 7-7 填写。需要注意的是，“输入区域”必须是连续区域，即变量必须按列或按行连续存放。填写完成后单击“确定”，得到的结果见表 7-7。

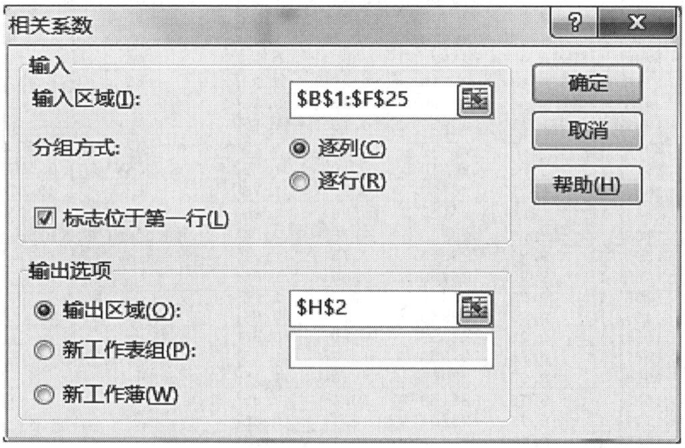

图 7-7　相关系数对话框

表 7-7　相关系数计算结果

	Q	P	M	P_{Al}	P_{BMac}
Q	1				
P	−0.908 46	1			
M	−0.406 82	0.678 51	1		
P_{Al}	0.488 90	−0.306 91	−0.166 87	1	
P_{BMac}	0.473 16	−0.449 36	−0.416 05	0.035 86	1

（二）偏相关系数的计算

需要计算的是比萨饼需求量与小镇居民人均收入的偏相关系数，前面已经得到比萨饼的需求量对小镇居民人均收入的偏回归系数，即 0.074 74。现将 P 作为因变量，Q、M、P_{Al}、P_{BMac} 作为自变量再次进行回归，得到小镇居民人均收入对比萨饼需求量的偏回归系数，为 9.903 86，因此比萨饼需求量与小镇居民人均收入的偏相关系数为

$$\sqrt{0.07474 \times 9.90386} = 0.8219$$

可以看出，比萨饼需求量与小镇居民人均收入的单相关系数（−0.406 8）和偏相关系数（0.821 9）有较大差别，连符号也不同。从经济意义上讲，偏相关分析的结果更符合事物的内在联系。

五、线性回归模型预测

在进行多元线性回归模型区间预测时，需要用到 Excel 的矩阵公式。

（1）构造如图 7-8 所示的工作表。其中，B2∶F25 存放的是自变量矩阵 $\boldsymbol{X}$（自变量的排列顺序必须与图 7-4 中的顺序相同），B27∶F27 存放的是矩阵 $\boldsymbol{X}_f$，I3∶I7 存放的是回归系数估计值矩阵 $\hat{\boldsymbol{B}}$，将这三个区域分别命名为 X、X_f、B。I8 存放的是估计标准误差。以上均为原始输入数据。I10∶I15 存放的则是一些中间变量及最终计算结果。

	A	B	C	D	E	F	G	H	I
1	Q		P	M	P_{Al}	P_{BMac}			
2	1773	1	8.65	25500	10.55	1.25		区间预测	
3	1863	1	8.65	25600	10.45	1.35		β1	-347.79436
4	1798	1	8.65	25700	10.35	1.55		β2	-195.84445
5	1775	1	8.65	25970	10.3	1.05		β3	0.07474
6	1796	1	8.65	25970	10.3	0.95		β4	174.6625
7	1786	1	8.65	25750	10.25	0.95		β5	81.61876
8	1916	1	7.5	25750	10.25	0.85		S	34.7164
9	1997	1	7.5	25950	10.15	1.15			
10	2008	1	7.5	25950	10	1.25		Y_f	1850.242891
11	2012	1	7.5	26120	10	1.75		$X_f'(X'X)^{-1}X_f$	0.593288742
12	1864	1	8.5	26120	10.25	1.75		S_{ef}	43.82096401
13	1884	1	8.5	26120	10.25	1.85		$t_{\alpha/2}$	2.093024054
14	1762	1	8.5	26200	9.75	1.5		置信区间下限	1758.524559
15	1398	1	9.99	26350	9.75	1.1		置信区间上限	1941.961222
16	1480	1	9.99	26450	9.65	1.05			
17	1458	1	9.99	26350	9.6	1.25			
18	1469	1	9.99	26850	10	0.55			
19	1525	1	10.25	27350	10.25	0.55			
20	1587	1	10.25	27350	10.2	1.15			
21	1554	1	10.25	27950	10	1.15			
22	1622	1	9.75	28159	10.1	0.55			
23	1717	1	9.75	28264	10.1	0.55			
24	1755	1	9.75	28444	10.1	1.2			
25	1731	1	9.75	28500	10.25	1.2			
26									
27		1	9.75	29000	10.5	1.3			

图 7-8　区间预测

（2）计算点预测值 Y_f。在 I10 中输入公式“= MMULT（Xf，B）”。

（3）计算预测估计误差的估计值 S_{e_f}。

先计算 $X_f(X'X)^{-1}X_f'$，在 I11 中输入如下公式：

= MMULT（MMULT（Xf，MINVERSE（MMULT（TRANSPOSE（X），X））），TRANSPOSE（Xf））

然后按 Ctrl + Shift + Enter 组合键即可，表示输入的是数组公式。

再计算 S_{e_f}，在 I12 中输入公式“ = I8*SQRT（1 + I11）”。

（4）计算 t 临界值。在 I13 中输入公式“ = TINV（0.05，19）”。

（5）计算置信区间上下限。在 I14、I15 中分别输入公式“= I10−I13*I12”和“= I10 + I13*I12”。最终结果见图 7-8。

六、非线性回归分析

【例 7-12】假设某地区不同收入水平居民拥有住房情况如表 7-8 所示。

表 7-8　某地区居民按收入水平分组拥有住房的情况

每户季平均收入/×10^3元 X_i	调查户数/户 N_i	拥有住房户数/户 n_i
26	40	5
28	50	12
30	60	18
33	80	28
35	100	45
40	70	36
45	65	39
50	50	38
55	40	30
60	25	23

要求根据以上资料，回答下列问题。

（1）估算不同收入水平居民拥有住房的概率。

（2）拟合逻辑曲线形式的二元离散选择模型。

（3）推算每户季平均收入 24×10^3元和每户季平均收入 80×10^3元居民拥有住房的概率。

解　Excel 中的操作步骤如下。

（1）输入数据，见图 7-9。原始数据在 A1：C11 区域，第一行是变量名。

	A	B	C	D	E
1	X	N	n	P	logitp
2	26	40	5	0.125	1.94591015
3	28	50	12	0.24	1.15267951
4	30	60	18	0.3	0.84729786
5	33	80	28	0.35	0.61903921
6	35	100	45	0.45	0.2006707
7	40	70	36	0.51428571	-0.0571584
8	45	65	39	0.6	-0.4054651
9	50	50	38	0.76	-1.1526795
10	55	40	30	0.75	-1.0986123
11	60	25	23	0.92	-2.442347

图 7-9　二元离散选择模型数据

（2）估算不同收入水平居民拥有住房的概率。在 D2 单元格输入公式“＝C2/B2”，然后选中 D2：D11，按 Ctrl＋D 组合键将公式复制到 D3：D11 区域，即可估算出不同收入水平居民拥有住房的概率，结果见图 7-9 的 D 列。

（3）模型拟合。

逻辑曲线形式的二元离散选择模型为 $\ln\left(\frac{1-P_i}{P_i}\right)=\beta_0+\beta_1X_i+u_i$。

计算 $\ln\left(\frac{1-P_i}{P_i}\right)$。在 E2 单元格输入公式“＝LN((1-D2)/D2)”，然后选中 E2：E11，按 Ctrl＋D 组合键将公式复制到 E3：E11 区域即可。变量名用 logitp，放在 E1 单元格。

进行回归分析。调出“回归”分析对话框，按图 7-10 所示填写。按“确定”后，模型回归系数的估计值见表 7-9 和表 7-10。

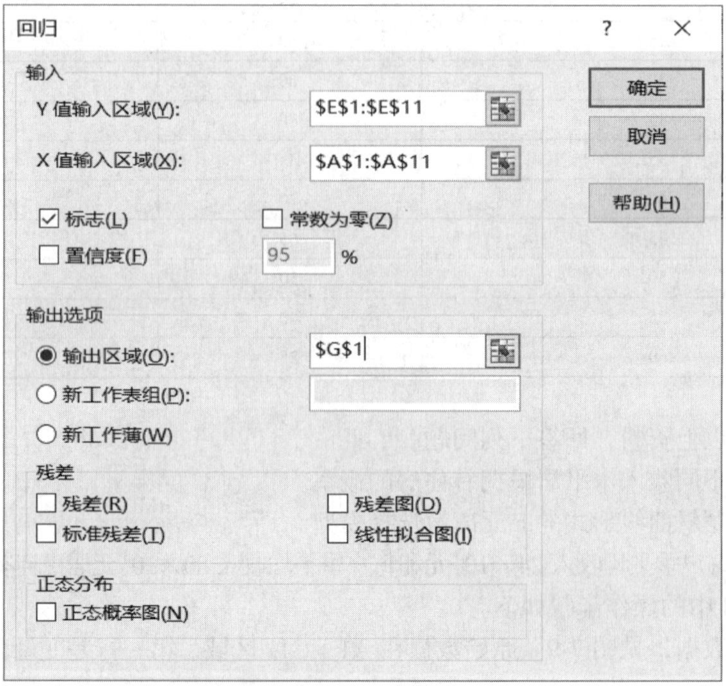

图 7-10　二元离散选择模型回归分析对话框

表 7-9　二元离散选择模型回归分析估计结果（一）

回归统计	
复相关系数	0.973 976
R^2	0.948 63
调整 R^2	0.942 209
标准误差	0.309 417
观测值	10

表 7-10　二元离散选择模型回归分析估计结果（二）

变量	系数	标准误差	t 统计	P 值
截距项	4.214 021	0.363 34	11.598 02	2.78×10^{-6}
X	−0.105 8	0.008 704	−12.154 6	1.94×10^{-6}

根据以上结果，可得到逻辑曲线形式的二元离散选择模型的样本回归方程为：$\ln\left(\dfrac{1-P_i}{P_i}\right)=4.2140-0.1058X_i$。

概率估算。根据模型估计结果，概率估算公式为 $\hat{P}_i=\dfrac{1}{1+\mathrm{e}^{4.2140-0.1058X_i}}$。为了方便计算，构造如图 7-11 所示的计算表。在 B1 和 B2 中保存 β_0 和 β_1 的估计结果，D 列输入季平均收入 24×10^3 元和 80×10^3 元，E 列计算 $\ln\left(\dfrac{P_i}{1-P_i}\right)$ 的估计值，F 列估算概率。

	A	B	C	D	E	F
1	β_0	4.214		X_f	logitp拟合值	$\hat{P}_i=\dfrac{1}{1+\mathrm{e}^{4.2140-0.1058X_i}}$
2	β_1	-0.1058		24	1.6748	0.157785263
3				80	-4.25	0.985936373

图 7-11　二元离散选择模型概率估算

在 E2 中输入公式“= B\$1 + B\$2*D2”，在 F2 中输入公式“= 1/(1 + EXP(E2))”，然后选定 E2：F3，按 Ctrl + D 键复制公式，结果见图 7-11，即可推算出季平均收入 24×10^3 元和季平均收入 80×10^3 元时，居民拥有住房的概率分别为 15.78%和 98.59%。

根据上面的估算公式，我们计算出住房概率的拟合值，与住房概率的对比见图 7-12。

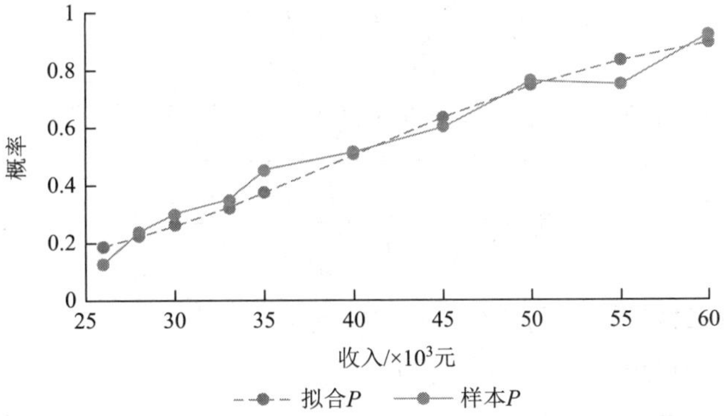

图 7-12　不同收入水平居民拥有住房的概率及其拟合值

➢本章小结

1. 客观现象之间的数量联系存在着两种不同的类型：一种是确定性的函数关系；另一种是非确定性的相关关系。

2. 客观现象的相关关系可以按不同的标志加以区分。按相关的程度可分为完全相关、不完全相关和不相关。按相关的方向可分为正相关和负相关。按相关的形式可分为线性相关和非线性相关。按所研究的变量多少可分为单相关、复相关和偏相关。

3. 单相关分析所采用的尺度为相关系数。样本相关系数的计算公式是

$$r=\frac{n\sum X_tY_t-\sum X_t\sum Y_t}{\sqrt{\left(n\sum X_t^2-\left(\sum X_t\right)^2\right)\left(n\sum Y_t^2-\left(\sum Y_t\right)^2\right)}}$$

4. 满足一定标准假定的一元线性模型，称为标准的一元线性回归模型。其总体回归函数为 $Y_t=\beta_1+\beta_2X_t+u_t$。

5. 回归系数估计可利用最小二乘法，其计算公式为

$$\hat{\beta}_2=\frac{n\sum X_tY_t-\sum X_t\sum Y_t}{n\sum X_t^2-\left(\sum X_t\right)^2}$$

$$\hat{\beta}_1=\sum Y_t/n-\hat{\beta}_2\sum X_t/n=\bar{Y}-\hat{\beta}_2\bar{X}$$

$\hat{\beta}_1$ 和 $\hat{\beta}_2$ 是总体回归系数 β_1 和 β_2 的最优线性无偏估计量。

6. 总体随机误差项的方差 σ^2 的无偏估计 $S^2=\frac{\sum e_t^2}{n-2}$。$S^2$ 的正平方根 S，又叫作回归估计的标准误差。

7. 判断一元回归模型拟合程度最常用的数量尺度是决定系数。

$$r^2=\frac{\text{SSR}}{\text{SST}}=1-\frac{\text{SSE}}{\text{SST}}$$

$$0\leqslant r^2\leqslant 1$$

8. 回归系数的显著性检验，可用 t 检验。

$$t_{\hat{\beta}_j}=\frac{\hat{\beta}_j-\beta_j^*}{S_{\hat{\beta}_j}}\qquad (j=1,2)$$

9. 简单回归预测的基本公式：$\hat{Y}_f=\hat{\beta}_1+\hat{\beta}_2X_f$。预测标准误差：

$$S_{e_f}=S\sqrt{1+\frac{1}{n}+\frac{\left(X_f-\bar{X}\right)^2}{\sum\left(X_t-\bar{X}\right)^2}}$$

Y_f 的 $(1-\alpha)$ 的置信区间为 $\hat{Y}_f\pm t_{\alpha/2}(n-2)\times S_{e_f}$

10. 多元线性回归模型总体回归函数的一般形式为

$$Y_t=\beta_1+\beta_2X_{2t}+\cdots+\beta_kX_{kt}+u_t\qquad (t=1,2,\cdots,n)$$

其矩阵形式为 $\boldsymbol{Y}=\boldsymbol{XB}+\boldsymbol{U}$。

11. 最小二乘估计量的矩阵形式为 $\hat{\boldsymbol{B}}=(\boldsymbol{X'X})^{-1}\boldsymbol{X'Y}$，总体方差的估计量 $S^2=\frac{\sum e_t^2}{n-k}$。

12. 多元线性回归分析中，利用修正自由度的决定系数 $\bar{R}^2$ 对方程的拟合程度进行评价更为恰当。

$$\bar{R}^2 = 1 - \frac{\sum e_t^2/(n-k)}{\sum (Y_t - \bar{Y})^2/(n-1)} = 1 - \frac{(n-1)}{(n-k)}(1-R^2)$$

13. 多元线性回归模型中回归系数的显著性检验与一元模型类似，同样采用 t 检验和 p 检验。整个回归方程的显著性检验，则要在方差分析的基础上，采用 F 检验。

回归模型方差分析表

离差名称	平方和	自由度	方差
回归平方和	$\mathrm{SSR} = \sum(\hat{Y}_t - \bar{Y})^2$	k–1	SSR/(k–1)
残差平方和	$\mathrm{SSE} = \sum e_t^2$	n–k	SSE/(n–k)
总离差平方和	$\mathrm{SST} = \sum(Y_t - \bar{Y})^2$	n–1	

$$F = \frac{\mathrm{SSR}/(k-1)}{\mathrm{SSE}/(n-k)}$$

14. 多元线性回归预测与一元线性回归预测的原理是一致的，其矩阵形式为 $\hat{Y}_f = \boldsymbol{X}'_f \hat{\boldsymbol{\beta}}$。多元线性回归预测标准误差的计算公式如下：

$$S_{e_f} = S\sqrt{1 + \boldsymbol{X}'_f (\boldsymbol{X}'\boldsymbol{X})^{-1} \boldsymbol{X}_f}$$

15. 复相关系数是反映一个变量 Y 与其他多个变量 $X_2, X_3, \cdots, X_k$ 之间线性相关程度的指标，它是回归方程决定系数的正的平方根。偏相关系数是在对其他变量的影响进行控制的条件下，衡量多个变量中某两个变量之间的线性相关程度和相关方向的指标，它可定义为两个相应的偏回归系数的乘积的平方根，其符号取值则与偏回归系数相同。

16. 非线性回归分析必须着重解决以下两个问题。第一，如何确定非线性函数的具体形式。第二，如何估计函数中的参数。常用的非线性函数主要有：抛物线函数、双曲线函数、幂函数、指数函数、S 形曲线函数、多项式函数等，利用一定的方法可以将上述函数变换成线性函数。然后，再利用标准的方法去进行参数估计。变量之间存在的非线性相关的强弱，可以利用相关指数去判断。相关指数，也就是对某种形式的非线性回归模型进行拟合时所得到的决定系数。

17. 在相关与回归分析中，Excel 的应用主要有以下几个方面。

（1）利用“图表”工具绘制相关散点图，利用“相关系数”分析工具计算相关系数。

（2）利用有关函数进行各种函数的计算。

（3）利用“回归”分析工具进行回归分析。

（4）根据回归结果，利用“矩阵计算函数”进行点预测和区间预测。

➢思考与练习

一、不定项选择题

1. 变量之间的关系按相关程度分可分为（　　）。

A. 正相关　　B. 不相关

C. 完全相关　　D. 不完全相关

2. 复相关系数的取值区间为（　　）。

A. $0 \leqslant R \leqslant 1$　　B. $-1 \leqslant R \leqslant 1$

C. $-\infty \leqslant R \leqslant 1$　　D. $-1 \leqslant R \leqslant \infty$

3. 修正自由度的决定系数（　　）。

A. $\bar{R}^2 \leqslant R^2$　　B. 有时小于 0

C. $0 \leqslant \bar{R}^2 \leqslant 1$　　D. 比 R^2 更适合作为衡量回归方程拟合程度的指标

4. 回归预测误差的大小与下列因素有关（　　）。

A. 样本容量　　B. 自变量预测值与自变量样本平均数的离差

C. 自变量预测误差　　D. 随机误差项的方差

二、判断分析题

1. 产品的总成本随着产量增加而上升，这种现象属于函数关系。

2. 相关系数为 0 表明两个变量之间不存在任何关系。

3. 单纯依靠相关与回归分析，无法判断事物之间存在的因果关系。

4. 圆的直径越大，其周长也越大，两者之间的关系属于正相关关系。

5. 样本回归函数中的回归系数的估计量是随机变量。

6. 当抽取的样本不同时，对同一总体回归模型估计的结果也有所不同。

三、证明题

试证明最小二乘估计量 $\hat{\beta}_2$ 是标准一元线性回归模型中总体回归系数 β_2 的最优线性无偏估计量。

四、计算题

1. 设销售收入 X 为自变量，销售成本 Y 为因变量。现已根据某百货公司 12 个月的有关资料计算出以下数据（单位：万元）：

$$\sum(X_t - \bar{X})^2 = 425\,053.73\text{；}\quad \bar{X} = 647.88$$
$$\sum(Y_t - \bar{Y})^2 = 262\,855.25\text{；}\quad \bar{Y} = 549.8$$
$$\sum(Y_t - \bar{Y})(X_t - \bar{X}) = 334\,229.09$$

试利用以上数据：

（1）拟合简单线性回归方程，并对回归系数的经济意义做出解释。

（2）计算决定系数和回归估计的标准误差。

（3）对 β_2 进行显著性水平为 5%的显著性检验。

（4）假定明年 1 月销售收入为 800 万元，利用拟合的回归方程预测相应的销售成本，并给出置信度为 95%的预测区间。

2. 对 9 位青少年的身高 Y（米）与体重 X（千克）进行观测，得出以下数据：

$$\sum Y_i = 13.54\text{，}\quad \sum Y_i^2 = 22.978\,8\text{，}\quad \sum X_i = 472\text{，}\quad \sum X_i^2 = 28\,158\text{，}\quad \sum X_i Y_i = 803.02$$

要求：

（1）以身高为因变量，体重为自变量，建立线性回归方程。

（2）计算残差平方和决定系数。

（3）计算身高与体重的相关系数并进行显著性检验（自由度为 7、显著性水平为 0.05 的 t 分布双侧检验临界值为 2.365）。

（4）对回归系数 β_2 进行显著性检验。

3. 我国 1978～2015 年的国内生产总值和最终消费支出资料如下表所示。

我国的国内生产总值与最终消费支出（单位：亿元）

年份	国内生产总值	最终消费支出	年份	国内生产总值	最终消费支出
1978	3 634.1	2 232.9	1997	80 024.8	47 508.6
1979	4 078.2	2 578.3	1998	85 486.3	51 460.4
1980	4 575.3	2 966.9	1999	90 823.8	56 621.7
1981	4 957.3	3 277.3	2000	100 576.8	63 667.7
1982	5 426.3	3 575.6	2001	111 250.2	68 546.7
1983	6 078.7	4 059.6	2002	122 292.1	74 068.2
1984	7 345.9	4 784.4	2003	138 314.7	79 513.1
1985	9 180.5	5 917.9	2004	162 742.1	89 086
1986	10 473.7	6 727	2005	189 190.4	101 447.8
1987	12 294.2	7 638.7	2006	221 206.5	114 728.6
1988	15 332.2	9 423	2007	271 699.3	136 229.4
1989	17 359.6	11 033.3	2008	319 935.8	157 466.3
1990	19 067	12 001.4	2009	349 883.3	172 728.3
1991	22 124.2	13 614.2	2010	410 708.3	198 998.1
1992	27 334.2	16 225.1	2011	486 037.8	241 022.1
1993	35 900.1	20 796.7	2012	540 988.9	271 112.8
1994	48 822.7	28 272.3	2013	596 962.9	300 337.8
1995	61 539	36 197.9	2014	648 493.1	328 312.6
1996	72 102.5	43 086.8	2015	696 299.7	359 516.4

资料来源：中国经济数据库（China Economic Information Center，CEIC）

试根据上表的资料利用 Excel 软件完成以下问题。

（1）拟合以下形式的消费函数：

$$C_t = \beta_1 + \beta_2 Y_t + \beta_3 C_{t-1} + u_t$$

其中，C_t 为 t 期的消费；C_{t-1} 为 $t-1$ 期的消费；Y_t 为 t 期的国内生产总值；u_t 为随机误差项。

（2）计算随机误差项的标准差估计值、修正自由度的决定系数、各回归系数的 t 统计量，并对整个回归方程进行显著性检验。

（3）假设已知 2016 年的国内生产总值为 736 897.6 亿元，试利用拟合的消费函数预测 2016 年的消费总额，并给出置信度为 95%的预测区间①。

4. 试利用例 7-11 中给出的有关比萨饼销售量及其影响因素的数据，拟合幂函数形式的比萨饼的需求函数，估计比萨饼销售量的价格弹性、收入弹性和其他公司价格的弹性。

请扫描二维码，获取资源：参考 7-3　第七章习题详解

① 统计学中，广义的预测就是对样本外的数据进行推断。

第八章

非参数统计

【引例】 如何检验消费者对不同品牌啤酒的偏好?

某广告公司想确定市场上 5 种牌子的啤酒哪一种最受消费者偏好。随机抽取 1 008 名消费者饮用啤酒后进行评价投票，得到的结果如下：A 210 票，B 320 票，C 170 票，D 85 票，E 223 票。是否可以判断其偏好无差异呢？对这一类问题进行检验不能简单地套用第六章所论述的通常假设检验的方法。这是因为消费者偏好的总体分布事实上是难以事先确定的，解决这类问题需要用到本章将要介绍的非参数统计方法。

第一节 非参数检验概述

一、什么是非参数检验

第六章中所介绍的统计检验都是先对样本所属总体的分布形状加以限定，在此基础上，再对总体的有关参数情况进行统计假设检验。因此，这类检验属于参数检验，又被称为**限定分布检验**。但是，在现实中，我们常常无法事先了解客观现象的总体分布，或者无法对总体分布做出适当的假定，这就使参数检验的应用受到不少限制。为此人们开发了非参数检验的统计方法。

非参数检验，又被称为**自由分布检验**，它是一种不需要事先对总体分布的形状和参数加以限制而进行的假设检验。但是，应当指出，这里的“非参数”，只是指在检验的过程中，未对检验统计量服从的分布及参数做出限制，并不意味着在检验中“不涉及参数”或“不对参数进行检验”。

二、非参数检验的优缺点

与参数检验对比，非参数检验具有以下优点。

首先，检验条件比较宽松，适应性强。非参数检验对资料的要求不像参数检验那样严格，它适合于处理诸如非正态的、方差不等的或分布形状未知的资料。其次，非参数检验的方法比较灵活，用途广泛。它不但可以应用于处理测量层次较高的定距、定比数据，也适用于处理层次较低的，不能进行加、减、乘、除运算的定类数据与定序数据。最后，自由分布检验的计算相对简单。非参数检验的检验方法不用复杂计算，一般使用计数方法即可，且其计数过程与结果都比较简单、直观与明显。

当然，非参数检验也有一些明显的缺点。它对原始数据中包含的信息利用不够充分，检验的功效相对较弱。当总体分布形式已知时，基于这种分布类型的参数方法，一般来说比非参数方法更有效。例如，对于一批资料，若可同时适用于参数检验的 t 检验、非参数检验的符号秩检验和符号检验，其检验功效是，t 检验最好，符号秩检验次之，符号检验最差。这主要是由于符号检验对信息的利用最不充分。所以参数检验与非参数检验是针对不同情况提出的两种统计方法，它们各有优缺点，可互为补充。

非参数检验在实践中有着广泛的应用，一些提倡非参数检验的统计学家认为，尽管非参数检验降低了有效性，但是这种检验的结果，常常比那些有较多限制性假设的标准检验的结果更值得人们信赖。

下面我们将简要介绍几种最常用的非参数检验方法。

请扫描二维码，获取资源：参考 8-1　非参数统计的作用

第二节　符号检验与符号秩检验

一、单总体问题的符号检验

单总体符号检验用于检验总体中位数是否在某一指定位置。

将总体中位数记作 η，另给一指定数值 η_0，原假设是 H_0：$\eta = \eta_0$。若原假设 $\eta = \eta_0$ 为真，则总体中任意一个观察值大于（或小于）η_0 的概率是 $\rho = 0.5$。将 η_0 从总体的每个观察值中减去，并记录这个差数的符号（差数为 0 时略去不计），可建立一个由正号和负号组成的总体。对这样的总体进行独立重复伯努利试验，每次试验出现正号的概率是 $\rho = 0.5$。容量为 n 的样本中（n 是指正差数的个数与负差数的个数之和，不含差数 0 的个数），正号个数 ν 服从参数为 (n, ρ) 的二项分布，其期望值为 $E(\nu) = n_\rho = 0.5n$，方差为 $V(\nu) = n_\rho(1-\rho) = 0.25n$。当二项分布的参数 $\rho = 0.5$ 时，其概率分布图形呈单峰对称特征，只要 n 达到一定数量，这个图形就能很好地被一个正态曲线所逼近。

检验时，可根据样本中正号的数目来决定是否拒绝原假设：假若样本中正号与负号的数目大体相等，这时没有理由拒绝原假设，也就是说，总体中位数等于 η_0 的假设有可能是对的；如果出现了太少的正号，认为样本可能来自中位数小于 η_0 的总体；如果出现了太多的正号，认为样本可能来自中位数大于 η_0 的总体。

因为 ν 近似服从正态分布，所以通常可以将其标准化为标准正态变量，作为检验统计量，即

$$Z=\frac{\nu-0.5n}{\sqrt{0.25n}}\sim N(0,1) \quad (8\text{-}1)$$

事实上，H_0：$\eta=\eta_0$与 H_0：$\rho=0.5$ 这两个原假设是等价的。对于后者，可以用检验统计量：

$$Z=\frac{P-0.5}{\sqrt{\frac{0.25}{n}}}\sim N(0,1) \quad (8\text{-}2)$$

其中，$P=\nu/n$ 为样本中正号的个数占正负号总数的比例。

二、两总体问题的符号检验

两总体符号检验用于检验配对样本情形下，两总体分布在位置特征上是否有差异。

配对样本，是指对每一个观测单元（个体）作两次观测。例如，对同一个被访户，了解其在经济体制改革前后的经济变化；对同一工厂了解其转变经营机制前后经济效益的变化；同一品酒人对两种牌号的啤酒评价其等级等。

应用两总体符号检验时，可以给出配对样本中每一单位的两次观测结果，也可以只给出两次观测的差别——升（+）、降（−）、无变化（0）。

将某地区居民在经济改革前的经济状况记作变量 X，改革后的经济状况记作变量 Y。第 i 户居民改革前后的经济状况分别为 x_i 、y_i。二者之间的变化记作 $d_i=y_i-x_i$。请注意，现在我们不关心具体数值，只关心它的符号。

如果改革没有引起居民经济情况的变化，那么居民经济情况的前后差异就完全是由于各种随机因素的影响形成的（假定其他重要的影响因素都已控制不变），于是正差值的个数与负差值的个数会大体相等。把 0 差值舍去后，对总体（正差值与负差值组成的总体）作独立重复伯努利试验，每次试验出现正号的概率是 $\rho=0.5$。

相反，如果改革引起了居民经济情况的明显好转，则正差值的个数会比负差值的个数多。对正差值与负差值组成的总体作独立重复伯努利试验，每次试验出现正号的概率是 $\rho>0.5$。

检验所针对的原假设是 H_0: 改革没有引起居民经济情况的变化（总体 X 与 Y 没有差别），或等价的 H_0: $\rho=0.5$。

若原假设为真，容量为 n 的样本中（n 是指正差数的个数与负差数的个数之和，不含差值项 0 的个数），正号个数 ν 服从参数为(n,ρ)的二项分布，其数学期望为 $E(\nu)=n\rho=0.5n$，方差为 $V(\nu)=n\rho(1-\rho)=0.25n$。样本中正号的个数占正负号总数的比例 $P=\nu/n$ 也服从二项分布，数学期望为 $E(p)=\rho=0.5$，方差为 $V(p)=\rho(1-\rho)/n=0.25/n$。当二项分布的参数 $\rho=0.5$ 时，其概率分布图形呈单峰对称特征，n 不需要很大，这个图形就能很好地被一个正态曲线所逼近。

因此，我们建立原假设为真前提下的检验统计量：

$$Z=\frac{P-0.5}{\sqrt{\frac{0.25}{n}}}\sim N(0,1) \quad (8\text{-}3)$$

另外，若记 S 为配对样本中各对观察值相减后正号个数与负号个数中较小的数目，可以用这个统计量作为原假设为真前提下的检验统计量。附录二中附表 2-5 给出了在一定的 n（配对样本中各对观察值相减后正号个数与负号个数之和，不含差值项 0 的个数）和 α 下，满足关系式 $P(S \leqslant S_\alpha) \leqslant \alpha$ 的 S_α 值。若检验统计量的值 $S \leqslant S_\alpha$，则拒绝原假设，即认为两个总体有差别。

关于符号检验的具体例子，我们将在本章第五节中，结合 Excel 的应用一起介绍。

请扫描二维码，获取资源：参考 8-2　利用非参数统计分析中国棉花主产省区布局变化

三、威尔科克森配对符号秩检验

以上所介绍的两总体情形下符号检验方法，仅仅是用配对观测之间差别的符号进行检验，而没有注重差别的大小，因此对资料的利用不够充分。当配对观测之间的差别可以从数量上来测定时，**威尔科克森（Wilcoxon）配对符号秩检验**比一般的符号检验更有效。具体做法如下。

首先，将样本配对，观测之间的差 $d_i = y_i - x_i$，按其绝对值 $|d_i|$ 大小递增排列，并从 1 至 n 给以秩次。如果出现差值项 0，就略去该项，对这样的项不给秩次，并相应地减少样本量 n；如果出现差值相同的项，则用这些项所在位置的秩次的简单算术平均数来代替原来的秩次。其次，对每个秩次按照 d_i 的正负号赋以正负号。最后，分别对正号秩与负号秩计算秩和，所得秩和不带正负号，记作 $\sum$秩$(+)$ 与 $\sum$秩$(-)$。

为检验两总体平均水平是否有差异，可建立下列原假设：

$$\mathrm{H_0}: \sum 秩(+) = \sum 秩(-)$$

这一假设表明，在差数总体 D 中，正差和负差不仅个数相同，而且在均值 0 的两侧对称分布。也就是表明，总体 X 与 Y 没有差异。两个秩中较小的一个，通常称作威尔科克森 T 统计量，将其作为检验统计量。

在原假设成立的前提下，威尔科克森 T 统计量的数学期望和方差分别是

$$E(T) = \frac{n(n+1)}{4} \tag{8-4}$$

$$V(T) = \frac{n(n+1)(2n+1)}{24} \tag{8-5}$$

当 $n \geqslant 25$ 时（n 是正负号的总数，不包括差值项 0 的个数），威尔科克森 T 统计量近似服从正态分布。这时，可构造 Z 统计量：

$$Z = \frac{T - E(T)}{\sqrt{V(T)}} \tag{8-6}$$

若 n 不够大，T 的临界值可由附录二中附表 2-6 来确定。该表所给出的是，对一定的

n 和 α，满足关系式 $P(T \leqslant T_{\alpha}) \leqslant \alpha$ 的 T_{α} 值。在单尾检验时若 $T \leqslant T_{\alpha}$，在双尾检验时若 $T \leqslant T_{\alpha/2}$，就拒绝原假设。

关于威尔科克森配对符号秩检验的具体例子，我们将在本章第五节中，结合 Excel 的应用一起介绍。

第三节 秩和检验与 χ^2-检验

一、秩和检验

秩和检验可用于检验两个独立样本是否来自具有相同位置特征的总体。这里要求两个总体具有相同的分布形状（不论是何种分布形状）。

设从两个总体中分别抽取容量为 n_1 和 n_2 的独立随机样本。把样本容量较小的总体叫作总体 1，如果两样本容量相等，就任意把其中的一个叫作总体 1，即 $n_1 \leqslant n_2$。设 η_1 和 η_2 分别是总体 1 和总体 2 的中位数。

将两个样本混合起来，共有 $n = n_1 + n_2$ 个观察值。把它们按递增顺序排列起来，依次赋以 $1, 2, \cdots, n$ 的秩次。如果混合样本中有若干个相同的数值，则将它们所在位置的秩进行简单算术平均，用所得的均值作为这些数值的秩。

用 W 表示来自总体 1 的 n_1 个观察值在混合样本序中秩次之和。W 的最小可能值是 $1 + 2 + \cdots + n_1 = [n_1(n_1+1)]/2$；最大可能值是 $(n_2+1)+(n_2+2)+\cdots+(n_2+n_1) = n_1n_2 + [n_1(n_1+1)]/2$。如果总体 1 的分布位于总体 2 的右边（$\eta_1 > \eta_2$），$W$ 将接近它的最大可能值；如果总体 1 的分布位于总体 2 的左边（$\eta_1 < \eta_2$），W 将接近它的最小可能值；如果两总体分布位置相同（$\eta_1 = \eta_2$），W 将等于中间值，即(最大可能值 + 最小可能值)/2。

秩和检验的原假设是 H_0：$\eta_1 = \eta_2$。

下面建立检验统计量。

1. 如果 n_1 和 n_2 都超过 10

这时，在原假设成立的前提下，W 近似服从正态分布。数学期望和方差分别是

$$E(W) = \frac{n_1(n_1+n_2+1)}{2} \tag{8-7}$$

$$V(W) = \frac{n_1n_2(n_1+n_2+1)}{12} \tag{8-8}$$

于是，可以将 W 化成标准正态变量：

$$Z = \frac{W - E(W)}{\sqrt{V(W)}} \sim N(0,1) \tag{8-9}$$

2. 如果 n_1 和 n_2 都未超过 10

这时，在原假设成立的前提下，W 的分布中的临界值可由附录二中附表 2-7 确定。该表中列出了样本量为 n_1、n_2 时，$P(W \leqslant W_1) = 0.05$、$P(W \geqslant W_2) = 0.05$ 以及 $P(W \leqslant W_1) = 0.025$、$P(W \geqslant W_2) = 0.025$ 的临界值 W_1、W_2。当 $W \leqslant W_1$ 和 $W \geqslant W_2$ 时，拒绝原假设（W 为样本值）。

二、χ^2-统计量

统计检验中有时会遇到这样一类问题：检验实际频数与理论频数是否较为接近。为解决这类检验问题，统计学家皮尔逊提出如下检验统计量：

$$\chi^2_{(n)} = \sum \frac{(\text{实际频数} - \text{理论频数})^2}{\text{理论频数}} \tag{8-10}$$

并证明它近似服从自由度为ν（ν = 组格数−估计参数个数−1）的χ^2-分布。式（8-10）中，n 为样本量，理论频数是由样本量乘以由理论分布确定的组格概率计算的。求和项数为组格数目。

χ^2-统计量的直观意义十分显然：$\chi^2_{(n)}$ 是各组格的实际观测频数与理论期望频数的相对平方偏差的总和，若 $\chi^2_{(n)}$ 值充分大，则应认为样本提供了理论分布与统计分布不同的显著证据，即假设的总体分布与总体的实际分布不符，从而应否定所假定的理论分布。所以，应当在 χ^2-分布密度曲线图的右尾部建立拒绝域。

应用 χ^2-统计量时要注意下列问题。

（1）当 n 充分大时，$\chi^2_{(n)}$ 近似服从 χ^2-分布，因此，$\chi^2_{(n)}$ 统计量要在大样本的情形下应用。

（2）各组格的理论频数不应太小。一般每一组格的理论频数都不应小于 4，否则应将小于 4 的组并入其他组。但是，具体应用时这一限制可以放宽：①若自由度不小于 60，则可以不加限制；②若自由度不小于 6，则个别理论频数不小于 0.5 即可；③若自由度等于 2，则各理论频数不应小于 2；④若自由度等于 1，则各理论频数不应小于 4。

三、分布拟合检验

在理论研究和实际应用中，通常的做法是根据所作随机试验的特点，认定无限总体的分布符合某种概率分布模型，则该无限总体具有已知的分布。但有时，却无法根据所作随机试验认定无限总体符合何种概率分布模型。这时，便需要基于统计数据提供的信息，为总体选配一个合适的概率分布模型。一般做法是：首先，对样本数据作分组整理，计算各组的频率，称所得到的分布列为经验分布；其次，根据有关理论和实际知识以及经验分布的特点，猜测无限总体的分布符合某种概率模型，称所选择的概率模型为理论分布；最后，用显著性检验的方法，将经验分布与理论分布作比较，检验观察到的差异能否显著地表明两种分布的真实差异存在，如果表明真实差异存在的证据不足，则可以期望所选理论分布能较好地描述所研究的无限总体的分布规律。

这类显著性检验称作分布拟合检验。分布拟合检验的方法很多，我们只介绍分布拟合的 χ^2-检验。

【例 8-1】　某钟表厂对所生产的钟做质量检查。从生产过程中简单随机不放回地抽取 350 只作测试，将测得的每只钟的 24 小时走时误差（快或慢，不计正负号）记录下来。要求根据这 350 个数据检验该种钟生产过程所发生的产品走时误差是否服从正态分布。检验的显著性水平标准 $\alpha = 0.05$。

解　正态概率分布模型中有两个参数：μ 和 σ^2，须用样本均值和样本方差来估计。

为此，计算 350 个数据的简单算术平均数 $\bar{y}=54.8$ 秒和 350 个数据的标准差 $s=27.7$ 秒。

为了作分布拟合实验，我们对样本数据作分组整理。现将它们整理成组距式分布列，写在表 8-1 的第（1）、（2）栏。首末两组的组限写作$-\infty$和∞，是为了使设计的所有各组得以涵盖正态变量的全体可能的取值。

表 8-1　钟表走时误差的经验分布与理论分布的比较

组号	走时误差/秒	实际频数（v_i）/只	标准化组限 $\frac{原组限-\bar{y}}{s}$	概率 $\hat{p}_i$	理论频数 $E_i=n\hat{p}_i$ /只	$\frac{(v_i-E_i)^2}{E_i}$
甲	（1）	（2）	（3）	（4）	（5）	（6）
1	$-\infty$～10	19	$-\infty$～-1.62	0.052 6	18.410	0.018 9
2	10～20	25	-1.62～-1.26	0.051 2	17.920	2.797 2
3	20～30	31	-1.26～-0.90	0.080 3	28.105	0.298 2
4	30～40	37	-0.90～-0.53	0.114 0	39.900	0.210 8
5	40～50	42	-0.53～-0.17	0.134 4	47.040	0.540 0
6	50～60	46	-0.17～0.19	0.142 8	49.980	0.316 9
7	60～70	40	0.19～0.55	0.133 5	46.725	0.967 9
8	70～80	36	0.55～0.91	0.109 8	38.430	0.153 7
9	80～90	30	0.91～1.27	0.079 4	27.790	0.175 8
10	90～100	26	1.27～1.63	0.050 5	17.675	3.921 1
11	100～∞	18	1.63～∞	0.051 5	18.025	0.000 1
合计	—	$n=350$	—	1	350	9.400 6

为检验该种钟生产过程所发生的产品走时误差是否服从正态分布，原假设和备择假设是

H_0：该种钟生产过程所发生的走时误差服从正态分布

H_1：该种钟生产过程所发生的走时误差不服从正态分布

在原假设正确的假定下建立理论分布列，亦即，依据正态概率分布模型计算表 8-1 所分各组的概率。为此，须对走时误差变量作标准化处理以便使用标准正态概率表。读者会记得，随机变量ξ的标准化形式是$\left[\xi-E(\xi)\right]\Big/\sqrt{V(\xi)}$。在原假设成立的条件下，$E(\xi)$是正态分布的参数$\mu$，$V(\xi)$是正态分布的参数$\sigma^2$，由于$\mu$和$\sigma^2$未知，我们代之以它们的无偏估计量$\bar{y}$和$s^2$。这样，我们便把表 8-1 第（1）栏“走时误差”各组的组限标准化成为表 8-1 的第（3）栏。用第（3）栏的各组上限、下限值查正态分布表，算得第（4）栏各组的概率值$\hat{p}_i$（根据组限数值找到表中 z 值，查到相应面积值为表端图中阴影面积，上限与下限的两个面积值相减得到组限之间面积值。组限为负值时，根据对称性用正值查表。例如，第 1 组$\hat{p}_i$为 $0.5-0.447\,4=0.052\,6$，第 2 组$\hat{p}_i$为 $0.447\,4-0.396\,2=0.051\,2$）。最后，以第（4）栏的各个$\hat{p}_i$值与 $n=350$ 相乘，得到第（5）栏各组的理论频数E_i值。于是，第（1）栏与第（4）栏一起或是第（1）栏与第（5）栏一起，便是在原假设（正态分布）正确的假定下的理论分布列。而第（1）栏与第（2）栏一起则是根据样本资料得到的经验分布。这两个分布的差异是观察到的差异。

不难看出，$\chi^2_{(n)}$ 统计量式（8-10）完全适用于解决我们这里的问题。式（8-10）中的组格就是表 8-1 中所分的各个组（共 11 个组格），各组格的实际频数是表 8-1 的第（2）栏，各组格的理论频数是表 8-1 的第（5）栏，样本量 n 是 350。现在来计算 $\chi^2_{(n)}$ 统计量的样本值。由表 8-1 第（6）栏知：

$$\chi^2_{(350)} = \sum_{i=1}^{11} \frac{(v_i - n\hat{p}_i)}{n\hat{p}_i} = 9.400\,6$$

统计量 $\chi^2_{(350)}$ 近似服从自由度为 11−2−1＝8（共 11 个组格，估计了两个参数 μ 和 σ^2）的 χ^2-分布，拒绝域放在 χ^2-密度曲线的右尾部。对于 $\alpha = 0.05$ 的显著性水平标准，查表知临界值为 $\chi^2_{0.05,8} = 15.507$。由于 $\chi^2_{(350)} = 9.400\,6 < \chi^2_{0.05,8} = 15.507$，检验统计量的样本值落在接受域，没有理由拒绝总体为正态分布的原假设。

请扫描二维码，获取资源：参考 8-3　年轻司机的性别和酒后驾车之间的联系

第四节　等级相关检验

一、斯皮尔曼等级相关系数

第七章所讨论的两变量之间相关系数的前提是：两随机变量的联合分布是二维正态分布。当随机变量的分布不能满足正态性要求时，或者所要研究的变量不是数量型变量时，通常的相关分析方法不宜使用，而需要利用斯皮尔曼等级相关系数进行考察。

设对简单随机样本的 n 个单位，就变量 X、Y 进行观察。这里，要求 X、Y 的取值分别都是 $1, 2, \cdots, n$ 这样 n 个等级；样本的 n 个单位分别不重复地属于 X 的各个等级，也分别不重复地属于 Y 的各个等级，没有两个单位取相同等级的情形。记 d_i 为第 i 个样本单位属于 X 的等级与属于 Y 的等级的级差。**斯皮尔曼等级相关系数 r_s** 为

$$r_s = 1 - \frac{6\sum d_i^2}{n(n^2-1)} \tag{8-11}$$

数学上可以证明，斯皮尔曼等级相关系数是第七章介绍的样本相关系数的特例。

样本等级相关系数的取值范围是 $-1 \leqslant r_s \leqslant 1$。当 $r_s = 1$ 时，样本等级资料完全正相关；当 $r_s = -1$ 时，样本等级资料完全负相关；当 $r_s = 0$ 时，样本等级资料不相关；当 $0 < r_s < 1$ 时，r_s 越接近 1，正相关程度越高；当 $-1 < r_s < 0$ 时，r_s 越接近 -1，负相关程度越高。

二、斯皮尔曼等级相关系数的统计检验

根据斯皮尔曼等级相关系数对 X、Y 的总体等级相关关系进行检验。检验的原假设是

H_0：$\rho_s=0$（或$\rho_s\leqslant 0$，或$\rho_s\geqslant 0$），备择假设是 H_1：$\rho_s\neq 0$（或$\rho_s>0$，或$\rho_s<0$）。基本原假设H_0：$\rho_s=0$的含义是按两种统计标志X、Y划分的两种等级不相关。

在样本量n较小时（如$n\leqslant 30$），H_0：$\rho_s=0$成立前提下，检验统计量r_s的α水平单侧临界值r_α可由附录二中附表2-8查出，它是满足下列条件的最小r值：

$$P\{|r_s|\geqslant|r|\}\leqslant\alpha$$

在样本量n较大时（如$n>30$），H_0：$\rho_s=0$成立前提下，r_s近似服从正态分布$N\left(0,\dfrac{1}{n-1}\right)$。因此，可以建立下面的检验统计量：

$$Z=\frac{r_s}{\sqrt{\dfrac{1}{n-1}}}\sim N(0,1) \tag{8-12}$$

三、两点说明

（1）等级相关检验适用于变量值表现为等级的变量。不过，对于变量值表现为数值而不是等级的变量，有时也可以把它划分为若干等级，用等级相关的方法来研究。这样做是出于下面的一些理由：①无法假定总体的分布；②其中有一个变量是只能用等级来反映的；③把测量值划分为等级更能反映事物的本质（如把年龄按生命过程阶段划分比用实际年龄更便于研究生命过程的统计规律）。把测量值转换为等级的方法如下：首先，按实际观察值大小排序，并赋予每个观察值秩次；其次，把测量值的取值范围划分为若干等级区间。

（2）斯皮尔曼等级相关系数是以变量没有相同等级为前提的。但有时，观察结果出现了相同的等级，这时，须计算这几个观察结果所在位置秩次的简单算术平均数，以此作为它们相应的等级。在这种情形下应用斯皮尔曼等级相关系数计算公式所得之结果显然只是近似的。若相同等级不是太多，可以近似应用式（8-11），否则应加以修正①。

【例 8-2】 从一群棋手中随机抽选 9 人，分别对他们下围棋的能力与下象棋的能力排序，能力最高为 1 级，能力次之为 2 级，等等。排序结果如表 8-2 所示。试检验棋手总体中下围棋的能力与下象棋的能力是否统计相关（显著性水平 0.10）。

表 8-2 9 位棋手下围棋能力与下象棋能力的排序

人员	A	B	C	D	E	F	G	H	I
下围棋能力排序	1	3	5	4	2	7	6	8	9
下象棋能力排序	4	2	1	3	7	6	5	9	8

（1）根据表 8-3 的计算，斯皮尔曼等级相关系数的计算结果为

$$r_s=1-\frac{6\sum d_i^2}{n(n^2-1)}=1-\frac{6\times 56}{10\times(10^2-1)}=0.660\,6$$

① 修正方法可参见西格耳 S. 非参数统计. 北星，译. 北京：科学出版社，1986.

表 8-3　9 位棋手两种能力等级的级差及级差平方的计算

人员	A	B	C	D	E	F	G	H	I
下围棋能力排序 x	1	3	5	4	2	7	6	8	9
下象棋能力排序 y	4	2	1	3	7	6	5	9	8
$d=x-y$	−3	1	4	1	−5	1	1	−1	1
d^2	9	1	16	1	25	1	1	1	1

（2）斯皮尔曼等级相关系数的统计检验步骤如下：

$$H_0:\ \rho_s=0,\ H_1:\ \rho_s\neq 0$$

$$Z=\frac{r_s}{\sqrt{\dfrac{1}{n-1}}}=\frac{0.660\,6}{\sqrt{\dfrac{1}{10-1}}}=1.981\,8$$

$$Z_{0.05}=1.645$$

因为 $Z=1.981\,8>Z_{0.05}=1.645$，所以拒绝 H_0，接受 H_1，可以认为棋手总体中下围棋的能力与下象棋的能力是有关的。

第五节　Excel 在非参数检验中的应用

对于非参数检验，主要是利用 Excel 中的公式、公式复制的功能以及相关的数学与统计函数进行计算，其中，公式复制功能可以提高计算的效率。有些非参数检验还利用了 Excel 的其他一些功能，如在计算威尔科克森配对符号秩检验、秩和检验的“秩”时，需要用到排序、分类汇总的功能。也正因为如此，用 Excel 进行这类的非参数检验，整个计算过程显得有些复杂，建议对 Excel 操作不熟练的读者，在进行这类检验时选用专业统计软件。

一、符号检验

【例 8-3】　对某总体随机观测得到的下列数据：

6	7	9	17	18	18	22
28	32	35	36	42	42	42
48	48	51	52	53	55	56
57	58	63	72	83	91	97

试检验该总体中位数是否为 90（显著性水平 0.05）。

解　提出假设。

$$H_0:\ \eta=90,\ H_1:\ \eta\neq 90$$

利用 Excel 求解步骤如下。

（1）输入数据，见图 8-1。A、B 列为原始输入数据，样本数据存放在 A2：A29 单元格区域，图中未完全显示出来，D、E 列为计算得出的结果。

	A	B	C	D	E
1	x	显著性水平		ν	2
2	6	0.05		n	28
3	7			检验统计量Z	-4.535574
4	9			临界值$Z_{\alpha/2}$	1.959964

图 8-1 符号检验

（2）计算样本观察值大于中位数的个数（即正号的个数）。

在 E1 中输入公式“=COUNTIF（A2：A29，">90"）”。COUNTIF 函数计算区域中满足给定条件的单元格的个数。

（3）计算样本容量 n（不含 0 差数）。

在 E2 中输入公式“=COUNT（A2：A29）−COUNTIF（A2：A29，"=90"）”。

（4）使用式（8-1）计算检验统计量 Z。

在 E3 中输入公式“=（E1−0.5*E2）/SQRT（0.25*E2）”。

（5）计算临界值 $Z_{\alpha/2}$。

在 E4 中输入公式“=NORM.S.INV（1−B2/2）”。

（6）结论。由于−4.54<−1.96，检验统计量的样本值落在拒绝域，故否定原假设。总体中位数不是 90。

二、威尔科克森配对符号秩检验

【例 8-4】 从某专业学生中简单随机抽取 20 人，先后两次组织某种测验。两次测验结果见图 8-2。试用威尔科克森配对符号秩检验法检验，该专业学生在两次测验的时间上，该项成绩水平有无改变（显著性水平 0.05）。

	A	B	C	D	E	F
1	学生	第一次成绩xi	第二次成绩yi	成绩差di=yi-xi	|di|	秩
2	1	32	68	36	36	19
3	2	71	57	-14	14	8
4	3	35	17	-18	18	12.5
5	4	31	52	21	21	16
6	5	42	47	5	5	2
7	6	101	81	-20	20	15
8	7	76	62	-14	14	8
9	8	44	43	-1	1	1
10	9	102	118	16	16	10
11	10	64	70	6	6	3.5
12	11	21	40	19	19	14
13	12	48	30	-18	18	12.5
14	13	45	39	-6	6	3.5
15	14	57	80	23	23	17
16	15	72	79	7	7	5
17	16	35	64	29	29	18
18	17	87	77	-10	10	6
19	18	50	36	-14	14	8
20	19	72	89	17	17	11
21	20	38	38	0	0	

图 8-2 威尔科克森配对符号秩检验

解　提出假设。

H_0：∑秩（+）=∑秩（−），即该专业学生该项成绩水平无差异

H_1：∑秩（+）≠∑秩（−）

在 Excel 中的计算过程如下。建议在单独的工作表中实现以下步骤。

（1）计算|di|。输入数据，见图 8-2。图中，A、B、C 列为输入的原始数据，D、E 列为计算所得数据。成绩差 di 的计算方法是：在 D2 中输入公式“=C2−B2”，然后将该公式复制到 D3：D21 单元格区域。|di|的计算，在 E2 中输入公式“=ABS（D2）”，然后将公式复制到 E3：E21 区域。

（2）计算|di|的秩。根据要求，对于成绩差为 0 的项，在计算秩次时应该略去。在 Excel 中最简单的办法是删除该行。本例中由于成绩差为 0 的同学在最后一行（第 21 行），可以不删除，在计算秩次时，公式中不要引用第 21 行即可。

在 F2 中输入公式“=RANK.AVG（E2，E$2：E$20，1）”，然后将公式复制到 F3：F20 区域。

RANK.AVG 函数对于|di|相同的项，则用这些项所在位置的初始秩次的简单算术平均数来代替原来的秩次。结果见图 8-2。

（3）计算正秩与负秩的和。在 F 列之后的任何两个空白单元格输入以下两个函数，即可计算出正、负秩之和。

=SUMIFS（F：F，D：D，">0"）

=SUMIFS（F：F，D：D，"<0"）

结果见图 8-3。SUMIFS 函数可根据多个条件进行求和计算。本例中，根据 D 列成绩差是否大于 0，计算 F 列中满足条件的相应行的和。

I	J
正秩	负秩
115.5	74.5

图 8-3　计算正秩与负秩的和

（4）结论。检验统计量 $T=74.5$，查附录二中的附表 2-6 知，$n=19$，单侧 0.025 显著性水平的临界值为 $T_{0.025}=46$，由于 74.5＞46，检验统计量的样本值落在拒绝域，故否定原假设。所以说，该专业学生在两次测验的时间上，该项成绩水平有改变。

三、分布拟合的 χ^2-检验

【例 8-5】　用 Excel 实现本章例 8-1 的计算过程。

解　主要操作步骤如下。

（1）构造工作表，见图 8-4。图 8-4 中方框之内为计算所得结果，方框之外为原始的输入数据。

	A	B	C	D	E	F	G	H	I	J
1	组号	走时误差分组下限	走时误差分组上限	实际频数	概率	理论频数	卡方值			
2	1		10	19	0.052904	18.51629	0.01263605		n	350
3	2	10	20	25	0.051597	18.05885	2.66792042		样本均值	54.8
4	3	20	30	31	0.080811	28.2839	0.26082758		样本标准差	27.7
5	4	30	40	37	0.111257	38.93989	0.0966407		自由度	8
6	5	40	50	42	0.134645	47.12584	0.55753367		显著性水平	0.05
7	6	50	60	46	0.143241	50.13418	0.34091339			
8	7	60	70	40	0.133953	46.88345	1.01063077		卡方统计量	9.18411
9	8	70	80	36	0.110115	38.54034	0.16744363		临界值	15.5073
10	9	80	90	30	0.079571	27.84969	0.16602816			
11	10	90	100	26	0.050543	17.69015	3.9035118			
12	11	100		18	0.051364	17.97743	2.8337E-05			

图 8-4 分布拟合的 χ^2-检验

（2）计算概率。

第一，在 E2 中输入公式“＝NORM.DIST（C2，J$3，J$4，TRUE）”

第二，在 E3 中输入如下公式：

＝NORM.DIST（C3，J$3，J$4，TRUE）−NORM.DIST（B3，J$3，J$4，TRUE）

将该公式复制到 E4：E11 单元格区域。

第三，在 E12 中输入公式“＝1−NORM.DIST（B12，J$3，J$4，TRUE）”

NORM.DIST 函数的语法是 NORM.DIST（x，μ，σ，cumulative）。

函数有四个参数，第四个参数 cumulative 为一逻辑值，当其为 TRUE 时，函数返回随机变量 ξ（服从均值为 μ、标准差为的 σ 的正态分布）小于或等于 x 的概率值；如果为 FALSE，则返回正态分布的概率密度函数值。

（3）计算（实际频数−理论频数）^{2}/理论频数。

在 G2 中输入公式“＝（D2−F2）^2/F2”，然后将该公式复制到 G3：G12 区域。

（4）计算卡方统计量。在 J8 中输入公式“＝SUM（G2：G12）”。

（5）计算临界值。在 J9 中输入公式“＝CHISQ.INV（1−J6，J5）”。

需要说明的是，Excel 中计算结果与正文的结果不一样是因为正文计算过程中有两处近似计算：一是在标准化时，只保留两位小数；二是概率是查表求得的。

➢本章小结

1. 非参数检验，又被称为自由分布检验，它是一种不需要事先对总体分布的形状和参数加以限制而进行的假设检验。

2. 单总体问题的符号检验。目标：检验总体中位数是否为某定值。样本信息：样本的各个观察值与上述定值相减之差的正负符号。检验：样本中正号数目与负号数目相比较是较多、较少，还是差不多。

3. 两总体问题的符号检验。目标：检验对每一个个体前后进行两次观测所形成的两个配对总体是否有差异。样本信息：样本中各个个体前后进行两次观测的差别——升(＋)、降（−)、无变化（0)。检验：样本中正号数目与负号数目是否差不多。

4. 威尔科克森配对符号秩检验。目标：检验配对的两个总体中位数是否相等。样本信息：对样本中各个个体按前后两次观测值之差的绝对值大小排序后所赋予的秩次再加上观测值之差的正负符号。检验：样本中正秩之和的绝对值与负秩之和的绝对值是否差不多。

5. 秩和检验。目标：检验两个独立样本所来自的总体（两总体分布形状相同）中位数是否相等。样本信息：将两样本各个观测值按大小混合排序后所赋予的各个观测值的秩次。检验：其中一个样本的观测值在混合样本序中的秩次之和是接近它的最大可能值，还是接近它的最小可能值，还是接近它的中间值。

6. χ^2-检验。目标：检验实际总体的分布是否与某种已知的分布相同；两个分类变量（属性变量）是否独立。样本信息：用样本数据整理成的频数分布数列。检验：根据样本的实际频数分布数列与按照原假设求得的理论分布数列之间的差距计算的χ^2-统计量，判断两者是否存在显著差距。

7. 等级相关检验。目标：检验按照两种统计标志 X 和 Y 划分的两种等级是否不相关。样本信息：对总体观测同一个对象的两种统计标志值分别划分的等级。检验：计算样本的斯皮尔曼等级相关系数，判断其是否显著不为 0。

8. 对于非参数检验，主要是利用 Excel 中的公式、公式复制的功能以及相关的数学与统计函数进行计算，有些非参数检验还利用了 Excel 的排序、分类汇总的功能。

➢思考与练习

一、计算题

1. 从一批交通诉讼案中，简单随机抽取 13 起案例。各案赔偿原告的数量为

5.2	5.5	13.0	3.8	12.5	8.3	2.1
1.7	20.0	4.8	6.9	7.5	10.6	

试用符号检验法检验各案赔偿数量的总体中位数是否为 7.5（显著性水平 0.01）。

2. 请 60 名品酒人对甲、乙两种品牌的啤酒进行品尝打分。分数是从 1 到 5。1 代表味道最好，5 代表味道最差。经过蒙目品尝，打分结果如下：

甲品牌得分与乙品牌得分之差的符号	品酒人人数/名
+	35
−	15
0	10
合计	60

试用符号检验法检验，乙品牌啤酒是否比甲品牌啤酒更受欢迎（显著性水平 0.025）。

3. 某洗涤剂厂在其产品覆盖的全部 10 个地区观测其实行某种广告宣传前后的月销售量，如下表所示：

项目	各地区月销售量/吨									
	A	B	C	D	E	F	G	H	I	J
广告宣传前	22	16	15	32	18	10	15	25	17	19
广告宣传后	30	19	13	28	17	10	17	28	16	14

试用威尔科克森配对符号秩检验法检验，进行广告宣传是否扩大了月销售量（显著性水平 0.05）。

4. 从某专业学生中简单随机抽取 30 人，请他们对两门必修课的喜欢程度评分，可选分数从 1 到 10，以 10 分为最高。下面的每一对数据是同一个学生对两门课的评分。试用符号检验法，检验学生们对两门课程的喜欢程度是否差不多（显著性水平 0.05）。

甲课程	8	4	3	3	9	9	9	8	7	4	6	7	7	9	7
乙课程	3	8	4	6	6	4	5	10	7	7	6	8	7	5	9
甲课程	10	4	8	9	7	8	5	5	2	8	3	5	4	7	7
乙课程	4	5	8	2	5	9	5	6	9	9	7	8	5	2	9

5. 某装配车间想要测定早班和中班组装一件产品的时间有无差别。随机抽取了 9 天早班记录和 10 天中班记录进行比较，早班 9 天的记录为 45、33、40、47、45、42、41、39、28（分）；中班 10 天的记录为 49、34、52、40、46、41、48、44、42、43（分）。要求用秩和检验法对两班的组装效率有无差异做出统计结论（显著性水平 0.10）。

6. 从两个行业中分别简单随机抽取 14 个工厂和 15 个工厂。这些工厂上年的资金占用水平（单位：十万元）如下：行业甲为 33.3，18，38.7，48，52，30，38.4，42，25，44，36，51，35，40；行业乙为 46，17，24.6，24.3，37.8，39，14，23，33.8，37.1，45，13，27，21，31。假定两个行业资金占用水平分布形状相同，试按 0.05 的显著性水平，双尾检验，使用秩和检验法，检验“两个行业中的资金占用水平中位数没有差别”的原假设。

7. 从某地区 2004 年新生男婴总体中简单随机放回地抽取了 50 名，测量他们的体重（单位：克）如下：

2 520，3 540，2 600，3 320，3 120，3 400，2 900，2 420，3 280，3 100，

2 980，3 160，3 100，3 460，2 740，3 060，3 700，3 460，3 500，1 600，

3 100，3 700，3 280，2 880，3 120，3 800，3 740，2 940，3 580，2 980，

3 700，3 460，2 940，3 300，2 980，3 480，3 220，3 060，3 400，2 680，

3 340，2 500，2 960，2 900，4 600，2 780，3 340，2 500，3 300，3 640。

试以显著性水平 $\alpha = 0.05$ 检验新生男婴体重是否服从正态分布。

8. 独立重复投掷一枚骰子 n 次，各种点数实际出现次数的频数分布列如下表所示。现要检验骰子是否均匀。请写出原假设、备择假设、检验统计量、检验统计量的分布（包括分布的自由度）。

点数	1	2	3	4	5	6	合计
实际频数	n_1	n_2	n_3	n_4	n_5	n_6	n

9. 从人群中间单随机抽取了一个 2 237 名 25～34 岁人员的样本，观察他们的性别和用手习惯。复合分组后各组人数如下：

用手习惯	男	女
习惯用右手	934	1 070
习惯用左手	113	92
左右手都善用	20	8

习惯用哪一只手与性别独立吗（检验用的显著性水平标准为 0.01）？

10. 下面是几个公司按总销售额和股票红利的排序情况。试计算等级相关系数，并检验总体等级相关系数为 0 的原假设（双尾检验，显著性水平 0.05）。

公司	A	B	C	D	E	F	G	H	I	J	K	L
总销售额排序	4	6	12	2	7	1	9	11	3	8	5	10
股票红利排序	7	4	9	3	8	5	11	12	1	6	2	10

二、证明题

试证明，斯皮尔曼等级相关系数是第七章介绍的样本相关系数的特例。

请扫描二维码，获取资源：参考 8-4　第八章习题详解

第九章

时间序列分析

【引例】 发电量的变化是否有规律可循?

电是现代文明的重要标志，电的生产供给是各级政府和研究机构高度关注的问题。尽管存在很大的不确定性，但发电量的变化仍是有规律可循的。

来自国家统计局的数据显示，我国发电量2006年为28 657.26亿千瓦时，2015年增长到58 145.73亿千瓦时，平均每年递增8.18%。但是各年的增速有高有低，2006年高达14.6%，2007年也高达14.5%，2015年却只有0.347%。显然，我国发电量既呈现出不断增长的趋势,也随着经济周期的起伏而呈现出高峰与低谷交替出现的周期性波动(图9-1)。把握这些规律并据以预测未来的发电量，对于合理制定电力行业的中长期投资和生产规划是非常必要的。

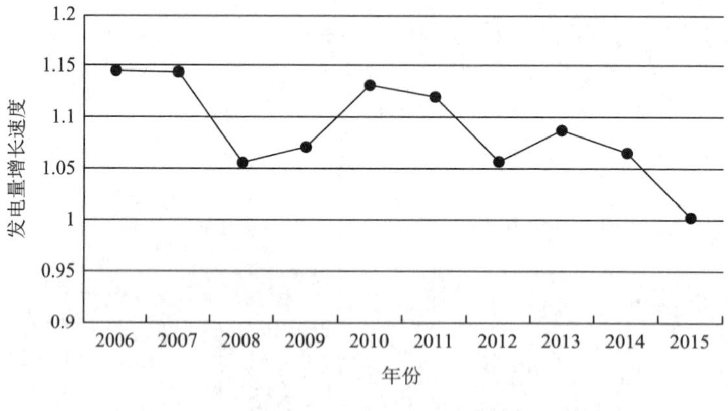

图9-1 我国2006～2015年发电量的增长速度

一年中各月电力生产也有明显的旺季与淡季之分，每年7月、8月都是发电量的高峰月，6月、9月和12月处于较高位。每年2月发电量最低，4月、10月和11月处于较低位。其余三个月则接近正常趋势水平。受自然条件的制约，水电生产的季节性波动幅度更大。受作息时间的影响，每天不同时段用电量也存在峰谷差别。分析这些波动特征，不仅对科学组织生产调度具有重要意义，也有利于对不同季节、不同时段实行合理的差别化电价，以保证电力生产成本与收益的协调性，科学引导电力消费。

要认识现象发展过程中所蕴含的各种特征和规律性并据以进行预测，就需要对现象在过去一段时间上的系列数据进行分析，这就是时间序列分析。本章只讨论传统的时间序列分析方法，不涉及以随机过程为理论基础的现代时间序列分析方法。

第一节　时间序列分析概述

一、时间序列的概念

时间序列是把同一现象在不同时间上的观察数据按时间先后顺序排列起来所形成的数列，也称为动态数列。例如，某股票每日的价格、某商场每月营业额、某地每季度接待的旅游人数等，都是时间序列。表 9-1 是我国 2004～2014 年的国内生产总值等五个时间序列合成的一个表格。

表 9-1　我国若干社会经济指标时间序列

年份	国内生产总值/亿元	第三产业所占比重	总人口/万人	人均国内生产总值/元	居民人均消费水平/元
2004	160 714.4	40.2%	129 988	12 363	5 138
2005	185 895.8	40.3%	130 756	14 217	5 771
2006	217 656.6	40.7%	131 448	16 558	6 416
2007	268 019.4	41.5%	132 129	20 285	7 572
2008	316 751.7	41.5%	132 802	23 851	8 707
2009	345 629.2	42.8%	133 450	25 900	9 514
2010	408 903	42.5%	134 091	30 494	10 919
2011	484 123.5	42.4%	134 735	35 932	13 134
2012	534 123	43.4%	135 404	39 447	14 699
2013	588 018.8	44.6%	136 072	43 214	16 190
2014	636 138.7	48.1%	136 782	46 507	17 806

资料来源：《中国统计年鉴 2015》

任何一个时间序列，都具备两个基本要素：一是现象所属的时间，可以是年度、季度、月份或其他时间，通常用 t 表示（t 的值可以是数据所属的具体时间，也可以只是时间序号）；二是反映现象在不同时间上水平高低的统计数据，常用 y 表示，如 y_t 表示时间 t 所对应的观测值，也称为现象在时间 t 上的发展水平。

对不同时间的发展水平进行比较分析时，作为比较基础的时间称为基期，基期的数据称为基期水平。所要分析考察的那个时间称为报告期，报告期的数据称为报告期水平。就某一既定的时间序列而言，该数列的首项数据和最末项数据就是其期初水平（记为 y_0 或 y_1）和期末水平（记为 y_n），其余的中间各项数据统称为中间水平。

时间序列是统计数据的一种常见形式，是动态分析的依据。在编制时间序列的基础上，可以通过图形或指标来描述现象发展过程，分析现象变化的各种特征和规律性，并通过模型进行预测，展望现象未来的变化态势。

二、时间序列的种类

时间序列可以从不同角度进行分类。传统时间序列分析通常按数据的表现形式不同，将时间序列分为绝对数时间序列、相对数时间序列和平均数时间序列三种。

（一）绝对数时间序列

绝对数时间序列又称为**总量指标时间序列**，是指一系列同类的总量指标数据按时间先后顺序排列而形成的序列，反映现象在各个时间上达到的绝对水平。例如，表 9-1 中的国内生产总值序列和年底总人口序列都是绝对数时间序列。按数据所反映时间状态的不同，绝对数时间序列又可分为**时期序列**和**时点序列**。表 9-1 中的国内生产总值序列是一个时期序列，而年底总人口序列是一个时点序列。

时期序列和时点序列具有不同的性质特点：①时期序列中的各个数据为时期指标，表示现象在各段时期内的总量。时点序列中的各个数据为时点指标，反映现象在各个时点上所处的状态和所达到的水平。经济管理中常常把时期指标称为流量，把时点指标称为存量。②时期序列中各期数据具有可加性，通过加总即可得到更长一段时间内的总量。时点序列中不同时点上的数据不能相加，即它们相加的结果没有实际意义。③时期序列中数值大小与所属时期长短有直接的关系，一般来说，时间越长，指标数值就越大。时点序列中各时点数值大小与时点间隔长短没有直接的联系。④时期序列中各期数据是对每段时间内发生的数量连续登记的结果，若有间断或遗漏，各期数据所反映的总量就不准确。时点序列中数据通常不可能也没必要连续登记，只要了解现象在若干代表性时点上的水平，就足以了解现象的变化过程和趋势。

（二）相对数时间序列和平均数时间序列

由一系列同类的相对数按时间先后顺序排列而成的序列就是**相对数时间序列**，它反映现象相对水平或现象之间数量对比关系的动态变化。由一系列同类的平均数按时间先后顺序排列而成的序列就是**平均数时间序列**，它反映现象一般水平的发展变化过程和趋势。例如，表 9-1 中的第三产业所占比重序列是一个相对数时间序列，而居民人均消费水平序列是一个平均数时间序列。这两种序列中不同时间上的指标数值都不能相加，即加总的结果没有意义。

绝对数时间序列是最基本的时间序列，它是计算和分析相对数时间序列和平均数时间序列的基础。相对数时间序列和平均数时间序列都是由有关绝对数时间序列派生出来的。

三、时间序列的编制原则

编制时间序列是动态分析的基础，而各种动态分析方法归根结底都是通过对数据的比较研究来揭示现象的动态特征和规律。因此，保证时间序列中各项数据的可比性，是编制时间序列的基本原则。具体来说，主要有以下几个方面的要求。

（一）时间一致

由于时期数值的大小与时期长短直接相关，时期序列中一般要求各项数据的时期长短一致。时点数值的大小虽然与时点间隔无直接关系，但为了准确方便地分析现象发展的变化过程和规律性，一般也要求尽可能使时点间隔相等。对于受季节变动影响的数据，更需要保证数据在季节周期上的可比性。例如，编制历年粮食库存量序列时，如果一些年份用年底的数字，而另一些年份用 6 月底的数字，显然各年数据就不具有可比性。

（二）总体范围一致

指标数值都与现象的总体范围有关。因此，在时间序列中各项数据所属的总体范围必须前后一致，否则各项数值不能直接对比，须进行相应的调整。

（三）经济内容、计算口径和计算方法一致

同一名称的统计指标在不同时间的经济内容、计算口径、计算方法也可能不相同，在编制时间序列时应当注意加以调整。例如，自 1997 年起，我国基本建设、更新改造和其他固定资产投资的统计起点由 5 万元提高到 50 万元；我国工业总产值有的年份包括乡村企业工业产值，有的不包括。价值量指标还要求计算价格一致，要么都用现价计算，要么都按可比价格计算。

请扫描二维码，获取资源：参考 9-1　2015 年国民经济和社会发展的若干指标简要解读

第二节　时间序列的水平分析与速度分析

一、时间序列分析的水平指标

时间序列分析的**水平指标**用来描述现象在某一段时间上发展变化的水平高低及其增长变化的数量多少，包括发展水平、平均发展水平、增长量、平均增长量等指标。其中，发展水平就是时间序列中各项数据，所以下面重点介绍其余三个水平指标的计算和应用。

（一）平均发展水平

现象在各个时间上的发展水平总是有高有低，为了概括反映现象在一段时间内的一般水平，常常需要计算平均发展水平。**平均发展水平**是不同时间上发展水平的平均数。统计上习惯把这种不同时间上数据的平均数称为**序时平均数**。它将现象在不同时间上的

数量差异抽象掉，从动态上说明现象在一定发展阶段的一般水平。

时间序列中指标的性质不同，其平均发展水平的计算方法也有所不同。

1. 绝对数时间序列的平均发展水平

1）时期序列的平均发展水平

时期序列中各项数据相加等于现象在一段时期内的总量，所以计算时期序列的平均发展水平，采用的是简单算术平均法，即将各期数据之和除以时期项数。其计算公式为

$$\bar{y}=\frac{y_1+y_2+\cdots+y_n}{n}=\frac{\sum_{i=1}^{n}y_i}{n} \tag{9-1}$$

其中，$\bar{y}$ 为平均发展水平；y_i 为 i 期的发展水平（$i=1,2,\cdots,n$）。

【例 9-1】 根据表 9-1 的数据，计算我国 2005～2014 年国内生产总值的年平均发展水平。

解 由式（9-1）得

$$\bar{y}=\frac{1}{n}\sum_{i=1}^{n}y_i=\frac{1}{10}(185\,895.8+217\,656.6+\cdots+636\,138.7)=\frac{3\,985\,259.7}{10}=398\,525.97\ （亿元）$$

由此表明我国 2005～2014 年平均每年国内生产总值为 398 525.97 亿元。

2）时点序列的平均发展水平

从理论上讲，时点序列的平均发展水平表示现象在某一段时间内每个时点上的平均水平。所以，若有连续的每个时点的数据，就可以利用简单算术平均法准确地计算出时点序列的平均发展水平。但是，时点序列通常不可能也没必要连续登记。对社会经济现象而言，若已知每天的数据，通常就可以视为连续序列了。例如，已知某月每天的存款余额，计算该月的平均存款余额就可以用简单算术平均法，计算公式同式（9-1）。

对于不连续时点序列，数据是每隔一段时间（如间隔几天、一月、一年等）才观测一次，若要计算整个考察期的平均发展水平，则需要先计算出相邻两个时点之间现象水平的代表值，再以时点间隔长度为权数，将这些代表值进行加权算术平均。假定现象的数量在相邻两时点间是均匀变动的，那么相邻两个时点间的代表值就等于这两个时点数值的简单算术平均数。若分别以 $f_1,f_2,\cdots,f_{n-1}$ 代表各个时点间隔长度，则整个考察期内平均发展水平的计算公式可写为

$$\bar{y}=\frac{\frac{y_1+y_2}{2}f_1+\frac{y_2+y_3}{2}f_2+\cdots+\frac{y_{n-1}+y_n}{2}f_{n-1}}{\sum_{i=1}^{n-1}f_i} \tag{9-2}$$

【例 9-2】 某地区某年对生猪饲养情况进行了调查，得到生猪存栏数量的几个时点数据如表 9-2 所示，试计算该地区全年的生猪平均存栏数量。

表 9-2 某地区某年生猪存栏数量情况（单位：万头）

时间	1月1日	1月31日	4月30日	7月31日	10月31日	12月31日
存栏数	47	24	41	34	56	45

解　由式（9-2）得

$$\bar{y}=\frac{\frac{47+24}{2}\times 1+\frac{24+41}{2}\times 3+\frac{41+34}{2}\times 3+\frac{34+56}{2}\times 3+\frac{56+45}{2}\times 2}{1+3+3+3+2}=40.125\text{（万头）}$$

计算结果表明，该地区 2011 年生猪平均存栏数量为 40.125 万头。

当各时点间隔相等，即 $f_1=f_2=\cdots=f_{n-1}$ 时，式（9-2）可简化为

$$\bar{y}=\frac{\frac{y_1}{2}+y_2+\cdots+y_{n-1}+\frac{y_n}{2}}{n-1} \tag{9-3}$$

式（9-3）就是由间隔相等的时点序列计算平均发展水平的方法，通常也形象地称之为“首末折半法”。不难看出，“首末折半法”只不过是间隔不等的时点序列计算平均发展水平方法的特例。

【例 9-3】　根据表 9-1 中各年年末人口数，计算 2005～2014 年这 10 年间的平均人口数。

解　由式（9-3）得

$$\bar{y}=\frac{1}{11-1}\left(\frac{129\,988}{2}+130\,756+\cdots+136\,072+\frac{136\,782}{2}\right)=\frac{1\,334\,272}{10}=133\,427.2\text{（万人）}$$

即 2005～2014 年这 10 年间我国人口数的平均水平为 133 427.2 万人。

由不连续时点序列计算平均发展水平时，应注意计算公式是有假定条件的。实际中，现象在相邻时点间的数量变动并不总是均匀的，所以计算结果通常只是近似值。一般认为，间隔越短，相邻两时点数值的简单算术平均数就越能较好地代表相应时段内的平均水平，整个考察期内平均发展水平的计算结果就越准确。例如，由一年中各月底数计算的全年平均数，就比只用年初和年末两项数据计算的结果更准确。

2. 相对数时间序列的平均发展水平

相对数（或平均数）（这里指静态相对数）与平均数有一个共同点，那就是它们归根结底都是由两个有关的总量指标数值对比而得到的。因此，由相对数时间序列和由平均数时间序列计算平均发展水平的方法实质上也相同。

设各期的相对数（或平均数）为 z_i，它是 y_i 和 x_i 两个总量指标派生的，即 $z_i=y_i/x_i$。由于各个 z_i 的对比基数 x_i 不尽相同，所以计算平均发展水平 $\bar{z}$ 时，不能将各期 z_i 简单算术平均。正确的计算方法如下：先分别对形成该相对数（或平均数）序列的绝对数序列 $\{y_i\}$ 和 $\{x_i\}$ 计算其平均发展水平 $\bar{y}$ 和 $\bar{x}$，再由这两个平均发展水平对比来得到所求的平均发展水平 $\bar{z}$，即计算公式为

$$\bar{z}=\frac{\bar{y}}{\bar{x}} \tag{9-4}$$

【例 9-4】　根据表 9-1 的数据，计算 2005～2014 年我国人均国内生产总值的平均发展水平。

解　根据例 9-1 和例 9-3 的计算结果，2005～2014 年这 10 年间年平均国内生产总值为 398 525.97 亿元，平均人口数为 133 427.2 万人，故

$$\bar{z}=\frac{\bar{y}}{\bar{x}}=\frac{398\,525.97\text{亿元}}{133\,427.2\text{万人}}\approx 29\,868.42\text{（元/人）}$$

计算结果表明，这些年间人均国内生产总值的年平均水平为 29 868.42 元。

不难证明，式（9-4）实质上等同于对各期相对数（或平均数）进行加权算术平均，其权数为各期的对比基数。例如，例 9-4 的计算结果等同于对各年的人均国内生产总值进行加权算术平均，权数为各年的平均人口数（注意这里不能用年末数，权数的所属时间须与所平均指标的时间保持一致）。

（二）增长量与平均增长量

增长量是报告期水平与基期水平之差，用以说明现象在一定时期内增长变化的绝对数量。增长量为负，则表示现象减少或下降的数量。

由于基期的选择不同，增长量可分为逐期增长量和累计增长量。

逐期增长量是报告期水平与前一期水平之差，说明现象逐期增长变化的绝对数量，用符号表示为

$$y_i-y_{i-1}\quad(i=1,2,\cdots,n)\tag{9-5}$$

累计增长量是报告期水平与某一固定基期水平（通常为期初水平 y_0）之差，表明现象从固定基期到报告期这段时期内的总增长量，用符号表示为

$$y_i-y_0\quad(i=1,2,\cdots,n)\tag{9-6}$$

不难发现，累计增长量与逐期增长量之间存在一定的数量关系：累计增长量等于相应时间内各逐期增长量的总和，两个相邻时期累计增长量之差等于相应时期的逐期增长量，即

$$y_t-y_0=\sum_{i=1}^{t}(y_i-y_{i-1})\tag{9-7}$$

$$(y_t-y_0)-(y_{t-1}-y_0)=y_t-y_{t-1}\tag{9-8}$$

由于短期数据（如月度数据和季度数据）往往会受到季节因素变动的影响，因此在实际工作中，为了消除季节变动的影响，可以计算报告期水平与上年同期水平之差，这种增长量称为**同比增长量**或**年距增长量**。这种方法不仅适用于时期指标，也适用于时点指标。其计算公式为

$$\text{同比增长量}=\text{报告期水平}-\text{上年同期水平}\tag{9-9}$$

平均增长量是观察期内各个逐期增长量的平均数，用以说明现象在一段时期内平均逐期增长变化的数量。其计算公式为

$$\text{平均增长量}=\frac{\text{逐期增长量之和}}{\text{逐期增长量个数}}=\frac{\text{累计增长量}}{\text{时间序列项数}-1}\tag{9-10}$$

【例 9-5】 根据表 9-1 中的数据，计算我国居民人均消费水平的增长量和平均增长量。

解 由式（9-5）和式（9-6）可计算出 2007～2014 年各年的居民消费水平的逐期增长量和累计增长量，列入表 9-3。

表 9-3　2007～2014 年居民人均消费水平的增长量（单位：元）

年份	2006	2007	2008	2009	2010	2011	2012	2013	2014
居民人均消费水平	6 416	7 572	8 707	9 514	10 919	13 134	14 699	16 190	17 806
逐期增长量	—	1 156	1 135	807	1 405	2 215	1 565	1 491	1 616
累计增长量	—	1 156	2 291	3 098	4 503	6 718	8 283	9 774	11 390

由式（9-10）可得，居民消费水平的平均增长量为

$$\frac{1156+1135+807+1405+2\,215+1565+1\,491+1\,616}{8}=\frac{11\,390}{8}=1\,423.75\text{（元）}$$

即 2007～2014 年居民人均消费水平平均每年增加 1 423.75 元。

二、时间序列分析的速度指标

时间序列分析的速度指标用来描述现象在某一段时间上发展变化的快慢程度，包括发展速度、增长速度、平均发展速度和平均增长速度等指标。

（一）发展速度

发展速度是报告期水平与基期水平对比的相对数，计算结果通常用百分数或倍数表示，说明报告期水平发展为（相当于）基期水平的百分之多少或多少倍。其计算公式可写为

$$\text{发展速度}=\frac{\text{报告期水平}}{\text{基期水平}} \tag{9-11}$$

由于基期的选择不同，发展速度分为环比发展速度和定基发展速度。

环比发展速度是报告期水平与前一期水平之比，即

$$\text{环比发展速度}=\frac{\text{报告期水平}}{\text{前一期水平}}=\frac{y_i}{y_{i-1}}\quad(i=1,2,\cdots,n) \tag{9-12}$$

定基发展速度是报告期水平与固定基期水平（通常为期初水平 y_0）之比，即

$$\text{定基发展速度}=\frac{\text{报告期水平}}{\text{固定基期水平}}=\frac{y_i}{y_0}\quad(i=1,2,\cdots,n) \tag{9-13}$$

环比发展速度反映现象逐期发展变动的程度，也可称为**逐期发展速度**。定基发展速度反映现象在较长一段时间内总的发展变动程度，也称为**发展总速度**。环比发展速度与定基发展速度的关系如下：定基发展速度等于相应时期内各环比发展速度的连乘积；反之，相邻两个定基发展速度之商，等于相应时期的环比发展速度，即

$$\frac{y_t}{y_0}=\frac{y_1}{y_0}\times\frac{y_2}{y_1}\times\cdots\times\frac{y_t}{y_{t-1}} \tag{9-14}$$

$$\frac{y_t}{y_0}\div\frac{y_{t-1}}{y_0}=\frac{y_t}{y_{t-1}} \tag{9-15}$$

与计算同比增长量类似，也可以计算**同比发展速度**或称**年距发展速度**，其目的是消除季节变动的影响，更好地反映现象的变化趋势。其计算公式为

$$同比发展速度 = \frac{报告期水平}{上年同期水平} \tag{9-16}$$

（二）增长速度

增长速度是报告期增长量与基期水平对比的相对数，也称为**增长率**，其计算结果也通常用百分数或倍数表示，说明报告期水平比基期水平增长了百分之多少或多少倍。当增长速度大于 0 时，表示报告期水平比基期增加或提高的程度；当增长速度小于 0 时，表示报告期水平比基期减少或降低的程度。增长速度的计算公式可写为

$$增长速度 = \frac{报告期增长量}{基期水平} = 发展速度 - 1 \tag{9-17}$$

根据基期的选择不同，增长速度也分为**环比增长速度**和**定基增长速度**。它们的计算公式分别为

$$环比增长速度 = \frac{逐期增长量}{前一期水平} = 环比发展速度 - 1 \tag{9-18}$$

$$定基增长速度 = \frac{累计增长量}{固定基期水平} = 定基发展速度 - 1 \tag{9-19}$$

须注意，环比增长速度和定基增长速度之间不能直接推算。若要二者相互推算，必须借助于环比发展速度和定基发展速度。

同样，为了消除季节变动的影响，也可以计算**同比增长速度**或称**年距增长速度**。其计算公式为

$$同比增长速度 = \frac{同比增长量}{上年同期水平} = 同比发展速度 - 1 \tag{9-20}$$

【例 9-6】 根据表 9-1 的数据，计算居民人均消费水平的发展速度和增长速度。

将计算结果列入表 9-4。

表 9-4 2007～2014 年居民人均消费水平的发展速度和增长速度

项目	2006 年	2007 年	2008 年	2009 年	2010 年	2011 年	2012 年	2013 年	2014 年
居民人均消费水平/元	6 416	7 572	8 707	9 514	10 919	13 134	14 699	16 190	17 806
环比发展速度	—	118.02%	114.99%	109.27%	114.77%	120.29%	111.92%	110.14%	109.98%
定基发展速度	100.0%	118.02%	135.71%	148.29%	170.18%	204.71%	229.10%	252.34%	277.52%
环比增长速度	—	18.02%	14.99%	9.27%	14.77%	20.29%	11.92%	10.14%	9.98%
定基增长速度	—	18.02%	35.71%	48.29%	70.18%	104.71%	129.10%	152.34%	177.52%

（三）平均发展速度和平均增长速度

各期的发展变化总是有快有慢，因此经常还要计算某一发展阶段的平均速度来比较和分析。平均速度包括平均发展速度和**平均增长速度**。平均发展速度是环比发展速度的平均数，说明现象在某个发展阶段上逐期发展变化程度的一般水平。**平均增长速度**表示环比增长速度的一般水平，说明现象在某个发展阶段上平均逐期增长程度。但需要注意

的是，不能直接将各个环比增长速度加以平均，而应根据它与平均发展速度之间的内在联系来计算，即计算公式为

$$平均增长速度 = 平均发展速度-1 \tag{9-21}$$

可见，平均增长速度与平均发展速度之间相差一个基数。平均发展速度大于 1，则平均增长速度为正值，表明平均来说现象在考察期内是逐期递增的，此时的平均增长速度也称为平均递增率。反之，平均发展速度小于 1，则平均增长速度为负值，表明平均来说现象在考察期内是逐期递减的，此时的平均增长速度也称为平均递减率。

平均发展速度所要平均的环比发展速度是一种动态相对数，因此它不能采用前面讲的静态相对数序列计算平均发展水平的方法。平均发展速度的计算通常采用**几何平均法**，也可采用**方程式法**。

1. 几何平均法计算平均发展速度

由于现象发展的总速度不等于各期环比发展速度的总和，而是等于各期环比发展速度的连乘积，所以，对这些环比发展速度求平均数不能采用算术平均法而应采用几何平均法。

若以 x_i 代表各期环比发展速度，n 代表环比发展速度的项数，$\overline{x}_{\mathrm{G}}$ 代表几何平均法计算的平均发展速度，则其计算公式为

$$\overline{x}_{\mathrm{G}} = \sqrt[n]{x_1 \times x_2 \times \cdots \times x_n} = \sqrt[n]{\prod_{i=1}^{n} x_i} \tag{9-22}$$

由于环比发展速度的连乘积等于定基发展速度即总速度（用 R 表示），而总速度又等于期末水平（ y_n ）与期初水平（ y_0 ）之比，所以式（9-22）可变换为下面两种形式：

$$\overline{x}_{\mathrm{G}} = \sqrt[n]{R} \tag{9-23}$$

$$\overline{x}_{\mathrm{G}} = \sqrt[n]{\frac{y_n}{y_0}} \tag{9-24}$$

显然，式（9-22）～式（9-24）这三个计算公式实质上是一回事。实际应用中可根据所掌握的数据选择较为简便的公式来计算。

【例 9-7】 根据表 9-4 的数据，计算我国 2007～2014 年居民消费水平的平均发展速度和平均增长速度。

解 分别可采用式（9-22）～式（9-24）计算出平均发展速度为

$$\overline{x}_{\mathrm{G}} = \sqrt[8]{1.180\,2 \times 1.149\,9 \times 1.092\,7 \times 1.147\,7 \times 1.202\,9 \times 1.119\,2 \times 1.101\,4 \times 1.099\,8} = 113.61\%$$

或

$$\overline{x}_{\mathrm{G}} = \sqrt[8]{2.775\,499} = 113.61\%$$

或

$$\overline{x}_{\mathrm{G}} = \sqrt[8]{\frac{17\,806}{6\,416}} = 113.61\%$$

平均增长速度 = 113.61%-100% = 13.61%，即 2007～2014 年，我国居民消费水平平均每年递增 13.61%。

用几何平均法计算的平均发展速度，名义上是各期环比速度的平均，因而要受各期

水平高低的影响，但由式（9-24）不难看出，它实际上只取决于期初和期末的发展水平。在基期确定的情况下，不论中间变化过程如何，平均速度的快慢就只取决于期末水平高低了。用几何平均法计算的平均发展速度还具有一个特性，即用它作为各期环比发展速度的代表值去推算最末一期的水平，推算结果与实际水平相等。可见，用几何平均法计算平均发展速度的特点是着眼于考察期末水平。所以计算平均发展速度的几何平均法也称为“水平法”。

由上述特性可得出一个结论：从指定的期初水平出发，只要给定平均发展速度，就可以推算出期末水平。其计算公式可由式（9-24）推出：

$$y_n = y_0(\bar{x}_G)^n \tag{9-25}$$

预测现象未来的发展水平有很多方法和公式，式（9-25）就是一个既简便又实用的预测公式，经常用于根据平均速度预测现象经过一段时间以后可能达到的水平。例如，若我国居民人均消费水平继续按上面所求出的平均速度递增，则可预测到2025年，居民人均消费水平将达$17\,806 \times (1.1361)^{11} = 72\,468.38$（元）。

利用几何平均法求平均发展速度的原理，还可进行年度增长率与月度（或季度）增长率之间的换算。由于一年有4个季度、12个月，设季度增长率为z_s，月度增长率为z_m，则它们与年度增长率z_y之间的关系可表示为

$$z_y = (1+z_s)^4 - 1 = (1+z_m)^{12} - 1 \tag{9-26}$$

几何平均法较为简单、直观，既便于各种速度之间的推算，也便于预测未来某期的水平，因此在实际中计算平均发展速度普遍采用几何平均法。

2. *方程式法计算平均发展速度*

在一个时间序列中，各期实际水平之总和（不包括固定基期水平）为

$$y_1 + y_2 + y_3 + \cdots + y_n = \sum_{i=1}^{n} y_i$$

将各期水平y_i用期初水平与各期环比发展速度x_i的乘积来表示，则上式可变为

$$y_0x_1 + y_0x_1x_2 + y_0x_1x_2x_3 + \cdots + y_0x_1x_2x_3\cdots x_n = \sum_{i=1}^{n} y_i$$

若以平均发展速度$\bar{x}_F$作为各期环比发展速度的代表值，用它来推算各期水平，并希望它能使所推算的各期水平总和与实际水平总和相等，则有

$$y_0(\bar{x}_F) + y_0(\bar{x}_F)^2 + y_0(\bar{x}_F)^3 + \cdots + y_0(\bar{x}_F)^n = \sum_{i=1}^{n} y_i$$

即

$$(\bar{x}_F) + (\bar{x}_F)^2 + (\bar{x}_F)^3 + \cdots + (\bar{x}_F)^n = \frac{\sum_{i=1}^{n} y_i}{y_0} \tag{9-27}$$

式（9-27）是只含有一个未知数$\bar{x}_F$的高次方程。根据已知的时间序列各项数据，解此方程，其正根就是所求的平均发展速度。这种计算平均发展速度的方法称为方程式法。由式（9-27）可见，方程式法计算的平均发展速度取决于考察期内各期实际水平的累计总

和，所以计算平均发展速度的方程式法又称为“累计法”。方程式法的特点如下：以所求的平均发展速度代替各期环比发展速度，推算的考察期内各期水平的累计总和与各期实际水平的累计数相等。显然，方程式法求解平均发展速度有其特殊的意义。当我们不仅关注期末水平，而且着眼于考察全期的累计水平时，就适合用方程式法来计算平均发展速度。

在手工计算的时代，运用方程式法往往需要依赖前人事先编制好的平均增长速度查对表，那是件十分烦琐的事情。但计算机普及后，应用方程式法已不再是个困难。关于方程式法计算平均发展速度和平均增长速度的具体例子，可参见本章第六节中的例 9-18。

三、水平分析与速度分析的结合与应用

水平分析与速度分析都是利用一系列指标来对现象的动态进行分析，但两种分析各有不同的侧重点，分析结果的表现形式也各不相同。实际应用中，为了全面认识现象的变化特征，往往需要将这两个方面的分析结合运用，取长补短。具体地说，应注意以下几个问题。

1. 正确选择基期

各种速度指标和增长水平指标都是在一定基期水平上计算的。进行这些计算和分析时，先要根据研究目的，正确选择基期。例如，分析我国农村经济体制改革以来的变化，往往以 1978～1980 年为基期；分析我国加入 WTO 之后的经济发展变化，可以 2000 年或 2001 年为基期。基期的选择一般要避开异常时期。如果基期水平因为异常因素的影响而过高或过低，相应的速度分析和水平分析就会失去分析意义或给人以错误的印象。

2. 注意数据的同质性

速度分析要求时间序列中的数据是同质的。首先，不容许有 0 和负数，否则就不适宜计算速度，而只能直接用绝对数进行水平分析。例如，对利润额、净资产数额等经济指标进行分析时，就可能遇到这类情况。其次，如果现象在某个阶段内的发展非常不平衡，大起大落，就会降低甚至丧失平均速度的代表性和意义。这一点对于水平分析中的平均发展水平和平均增长量也同样适用。

3. 将总平均速度与分段平均速度及环比速度结合分析

总平均速度概括反映现象在较长一段时期内的平均变化程度，现象在各个较短的发展阶段上的变化又各有特殊性。因此，在分析总平均速度时，有必要结合各个特定历史时期的分段平均速度来深入分析，甚至可利用典型时期的环比速度来补充说明。

4. 将速度与水平结合起来分析

一般而言，基期水平低，容易产生高速度；基期水平高，速度就相对低。因此，高速度可能掩盖低水平，而低速度又可能隐藏高水平。为了对现象的动态做出正确分析，既要考虑速度的快慢，也要考虑实际水平的高低，把相对速度与绝对水平结合起来进行分析。为此，通常可计算增长 1%的绝对量来补充说明增长速度。**增长 1% 的绝对量**等于增长的绝对量除以增长的百分点，也即等于前一期水平的 1/100。该指标一般只对环比增长速度进行计算，所以其计算公式可写为

$$\text{增长1\%的绝对量}=\frac{y_i-y_{i-1}}{\left(\dfrac{y_i-y_{i-1}}{y_{i-1}}\right)\times 100}=\frac{y_{i-1}}{100}\quad(i=1,2,\cdots,n) \tag{9-28}$$

第三节　长期趋势的测定

一、时间序列的构成与分解

（一）时间序列的构成因素

现象随着时间推移而呈现的发展变化，是受多种因素共同影响的结果。不同的现象有不同的原因。我们不可能对每一种具体的影响因素都分别进行测定和分析，但是可以按照影响的性质和作用形式，将时间序列的众多影响因素归结为长期趋势、季节变动、循环变动和不规则变动等四种。

（1）长期趋势（trend）。长期趋势是指现象在相当长一段时间内沿某一方向持续发展变化的一种态势或规律性。它是时间序列中最基本的构成因素，是受某些长期性、起决定性作用的基本因素影响的结果。按变化方向不同来分，长期趋势有上升趋势、下降趋势和水平趋势三类。按变化的形态来分，长期趋势可分为线性趋势和非线性趋势两类。

（2）季节变动（seasonal fluctuation）。季节变动泛指现象在一年内所呈现的较有规律的周期性起伏波动。季节变动的周期长度可以是一年，也可以小于一年（如一季、一月、一周或一日等）。引起季节变动的原因既可能是自然条件（如一年四季的更替），也可能是法规制度和风俗习惯等（如节假日）。季节变动在许多现象的发展变化中都存在。例如，农产品的生产、销售和储存通常都有淡季和旺季之分，以一年为一个周期；超市的营业额和顾客人数的变动常常以七天为一个周期，每个周末是高峰期。

（3）循环变动（cyclical fluctuation）。循环变动是指在较长时间内（通常为若干年）呈现出涨落相间、峰谷交替的周期性波动。例如，出生人数以 20～25 年为一个周期，太阳黑子数目大约以 11 年为一个周期。循环变动与长期趋势都是需要长期观察才能显现的规律性，但不同的是，长期趋势是沿着单一方向的持续变动，而循环变动是具有循环特征的波动，通常围绕长期趋势上下起伏。循环变动与季节变动都属于周期性波动，但二者也有区别。循环变动的周期在一年以上，而且周期长短不像季节变动的周期那样很固定，波动形态和波幅等也都不是很规则，引起循环变动的原因通常也不像季节变动的原因那么直观明显。因此，对循环波动的识别和分析往往比较困难。

（4）不规则变动（irregular variation）。顾名思义，不规则变动是没有规律可循的变动，它是从时间序列分离了长期趋势、季节变动和循环变动之后剩余的因素，又称为剩余变动。不规则变动可细分为随机扰动和异常变动两种类型。随机扰动是短暂的、不可预期的和不可重复出现的众多因素综合作用的结果，其中每个因素的影响很小。随机扰动表现为以随机方式使现象呈现出方向不定、时大时小的起落变动，但从较长观察时间内的总和或平均来看，这种变动在一定程度上可以相互抵消。异常变动则是指一些具有偶然性、突发性的重大事件，如战争、社会动乱和自然灾害等引起的变动，其单个因素的影响较大，不可能相互抵消，在时间序列分析中往往需要对这种变动进行特殊处理。后文所讲的不规则变动一般仅指随机扰动。

虽然时间序列可以分解为以上四种成分，但在一个具体的时间序列中这四种成分并不一定要齐全。一般说来，在任何一个时间序列中，长期趋势和不规则变动总是存在的，而季节变动和循环变动则不一定存在。例如，年度数据形成的时间序列就不包括季节变动，因为在年度数据中这种季节性的起伏波动相互抵消了；有些现象在长期发展过程中本身不存在周期在一年以上的周期性起伏，因而也就没有循环变动。

（二）时间序列因素分解的模型

对时间序列进行因素分解的目的，是要分别测定和分析每种类型的构成因素对时间序列变动的影响作用，揭示现象发展变化的各种规律性，并在此基础上进行预测。要进行这些分析和预测，就必须先明确时间序列与各种构成因素之间的关系。按照四种构成因素相互作用的方式不同，可以将上述关系设定为不同的合成模型，实际中最常用的有加法模型和乘法模型。

若以 Y 表示时间序列中的指标数值，T 表示长期趋势值，S 表示季节变动值，C 表示循环变动值，I 表示不规则变动值，下标 t 表示时间（$t=1, 2, \cdots, n$），加法模型和乘法模型的形式分别为

$$\text{加法模型：} Y_t = T_t + S_t + C_t + I_t \qquad (9\text{-}29)$$

$$\text{乘法模型：} Y_t = T_t \times S_t \times C_t \times I_t \qquad (9\text{-}30)$$

加法模型假定四种因素的影响是相互独立的，每种因素的数值均与时间序列指标数值 Y 具有相同的计量单位和表现形式（如绝对数序列中各种因素的数值都表现为绝对量）。在加法模型中，季节变动和循环变动在各个时间上的数值有正有负，在它们各自的一个周期范围内，正负数值相互抵消，因而总和或平均数为零；不规则变动的数值也是有正有负，但只有从长时间来看其总和或平均数才趋于零。在加法模型中，对各因素的分离采用减法。例如，要从时间序列中剔除季节变动的影响，则用 $Y_t - S_t$ 即可。

乘法模型假定四种因素的影响作用大小是有联系的(引起它们变动的原因仍然是相互独立的)，只有长期趋势值与时间序列 Y 的计量单位和表现形式相同（如绝对数序列中趋势值为绝对量）；其余各种因素的数值均表现为以长期趋势值为基准的一种相对变化幅度，通常以百分数表示。在乘法模型中，各个时间上的季节变动和循环变动数值在 100%上下波动，在它们各自的一个周期范围内，其平均值为 100%；不规则变动值也是在 100%上下波动，但只有从长时间来看其平均值才趋于 100%。在乘法模型中，对各因素的分离则采用除法。例如，要从时间序列中剔除季节变动的影响，则用 Y_t/S_t 即可。

在实际应用中，加法模型和乘法模型都可以采用，还可以将加法和乘法混合使用。但相对而言，乘法模型的假定与许多现象变动的性质更加吻合，在数学处理和预测中也更为简便，因此实际中乘法模型的运用较多。后文有关的分析都是针对乘法模型的。

二、长期趋势的测定方法

长期趋势的测定和分析是时间序列分析中最主要的一项任务。测定长期趋势，不仅可以认识现象发展变化的基本趋势和规律性，并作为预测的重要依据，而且也是准确地测定其他构成因素的基础。测定长期趋势最简单的是时距扩大法，最常用的有移动平均法和趋势方程拟合法。

（一）时距扩大法

时距扩大法是将原时间序列中若干项数据合并，得到由较长时间上的数据形成的新序列。在数据合并过程中，原时间序列各项数据所包含的不规则变动在一定程度上被相互抵消了；对于包含季节变动的序列，若将数据的时期扩大到一个季节周期（如将月度或季度数据合并为年度数据），则季节变动也被相互抵消了，因此新时间序列能够更清晰地显示出现象发展的长期趋势。

【例 9-8】 2013～2016 年我国第三产业增加值季度数据如表 9-5 所示，试用时距扩大法反映其长期趋势。

表 9-5 2013～2016 年我国第三产业增加值季度数据（当季值）（单位：亿元）

季度	2013 年第一季度	2013 年第二季度	2013 年第三季度	2013 年第四季度
第三产业增加值	66 715	67 993.4	69 562.3	73 688.5
季度	2014 年第一季度	2014 年第二季度	2014 年第三季度	2014 年第四季度
第三产业增加值	73 905	75 266.8	77 011.6	81 875.3
季度	2015 年第一季度	2015 年第二季度	2015 年第三季度	2015 年第四季度
第三产业增加值	82 491.6	84 868.9	86 957.7	91 831.6
季度	2016 年第一季度	2016 年第二季度	2016 年第三季度	2016 年第四季度
第三产业增加值	91 444.7	93 797.3	96 403.7	102 574.8

解 总的说来，我国第三产业增加值在 2013～2016 年各季度呈上升趋势，但也包含不规则变动，使其上升过程中有起伏波动。现采用时距扩大法，依次将每四季度的第三产业增加值进行合并，得到新的第三产业增加值序列，如表 9-6 所示。

表 9-6 我国第三产业增加值总量（单位：亿元）

年份	2013	2014	2015	2016
第三产业增加值	277 959.2	308 058.7	346 149.8	384 220.5

由表 9-6 可以更加清楚地看出我国第三产业增加值不断增长的长期趋势。

时距扩大法的计算非常简单直观，但其应用具有很大的局限性。它最主要的缺点是新序列的项数大大减少，丢失了原时间序列所包含的大量信息，不能详细反映现象的变化过程，不利于进一步的深入分析。对时距扩大法进行改进的方法是移动平均法。

（二）移动平均法

移动平均法是采用逐项递进的办法，将原时间序列中的若干项数据进行平均，通过平均来消除或减弱时间序列中的不规则变动和其他变动，从而呈现出现象发展变化的长期趋势。若平均的数据项数为 K，就称为 K 期（项）移动平均。移动平均法分为简单移动平均法和加权移动平均法两种。简单移动平均法将各项数据等同看待，计算每个移动平均值时采用简单算术平均。加权移动平均法给各期观测值赋予不同的权数，采用加权算术平均来计算每个移动平均值。下面结合例题来介绍移动平均法及其应用。

【例 9-9】　某企业的商品销售量数据如表 9-7 所示，分别计算三年移动平均和五年移动平均。

表 9-7　某企业产品销售量的移动平均值（单位：万件）

项目	年份序号											
	1	2	3	4	5	6	7	8	9	10	11	12
销售量	54	50	52	67	82	70	89	88	84	98	91	106
3 年移动平均	—	52.0	56.3	67.0	73.0	80.3	82.3	87.0	90.0	91.0	98.3	—
5 年移动平均	—	—	61.0	64.2	72.0	79.2	82.6	85.8	90.0	93.4	—	—

解　采用三期简单移动平均法，第 1～3 年销售量的平均值为 52 万件，第 2～4 年销售量的平均值为 56.3 万件，依此类推。采用 5 期简单移动平均法，则第 1～5 年销售量的平均值为 61.0 万件，第 2～6 年销售量的平均值为 64.2 万件，依此类推。3 年移动平均和 5 年移动平均的计算结果，如表 9-7 所示。

表 9-7 中的两个移动平均序列清楚地显示出该企业产品销售量呈不断增长的趋势。原序列与移动平均得到的趋势值序列可通过图 9-2 来显示和比较。

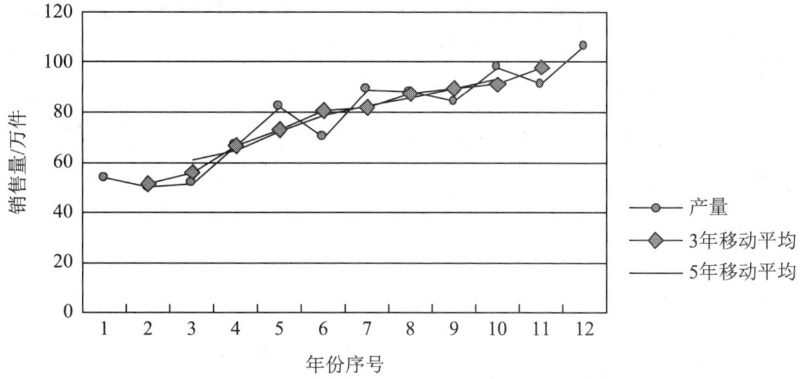

图 9-2　某企业的销售量及其移动平均趋势线

移动平均法测定长期趋势，简便、灵活，有着较为广泛的应用。例如，在证券及期货的价格走势分析中，移动平均法一直是最常用的基本分析方法之一。应用移动平均法，须注意以下几点。

（1）移动平均法对原时间序列具有修匀或平滑的作用，使得原序列的起伏波动被削弱了，而且平均的时距项数 K 越大，移动平均的修匀作用越强。例如，由表 9-7 或图 9-2 中的两种移动平均值序列可见，5 年移动平均值序列中的逐期增长量更稳定，不规则变动被削弱的程度更大，趋势线更加平滑。

（2）移动平均值代表的是所平均数据的中间位置上的趋势值。因此当平均项数 K 为奇数时，只需一次移动平均即可得到各期的趋势值；当 K 为偶数时，则需对移动平均的结果进行中心化处理，即再作一次两项移动平均，这样才能使移动平均值正对某一时期，使各期趋势值与实际值相对应。这种方法也称为中心化移动平均法。

（3）当序列包含周期性变动时，移动平均的项数 K 应与周期长度一致。这样才能在消除不规则变动的同时，也消除周期性波动，使移动平均值序列只反映长期趋势。因此，季度数据通常采用 4 期移动平均，月度数据通常采用 12 期移动平均。由于季节变动的周期比较固定，移动平均对季节变动的消除一般都有很好的效果。而循环变动的周期不太固定，所以固定项数的移动平均也就难以有效消除时间序列中的循环波动。

（4）移动平均值序列的项数比原序列的少，当平均项数 K 为奇数时，新序列首尾各减少 $(K-1)/2$ 项；K 为偶数时，首尾各减少 $K/2$ 项。移动平均会使原序列的首尾缺少对应的趋势值，K 越大，缺失的信息就越多，所以移动平均的项数不宜过大。

（5）当现象呈非线性趋势时，简单移动平均法得到的趋势值很容易出现较大的误差。加权移动平均在一定程度上可弥补这一不足。确定权数的方法是灵活多样的，可视具体情况来选择，但通常遵循“近大远小”的原则，即认为近期数据比远期数据对趋势值的影响更大，应给近期数据赋予较大权数，而给远期数据赋予较小权数。在测定各期的趋势值时，采用中心化移动平均法，其权数一般呈“中间大、两端小”的对称结构。例如，5 期移动平均中 5 个观测值的权数可分别为 1、2、3、2、1；或者也可以是 1、3、5、3、1；等等。

（6）由于没有建立起反映现象发展变化规律的统计模型，移动平均法不能直接进行外推预测。为了弥补移动平均法的不足，在加权移动平均法的基础上产生了改进的方法——指数平滑法。指数平滑法不仅是对序列进行修匀的方法，也可以作为预测的方法。有关内容将在本章第五节中介绍。

请扫描二维码，获取资源：参考 9-2　中国季度 GDP 的长期趋势分析

（三）趋势方程拟合法

趋势方程拟合法是通过拟合以时间 t 为解释变量、所考察指标为被解释变量的回归方程来测定现象的长期趋势。趋势方程拟合法的最大优点是，它不仅可以测定出时间序列中各期的趋势值，而且可以根据趋势方程直接进行预测。长期趋势可以分为线性趋势和非线性趋势。趋势形态不同，所拟合的趋势方程也就有不同的形式。

1. 线性趋势方程

当时间序列的逐期增长量大致相同、长期趋势可近似地用一条直线来描述时，就称时间序列具有线性趋势，可用下列形式的线性趋势方程来描述：

$$\hat{y}_t = a + bt \tag{9-31}$$

其中，$\hat{y}_t$ 为时间序列 y_t 的趋势值；t 为时间（通常取 $t=1, 2, \cdots, n$）；a 为趋势线的截距，表示 $t=0$ 时的趋势值（即既定时间序列长期趋势的初始值）；b 为趋势线的斜率，表示趋势值平均每期的变动量。

估计线性趋势方程中参数 a、b 通常采用最小二乘法，其计算公式与直线回归方程中参数的计算公式相同，即计算公式为

$$\begin{cases} b = \dfrac{n\sum ty_t - \sum t \sum y_t}{n\sum t^2 - \left(\sum t\right)^2} \\ a = \bar{y} - b\bar{t} \end{cases} \tag{9-32}$$

【例 9-10】 根据表 9-5 的数据，用线性趋势方程测定我国第三产业增加值的长期趋势。

解 取 $t=1, 2, \cdots, 16$，根据式（9-32）可计算出参数的估计值 $a = 2\,267.3$，$b = 63\,002$，即所求的线性趋势方程为

$$\hat{y}_t = 2\,267.3 + 63\,002t \quad (R^2 = 0.983\,5)$$

将时间 t 的值代入上述趋势方程，即可得到各期的趋势值，并可用实际值（观测值）减去相应的趋势值，计算出残差，如表 9-8 所示。

表 9-8　我国 2013～2016 年各季度第三产业增加值的趋势值

时间	t	观测值 y_t	趋势值 $\hat{y}_t$	残差
2013 年第一季度	1	66 715	65 269.660 29	1 445.339 706
2013 年第二季度	2	67 993.4	67 536.940 59	456.459 411 8
2013 年第三季度	3	69 562.3	69 804.220 88	−241.920 882 4
2013 年第四季度	4	73 688.5	72 071.501 18	1 616.998 824
2014 年第一季度	5	73 905	74 338.781 47	−433.781 470 6
2014 年第二季度	6	75 266.8	76 606.061 76	−1 339.261 765
2014 年第三季度	7	77 011.6	78 873.342 06	−1 861.742 059
2014 年第四季度	8	81 875.3	81 140.622 35	734.677 647 1
2015 年第一季度	9	82 491.6	83 407.902 65	−916.302 647 1
2015 年第二季度	10	84 868.9	85 675.182 94	−806.282 941 2
2015 年第三季度	11	86 957.7	87 942.463 24	−984.763 235 3
2015 年第四季度	12	91 831.6	90 209.743 53	1 621.856 471
2016 年第一季度	13	91 444.7	92 477.023 82	−1 032.323 824
2016 年第二季度	14	93 797.3	94 744.304 12	−947.004 117 6
2016 年第三季度	15	96 403.7	97 011.584 41	−607.884 411 8
2016 年第四季度	16	102 574.8	99 278.864 71	3 295.935 294

将原时间序列的实际值与趋势值绘制成图 9-3，以便对照分析。

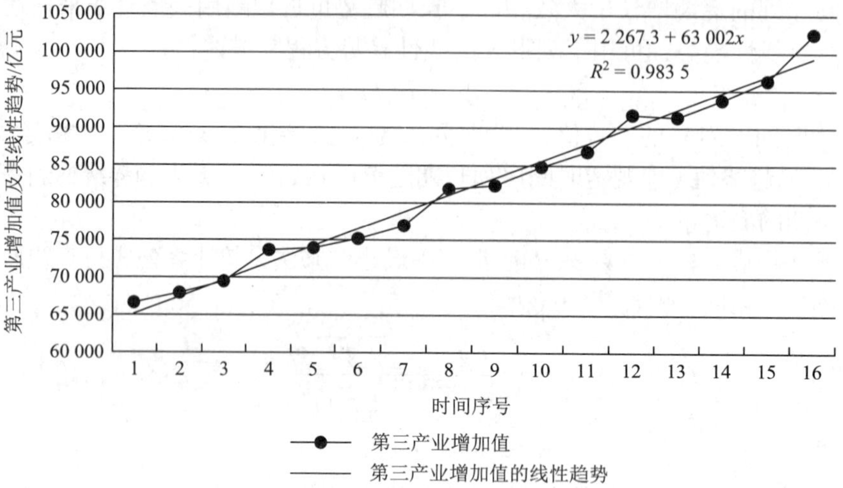

图 9-3　我国第三产业增加值及其线性趋势

2. 非线性趋势方程

当时间序列呈现出某种非线性趋势时，就要拟合非线性趋势方程即趋势曲线来描述。趋势曲线的类型很多，下面介绍几种常见的趋势曲线。

1）*K* 次曲线

对逐期增长量序列再求逐期增长量，称为二级增长量。依此类推，可计算时间序列的 *K* 级增长量。当现象的 *K* 级增长量大体接近一常数时，可拟合如下形式的 *K* 次曲线趋势方程：

$$\hat{y}_t = b_0 + b_1 t + b_2 t^2 + b_3 t^3 + \cdots + b_k t^k \tag{9-33}$$

实际中最常用的是二次曲线趋势方程，其方程形式为

$$\hat{y}_t = b_0 + b_1 t + b_2 t^2 \tag{9-34}$$

估计式（9-34）中的参数 b_0、b_1、b_2 时，可将 t 和 t^2 分别视为两个自变量，将式（9-34）视作二元线性回归方程，于是可用最小二乘法估计其参数。

2）指数曲线

当现象的环比发展速度或增长速度大体相同时，其长期趋势可拟合为如下形式的指数曲线方程：

$$\hat{y}_t = ab^t \tag{9-35}$$

式（9-35）中，参数 a 为时间序列长期趋势的初始值，参数 b 为平均发展速度。若 $b>1$，时间序列呈递增趋势，现象水平随 t 的增加而上升；反之，若 $b<1$，时间序列呈递减趋势，现象水平随 t 的增加而降低。

通过对数变换，可将式（9-35）转换为 $\lg \hat{y}_t = \lg a + (\lg b)t$，根据最小二乘法求出参数 $\lg a$ 和 $\lg b$ 的估计值之后，再取其反对数，即可估计式（9-35）中的参数 a 和 b。

【例 9-11】 表 9-9 是 2004～2015 年某地区金融业增加值的数据，试通过非线性趋势方程测定其长期趋势。

表 9-9　2004～2015 年某地区金融业增加值的数据（单位：亿元）

年份	2004	2005	2006	2007	2008	2009
金融业增加值	136.97	147.40	186.87	288.17	368.1	461.2
年份	2010	2011	2012	2013	2014	2015
金融业增加值	572.99	756.50	1 001.59	1 235.91	1 422.28	1 603.23

解　从时间序列的折线图（图 9-4）可见，某地区金融业增加值呈现不断上升的趋势，其长期趋势可分别用二次曲线和指数曲线进行拟合。可对曲线进行线性化处理，再利用回归分析方法，求出模型各参数的估计值；也可以直接在 Excel 的折线图上运用添加趋势线功能，得到所求趋势线、曲线趋势方程及相应的决定系数 R^2，如图 9-4 所示。

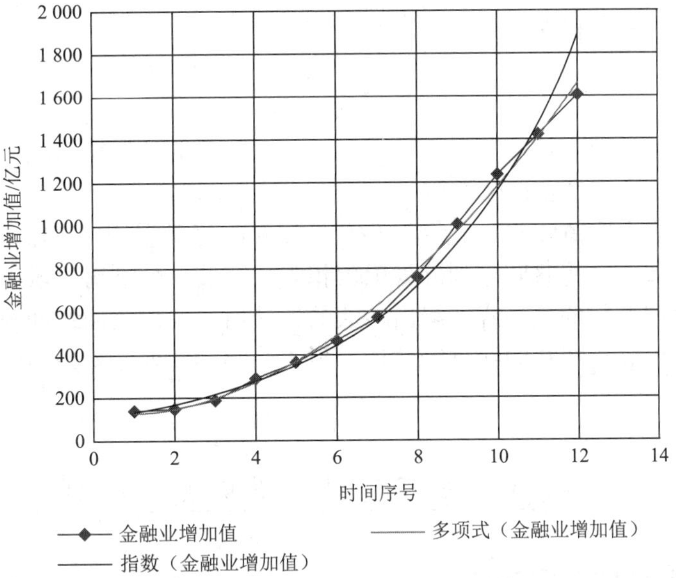

图 9-4　某地区金融业增加值的曲线趋势

本例所求的二次曲线趋势方程及其决定系数为

$$\hat{y}_t = 123.2 - 9.054\,8t + 11.399t^2\text{，}\quad R^2 = 0.995\,9$$

本例所求的指数曲线方程及其决定系数为

$$\hat{y}_t = 102.85\mathrm{e}^{0.242\,3t}$$

即

$$\hat{y}_t = 102.85(1.274)^t\text{，}\quad R^2 = 0.989\,6$$

从决定系数来看，二次曲线和指数曲线都能很好地拟合该地区近 12 年来金融业增加值的趋势，二次曲线拟合效果更好。

3）其他非线性趋势曲线

用来拟合现象非线性趋势的曲线还有修正指数曲线、冈珀茨曲线（Gompertz curve）和逻辑斯谛曲线（logistic curve）等。修正指数曲线的方程形式为

$$\hat{y}_t = K + ab^t \quad (0 < b < 1) \tag{9-36}$$

修正指数曲线的数学特征是：变量值的一次差的环比比率相等。因此，当现象观测值的一次差的环比比率大体相等时，就适合用修正指数曲线来拟合。直观地说，它所描述的长期趋势具有如下特点：现象初期增长迅速，随后增长率逐渐下降，直至最终以常数 K 为增长的极限。

冈珀茨曲线的方程形式为

$$\hat{y}_t = Ka^{b^t} \quad (K > 0) \tag{9-37}$$

冈珀茨曲线的数学特征有：变量值的对数一次差的环比比率相等。当现象观测值的对数一次差的环比比率大体相等时，就适合用冈珀茨曲线来拟合。它通常所描述的现象趋势是：初期增长缓慢，随后逐渐加快，达到一定程度后增长率又逐渐下降，直至接近一条水平线 $Y = K$。

逻辑斯谛曲线的方程形式为

$$\hat{y}_t = \frac{1}{K + ab^t} \tag{9-38}$$

逻辑斯谛曲线的数学特征有：变量值倒数的一次差的环比比率相等。它所适合的场合与冈珀茨曲线的适合场合比较类似。

修正指数曲线需要估计的三个参数（k、a 和 b），通常采用“三段求和法”来近似估计。其基本思路如下：将时间序列分为项数相等的三段，分别对每段观察值求和，根据这三个总和与模型参数的关系式求解出参数的估计值。冈珀茨曲线和逻辑斯谛曲线可通过变量代换转换为修正指数曲线进行估计。限于篇幅，此处不赘述。感兴趣的读者可参考有关文献。

第四节　季节变动和循环变动的测定

一、季节变动的测定方法

测定季节变动的意义主要在于掌握现象的季节变动规律，为决策和预测提供重要依据，此外也是为了从原时间序列中剔除季节变动的影响，以便更好地分析其他因素。

在时间序列的乘法模型中，季节变动的测定和分离都是通过季节指数（也称为季节比率）来实现的。测定季节变动的方法很多，按是否消除长期趋势的影响来划分，可分为两大类：一是不考虑长期趋势的影响，直接根据原时间序列去测定季节变动，常用的方法是同期平均法；二是先剔除长期趋势，然后根据趋势剔除后的序列来测定季节变动，常用的方法是移动平均趋势剔除法。通常应根据原时间序列绘制的折线图或散点图，观察序列的基本类型和季节变动特征，以便选择适合的测定方法。无论哪种测定方法，都至少要有 3 个季节周期的数据，如月份数据就要有不少于 3 年即 36 个月的数据。如果季节变动的规律性不是很稳定，则所需要的数据还应更多一些。

为了叙述简便，下面的讨论都以周期为一年的季节变动来说明，但其测定基本原理和方法同样适用于周期小于一年的各种季节变动。

（一）同期平均法

同期平均法的基本原理是：假定时间序列呈水平趋势即长期趋势值是一常数，对多年的同期数据进行简单算术平均，以消除各个季节周期上的不规则变动，再与水平趋势值（全部数据的总平均数）进行对比，即可得到季节指数，以此来表明季节变动的规律。同期平均法计算季节指数的一般步骤如下所示。

第一，计算同期平均数 $\overline{y}_i$（$i=1,2,\cdots,L$；L 为一年所包含的时序数据项数），即将不同年份同一季节的多个数据进行简单算术平均。其目的是消除不规则变动的影响。为了计算方便，一般要先将各年同一季节的数据对齐排列，如将历年的月（季）度数据按月（季）对齐排列。

第二，计算全部数据的总平均数 $\overline{y}$，用以代表消除了季节变动和不规则变动之后的全年平均水平，亦即整个时间序列的水平趋势值。

第三，计算季节指数 S_i，它等于同期平均数与总平均数对比的比率，即

$$S_i=\frac{\overline{y}_i}{\overline{y}}\times 100\% \tag{9-39}$$

可见，同期平均法计算的季节指数实质上表示：从多个季节周期平均来看，各季节水平对于平均水平的相对变化程度。季节指数 S_i 大于 100%，表示所研究现象在第 i 期处于旺季；反之，季节指数 S_i 小于 100%，表示第 i 期是个淡季。

季节指数应满足一个平衡关系：在一个完整的季节周期中，季节指数的总和等于季节周期的时间项数，或季节指数的均值等于 100%，即

$$\sum_{i=1}^{L}S_i=L \text{ 或 } \overline{S}=\frac{1}{L}\sum_{i=1}^{L}S_i=100\% \tag{9-40}$$

若计算结果不满足式（9-40），就需要对其进行调整（即归一化处理）。这种调整实质上就是将误差平均分摊到各期季节指数中去。调整方法是用各项季节指数除以全部季节指数的均值，或者说，将所求的各项季节指数都乘以一个调整系数，即可得到最终所求的季节指数。此调整系数的公式为

$$\text{季节指数的调整系数}=\frac{1}{\overline{S}}=L\div\sum_{i=1}^{L}S_i \tag{9-41}$$

可证明，同期平均法计算的季节指数应该是自动满足关系式（9-40）的。

【例 9-12】 我国 2013 年第 1 季度至 2016 年第 4 季度彩色电视机销售量数据如表 9-10 所示，试用同期平均法计算各季度的季节指数。

表 9-10　我国彩色电视机的销售量数据（单位：万台）

年份	第 1 季度	第 2 季度	第 3 季度	第 4 季度
2013	3 038.1	3 070.5	3 602.3	4 247.2
2014	3 148.1	3 941.3	4 271.8	4 285
2015	3 335.7	3 672.8	4 563.4	4 662
2016	3 878.1	3 993	4 550.1	4 875.7

解 计算过程和计算结果见表 9-11。

表 9-11 采用同期平均法的季节指数计算表

项目	第 1 季度	第 2 季度	第 3 季度	第 4 季度	平均
同季度合计	13 400	14 677.6	16 987.6	18 069.9	—
同季度平均	3 350	3 669.4	4 246.9	4 517.475	3 945.94
季节指数	84.90%	92.99%	107.63%	114.48%	100%

从计算结果可见，我国彩色电视机销售量的旺季是第 3 季度和第 4 季度，其中销售最旺的是第 4 季度，该季度的销售量相当于全年平均销售量的 114.48%；销售量最低的是第 1 季度，该季度的销售量只相当于全年平均销售量的 84.90%。根据各季度的季节指数可以绘制出季节指数图，以便一目了然地看出季节变动的规律，如图 9-5 所示。

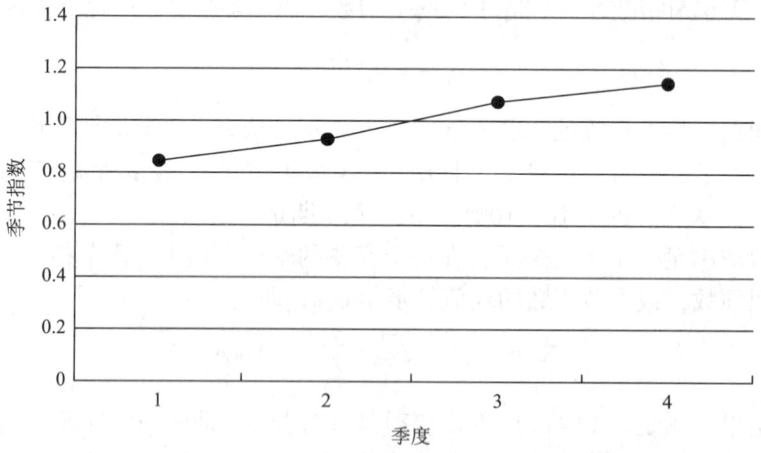

图 9-5 我国彩色电视机销售量的季节变动

同期平均法是计算季节指数最简单的方法，计算结果也容易理解。但它只适用于时间序列近似呈水平趋势的情况。若时间序列呈现出明显的上升和下降趋势，则同期平均法计算的季节指数就不够准确了。例如，当存在上升趋势时，即使完全没有季节变动，按同期平均法计算，年末季节指数也会大于年初季节指数。所以，按同期平均法计算，当现象呈现出明显上升趋势时，总会高估年末季节指数，相应地低估年初季节指数；相反，若现象呈现明显的下降趋势，则会高估年初季节指数，相应地低估年末季节指数。为了避免这种局限性，测定季节变动时就应先剔除长期趋势。

（二）移动平均趋势剔除法

趋势剔除法的基本原理是：假定时间序列有明显的上升或下降趋势，首先测定出时间序列各期的趋势值，其次设法从原序列中消除趋势成分，最后再通过平均的方法消除不规则变动，从而测定出季节变动规律。

长期趋势的测定可用移动平均法，也可用趋势方程拟合法，还可以先采用移动平均法修匀时间序列，再采用趋势方程拟合法。但在计算季节指数的过程中，测定长期趋势最简便、最常用的方法是移动平均法。这是因为在长期趋势、季节变动和不规则变动三种因素共存时，若用趋势方程拟合法直接对原序列计算趋势值，会因为季节变动的影响而使趋势值不准确；如果将原序列转化为年度数据再拟合各期趋势值，则计算复杂且数据项数不多也会使拟合效果不佳。而移动平均法较为方便的同时可消除不规则变动和季节变动的影响，只反映出长期趋势。采用移动平均法测定长期趋势，再剔除长期趋势来计算季节指数，这种方法就是**移动平均趋势剔除法**。实质上，移动平均趋势剔除法也适用于包含循环变动的场合。

移动平均趋势剔除法计算季节指数的具体方法和步骤如下所示。

（1）计算移动平均值（M）。对原序列计算平均项数等于季节周期 L 的中心化移动平均值。这样的移动平均可消除原序列中的季节变动 S 和不规则变动 I。若序列不包含循环变动，即 $Y=T\cdot S\cdot I$，则所求移动平均值就作为长期趋势值，即 $M=T$。假定时间序列也包含循环变动，即 $Y=T\cdot S\cdot C\cdot I$，则所求移动平均值包含着趋势和循环变动，即 $M=T\cdot C$，可称之为趋势–循环值。

（2）剔除原序列中的趋势成分（或趋势–循环成分）。用原数列各项数据 Y 除以对应的移动平均值（M），得到消除了长期趋势（或消除了长期趋势和循环变动）的序列，亦即得到只含季节变动和不规则变动的比率序列：

$$\frac{Y}{M}=\frac{T\cdot S\cdot I}{T}=S\cdot I \text{ 或 } \frac{Y}{M}=\frac{T\cdot S\cdot C\cdot I}{T\cdot C}=S\cdot I \tag{9-42}$$

（3）消除不规则变动 I。将各年同期（同月或同季）的比率（$S\cdot I$）进行简单算术平均，可消除不规则变动 I，从而得到季节指数 S。

（4）调整季节指数。经由上述过程所得的季节指数通常不满足式（9-40），因此需要根据式（9-41）计算调整系数，对所求季节指数进行归一化处理。

【例 9-13】　根据表 9-10 我国彩色电视机 2013～2016 年各季度销售量数据，试采用移动平均趋势剔除法计算各季度的季节指数。

解　根据表 9-10 的数据，计算四项中心化移动平均值（M），并计算趋势（或趋势–循环）剔除值（Y/M），计算结果见表 9-12。

表 9-12　趋势值和趋势剔除值计算表

年份	季度	销售额（Y）/万元	中心化四季移动平均值（M）	趋势剔除值（Y/M）
第一年	1	3 038.1	—	—
	2	3 070.5	—	—
	3	3 602.3	3 503.275	1.028 266 408
	4	4 247.2	3 625.875	1.171 358 638
第二年	1	3 148.1	3 818.4125	0.824 452 57
	2	3 941.3	3 906.825	1.008 824 301
	3	4 271.8	3 935	1.085 590 851
	4	4 285	3 924.887 5	1.091 751 037

续表

年份	季度	销售额（Y）/万元	中心化四季移动平均值（M）	趋势剔除值（Y/M）
第三年	1	3 335.7	3 927.775	0.849 259 441
	2	3 672.8	4 011.35	0.915 601 979
	3	4 563.4	4 126.275	1.105 936 953
	4	4 662	4 234.1	1.101 060 438
第四年	1	3 878.1	4 272.462 5	0.907 696 674
	2	3 993	4 297.512 5	0.929 142 149
	3	4 550.1	—	—
	4	4 875.7	—	—

为便于计算，先将表 9-12 中的趋势剔除值按季对齐排列，见表 9-13。

表 9-13　季节指数计算表

年份	第 1 季度	第 2 季度	第 3 季度	第 4 季度	总和
第一年			1.028 3	1.171 4	
第二年	0.824 5	1.008 8	1.085 6	1.091 8	
第三年	0.849 3	0.915 6	1.105 9	1.101 1	
第四年	0.907 7	0.929 1			
合计	2.581 5	2.853 5	3.219 8	3.364 3	
平均	0.860 5	0.951 2	1.073 3	1.121 4	4.006 4
季节指数	85.91%	94.97%	107.16%	111.96%	400.00%

计算同季平均数得到季节指数。由于四个季度的季节指数总和不等于 4，应进行调整，调整系数为 0.998 4（＝4÷4.006 4），调整后的季节指数在表 9-13 最末行。

计算出季节指数后，可用于预测，也可以用于从原时间序列中分离出季节变动，以便更清晰地显示其他成分的变化形态。

二、循环变动的测定方法

正如前面所述，循环变动的周期往往不固定，其规律性不是很明显，通常很难识别和分解。另外，需要相当长时间的观察数据才能看出其中一定的规律性，在实际应用中获得所需数据也是一个困难。所以，循环变动的测定和分析，不仅需要运用统计方法，还必须借助于定性分析，并对现象的变化过程进行深入具体的研究。测定循环变动的统计方法主要有直接法和剩余法。

（一）直接法

测定循环变动的**直接法**，是指将时间序列中的各项数据与其上年同期（同月或同季）的数据进行对比，即计算同比发展速度或年距发展速度，以消除或减弱长期趋势和季节变动的影响，从而由同比发展速度的波动来粗略地描述循环变动的特征。直接法也可以用于分析年度数据，只不过此时所计算的发展速度也就是各年的环比发展速度。

在实际工作中，如果研究目的只是大体观察时间序列的循环波动特征，就可用直接法。直接法简便直观，但是这种方法的理论依据并不充分，由于它只考虑两期数值的差异程度，没有消除不规则波动的影响，往往也不能真正消除长期趋势和季节变动的影响。某期数值偏高，一方面会使得本期的速度偏高，另一方面又会使得下一年同期的速度偏低，从而导致循环波动的振荡幅度被拉大。因此直接法很难准确描述时间序列循环波动的波峰、波谷和振荡幅度等特征。

（二）剩余法

剩余法，也称为**分解法**，其基本思想是以时间序列的构成模型为基础，分别从时间序列中分离出长期趋势和季节变动因素，再消除不规则变动，则剩余的成分就是时间序列的循环变动。

假定各因素的构成模型为乘法模型$Y=T\cdot S\cdot C\cdot I$。可以先消除季节变动S，也可以先消除长期趋势T，或者同时消除季节变动S和长期趋势T。从数学原理上讲，结果都应该相同。但是实际中通常先消除季节变动。因为对短期（月或季度）数据进行合并，或者利用移动平均等方法，就可以很方便地抵消季节变动，从而使得长期趋势的测定及随后的循环变动的测定更加准确可靠。其具体方法和步骤如下。

第一，消除季节变动，得到无季节影响的序列：

$$\frac{Y}{S}=\frac{T\cdot S\cdot C\cdot I}{S}=T\cdot C\cdot I \tag{9-43}$$

第二，由无季节影响的序列计算出各期的趋势值T，再剔除趋势，求得循环和不规则变动序列：

$$\frac{T\cdot C\cdot I}{T}=C\cdot I \tag{9-44}$$

第三，对$C\cdot I$进行移动平均，以消除不规则变动I，求得循环变动值C。

剩余法的思路从逻辑上讲是合理的。但计算复杂，而且实际应用中，最后计算结果的准确性也要受其他各因素分离效果的影响，尤其是长期趋势值是否准确、不规则变动的抵消是否令人满意等，都对最后所测定的循环变动值有很大的影响。其中，对$C\cdot I$的移动平均以多长时距为宜，理论上无法一概而论，因此实际应用中难免会出现一定的随意性。一般说来，移动平均的项数越多，C的变化更趋平滑而相应的不规则变动值就会越大。

另外，不规则变动一般不能直接测定。从时间序列中逐一将长期趋势、季节变动和循环变动分离出去之后剩余的成分统统归结为不规则变动。对不规则变动，一般无法预测其未来确切的波动方向和具体数值（至多可以估计其波动的区间范围），只能在事后进行测定和分析。对不规则变动的事后分析，有利于分析现象变化的具体原因，以便在以后的决策和行动中采取有效的防范措施和应对措施。分析不规则变动时，特别要注意应对异常波动的影响进行专门的研究。

【例 9-14】 根据表 9-14 某销售公司近五年各季度的饮料销售数据，用剩余法测定该销售额的循环波动和不规则变动。

表 9-14 某销售公司的饮料销售额（单位：万元）

年份	第 1 季度	第 2 季度	第 3 季度	第 4 季度
第一年	29	90	108	14
第二年	35	112	130	24
第三年	40	108	126	28
第四年	48	139	179	33
第五年	56	152	192	35

解 首先，利用移动平均趋势剔除法计算得到季节指数，分别为 52.22%、144.45%、173.32%及 30.01%。其次，计算分离季节变动后的销售额序列（$T\cdot C\cdot I$）。由该序列大致可判断长期趋势呈线性（图 9-6）。

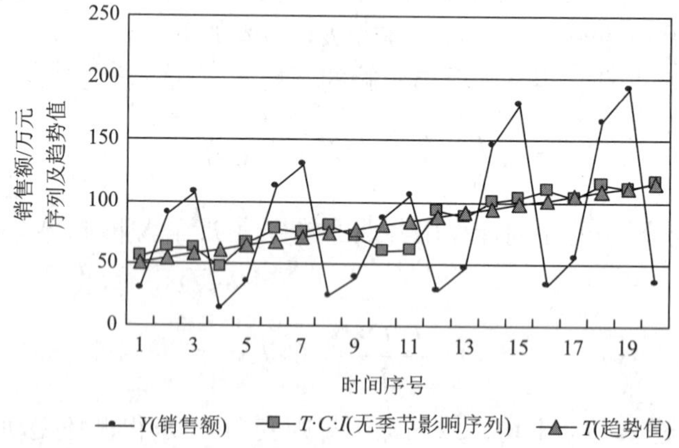

图 9-6 某公司饮料销售额及其趋势

对该序列（$T\cdot C\cdot I$）拟合趋势直线方程，方程为 $\hat{T}_t = 47.5847 + 3.3759t$ 。

将时间序号代入上述趋势方程，即可估计出各期趋势值 T。然后由（$T\cdot C\cdot I$）除以对应的趋势值 T，即得循环和不规则变动序列（$C\cdot I$）。对序列（$C\cdot I$）采用 3 期移动平均进行平滑，得到循环变动序列 C，最后由各期的（$C\cdot I$）除以对应的 C 即可得到各期的不规则变动数值 I。计算结果见表 9-15。

表 9-15　循环变动和不规则变动的计算表

时间序号 (1)	销售额（Y） (2)	季节指数（S） (3)	无季节影响的序列（$Y/S=T\cdot C\cdot I$） (4)=(2)/(3)	趋势值（T） (5)	循环及不规则变动（$C\cdot I$） (6)=(4)/(5)	循环变动（C） (7)	不规则变动（I） (8)=(6)/(7)
1	29	0.522 2	55.534	52.989 1	1.048	—	—
2	90	1.444 5	62.305	56.279 4	1.107	1.067	1.038
3	108	1.733 2	62.312	59.569 7	1.046	0.965	1.084
4	14	0.300 1	46.651	62.860 0	0.742	0.934	0.795
5	35	0.522 2	67.024	66.150 3	1.013	0.957	1.059
6	112	1.444 5	77.535	69.440 6	1.117	1.054	1.059
7	130	1.733 2	75.006	72.731 0	1.031	1.067	0.967
8	24	0.300 1	79.973	76.021 3	1.052	1.016	1.035
9	40	0.522 2	76.599	79.311 6	0.966	0.974	0.992
10	108	1.444 5	74.766	82.601 9	0.905	0.906	0.999
11	126	1.733 2	72.698	85.892 2	0.846	0.933	0.907
12	28	0.300 1	93.302	89.182 5	1.046	0.962	1.088
13	48	0.522 2	91.919	92.472 8	0.994	1.015	0.979
14	139	1.444 5	96.227	95.763 1	1.005	1.014	0.991
15	179	1.733 2	103.277	99.053 4	1.043	1.041	1.002
16	33	0.300 1	109.963	102.343 7	1.074	1.044	1.029
17	56	0.522 2	107.239	105.634 0	1.015	1.019	0.996
18	152	1.444 5	105.227	108.924 3	0.966	0.990	0.976
19	192	1.733 2	110.778	112.214 6	0.987	0.988	0.999
20	35	0.300 1	116.628	115.504 9	1.010	—	—

分别将表 9-15 中的循环变动值和不规则变动值绘制成图 9-7 和图 9-8，可以直观地显示循环变动和不规则变动的特征。

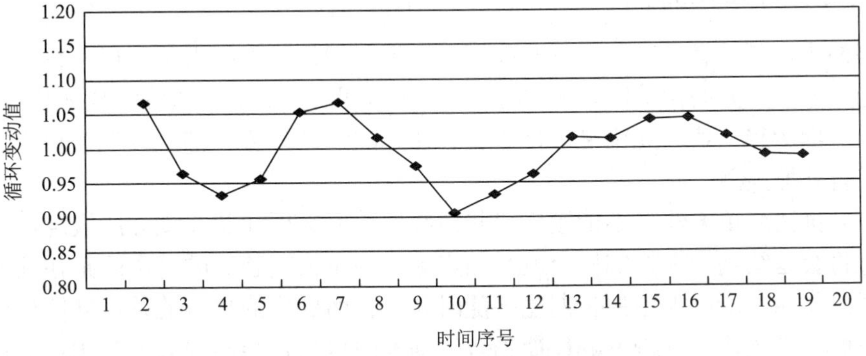

图 9-7　某公司饮料销售额的循环变动

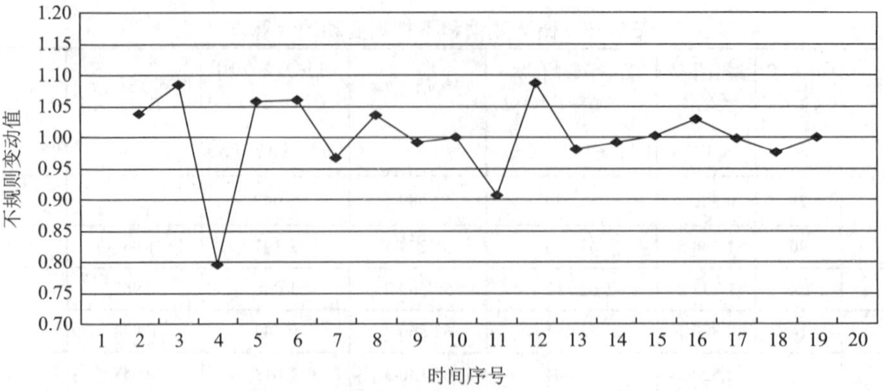

图 9-8 某公司饮料销售额的不规则变动

第五节 时间序列预测模型

研究时间序列的主要目的之一就是对现象未来的变化进行预测。时间序列预测是将现象在过去和现在所呈现出来的趋势和规律进行类推或延伸，借以预测现象在未来时间上可能达到的水平。时间序列预测通常是建立在时间序列因素分解基础上的。也就是说，分别对各种构成因素进行预测后，再合成得到所研究现象的预测值。由于不规则变动是无法预测的，以乘法合成模型为基础的时间序列预测模型最一般的形式为

$$\hat{Y}_t = \hat{T}_t \times \hat{S}_t \times \hat{C}_t \tag{9-45}$$

其中，$\hat{Y}_t$ 为所研究现象第 t 期的预测值；$\hat{T}_t$ 、$\hat{S}_t$ 、$\hat{C}_t$ 分别为第 t 期的趋势预测值、季节指数预测值和循环变动预测值。

对式（9-45）中各个构成成分的预测又可以采用多种不同的方法，因此，具体的预测模型很多。由于季节变动规律比较稳定，实际预测中一般假定未来的季节指数不变，即直接利用所测定的季节指数作为未来季节变动的预测值。循环变动很难准确测定和预测，可暂时不予考虑。所以最主要的是长期趋势的预测。下面介绍长期趋势的几种常用预测方法。

一、趋势外推预测

趋势外推预测，就是利用根据时间序列所拟合的趋势方程去预测现象在未来时间上的长期趋势值。其方法就是按原来的时间顺序将预测期的时间变量值 t 代入趋势方程中，计算出预测期的趋势值。无论是线性趋势，还是非线性趋势，都可以根据相应的趋势方程直接进行外推预测。

趋势外推法简单方便，不依赖任何其他数据。但必须注意，该方法假定现象发展变化的趋势将会延续到未来，实质上就是假定影响现象长期趋势的基本因素在预测期仍然起着同样的作用，所以现象的长期趋势随时间推移而变化的数量关系可延伸到预测期。实际应用中，必须认真分析影响长期趋势的基本因素是否会出现显著变化，而且外推的时间不宜太远。

【例 9-15】 根据例 9-14 中所拟合的趋势直线方程，并结合季节指数预测第六年各季度的饮料销售额。

解 所拟合的趋势直线方程为 $\hat{T}_t = 47.5847 + 3.3759t$。可利用趋势外推求得长期趋势的预测值，再乘以预测期的季节指数，即可求得第六年第 1～4 季度（$t=21$，22，23，24）的销售额预测值（不考虑循环变动影响）依次为（这里不考虑循环变动影响）

$$\hat{y}_{21} = \hat{T}_{21} \times S_1 = (47.5847 + 3.3759 \times 21) \times 0.5222 = 61.87 \text{（万元）}$$

$$\hat{y}_{22} = \hat{T}_{22} \times S_2 = (47.5847 + 3.3759 \times 22) \times 1.4445 = 176.02 \text{（万元）}$$

$$\hat{y}_{23} = \hat{T}_{23} \times S_3 = (47.5847 + 3.3759 \times 23) \times 1.7332 = 217.05 \text{（万元）}$$

$$\hat{y}_{24} = \hat{T}_{24} \times S_4 = (47.5847 + 3.3759 \times 24) \times 0.3001 = 38.59 \text{（万元）}$$

二、移动平均预测

移动平均预测就是用移动平均值作为下一期的预测值。有简单移动平均预测和加权移动平均预测两种。与用于测定趋势的移动平均法所不同的是，首先，每个 K 期移动平均值不是代表观测值中间一期的趋势值，而是第 $K+1$ 期的趋势预测值。其次，移动平均值的位置也不再是居中放置，而是置于第 K 期（所平均数据末尾一期）或直接置于第 $K+1$ 期（预测期）。证券价格走势中各种均线（移动平均值曲线）、Excel 的“移动平均”都是把每次平均结果放在末尾一期。最后，加权移动平均法用于预测时，为了突出近期数据对预测值的影响，按“近大远小”的原则确定权数，具体来说，就是离预测期较远的数据给以较小的权数，而离预测期较近的数据给以较大的权数。

简单移动平均预测第 $t+1$ 期预测值的计算公式为

$$\hat{y}_{t+1} = M_t = \frac{y_t + y_{t-1} + y_{t-2} + \cdots + y_{t-K+1}}{K} = \frac{1}{K}\sum_{i=0}^{K-1} y_{t-i} \tag{9-46}$$

加权移动平均预测第 $t+1$ 期预测值的计算公式为

$$\hat{y}_{t+1} = M_t = \frac{y_t w_t + y_{t-1}w_{t-1} + y_{t-2}w_{t-2} + \cdots + y_{t-K+1}w_{t-K+1}}{w_t + w_{t-1} + w_{t-2} + \cdots + w_{t-K+1}} \tag{9-47}$$

其中，K 为移动平均的项数；w_i 为观测值 y_i 的权数，且满足由近到远逐渐递减的原则，即有 $w_t > w_{t-1} > \cdots > w_{t-K+1}$。为了简便，$K$ 期移动平均预测由近到远各期观测值的权数常常取自然数 $K, K-1, \cdots, 2, 1$。

移动平均预测只具有推测未来一期趋势值的预测功能，而且只适用于呈水平趋势的时间序列。如果现象的发展变化具有明显的上升（或下降）趋势，则移动平均预测的结果就会产生偏低（或偏高）的滞后偏差，即预测值的变化滞后于实际趋势值的变化。移动平均的项数 K 越大，滞后偏差就越大。

三、指数平滑预测

（一）指数平滑法的基本原理

指数平滑法（exponential smoothing）是在加权移动平均法基础上改进而来的一种广

泛使用的统计分析方法。它通过计算一系列指数平滑值来消除不规则变动，以反映时间序列的长期趋势。指数平滑法既是对时间序列进行修匀的一种方法，也可以直接用于预测，还可以用于估计预测模型的参数。

用E_t表示第t期的指数平滑值，其计算公式为

$$E_t = \alpha y_t + (1-\alpha)E_{t-1} \tag{9-48}$$

其中，E_t、E_{t-1}分别为第t期和第$t-1$期的指数平滑值；y_t为第t期的观测值；α为平滑系数，$0<\alpha<1$。

显然，指数平滑具有递推性质，各期平滑值是在上期平滑值的基础上递推得到的。将式（9-48）展开，可得

$$\begin{aligned} E_t &= \alpha y_t + \alpha(1-\alpha)y_{t-1} + \alpha(1-\alpha)^2 y_{t-2} + \alpha(1-\alpha)^3 y_{t-3} + \cdots \\ &\quad + \alpha(1-\alpha)^{t-1} y_1 + (1-\alpha)^t E_0 \\ &= \alpha\sum_{i=1}^{t}(1-\alpha)^{t-i} y_i + (1-\alpha)^t E_0 \end{aligned} \tag{9-49}$$

式（9-49）中，E_0称为初始值，通常将时间序列的最初水平作为初始值E_0。数列项数较多时，初始值对平滑值的影响不大。由于α是介于0与1的小数，当$t\to\infty$时，最后一项系数$(1-\alpha)^t$趋近于零，其余各项的系数构成一个无穷递减等比数列，该数列总和为$\dfrac{\alpha}{1-(1-\alpha)}=1$。可见，指数平滑值$E_t$实质上是以前各期观测值的加权算术平均数，各期观测值的系数就是其比重权数。由于权数呈指数形式递减，所以称为指数平滑法。

用指数平滑法来修匀时间序列，具有很多优点。它按“近大远小”原则给各期观测值赋予了不同的权数，既充分利用了以前各期观测值的信息，又突出了近期数据的影响，能够及时跟踪反映现象的最新变化。它采用递推公式，更便于连续计算，因为实际计算时不必保留以前全部信息，只需上期的平滑值和最新的观测值两项数据即可。其权数确定也较为简便，只需确定最新一期数据的权数，其他各项观测值的权数可自动生成。

应用指数平滑法的关键是平滑系数α的选择。α越大，近期数据的权数就越大，权数递减的速度就越快，对现象变化的跟踪反应越敏捷，但修匀作用就越弱；反之，α越小，对数据的跟踪反应越迟缓，而修匀作用越强。因此，α的选取一般可从以下几个方面来考虑：①如果认为时间序列中随机波动成分较大，为了尽可能消除随机波动的影响，可选择较小的α；反之，若认为随机波动成分较小，为了及时跟踪现象的变化，突出最新数据的信息，可选择较大的α。②如果现象趋势的变化很平缓，可选择较小的α；如果现象趋势的变化比较剧烈，如呈阶梯式特征，应选择较大的α。③对大小不同的α值进行试算，使得预测误差最小的α值就是最合适的平滑系数。

（二）一次指数平滑预测模型

按修匀次数的多少来分，指数平滑有一次指数平滑、二次指数平滑和多次指数平滑。当时间序列呈水平趋势或没有明显波动规律时，可以用**一次指数平滑**进行短期预测，即直接将第t期的指数平滑值E_t作为第$t+1$期的预测值$\hat{y}_{t+1}$。一次指数平滑预测的模型为

$$\hat{y}_{t+1} = E_t = \alpha y_t + (1-\alpha)E_{t-1} \tag{9-50}$$

由于同样有 $\hat{y}_t = E_{t-1}$，所以式（9-50）又可改写为 $\hat{y}_{t+1} = \hat{y}_t + \alpha(y_t - \hat{y}_t)$。由此式可知：第 $t+1$ 期的预测值等于上期预测值加用 α 调整后的上期预测误差。这个公式体现了一次指数平滑预测的基本思想：如果第 t 期的预测没有误差，则第 t 期预测值仍然是第 $t+1$ 期的预测值。如果有预测误差，则认为这种误差不外乎包括两部分，一部分是随机波动所引起的误差，预测时应尽可能予以剔除；另一部分是 t 期的现象与以前比较确实有了实质性变化而造成的误差，对此须及时跟踪反应，这就要求根据预测误差调整预测值。α 值实质上就体现了预测者对预测误差中实质性变化所占比重的一种估计。

【例 9-16】　某公司股票连续 16 日的收盘价格如表 9-16 的第 2 列所示。要求用移动平均法和指数平滑法进行预测。

表 9-16　某股票价格的移动平均和指数平滑预测（单位：元）

时间	价格	价格的预测值		
		移动平均	加权移动平均	一次指数平滑
1	7.20	—	—	—
2	7.09	—	—	7.200
3	7.05	—	—	7.156
4	7.20	—	—	7.114
5	7.32	—	—	7.148
6	7.20	7.172	7.195	7.217
7	7.25	7.172	7.205	7.210
8	7.38	7.204	7.231	7.226
9	7.51	7.270	7.289	7.288
10	7.42	7.332	7.369	7.377
11	7.35	7.352	7.399	7.394
12	7.25	7.382	7.398	7.376
13	7.17	7.382	7.354	7.326
14	7.21	7.340	7.283	7.263
15	7.28	7.280	7.240	7.242
16	7.30	7.252	7.240	7.257
17	—	7.242	7.256	7.274

解　移动平均预测采用 5 期移动平均，加权移动平均预测中各期数据的权数由近到远分别为 5、4、3、2、1。指数平滑法预测取平滑系数 $\alpha = 0.4$。三种方法得到的预测值分别见表 9-16 的后三列。

（三）二次指数平滑的预测模型

指数平滑值是历史数据的加权均值，所以，当现象有明显的上升或下降趋势时，指数平滑值与原数列趋势值之间存在明显的滞后偏差，因此不能直接将指数平滑值作为预测值，需利用二次指数平滑。**二次指数平滑**是对第一次指数平滑值（记为 $E_t^{(1)}$）序列再进

行一次指数平滑。以 $E_t^{(2)}$ 表示二次指数平滑值，则有

$$E_t^{(2)} = \alpha E_t^{(1)} + (1-\alpha)E_{t-1}^{(2)} \tag{9-51}$$

二次平滑值与一次平滑值之间也存在着同样的滞后偏差。

如果时间序列具有线性趋势，可建立如下的线性趋势预测模型：

$$\hat{y}_{t+K} = a_t + b_t K \quad (K = 1,2,\cdots) \tag{9-52}$$

其中，t 为预测的时间起点；K 为时间 t 距离预测期的期数（即第 $t+K$ 期为预测期）；a_t、b_t 为预测模型中第 t 期的参数估计值。

根据平滑值 $E_t^{(1)}$、$E_t^{(2)}$ 与趋势值之间的滞后偏差的数量关系，可得出参数估计值 a_t、b_t 的计算公式如下：

$$\begin{aligned} a_t &= 2E_t^{(1)} - E_t^{(2)} \\ b_t &= \frac{\alpha}{1-\alpha}(E_t^{(1)} - E_t^{(2)}) \end{aligned} \tag{9-53}$$

可见，二次指数平滑预测模型是以最近一期的一、二次指数平滑值来估计线性趋势预测模型的参数，因此，其参数估计值是根据数据的最新变化而不断修正的。此预测方法适宜对现象进行短中期预测。

【例 9-17】 根据表 9-7 的数据，利用指数平滑法预测该企业产品第 13 年和第 14 年的销售量。

解 销售量呈线性上升趋势，所以可用二次指数平滑来估计线性趋势模型的参数。取 $\alpha = 0.45$，初始值 $E_0^{(1)} = E_0^{(2)} = y_1 = 54$。由式（9-48）和式（9-51）算出一次、二次指数平滑值，见表 9-17。再由式（9-53）算出第 12 年的参数估计值 a_t 和 b_t，如下：

$$a_{12} = 2 \times 97.42 - 91.67 = 103.17$$

$$b_{12} = (0.45/0.55) \times (97.42 - 91.67) = 4.70$$

表 9-17 某企业销售量的指数平滑预测值

年份序号	销售量 y_t	一次指数平滑值 $E^{(1)}$	二次指数平滑值 $E^{(2)}$	a_t	b_t	预测值 $\hat{y}_t$
1	54	54.00	54.00	—	—	—
2	50	52.20	53.19	51.21	−0.81	—
3	52	52.11	52.70	51.52	−0.49	50.40
4	67	58.81	55.45	62.17	2.75	51.03
5	82	69.25	61.66	76.83	6.21	64.92
6	70	69.59	65.23	73.94	3.57	83.04
7	89	78.32	71.12	85.52	5.89	77.51
8	88	82.68	76.32	89.03	5.20	91.42
9	84	83.27	79.45	87.10	3.13	94.23
10	98	89.90	84.15	95.65	4.70	90.22
11	91	90.39	86.96	93.83	2.81	100.35
12	106	97.42	91.67	103.17	4.70	96.64
13	—	—	—	—	—	107.88
14	—	—	—	—	—	112.59

可得线性趋势预测模型为 $\hat{y}_{12+K}=103.17+4.70K$ 。

第 13 年和第 14 年的销售量预测值分别为

$$\hat{y}_{13}=\hat{y}_{12+1}=103.17+4.70\times 1=107.88$$

$$\hat{y}_{14}=\hat{y}_{12+2}=103.17+4.70\times 2=112.59$$

为了分析预测误差，同样可以计算出以前各期的 a_t 和 b_t 及相应的预测值（表 9-17）。

四、预测误差

预测误差是指现象的实际值与预测值之差。由于预测方法的选择不当、参数估计不准确或不规则变动等因素的影响，预测结果总是存在误差。误差小，预测结果的精度就高。由于未来的实际值未知，其预测误差也无法预知，所以要衡量一个预测模型的质量优劣，就只能分析预测模型在原时间序列范围内的预测误差大小。以 y_t 表示 t 期的实际值，$\hat{y}_t$ 表示 t 期的预测值，n 表示预测值个数，衡量预测模型的误差常用的指标有以下几个。

（1）**平均绝对误差**（mean absolute error，MAE）：

$$\text{MAE}=\frac{1}{n}\sum_{t=1}^{n}|y_t-\hat{y}_t| \tag{9-54}$$

（2）**平均相对误差**（mean percentage error，MPE）：

$$\text{MPE}=\frac{1}{n}\sum_{t=1}^{n}\left|\frac{y_t-\hat{y}_t}{y_t}\right| \tag{9-55}$$

（3）**均方误差**（mean square error，MSE）：

$$\text{MSE}=\frac{1}{n}\sum_{t=1}^{n}(y_t-\hat{y}_t)^2 \tag{9-56}$$

（4）**均方根误差**（root mean square error，RMSE）：

$$\text{RMSE}=\sqrt{\text{MSE}}=\sqrt{\frac{1}{n}\sum_{t=1}^{n}(y_t-\hat{y}_t)^2} \tag{9-57}$$

以上衡量预测误差的指标中，平均绝对误差和平均相对误差受异常值的影响较小，而均方误差和均方根误差则由于取误差的平方来计算，受异常值的影响较大。在对多个模型的预测误差进行比较时，采用平均相对误差可以避免绝对水平和计量单位不同的影响。

所有的时间序列预测都有一个关键的假定前提，那就是现象在原时间序列考察期内所呈现的趋势和规律性将在预测期内基本保持不变，即要求影响现象的各种主要影响因素的作用和结构基本不变。只有在这种前提下，对原时间序列预测误差小的预测模型，才能对现象的未来具有较强的预测能力。因此，时间序列预测不仅要选择误差小的预测模型，还必须注意对主要影响因素发展动向的分析。

第六节　Excel 在时间序列分析中的应用

一、方程式法计算平均发展速度

【例 9-18】　根据表 9-4 的数据，采用方程式法计算中国 2007～2014 年居民人均消费水平的平均发展速度和平均增长速度。

解 根据方程式法公式（9-27），所求平均发展速度 $\bar{x}_F$ 应满足下列条件：

$$(\bar{x}_F)+(\bar{x}_F)^2+\cdots+(\bar{x}_F)^8=\frac{98\,541}{6\,416}=15.358\,635$$

利用 Excel 求解的具体步骤如下。

（1）安排数据，见图 9-9。在 B1 中存放平均发展速度，先输入一个初步的估计值，如 1.05。在 B2 中存放 $\sum_{i=1}^{8}(\bar{x}_F)^i$，输入如下公式：

= B1^1 + B1^2 + B1^3 + B1^4 + B1^5 + B1^6 + B1^7 + B1^8

	A	B
1	平均发展速度	1.05
2	$\sum_{i=1}^{8}(\bar{x}_F)^i$	10.02656432

图 9-9 方程式计算平均发展速度

（2）点击“数据→模拟分析→单变量求解”，调出“单变量求解”对话框，如图 9-10 所示填写，然后按“确定”即可得到结果，见图 9-11。由此可知，本例所求的平均发展速度为 114.396%，平均增长速度为 14.396%。

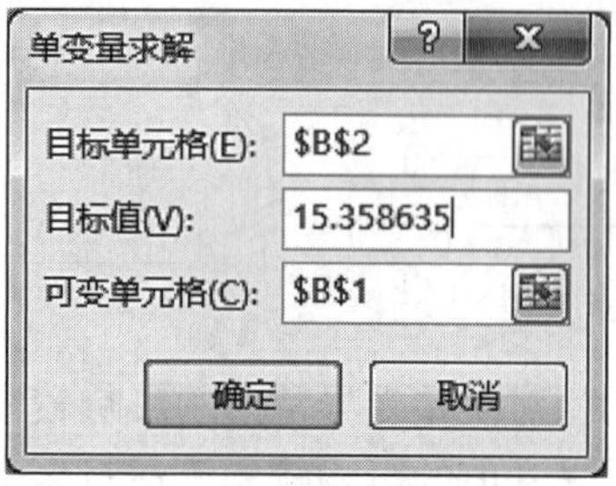

图 9-10 “单变量求解”对话框

	A	B
1	平均发展速度	1.1439568
2	$\sum_{i=1}^{8}(\bar{x}_F)^i$	15.358754

图 9-11 平均发展速度计算结果

二、长期趋势的测定

（一）利用移动平均法测定长期趋势

在 Excel 中，有两种方法能实现移动平均，一是使用 AVERAGE 函数，并且利用到公式的复制；二是使用“移动平均”分析工具，该工具可以自动产生一系列的 AVERAGE 函数，与第一种方法实质上相同，只不过，在进行偶数项移动平均时，需要连续使用两次“移动平均”分析工具。

（二）趋势方程估计

除了“回归”分析工具或有关回归分析的函数外，还可以使用在时间序列折线图上添加趋势线的方法求得趋势方程。在求非线性趋势方程时，使用添加趋势线的方法较为简便。Excel 提供了几种常见的趋势线。

【例 9-19】 根据表 9-9 的数据，求出用于测定长期趋势的二次曲线方程（本例实现了例 9-11 在 Excel 中的计算过程）。

解 主要操作步骤如下。

（1）输入数据，见图 9-12。

	A	B
1		金融业增加值（亿元）
2	2004	136.97
3	2005	147.4
4	2006	186.87
5	2007	288.17
6	2008	368.1
7	2009	461.2
8	2010	572.99
9	2011	756.5
10	2012	1001.59
11	2013	1235.91
12	2014	1422.28
13	2015	1603.23

图 9-12　2004～2015 年某地区金融业增加值的数据

（2）画出金融业增加值的折线图。为了保证画图的便利，A1 单元格请留空，不要输入任何数据。选定 A1：B13 区域，在“插入”的“图表”命令组中，点击“插入折线图→折线图”，即可画出折线图，见图 9-13 左半部分较粗的线条。

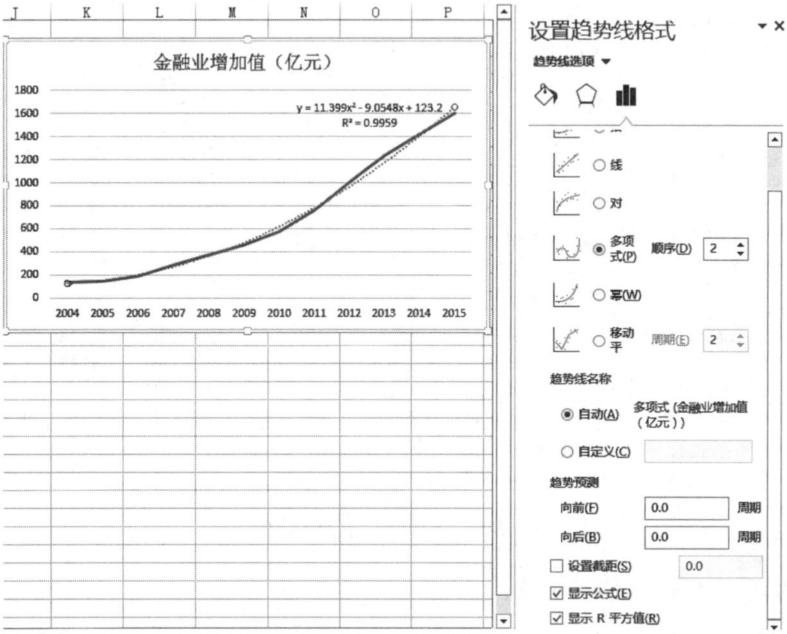

图 9-13　金融业增加值折线图

（3）求出二次曲线趋势方程。右键单击金融业增加值的折线图，在弹出的菜单中单击“添加趋势线”，在 Excel 画面右侧出现“设置趋势线格式”，见图 9-13 右半部分。在“趋势线选项”（点击▮即可）部分，选中“多项式”，顺序为 2（即为二次多项式），然后在图的底部选中“显示公式”和“显示 R 平方值”。此时就会在折线图中画出二次曲线方程图，同时显示出方程和决定系数，见图 9-13 左半部分。

可用同样的方法再拟合指数曲线，在“趋势线选项”中选中“指”即可，具体操作同上。

三、季节变动与循环变动的测定

在测定季节变动和循环变动时，我们主要应用了 Excel 公式以及公式复制的功能。通过公式，我们可以将每一个计算步骤记录下来，以便于检查，并且利用公式复制功能可以大大提高工作效率。当然为了保证公式复制后仍引用正确的单元格，必须合理地设置公式并注意相对引用与绝对引用的区别，这一点请读者细细体会。

【例 9-20】 根据表 9-14 的数据，用移动平均趋势剔除法计算各季度的季节指数，用剩余法测定饮料销售额的循环波动和不规则变动，在测定循环波动时，用线性趋势方程测定长期趋势（本例实现了例 9-14 在 Excel 中的计算过程）。

解 操作步骤如下。

（1）输入数据，如图 9-14 所示。注意，其中，A、B 和 H 列为原始输入数据，其他列为计算所得数据。

	A	B	C	D	E	F	G	H	I	J	K	L	M
1	年.季	Y	M	Y/M	未调整的S	S	TCI	时间序号		T	CI	C	I
2	1.1	29			0.5202	0.5222	55.539	1	截距	52.9891	1.0481		
3	1.2	90			1.4392	1.4445	62.307	2	49.699	56.2794	1.1071	1.0671	1.0375
4	1.3	108	61.00	1.7705	1.7269	1.7332	62.311	3		59.5697	1.0460	0.9651	1.0839
5	1.4	14	64.50	0.2171	0.2990	0.3001	46.645	4	斜率	62.8600	0.7420	0.9338	0.7947
6	2.1	35	70.00	0.5000		0.5222	67.029	5	3.290	66.1503	1.0133	0.9573	1.0585
7	2.2	112	74.00	1.5135		1.4445	77.537	6		69.4406	1.1166	1.0537	1.0597
8	2.3	130	75.88	1.7133		1.7332	75.004	7		72.7310	1.0313	1.0666	0.9669
9	2.4	24	76.00	0.3158		0.3001	79.963	8		76.0213	1.0519	1.0163	1.0350
10	3.1	40	75.00	0.5333		0.5222	76.605	9		79.3116	0.9659	0.9743	0.9914
11	3.2	108	75.00	1.4400		1.4445	74.768	10		82.6019	0.9052	0.9058	0.9993
12	3.3	126	76.50	1.6471		1.7332	72.696	11		85.8922	0.8464	0.9325	0.9076
13	3.4	28	81.38	0.3441		0.3001	93.290	12		89.1825	1.0461	0.9622	1.0872
14	4.1	48	91.88	0.5224		0.5222	91.926	13		92.4728	0.9941	1.0150	0.9794
15	4.2	139	99.13	1.4023		1.4445	96.229	14		95.7631	1.0049	1.0139	0.9911
16	4.3	179	100.75	1.7767		1.7332	103.275	15		99.0534	1.0426	1.0406	1.0019
17	4.4	33	103.38	0.3192		0.3001	109.949	16		102.3437	1.0743	1.0441	1.0290
18	5.1	56	106.63	0.5252		0.5222	107.247	17		105.6340	1.0153	1.0186	0.9968
19	5.2	152	108.50	1.4009		1.4445	105.229	18		108.9243	0.9661	0.9895	0.9763
20	5.3	192				1.7332	110.775	19		112.2146	0.9872	0.9876	0.9996
21	5.4	35				0.3001	116.613	20		115.5049	1.0096		

图 9-14 时间序列分解分析

（2）计算中心化四季移动平均值 M。

在 C4 中输入如下公式：

=（0.5*B2 + B3 + B4 + B5 + 0.5*B6）/4

然后选定 C4：C19 单元格区域，再按 Ctrl + D，即可将 C4 中的公式复制到 C5：C19 单元格区域。

（3）计算趋势剔除值（Y/M）。

在 D4 中输入公式“= B4/C4”，然后将 D4 中的公式复制到 D5：D19 单元格区域。

（4）计算季节指数。

第一，计算每年同季度的 Y/M 的平均值，为方便表示，称之为未调整的季节指数，放在 E 列。在 E2 中输入如下公式：

=（D2 + D6 + D10 + D14 + D18）/4

然后将该公式复制到 E3：E5 单元格区域。

第二，对 E 列的 4 个数字进行调整，使其和为 4，得到季节指数 S，放在 F 列。在 F2 中输入公式“= E2/SUM（E$2：E$5）*4”，将该公式复制到 F3：F5 单元格区域，便可得到四个季度的季节指数。

第三，为了方便后续计算，将季节指数复制到每一年的各个季节。在第 2 年第 1 季度对应的单元格 F6 中输入公式“= F2”，然后将该公式复制到 F7：F21 单元格区域即可。

（5）计算分离季节变动后的销售额序列 $T \cdot C \cdot I$（$T \cdot C \cdot I = Y/S$）。

在 G2 中输入公式“= B2/F2”，然后将该公式复制到 G3：G21 单元格区域。

（6）计算分离季节变动后的销售额序列 $T \cdot C \cdot I$ 的长期趋势 T。

第一，以 $T \cdot C \cdot I$ 为因变量，时间序号 t 为自变量，用最小二乘法拟合趋势直线方程。

在 Excel 中可以用分析工具库中的“回归”分析工具拟合直线方程，并可根据输出结果对方程进行检验。

为了方便表示，现在分别用 INTERCEPT 和 SLOPE 函数求得趋势方程的截距和斜率。

在 I3 单元格输入公式“= INTERCEPT（G2：G21，H2：H21）”，即可得到趋势方程的截距。该函数有两个参数，第一个参数表示因变量所在的单元格区域，第二个参数表示自变量所在的单元格区域。

在 I6 单元格输入公式“= SLOPE（G2：G21，H2：H21）”，即可得到趋势方程的斜率。该函数参数的含义与 INTERCEPT 函数相同。

第二，估计长期趋势值 T。

在 T2 单元输入以下公式“= I$3 + I$6*H2”，将该公式复制到 T3：T21 单元格区域即可。

（7）剔除长期趋势。

$C \cdot I = T \cdot C \cdot I / T$。在 K2 中输入公式“= G2/J2”，然后将公式复制到 K3：K21。

（8）消除不规则变动，得到 C。

进行三项移动平均消除不规则变动。在 L3 中输入公式“= AVERAGE（K2：K4）”，然后将该公式复制到 L4：L20。若使用“移动平均”分析工具，则调出“移动平均”对话框，按图 9-15 填写即可。

（9）计算不规则变动。

$I = C \cdot I / C$。在 M3 中输入公式“= K3/L3”，然后将公式复制到 M4：M20 即可。

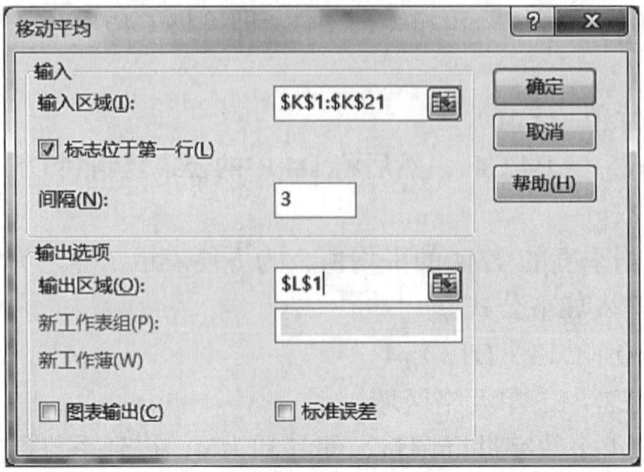

图 9-15 “移动平均”对话框

四、时间序列模型预测

在运用时间序列模型预测时，Excel 主要是使用公式与公式复制的功能来实现有关的计算。

【例 9-21】 用 Excel 实现例 9-17 的计算过程。

解 操作步骤如下。

（1）准备工作表，如图 9-16 所示。图中方框之内的数据是通过计算得到的，方框之外的是原始输入数据。

	A	B	C	D	E	F	G
1	年份序号	销售量	一次指数平滑值E(1)	二次指数平滑值E(2)	at	bt	预测值yt
2	1	54	54.00	54.00			
3	2	50	52.20	53.19	51.21	-0.81	
4	3	52	52.11	52.70	51.52	-0.49	50.40
5	4	67	58.81	55.45	62.17	2.75	51.03
6	5	82	69.25	61.66	76.83	6.21	64.92
7	6	70	69.59	65.23	73.94	3.57	83.04
8	7	89	78.32	71.12	85.52	5.89	77.51
9	8	88	82.68	76.32	89.03	5.20	91.42
10	9	84	83.27	79.45	87.10	3.13	94.23
11	10	98	89.90	84.15	95.65	4.70	90.22
12	11	91	90.39	86.96	93.83	2.81	100.35
13	12	106	97.42	91.67	103.17	4.71	96.64
14	13						107.87
15	14						112.58

图 9-16 指数平滑预测

（2）计算 $E^{(1)}$、$E^{(2)}$、a_t、b_t。

在 C3、D3、E3、F3 这 4 个单元格中分别输入如下公式：

= 0.45*B3 + 0.55*C2

= 0.45*C3 + 0.55*D2

= 2*C3-D3

= 0.45/0.55*（C3-D3）

然后选定 C3：F13 单元格区域，按 Ctrl + D 组合键，即可计算出第 2 年至第 12 年的 $E^{(1)}$、$E^{(2)}$、a_t、b_t。

（3）计算预测值 y_t。

第一，在 G4 中输入公式“= E3 + F3”，并将该公式复制到 G5：G14 单元格区域。单元格 G14 中的公式计算结果便是第 13 年销售量预测值。

第二，在 G15 中输入公式“= G14 + F13”，便可得到第 14 年销售量预测值。

➢本章小结

1. 时间序列是动态分析的基础。绝对数时间序列是最基本的时间序列，其中，时期序列和时点序列各有不同的特点。相对数和平均数时间序列都是绝对数时间序列派生的。编制时间序列的基本原则是保证数据的可比性。

2. 水平分析指标有发展水平、平均发展水平、增长量、平均增长量。绝对数时间序列的平均发展水平的计算方法是最基本的，相对数和平均数时间序列的平均发展水平等于其分子、分母的平均发展水平之比。增长量是报告期水平与基期水平之差，累计增长量等于相应时间内各逐期增长量的总和。平均增长量是观察期内各个逐期增长量的平均数。

3. 速度分析指标有发展速度、增长速度、平均发展速度和平均增长速度。定基发展速度也即发展总速度，它等于相应时期内各环比发展速度的连乘积。增长速度等于发展速度减 1。平均发展速度是环比发展速度的平均数，其计算通常采用几何平均法，也可采用方程式法。平均增长速度等于平均发展速度减 1。平均速度常常用于预测。水平分析与速度分析要结合运用。

4. 时间序列的影响因素可归结为长期趋势、季节变动、循环变动和不规则变动等四种。常以乘法模型为基础来进行时间序列的分解和预测。

5. 测定长期趋势的方法以时距扩大法最为简单。移动平均法是以中心化移动平均值作为趋势值。趋势方程拟合法是通过求以时间为自变量的趋势方程来反映趋势，常用最小二乘法估计其参数，趋势分为线性和非线性两大类。

6. 测定季节变动主要是通过季节指数来表明现象在各个季节的数量相对于趋势值的波动程度。计算季节指数的常用方法是同期平均法和移动平均趋势剔除法。前者适用于水平趋势的序列，后者适用于有增减趋势的序列。

7. 测定循环变动的统计方法主要有直接法和剩余法。直接法就是用同比发展速度的波动来粗略地描述循环变动的特征。剩余法是指从时间序列中分离出趋势和季节变动后，再消除不规则变动，即可反映循环波动的特征。

8. 时间序列预测模型最一般的形式为 $\hat{Y}_t = \hat{T}_t \times \hat{S}_t \times \hat{C}_t$。其中，最主要的是趋势值预测。趋势外推预测是利用趋势方程去预测现象未来的趋势值。移动平均预测就是用移动平均值作为未来一期的预测值，只适用于呈水平趋势的序列。指数平滑法可用来修匀时间序列，也可以直接用于短期预测。二次指数平滑值可用于直线趋势预测。

9. 预测误差是指现象的实际值与预测值之差。衡量预测模型的优劣常用平均绝对误差、平均相对误差、均方误差和均方根误差。

10. 在时间序列分析中，Excel 的应用主要有以下几个方面。

（1）利用“单变量求解”工具求方程式法计算的平均发展速度。

（2）利用“移动平均”“指数平滑”分析工具进行移动平均和指数平滑。

（3）利用“回归”分析工具、“回归分析函数”或“在时间序列折线图上添加趋势线”等方法估计趋势方程。

（4）利用“公式”和“公式复制”进行季节变动、循环变动的测定以及时间序列预测。

➢思考与练习

一、单项选择题

1. 下列时间序列中属于时期序列的是（　　）。

A. 某年各季度末的从业人数　　B. 历年年末居民储蓄存款余额

C. 历年秋季高校招生人数　　D. 历年年初粮食库存量

2. 某储蓄所 2011 年 9～12 月月末居民储蓄存款余额分别为 480 万元、460 万元、520 万元和 560 万元。则第四季度居民储蓄存款的平均余额为（　　）万元。

A. 500　　B. 513.3　　C. 515　　D. 520

3. 若侧重于考察各期发展水平的总和，计算平均发展速度应采用（　　）。

A. 几何平均法　　B. 方程式法

C. 算术平均数　　D. 移动平均法

4. 某地区居民用电量呈逐年上升趋势，某月用电量的季节指数为 120%，表明本月居民用电量（　　）。

A. 比上月增加 20%　　B. 比本月用电量趋势值高 20%

C. 比上年同月增加 20%　　D. 比本年的月均用电量高 20%

5. 当时间序列的环比增长速度大体接近一个常数时，其趋势方程的形式为（　　）。

A. 直线　　B. 二次曲线　　C. 指数曲线　　D. 修正指数曲线

6. 时间序列中循环变动的波动越小，则在乘法模型中，循环变动的测定值就越接近（　　）。

A. −1　　B. 0　　C. 0.5　　D. 1

二、判断分析题

1. 一般说来，由时点序列计算平均发展水平时，时点间隔越短，计算结果就越准确。

2. 某企业产品的废品率逐月下降，1 月生产 12 500 件，废品率为 2.4%；2 月生产 13 800 件，废品率为 2.2%；3 月生产 11 200 件，废品率为 2%。则第 1 季度的平均废品率为(2.4% + 2.2% + 2%)/3 = 2.2%。

3. 指数平滑法的平滑系数越大，对时间数列中数据变化的反应就越灵敏。

4. 对月度数据序列，用移动平均法测定其长期趋势值时，可采用四项或八项移动平均。

5. 某企业利润总额 2006 年比 2000 年增加了 60%，2010 年又比 2006 年增加了 40%，因此平均来看，前后两段时间内该企业利润总额的增长速度相等，而且这 10 年间总的增长速度高达 100%。

三、计算题

1. 某商业企业某年第一季度的销售额、月初库存额及流通费用额（单位：万元）资料如下：

项目	1 月	2 月	3 月	4 月
销售额	2 880	2 170	2 340	—
月初库存额	1 980	1 310	1 510	1 560
流通费用额	230	195	202	—

试计算第一季度的月平均商品流转次数和商品流通费用率（提示：商品流转次数 = 销售额÷平均库存额；商品流通费用率 = 流通费用额÷销售额）。

2. 某企业产品销售量历年的增长速度如下：

增长速度	第一年	第二年	第三年	第四年	第五年
环比增长速度	7%	—	6.6%	—	—
定基增长速度	7%	15%	—	30%	39%

试求五年间年平均增长速度，并指出增长最快的两年是哪两年。

3. 某服装厂 2010 年服装生产量为 100 万件。试求：

（1）预计从 2011 年起，生产量每年递增 10%，问到 2015 年该厂服装生产量可达到多少？

（2）若希望 2015 年生产量在 2010 年基础上翻一番，问 2011 年起每年应以多快的速度增长才能达到预定目标？平均每月递增的速度又该是多少？

4. 某地区 2007～2010 年各季度的 LED 电视机销售量数据（单位：千台）如下表所示：

年份	季度	销售量	年份	季度	销售量
2007	1	48	2009	1	60
	2	41		2	56
	3	60		3	75
	4	65		4	78
2008	1	58	2010	1	63
	2	52		2	59
	3	68		3	80
	4	74		4	84

要求：

（1）汇总出各年度销售总量，并根据年度数据计算这几年间的年平均销售量、年平均增长量、年平均增长速度；分别用所求年平均增长量和年平均增长速度预测 2011 年销售量。

（2）分别用同期平均法和移动平均趋势剔除法计算销售量的季节指数，并比较说明两种方法计算结果的差别及其原因。

5. 根据第 4 题的数据，要求：

（1）用移动平均趋势剔除法计算的季节指数调整原时间序列，对调整后的序列用最小二乘法拟合线性趋势方程。

（2）根据季节指数和线性趋势方程，预测 2011 年各月及全年的销售量。

（3）试分别用直接法和剩余法测定循环变动，并说明销售量有无明显的循环波动规律。

（4）测定不规则波动。

6. 我国 1991～2010 年的能源消费总量（单位：千万吨标准煤）如下表所示：

年份	1991	1992	1993	1994	1995	1996	1997	1998	1999	2000
能源消费总量	104	109	116	123	131	135	136	136	141	146
年份	2001	2002	2003	2004	2005	2006	2007	2008	2009	2010
能源消费总量	150	159	184	213	236	259	281	291	307	325

要求：

（1）利用表中 2001～2010 年的数据计算平均增长量、年平均增长速度。

（2）分别按（1）所求的两个平均数预测 2011 年和 2015 年我国的能源消费总量。

（3）利用表中全部数据绘制折线图，利用 Excel 的“添加趋势线”功能拟合二次曲线趋势方程，并据以预测 2011 年和 2015 年我国的能源消费总量。

7. 已知某地区近 25 年粮食单产（单位：千克/公顷）依次如下所示：

6 240	6 390	6 975	6 885	7 755	8 280	8 505	8 445	8 505
8 460	8 340	8 550	9 120	9 165	9 360	8 775	8 640	9 375
9 510	9 600	9 630	9 810	10 155	9 570	9 180		

试分别用加权移动平均法（取 5 项平均，权数依次为 5、4、3、2、1）和指数平滑法（$\alpha = 0.4$）对该地区第 26 年的粮食单产进行预测。

8. 根据第 7 题的资料，利用预测误差来评价两种预测方法的优劣。

请扫描二维码，获取资源：参考 9-3　第九章习题详解

第十章

对比分析与指数分析

【引例】 居民的实际收入水平提高了吗?

改革开放以来，我国居民的收入水平有了很大的提高。我国居民收入水平的变动情况，需要从多种视角来进行对比分析。不仅可以将两个时期的收入对比以反映收入的变化程度，还可将不同地区的收入水平进行对比或将城乡居民收入水平进行对比，以反映收入的差异程度；将收入水平与小康目标进行对比以反映小康目标的实现程度；将收入水平增长速度与国内生产总值增长速度进行对比以反映两者的依存关系；等等。

分析居民的实际收入水平还要关注市场价格变化及其对居民收入的影响，这是因为名义收入增加并不一定意味着居民实际收入水平增加，要反映居民实际收入水平的变化，必须剔除价格变化因素。例如，国家统计局发布的《中华人民共和国2016年国民经济和社会发展统计公报》中提到，2016年全国居民消费价格比上年上涨2.0%。……全国居民人均可支配收入23 821元，比上年增长8.4%，扣除价格因素，实际增长6.3%。按常住地分，城镇居民人均可支配收入33 616元，比上年增长7.8%，扣除价格因素，实际增长5.6%；农村居民人均可支配收入12 363元，比上年增长8.2%，扣除价格因素，实际增长6.2%。居民消费价格总水平上涨率是如何计算的？城乡居民收入的实际增长率又是如何剔除价格因素的？要回答这些问题就要了解本章所介绍的指数分析法。

第一节　对比分析

一、对比分析的意义

常言道：有比较才有鉴别。无论是想说明事物的数量多少、力量强弱，还是要评价生产的质量优劣、效益好坏，或是反映现象变化的大小快慢，都离不开对比分析。**对比分析**，就是根据现象之间的客观联系，将两个有关的统计指标进行对比来反映数量上的差异或变化。在各种数量分析方法中，对比分析是最简单的，但也是应用最为广泛的统计分析方法。

对比分析可以采用相减的方法，也可以采用相除的方法。采用相减的方法对比的结果表现为绝对数的形式；采用相除的方法对比的结果则表现为相对数的形式。例如，某企业本月产品销售额为 2 400 万元，上年同月销售额为 2 000 万元，本月所销售产品的成本费用为 2 076 万元。反映该企业销售额的变化和本期经济效益状况，可以采用相减的对比方法，得知本期销售额同比增加了 400 万元，销售利润为 324 万元；也可以将两个有关数字相除，得到销售额的同比发展速度是 120%（或同比增长率为 20%），本期销售利润率为 15.6%。

相对数是两个有联系的指标对比的比率。大多数相对数是由计量单位相同的同种指标相除求得，其计算结果是一个抽象化的数值，用百分比、千分比、倍数、系数、成数等无名数的形式表示，也有一些相对数是由两个不同性质、计量单位不同的指标对比求得，其计算结果的表现形式就是分子与分母的计量单位构成的复名数。例如，人口密度等于某地区的人口数除以土地面积，计量单位为“人/公里^2”。

一般所说的对比分析是对有关统计指标计算相对数来进行比较分析。一是由于绝对数受到总体规模的影响，不同时空的绝对数常常缺乏可比性；二是因为相减的方法只适用于计量单位相同的同种统计指标对比，无法反映不同量纲的统计指标之间的数量关系。而相对数就可以避免这些问题。所以，计算相对数是进行对比分析最普遍的形式。本章下面的介绍都是针对这种相对数形式的对比分析，它在统计分析中具有重要的意义。

（1）揭示了现象之间数量上的相互联系和对比关系。由于客观现象总是相互联系的，是在对立统一中发展的，只有在现象的各种相互联系中进行对比分析，才能更深入地反映客观现象的本质特征和规律性。例如，把某地区生产总值与其历史数据、人口数、资源总数进行对比，或与其他地区的生产总值进行对比，才能对该地区经济发展的快慢、经济实力的强弱等做出科学合理的判断和评价。

（2）可以使一些不能直接对比的数据变成具有可比性的数据，从而正确判断现象之间的差异程度。例如，有两个生产规模悬殊的企业，为了比较两者经济效益的好坏，就不能直接用利润总额来对比，资金利润率等相对数才具有可比性。

需要补充说明的是，由于百分数本身已将现象之间的具体数量差异抽象了，对两个百分数进行对比大多采用相减的方法。两个百分数相减的结果用百分点来表示，即以 1%为单位，每 1%为一个百分点。也就是说，百分点说明的是以百分比形式表示的两个相对数相差的幅度。例如，某企业产品优质品率从以前的 60%上升为 90%，虽然也可以通过相除，认为优质品率提高了 50%，但此结果过于抽象，容易引起误解，因此通常用百分点来说明，即该企业优质品率提高了 30 个百分点。对于两个千分数的差，同样可以用千分点来表示。例如，我国 2000 年和 2016 年人口自然增长率分别为 7.58‰和 5.86‰，即 2016 年人口自然增长率比 2000 年下降了 1.72 个千分点。

二、常用的对比分析方法

按对比所依据的指标数值是否为同一时间来划分，对比分析方法可分为静态对比和动态对比两类。**静态对比**是指用于对比的指标数值都是同一时间的。**动态对比**也称为纵向对比，是指将同一现象在不同时间上的指标数值进行对比，以反映现象随着时间推移而发展变动的程度及其趋势。动态对比分析最基本的方法是计算动态相对数，即发展速度和增长速度，有关内容已在第九章中做了详细介绍，此处不再赘述。根据分析目的和比较基准的不同来划分，静态对比分析主要有下述几种常用方法。

（一）结构分析

结构分析就是在分组的基础上，将各组的总量指标与总体的总量指标进行对比，计算出各组数量在总体中所占的比重，从而反映总体的内部结构状况。比重是表现总体结构最常用的一种相对数，因此也称之为**结构相对数**，其计算公式为

$$\text{结构相对数(比重)}=\frac{\text{总体中某一部分总量}}{\text{总体的总量}}\times 100\% \tag{10-1}$$

结构分析是分组法与对比分析的有机结合，是对现象进行深入剖析所不可缺少的一种基本分析方法，其最主要的作用有以下几个方面。

首先，运用结构分析可以反映现象总体的性质和基本特征。例如，分析企业职工的文化程度构成可以说明该企业职工整体素质的高低；分析企业实收资本的构成可以划分企业的所有制类型；分析一个地区人口总体的年龄结构可以判断其人口再生产类型属于增长型、稳定型还是减少型。

其次，观察总体结构在时间上的变化或空间上的差异，可以说明现象总体性质的变化，揭示现象由量变到质变的过程和规律性。例如，居民生活消费支出总额中食品消费支出所占比重（即恩格尔系数），可以衡量一个国家或地区居民消费结构是否合理以及生活水平高低。在不同时间或不同收入水平之下进行比较，通常会发现恩格尔系数随着收入水平的提高而呈现出逐渐下降的趋势。这就是恩格尔定律，它反映了消费结构的演变规律。

最后，许多比重还可以直接说明工作质量好坏，反映经济实力和竞争能力的强弱，或衡量工作效率和经济效益的高低等。例如，顾客满意率、产品含杂质率、市场占有率、资源利用率、银行不良资产比率、增加值率（即增加值占总产出的比重）等。

（二）比例分析

比例分析是在分组基础上将总体不同部分的指标数值进行对比，所得的相对指标一般称为**比例相对数**，简称比例。比例相对指标可以反映一些现象内部的比例关系，揭示总体不同部分之间的发展变化的协调平衡状况。比例相对数的计算公式为

$$\text{比例相对数(比例)}=\frac{\text{总体中某一部分的数值}}{\text{总体中另一部分的数值}} \tag{10-2}$$

在社会经济现象中，总体的各个部分总是相互依存、相互制约的，客观上需要对各个部分之间数量上的比例关系及其是否合理进行分析和评价。例如，人口性别比例、城乡居民消费水平的比例、国民经济中三大产业的比例、国内生产总值使用总额中投资与消费的比例等，都是一些重大的比例关系。

由总量指标来计算的比例通常也称为结构性比例。结构性比例分析实际上与结构分析的基本作用是一致的。总体内部结构合理，其各个组成部分之间的结构性比例关系也

就和谐。只是二者的对比基准不同，分析的侧重点和表现形式略有不同。例如，我国第六次人口普查资料显示，2010 年我国人口数的男女性别比例为 105.2∶100，这个结构性比例可以转化为比重来表示，即男性人数和女性人数分别占总人数的 51.27%和 48.73%。

（三）空间比较分析

空间比较分析也叫横向对比分析，是将同类现象在同一时间不同空间的指标数值进行对比，反映同类现象在不同空间上的差异程度和现象发展的不平衡状况。空间比较相对数的计算公式可写为

$$\text{空间比较相对数}=\frac{\text{甲空间某一现象的数值}}{\text{乙空间同类现象的数值}} \tag{10-3}$$

式（10-3）中“空间”可以是国家、地区、部门或企业等。作为比较基准的“乙空间同类现象的数值”可以根据不同的目的与要求确定。例如，将中国的人均国内生产总值分别与印度、美国的数值对比，可分别说明中国与典型的发展中国家和发达国家的经济实力的差异程度。分子分母互换后比较结果的实质不变。比较基准还可以是行业标准、经验数据、理论上的最佳水平等。

用于比较的指标可以是绝对数，也可以是相对数或平均数。在许多情况下用相对数或平均数来对比更能说明本质特征。例如，用绝对数来比，我国许多经济总量位居世界第一，但从人均水平来看，我国人均粮食产量、人均耕地面积等水平都不高，更真实地反映了我国经济水平。

（四）计划完成程度分析

计划完成程度分析是将某一指标的实际完成数与计划数（或目标任务数）对比，用以反映计划数的完成程度或用来监督检查计划的执行情况。计划完成程度分析所计算的相对数通常用百分比表示，故也称之为**计划完成百分比**，其基本计算公式为

$$\text{计划完成相对数}=\frac{\text{报告期实际完成数}}{\text{报告期计划数}}\times 100\% \tag{10-4}$$

计算和应用计划完成相对数应该注意几个问题。

（1）衡量计划完成程度必然是以计划数作为比较标准，所以计划完成相对数计算公式中的分子与分母不能互换。

（2）计划完成相对数等于 100%，表示刚好完成计划任务。但什么情况下表示超额完成计划呢？这要视指标的性质而定。对于正指标，其数值越大越好，计划完成百分比大于 100%的部分表示超额完成计划百分比。对于逆指标，如单位产值的能源消耗量、商品流通费用率等，其数值越小越好，则计划完成百分比小于 100%才表示超额完成计划。

（3）如果计划任务是以对比某个基期数增减百分比的形式给出的，则计算计划完成相对数时分子和分母都应包含基数而不能只看增减部分，此时计算公式可写为

$$\text{计划完成相对数}=\frac{100\%\pm\text{实际增减率}}{100\%\pm\text{计划增减率}}\times 100\% \tag{10-5}$$

在式（10-5）中，100%即代表基数。若实际数和计划数为增加率、提高率，式中“±”取“+”计算；反之，若实际数和计划数为减少率或降低率，则取“−”计算。

（4）对于长期计划任务（如五年计划、十年规划），检查计划执行情况的方法有累计法和水平法两种。**累计法**，是指计算计划完成相对数时，实际数和计划数都是整个计划期的累计总和。**水平法**，是指计算计划完成相对数时，实际数和计划数都只是整个计划期的最末一年（对于时点数值则是指计划期末）的数字。选择累计法还是水平法，取决于所研究现象的性质和分析目的。

（5）在计划执行过程中，也可以利用式（10-4）来说明计划完成进度。所不同的是分母为整个计划期的任务，分子为自计划期开始至某日的累计完成数，用于监督计划执行的进程，检查计划完成的均衡性。例如，某企业报告某年到 6 月底已完成全年生产量任务的 56%，这说明该企业上半年生产任务完成情况良好，照此进度，完成该年任务应不成问题。

【例 10-1】　某企业某年盈利目标是 2 000 万元，实际盈利 2 120 万元。计划劳动生产率应比上年提高 5%，而实际提高了 10%；计划单位产品成本比上年降低 5%，实际降低了 2%。试分别求该企业该年的盈利总额、劳动生产率和单位产品成本的计划完成百分比。

解　盈利总额的计划完成相对数 $=\dfrac{2\,120}{2\,000}\times 100\%=106\%$

劳动生产率的计划完成相对数 $=\dfrac{100\%+10\%}{100\%+5\%}=104.76\%$

单位产品成本的计划完成相对数 $=\dfrac{100\%-2\%}{100\%-5\%}=103.16\%$

计算结果表明，该企业盈利总额的计划超额完成了 6%；劳动生产率超额完成计划的 4.76%；单位产品成本没有完成计划任务，比计划任务所规定的成本水平还差 3.16%。

（五）强度、密度和效益分析

强度、密度和效益分析是将同一时间同一空间两个内容不同但有联系的指标数值对比，可以反映现象的强度、密度、普遍程度和经济效益等。统计上一般把这种对比分析所计算的相对数称为**强度相对数**，其计算公式可写为

$$强度相对数=\frac{报告期某一现象的数值}{同期另一种有联系的现象的数值}\tag{10-6}$$

强度相对数的应用主要有以下几个方面。

（1）将某些经济总量与人口总数进行对比，用来分析说明一个国家、地区或部门经济实力的强弱，如人均国内生产总值、人均钢铁产量、人均能源生产总量等。

（2）反映现象的密度和普遍程度，说明社会服务能力，如人口密度、银行储蓄所或自动取款机的网点密度（某地区银行储蓄所或自动取款机的数量与该地区人口数或土地面积之比）、每个医院（或医生）所服务的居民人数（某地区居民人数与该地区医院数或医生人数之比）等。

（3）将产出与投入的有关指标数值进行对比，反映经济效益，如资金利税率（利税

总额与平均资金占用量之比)、投资效果系数(某一时期的产出增加额除以引起这一增加的投资额)、流动资金周转天数(产品销售收入除以平均流动资金占用额)等。

此外，强度相对数还可以用于反映现象之间相互依存和关联程度，如资产负债率(负债总额与资产总额之比)、外贸依存度(对外贸易总额与GDP之比)、能源生产(消耗)的弹性系数(能源生产或消耗的增长率与GDP增长率之比)等。

与其他相对数比较，强度相对数具有几个明显的特点：①强度相对数的分子分母一般可以互换，故说明同一问题的强度相对数通常有正指标与逆指标两种形式。例如，资金利税率是正指标，若将其分子分母互换，每实现一元利税所占用资金量就是逆指标。②强度相对数大多数为有名数(且为复名数)，有些也用百分数或千分数等无名数形式表示，如外贸依存度、人口死亡率(报告期死亡人数除以报告期平均人数)。③强度相对数常常带有“平均”意义，但统计理论上倾向于把它作为一种相对数而不是平均数。

三、应用对比分析方法的原则

为了正确反映现象之间的数量联系和差异程度，根据计算结果得出合理的分析结论，在进行对比分析时，应注意以下几个方面的原则。

(一)可比性原则

可比性原则是指用来对比分析的指标必须具有可比性。可比性是对比分析的首要条件。假如将不可比的资料用来对比，非但不能得出正确的结论，反而会引起混乱，给人以错误的认识。指标的可比性涉及多个方面的可比，主要是要求指标在含义、总体范围、计算口径、计算方法、所属时间和计量单位等方面应保持一致，或与分析目的相适应。

可比与否还要结合分析的具体任务来判断。例如，按总产值计算的劳动生产率和按增加值计算的劳动生产率，由于这两个指标的含义和内容不相同，一般是不可比的；假如要分析这两个劳动生产率究竟相差多少，则二者就可以对比了。可见对于可比性的理解应该是辩证的，而不能机械化、绝对化。有时在一种情况下不可比，在另一种情况下却是可比的。

(二)正确选择对比基准原则

对比基准(基数)是指对比分析的比较标准，也就是计算相对数的分母指标。对比基数的选择，取决于所研究现象的性质特点和具体的研究目的。假如基数选择不当，就不能真实地揭示现象之间的数量联系。例如，就业率和失业率的计算不能以总人口为分母，而应该以劳动力资源总数(或以就业人数与失业人数之和)为分母。在对经济现象进行横向对比时，要尽可能选择资源禀赋等条件相似的国家来比较。进行动态对比时，基期的选择要反映一定历史阶段的特点，要选择比较稳定或正常的时间为基期。

(三)相对数与绝对数结合运用原则

相对数是个抽象的比率，不能反映现象在绝对水平上的差异。有时相对数很小，但其代表的绝对量可能很大(如我国人口自然增长率)；反之，有时相对数很大，但其代表的绝对数量可能很小（此时相对数往往容易夸大事态的严重性，所以当对比基数很小时，不宜计算相对数）。即使两个相对数相等，它们代表的绝对数量差异也可能大不相同。因此，在进行对比分析时，必须注意将相对数与有关的绝对数结合，既表明现象之间的联系和差异程度，又反映其绝对数量，这样才能做出正确、深入的分析。

（四）多种相对指标结合运用原则

不同相对指标是从不同角度说明现象之间的联系和对比关系的。要全面、深入地分析和研究问题，就必须把有关的相对指标结合起来，对所研究问题进行多角度的观察和比较分析。

第二节　指数的概念和种类

一、指数的概念

统计学中所讲的**指数（index）**是一种对比分析指标。从广义上讲，凡是两个数值对比而形成的相对数都可以称为指数。例如，2016 年棉花产量为上年的 95.4%，社会消费品零售总额是上年的 110.4%，这两个百分数就是**广义的指数**。

狭义的指数是一种特殊的相对数，它反映的是由数量上不能直接加总的多个个体（或多个项目）组成的现象总体的综合变动程度。例如，各种产品使用价值和计量单位都不尽相同，它们的产量是不能直接加总的，要综合反映全部产品产量这一总体的变动程度，就必须借助于狭义的指数这种专门工具，计算多种产品的产量指数。又如，居民消费包括食品、衣着、家庭设备用品及服务、居住等多个项目，这些商品和服务项目的数量是不能加总的，它们的价格也不能加总。所以若要反映居民消费数量及居民消费价格的变动程度，就要计算居民消费量指数和居民消费价格指数。狭义的指数是指数理论和方法真正要研究的对象，即指数分析的真正意义在于对多个个体组成的复杂总体的数量变动进行综合测定和分析。因此，本章后面将主要讨论狭义的指数。

狭义的指数具有以下几个性质。

（1）相对性。狭义指数是现象在不同时间或不同空间上对比形成的相对数，表示总体数量的相对变动程度。也就是说，指数的计算结果是相对于某个比较基准而言的。比较基准不同，指数的数值和它所表示的具体意义也就不同。例如，本章引例中提到，2016 年全国居民消费价格总水平上涨 2.0%，比较基准是 2015 年，即反映的是 2016 年居民消费价格水平与 2015 年对比的相对变动程度。

（2）综合性。狭义指数反映的不是单一现象的数量变动，而是综合反映多个个体构成的现象总体的数量变动，所以它是一种综合性的指标数值。例如，居民消费价格指数不是只说明某一种消费品或服务项目的价格变动，而是概括地反映居民所有生活消费项目的价格水平的整体变动程度。

（3）平均性。由于各个个体的数量变动程度是参差不齐的，狭义指数所反映的只能是一种平均意义上的变动程度，即指数是代表总体中各个体变化程度的一般水平的一个代表性数值。例如，2016 年全国居民消费价格指数为 102.0%，表示从所有消费项目平均价格来看，价格比上年上升了 2.0%，但其中有的项目价格上涨幅度高于 2.0%（如食品烟酒类价格上升了 3.8%），有的项目价格上涨幅度低于 2.0%，有的甚至在下跌（如交通和通信的价格下降了 1.3%）。

二、指数的种类

为了更好地理解指数的编制方法和各种应用场合，我们还需要从不同的角度对指数进行不同的分类，主要分类有以下几种。

1. 按其考察范围不同，指数分为个体指数和总指数

个体指数是反映单个个体或单个项目数量变动的相对数。例如，某企业某种产品的产量指数、单位成本指数和出厂价格指数都是个体指数。个体指数属于广义的指数。**总指数**是反映由多个个体或多个项目构成的总体数量综合变动的相对数。例如，反映某企业多种产品单位成本变动的成本总指数、反映多种商品销售量变动的销售量总指数、反映多种商品价格变动的价格总指数。总指数的计算和分析应用是本章内容的核心。

很多场合还需要对总体进行分类或分组，并编制各类（组）的指数。反映某一类（组）现象综合变动程度的相对数称为**类（组）指数**。由于一类中往往也包含多个个体，所以类指数实质上也属于总指数的范畴，其计算方法与总指数的计算方法相同。但当我们根据类指数来计算总指数（或大类指数）时，类指数又往往被当作是个体指数来处理。

有些总体中各个个体的数量是可以直接加总的，要反映总体的数量变动，可以把各个个体的数量加总后直接对比，如多种商品的销售额指数、产值指数、生产费用指数等总值指数。从考察的范围来看，这类指数属于总指数；但从计算方法来看，则属于广义指数的范畴，可视同个体指数。

2. 按指数化指标的性质不同，指数分为数量指标指数和质量指标指数

在统计指数理论中，指数所要测定其变动程度的指标或变量称为指数化指标。数量指标指数的指数化指标是数量指标。换言之，**数量指标指数**是反映现象的规模或物量变动的指数，有时也称之为**物量指数**，如产品产量指数、商品销售量指数、工业生产指数等。**质量指标指数**的指数化指标是质量指标。换言之，质量指标指数是反映现象的相对水平或平均水平变动程度的指数，如商品价格指数、股票价格指数、单位产品成本指数、劳动生产率指数等。这两种指数在计算方法和实际应用中，既有共性和联系，又有一定的区别。

3. 按所反映的时间状况不同，指数可分为动态指数和静态指数

动态指数也称为时间指数，是同类现象在两个不同时间上的数量对比的结果，用于反映现象随时间变化而发展变动的方向和程度。社会经济统计中，许多重要的指数都属于动态指数，而且许多重要指数通常是按月、按季或按年连续编制，形成指数数列。根据所选择的基期不同，动态指数又可分为环比指数和定基指数。在指数数列中，若各期指数都以其上期为对比基期，则称之为环比指数；若各期指数都以某一固定时期为对比基期，则称之为定基指数。

最初的指数都是指动态指数。指数的研究范围和应用领域逐步扩大，才产生了静态

指数。**静态指数**主要包括空间指数（或区域指数）和计划完成情况指数两种。空间指数是同一时间不同空间的同类现象数量对比的相对数，反映同类现象在不同空间或不同区域的差异程度。例如，将两个城市的同期物价水平或居民消费数量进行对比，所得指数就属于空间指数。计划完成情况指数是利用总指数的方法，将多项计划任务的实际数与计划数进行对比，综合反映计划完成情况，如为了综合反映多种商品销售量的计划完成情况而计算的销售量计划完成情况指数。静态指数是动态指数应用上的拓展，所以其计算原理和分析方法都与动态指数基本相同。后面主要讨论动态指数的计算方法和具体应用。

三、指数的作用

指数是社会经济现象数量分析中十分有用的一种统计工具，其作用主要体现在以下几个方面。

（1）综合反映现象总体变动的方向和程度。如果你想了解消费价格的总体变化情况，显然没有必要也不可能把每一项消费品和服务的价格都进行观察和对比，只要利用消费价格指数就可以了。同样，投资者要了解股票价格的整体走势，关注股票价格指数是最简单有效的。

（2）根据现象之间的联系，利用有关指数测定某一现象变动中各个构成因素的影响效应，即对现象总量或总平均数的变动进行因素分析。例如，产品总成本可以分解为产量和单位成本两个影响因素，利用产量指数和成本指数不仅可以分别反映这两个因素的综合变动程度，还可以分析它们对总成本变动的影响大小。在分组情况下，总体平均水平的变动也可以分解为各组水平变动的影响和总体结构变动的影响。例如，某企业职工平均工资的变动，既要受该企业各级别（或工种）职工工资水平变动的影响，也要受该企业职工级别（或工种）构成变动的影响。因而，指数用于对现象总量变动进行因素分析的原理和方法，可以拓展应用于对总体平均水平进行因素分析。

（3）利用指数进行有关的推算，或把相互联系的指数数列进行比较，可以观察现象之间的变动关系和趋势。例如，根据物价指数和名义收入可以推算实际收入；根据销售额指数和销售量指数可以推算销售价格指数；比较工业品零售价格指数与农产品收购价格指数这两个指数数列，可以说明工农业产品综合比价的变化趋势。

（4）随着指数法在实际应用中的发展，运用指数还可以对多指标的变动进行综合测评。许多现象都需要用多指标构成的指标体系进行系统的描述和多角度的分析，为了在数量上对多个指标的变动程度或差异程度进行综合的测定和评判，也常常运用指数，如综合经济效益指数、综合国力指数、企业竞争力指数等。

请扫描二维码，获取资源：参考 10-1　来淋一阵“指数雨”吧——《“指数化时代”开启与经济统计作为》之一

第三节 综合指数

编制总指数的基本方法有综合法和平均法两种，习惯上分别把这两种方法计算的总指数称为**综合指数**和**平均指数**。本节介绍综合指数的编制原理和具体方法，本章第四节将介绍平均指数的有关问题。

一、编制综合指数的基本原理

（一）编制综合指数的基本思路

综合指数是设法将各个个体的数量先综合以后再通过两个时期的综合数值对比来计算的总指数。在指数发展史上，最初的综合指数是把多个个体的数量简单加总后对比。例如，假设每千克大米的基期价格是 2 元，报告期价格是 2.2 元；每米棉布的基期价格是 15 元，报告期价格是 16 元。若采用简单综合法，则这两种商品的价格总指数为(2.2 + 16)/(2 + 15) = 107.06%。后来，人们逐渐认识到了这种方法有很明显的缺陷：首先，没有考虑权数，忽视了各种商品重要性的差别；其次，不同商品的价格不能直接相加，因为它们的计量单位不同，而且简单综合的结果受计量单位变化的影响。例如，将大米价格改为以吨计算，问题的实质未变，但两种商品的价格总指数却变成了(2 200 + 16)/(2 000 + 15) = 109.98%。可见，简单综合法往往不能真实反映现象总体的变动程度。

如前面所述，总指数要综合反映多个个体构成的现象总体的数量变动。而这些个体的具体内容和度量单位不同（统计上称这些个体是不同度量的），它们的数量不能直接加总。综合指数必须先解决加总或综合的问题，即必须找到一个因素将各个个体的数量综合起来。

例如，编制销售量总指数时，由于各种商品的销售量不能直接加总，必须用一个因素将不同度量的销售量转化为同度量的、可加总的数值。对于销售量而言，这个起着同度量作用的因素就是各种商品的销售价格。因为通过价格可以将销售量转化为销售额，而各种商品的销售额都是可加总的。价格在加总过程中客观上还起到了权数的作用，即价格高的商品，其销售量的变动对销售量总指数的影响较大；反之，价格低的商品，其销售量变动对销售量总指数的影响较小。引入价格后各种商品的销售额加总得到销售总额，但是销售总额的变动反映的是销售量和价格共同变动的结果。为了测定销售量的变动程度，还必须设法让价格固定不变，即在计算基期销售总额和报告期销售总额时，均采用同一时间上的价格。

同样，编制多种商品的价格总指数时，各种商品的价格也是不同度量的，不能直接加总对比。表面上，价格的计量单位都是货币单位，但实际上价格总是指单位商品的价格，因此其计量单位总是随着商品的计量单位不同而不同的，如大米的价格是“元/千克”，棉布的价格是“元/米”。所以对于不同使用价值、不同计量单位的商品，其价格也不能直接加总对比。只有与它们各自的销售量相乘，才能得到同度量的数值。另外，各种商品价格变动对价格总水平变动的重要程度究竟是多少，应该用它们的销售量来衡量。销售量大的商品，其价格变化对价格总指数的影响应大些；反之，销售量小的商品，其价格变化对价格总指数的影响应小些。所以，计算价格总指数时，引入销售量既解决了加总的问题，也起到了权数的作用。当然，为了只反映价格的变动，也必须使销售量固定不变，即在计算基期销售总额和报告期销售总额时，均采用同一时间上的销售量。

综上所述，编制综合指数的基本原理有两个要点。

（1）找到能够使全部个体的数量得以综合起来的因素。在指数理论中称之为**同度量因素**，因为它起着同度量化的作用，能够把不同使用价值或不同内容的数值转化为同度量的数值。同时，由于它具有权衡各个个体重要性的作用，所以通常也称之为综合指数的权数。相应地，引入了同度量因素的综合指数，通常被称为加权综合指数。事实上，由于简单综合指数在理论上存在明显的不足，所以一般所讲的综合指数都是指加权的综合指数。

（2）固定同度量因素。其目的在于使两个不同时间（或空间）上的综合总量对比的结果，只反映指数化指标的变动，而不受同度量因素（权数）变动的影响。

（二）同度量因素的确定及综合指数的基本公式

由上述分析可知，编制综合指数的关键在于加权即确定同度量因素。怎样确定同度量因素呢？主要应从下述几个方面来考虑。

（1）根据现象之间的内在联系来选择作为同度量因素的指标。指数的计算要有实际经济意义，同度量因素就必须要与所测定的指数化指标有内在联系，即二者相乘要有实际经济意义，而且不同个体的这种乘积是同度量的、可加总的数值；作为权数，同度量因素要恰如其分地反映各个个体的重要性，也要求它能够反映指数化指标变动给有关现象所带来的实际影响。

许多社会经济现象可以分解为两个因素的乘积，其中，一个因素是数量指标 q，另一个因素是质量指标 p，如下所示：

$$\text{商品销售额}(qp) = \text{销售量}(q) \times \text{销售价格}(p)$$

$$\text{产品总产值}(qp) = \text{产量}(q) \times \text{出厂价格}(p)$$

根据这种关系，一般而言，编制数量指标指数时，同度量因素是一个与之对应的数量指标 q；反之，编制质量指标指数时，同度量因素是一个与之对应的质量指标 p。可见，数量指标 q 和相应的质量指标 p 互为同度量因素，二者的乘积（qp）常常是一个价值量指标（也可以是其他形式的指标，但对所考察的总体而言必须同度量、可加总）。

（2）同度量因素的确定还要取决于指数分析的目的。例如，计算产品产量综合指数时，通常根据“总产值＝产量×出厂价格”这一关系，以产品的出厂价格作为同度量因素。另外，根据“总成本＝产量×单位成本”这一关系，也可以用产品的单位成本作为同度量因素。虽然二者都可以作为同度量因素，但两种计算结果的意义还是有一定差别的。因为除了反映产品产量的变动程度之外，以出厂价格为同度量因素还可以分析各种产品产量变动对总产值的影响，而以单位成本为同度量因素则可以反映各种产品产量变动对总成本的影响。又如，编制股票价格指数时，同度量因素可以采用股票发行量，也可以采用股票流通量或其他指标。总之，当同度量因素不止一个时，到底选择哪一个，应视具体目的而定。

（3）同度量因素所属的时间应该如何确定呢？从理论上讲，只要同度量因素均采用同一时间上的水平（无论是基期的、报告期的，还是其他时间的），基期和报告期两个时间的综合总量对比的结果就都能反映指数化指标的变动程度。但是，由于对同度量因素所属时间的选择不同，不仅计算的数值有差异，而且指数所表示的经济意义也略有不同。总的来说，同度量因素固定在什么时间，应该视研究目的、指数化指标的性质以及有关指数之间的平衡关系等要求而定。

若以 I 表示总指数，q、p 分别代表数量指标和质量指标，下标 0 和 1 分别代表基期和报告期，下标 m 表示同度量因素所属的时间（$m=0$，1 或其他）。I_q 和 I_p 分别表示数量指标总指数和质量指标总指数，则综合指数的基本公式可写为（为了简便，公式中省略了表示各个个体的下标）

$$I_q=\frac{\sum q_1p_m}{\sum q_0p_m} \tag{10-7}$$

$$I_p=\frac{\sum q_mp_1}{\sum q_mp_0} \tag{10-8}$$

正因为对同度量因素所属时间（m）的选择不同，综合指数的基本公式才衍生出了多个不同的指数计算公式，其中最主要、最常用的是拉氏指数和帕氏指数。

二、拉氏指数和帕氏指数

（一）拉氏指数

德国经济学家拉斯贝尔斯（Laspeyres）1864 年提出了把销售量固定在基期的价格指数，该方法后来被推广到其他各种综合指数的计算，习惯上把同度量因素固定在基期水平上所编制的综合指数都统称为**拉氏指数**。拉氏数量指标综合指数 I_q 和拉氏质量指标综合指数 I_p 的计算公式分别为

$$I_q=\frac{\sum q_1p_0}{\sum q_0p_0} \tag{10-9}$$

$$I_p=\frac{\sum q_0p_1}{\sum q_0p_0} \tag{10-10}$$

【例 10-2】 某公司三种商品基期和报告期的销售量和价格资料如表 10-1 所示，试求这三种商品的拉氏销售量指数和价格指数。

表 10-1 某公司三种商品的销售资料

商品名称	销售量		价格/元		销售额/元			
	基期 q_0	报告期 q_1	基期 p_0	报告期 p_1	基期 q_0p_0	报告期 q_1p_1	假定 q_1p_0	假定 q_0p_1
甲	2 000 千克	2 150 千克	30	33	60 000	70 950	64 500	66 000
乙	420 件	530 件	80	70	33 600	37 100	42 400	29 400
丙	800 套	890 套	180	188	144 000	167 320	160 200	150 400
合计	—	—	—	—	237 600	275 370	267 100	245 800

解:（1）拉氏销售量指数

$$I_q=\frac{\sum q_1p_0}{\sum q_0p_0}=\frac{2\,150\times30+530\times80+890\times180}{2\,000\times30+420\times80+800\times180}=\frac{267\,100}{237\,600}\approx112.42\%$$

计算结果表明，报告期与基期相比，该公司三种商品的销售量平均增长了12.42%。

在上述计算中，分母是基期实际销售总额，而分子是一个假定的销售总额（即假定报告期销售的商品按基期价格水平计算所得的销售总额）。表面上看，112.42%是两个销售总额对比的结果，但由于各种商品的价格都固定在基期水平上，所以它实质上反映的只是各种商品销售量的综合变动程度。同时也可以反映销售量变动对销售总额的影响，即若按基期价格来计算，销售量变动使销售总额增加12.42%，亦即销售量变动使销售总额增加的数额为

$$\sum q_1p_0-\sum q_0p_0=267\,100-237\,600=29\,500\text{（元）}$$

（2）拉氏价格指数

$$I_p=\frac{\sum q_0p_1}{\sum q_0p_0}=\frac{2\,000\times33+420\times70+800\times188}{2\,000\times30+420\times80+800\times180}=\frac{245\,800}{237\,600}\approx103.45\%$$

计算结果表明，报告期与基期相比，该公司三种商品的价格平均上升了3.45%。

上述计算中，分母同样还是基期实际销售总额，但分子是另一个假定的销售总额（即假定基期销售的商品按报告期价格水平计算所得的销售总额）。由于各种商品的销售量都固定在基期水平上，所以上述两个销售总额的差异程度也就等于各种商品价格的综合变动程度。同时，这一结果也反映了价格变动对销售总额的影响，即按基期销售量来计算，价格变动使销售总额增加3.45%，亦即价格变动使销售总额增加的数额为

$$\sum q_0p_1-\sum q_0p_0=245\,800-237\,600=8\,200\text{（元）}$$

（二）帕氏指数

德国经济学家帕舍（H. Paasche）1874年提出以报告期物量加权来计算物价指数。这种方法也被广泛应用于其他各种综合指数的计算。所以，统计上把同度量因素固定在报告期所计算的综合指数称为**帕氏指数**。帕氏数量指标综合指数I_q和帕氏质量指标综合指数I_p的计算公式分别为

$$I_q=\frac{\sum q_1p_1}{\sum q_0p_1}\qquad(10\text{-}11)$$

$$I_p=\frac{\sum q_1p_1}{\sum q_1p_0}\qquad(10\text{-}12)$$

【例10-3】 根据表10-1的资料，试计算这三种商品的帕氏销售量指数和价格指数。

解　（1）帕氏销售量指数

$$I_q=\frac{\sum q_1p_1}{\sum q_0p_1}=\frac{2\,150\times33+530\times70+890\times188}{2\,000\times33+420\times70+800\times188}=\frac{275\,370}{245\,800}\approx112.03\%$$

与拉氏指数计算结果的分析类似，由上述计算结果可知，报告期与基期相比，该公

司三种商品的销售量平均增长了12.03%。按报告期价格来计算，销售量变动使销售总额增加12.03%，亦即销售量变动使销售总额增加的数额为

$$\sum q_1p_1-\sum q_0p_1=275\,370-245\,800=29\,570\text{（元）}$$

（2）帕氏价格指数

$$I_p=\frac{\sum q_1p_1}{\sum q_1p_0}=\frac{2\,150\times33+530\times70+890\times188}{2\,150\times30+530\times80+890\times180}=\frac{275\,370}{267\,100}\approx103.1\%$$

计算结果表明，报告期与基期相比，该公司三种商品的价格平均上升了3.1%。按报告期销售量来计算，价格变动使销售总额增加3.1%，亦即价格变动使销售总额增加的数额为

$$\sum q_1p_1-\sum q_1p_0=275\,370-267\,100=8\,270\text{（元）}$$

（三）拉氏指数和帕氏指数的比较

首先，拉氏指数将同度量因素固定在基期水平上（即以基期数值为权数），在定基指数数列中，各期指数不受权数结构变动影响，因而可比性更强。帕氏指数将同度量因素固定在报告期水平上（即以报告期数值为权数），无论是在定基指数数列中还是在环比指数数列中，权数结构都会随报告期而改变，因而会使各期指数的可比性受到影响。

其次，虽然两种方法的计算结果都可表示指数化指标的综合变动程度，但二者的具体经济意义还是有一定差别的。以价格指数为例，从前面的分析可以看到，拉氏价格指数是在基期销售数量和结构的基础上考察价格的变化及其对销售总额变动的影响，从消费者的角度可以说明：为了维持基期消费水平或购买基期那么多的商品，价格变化将会使消费支出增减多少。帕氏价格指数则是在报告期销售数量和结构的基础上考察价格的变化及其对销售总额变动的影响，它可以说明由于价格变化而使消费者报告期所购买的商品增减了多少消费支出，或反映由于价格变化而使销售者报告期所出售的商品增减了多少销售收入。所以，二者都有实际经济意义，但相比之下，帕氏指数立足于报告期，其分析具有更强的现实性。

最后，由于权数不同，依据同一资料计算的拉氏指数和帕氏指数的计算结果通常会存在差异，除非所有个体的变动程度相同（此时总指数的计算也就失去了意义）或权数结构不变（所有个体的同度量因素都按相同比例变化）。一般情况下，拉氏指数大于帕氏指数。这一结论成立的条件是所考察的数量指标个体指数与质量指标个体指数之间存在负相关关系，这包括以下两种情况：①两者的绝对水平呈反方向变化关系；②两者的绝对水平虽然是同向变化的，但它们的变化速率呈反方向变化关系，亦即其中一个指标上升（或下降）速率加快时，另一个指标的上升（或下降）速率却减缓。在现实世界中，许多数量指标的变化与相应质量指标的变化之间都存在着负相关关系（上述两种情况之一），如商品购买量与价格的变化关系，产品产量与单位成本的变化关系等。所以，拉氏指数一般大于帕氏指数。

实际应用中，数量指标指数的计算较多采用拉氏指数公式，而质量指标指数的计算较多采用帕氏指数公式。

三、其他形式的综合指数

（一）马埃指数和理想指数

在统计指数理论中，研究者一般认为拉氏指数存在高估实际变动程度的倾向，而帕氏指数则相反，因此产生了将拉氏指数和帕氏指数进行折中的多种指数计算公式。其中最主要的有马埃指数和理想指数。

1. 马埃指数

马埃指数是 1887～1890 年英国学者马歇尔（A. Marshall）和埃奇沃思（F. Y. Edgeworth）两人提出的，该指数将同度量因素固定在基期和报告期的平均水平，其具体计算公式为

$$I_q=\frac{\sum q_1\left(\frac{p_0+p_1}{2}\right)}{\sum q_0\left(\frac{p_0+p_1}{2}\right)}=\frac{\sum q_1(p_0+p_1)}{\sum q_0(p_0+p_1)}=\frac{\sum q_1p_0+\sum q_1p_1}{\sum q_0p_0+\sum q_0p_1} \tag{10-13}$$

$$I_p=\frac{\sum p_1\left(\frac{q_0+q_1}{2}\right)}{\sum p_0\left(\frac{q_0+q_1}{2}\right)}=\frac{\sum p_1(q_0+q_1)}{\sum p_0(q_0+q_1)}=\frac{\sum p_1q_0+\sum p_1q_1}{\sum p_0q_0+\sum p_0q_1} \tag{10-14}$$

计算空间指数时，理论上要求对比基准互换前后的两个指数应该是互为倒数的关系。例如，比较 A 和 B 两个地区物价水平的差异程度时，如果 A 地区价格水平是 B 地区的 200%，那么 B 地区价格水平就应该是 A 地区的 50%。但是，无论对拉氏指数还是对帕氏指数，对比基准互换前后的两个指数之间都不存在上述倒数关系。而采用马埃指数就可以解决这种矛盾，它将同度量因素固定在两个对比空间的平均水平上，不受对比基准地区选择的影响。所以马埃指数在空间对比分析中有着重要的实际应用价值。

2. 理想指数

理想指数是帕氏指数和拉氏指数的几何平均数。费希尔论证了该指数具有优良的性质，称之为理想指数，故该指数也称为费希尔指数，其计算公式为

$$I_q=\sqrt{\frac{\sum q_1p_0}{\sum q_0p_0}\times\frac{\sum q_1p_1}{\sum q_0p_1}} \tag{10-15}$$

$$I_p=\sqrt{\frac{\sum p_1q_0}{\sum p_0q_0}\times\frac{\sum p_1q_1}{\sum p_0q_1}} \tag{10-16}$$

【例 10-4】　根据表 10-1 的资料，试分别由马埃指数和理想指数的公式来计算三种商品的销售量总指数和价格总指数。

解　为省篇幅，这里略去了具体计算过程，仅将各个计算结果列在表 10-2 中，以便对照。

表 10-2 各类指数指标计算结果

指数类别	拉氏指数	帕氏指数	马埃指数	理想指数
销售量总指数	112.415 8%	112.030 1%	112.219 7%	103.263 3%
价格总指数	103.451 2%	103.096 2%	112.222 8%	103.273 5%

（二）将同度量因素固定在特定时间的综合指数

英国学者杨格（A. Young）提出一种将同度量因素固定在特定时间的指数计算公式，故该指数也称为杨格指数。在该指数中，同度量因素既不固定在基期，也不固定在报告期，而是固定在某个特定时间。

在中华人民共和国成立后长达六十余年的政府统计工作中，工（农）业产品物量指数的计算就采用了这种方法，即作为同度量因素的价格既不是基期价格，也不是报告期价格，而是某一年份的不变价格（p_n）。有关问题详见本章第六节中的“工业生产指数”。

第四节 平均指数

一、编制平均指数的基本原理

由于总指数具有平均的性质，即总指数实质上反映的是全部个体变化程度的平均水平，所以，编制总指数的另一种基本方法就是：先计算出个体指数，再将个体指数加以平均即可求得总指数，这种方法计算的总指数也被称为**平均指数**。由于各个个体指数的重要性不同，所以平均指数通常都不能运用简单平均，而必须给个体指数赋予适当的权数进行加权平均。由此可知，编制平均指数有如下两大问题。

首先，采用哪种平均法，是算术平均法还是调和平均法或几何平均法？从实用的角度看，算术平均的方法计算较为简便，也比较直观，所以在计算总指数时，算术平均法的应用较为普遍。调和平均法和几何平均法，虽然其计算较为复杂，也不太直观，但根据所掌握的数据和服从研究目的的需要，二者也有一定的实用价值。

其次，权数如何确定？权数的确定，既要考虑指数分析的实际经济意义，又要考虑权数资料获取的可行性和简便性。通常采用的权数主要有基期总值（q_0p_0）、报告期总值（q_1p_1）和固定权数（w）三种。

由于对个体指数所采用的平均方法和所赋予的权数不同，平均指数的计算又有多种不同的方法，下面将分别予以简要介绍。

二、算术平均指数

算术平均指数是将个体指数（q_1/q_0 或 p_1/p_0）进行算术平均来求得的总指数，其权数一般有基期总值（q_0p_0）和固定权数（w）两种。

（一）基期总值加权的算术平均指数

基期总值（q_0p_0）加权的数量指标平均指数和质量指标平均指数的计算公式分别为

$$I_q=\frac{\sum\frac{q_1}{q_0}(q_0p_0)}{\sum(q_0p_0)}=\sum\frac{q_1}{q_0}w_0 \tag{10-17}$$

$$I_p=\frac{\sum\frac{p_1}{p_0}(q_0p_0)}{\sum(q_0p_0)}=\sum\frac{p_1}{p_0}w_0 \tag{10-18}$$

其中，w_0为基期总值的比重，即有$w_0=\frac{q_0p_0}{\sum q_0p_0}$且$\sum w_0=1$。

【例 10-5】　根据表 10-1 的资料，利用算术平均指数的公式计算三种商品的销售量总指数和价格总指数。

解　先根据表 10-1 的资料计算出三种商品的销售量个体指数（q_1/q_0分别为 107.5%、126.19%和 111.25%）及价格个体指数（p_1/p_0分别为 110%、87.5%和 104.44%）。再以基期销售额加权，由式（10-17）和式（10-18）分别可得销售量总指数和价格总指数：

$$I_q=\frac{\sum\frac{q_1}{q_0}(q_0p_0)}{\sum(q_0p_0)}=\frac{1.075\times60\,000+1.261\,9\times33\,600+1.112\,5\times144\,000}{60\,000+33\,600+144\,000}=\frac{267\,100}{237\,600}\approx112.42\%$$

$$I_p=\frac{\sum\frac{p_1}{p_0}(q_0p_0)}{\sum(q_0p_0)}=\frac{1.10\times60\,000+0.875\times33\,600+1.044\,4\times144\,000}{60\,000+33\,600+144\,000}=\frac{245\,800}{237\,600}\approx103.45\%$$

不难发现，上述结果与前面由拉氏指数公式得到的计算结果相同。实质上，当个体指数与其对应权数两者的计算范围都完全一致时，基期总值加权的算术平均指数是拉氏综合指数的变形，二者只是计算形式不同，而计算结果和经济意义都完全相同。

（二）固定权数的算术平均指数

统计实践中编制算术平均指数时，常常将权数（通常是指比重权数）相对固定，即在较长时间保持不变。其计算公式为

$$I_q=\sum\frac{q_1}{q_0}w\text{或}I_p=\sum\frac{p_1}{p_0}w \tag{10-19}$$

其中，w为固定比重权数，$\sum w=1$（100%或 1 000‰）。

固定权数的平均指数具有很多优越性，它不仅计算简便，而且排除了权数变动对总指数的影响，还可以很方便地进行环比指数与定基指数之间的推算。我国居民消费价格指数就是采用这种方法编制的。

三、调和平均指数

调和平均指数是将个体指数（q_1/q_0或p_1/p_0）进行调和平均来求得的总指数，通常

以报告期总值（ q_1p_1 ）为权数。其计算公式为

$$I_q = \frac{\sum(q_1p_1)}{\sum \frac{1}{q_1/q_0}(q_1p_1)} \tag{10-20}$$

$$I_p = \frac{\sum(q_1p_1)}{\sum \frac{1}{p_1/p_0}(q_1p_1)} \tag{10-21}$$

【例 10-6】 根据表 10-1 的资料，利用调和平均指数的公式来计算三种商品的销售量总指数和价格总指数。

解 由式（10-20）和式（10-21），以报告期销售额加权分别可得销售量总指数和价格总指数：

$$I_q = \frac{\sum(q_1p_1)}{\sum \frac{1}{q_1/q_0}(q_1p_1)} = \frac{70\,950+37\,100+167\,320}{\frac{70\,950}{1.075}+\frac{37\,100}{1.261\,9}+\frac{167\,320}{1.112\,5}} = \frac{275\,370}{245\,800} \approx 112.03\%$$

$$I_p = \frac{\sum(q_1p_1)}{\sum \frac{1}{p_1/p_0}(q_1p_1)} = \frac{70\,950+37\,100+167\,320}{\frac{70\,950}{1.10}+\frac{37\,100}{0.875}+\frac{167\,320}{1.044\,4}} = \frac{275\,370}{267\,100} \approx 103.10\%$$

上述结果与由帕氏指数公式计算的结果相同。实质上也不难证明，当个体指数与其对应权数两者的计算范围都完全一致时，报告期总值加权的调和平均指数是帕氏综合指数的变形，二者只是计算形式不同，而计算结果和经济意义都完全相同。

四、几何平均指数

几何平均指数就是对个体指数计算几何平均数。以价格总指数的计算为例，若不加权，即为简单几何平均指数，其计算公式为

$$I_p = \sqrt[n]{\prod_{i=1}^{n}\left(\frac{p_{1i}}{p_{0i}}\right)} \tag{10-22}$$

若给个体指数赋予相应的权数 f_i，则有如下的加权几何平均指数公式：

$$I_p = \sqrt[\sum f_i]{\prod_{i=1}^{n}\left(\frac{p_{1i}}{p_{0i}}\right)^{f_i}} \tag{10-23}$$

与其他类型的平均指数相比，几何平均数对权数的变动比较不敏感。因此，在实际工作中，当权数的数据难以收集或准确性不能保证时，为了减弱权数偏差的影响，常采用简单几何平均指数。例如，我国的消费者价格指数编制过程中，根据多个代表规格品价格变动计算基本分类的价格指数时，采用的就是简单几何平均指数。

第五节　指数体系与因素分析

一、指数体系的概念

广义的指数体系是一种指标体系，泛指若干个在内容上相互联系的指数所形成的体系。例如，各种总值指数（如国内生产总值指数、进出口总额指数等）、物量指数（如工业生产指数、存货指数、商品出口量指数等）和价格指数（如投资价格指数、消费品零售价格指数、出口商品价格指数等）构成了国民经济核算指数体系。又如，股价指数、债权价格指数和证券投资基金价格指数共同构成了三位一体的证券市场价格指数体系。

本节所讲的**指数体系**是指几个有关指数所结成的数量关系式，这种指数体系表现为：一个总量指数等于它的各个因素指数的乘积。这里的“总量指数”通常是价值总量指数（常简称为总值指数），如

销售额指数＝销售量指数×销售价格指数

总成本指数＝产量指数×单位成本指数

原材料消耗总额指数＝产量指数×单耗量指数×原材料价格指数

上述“总量指数”也可以是实物总量指数，如

某材料消耗总量指数＝产品产量指数×单位产品材料消耗量指数

粮食总产量指数＝播种面积×单位面积粮食产量

显然，指数体系都是以客观现象之间的内在联系为基础的。指数体系主要具有两个方面的作用。

其一，用于指数之间的推算，即根据指数体系，利用已知指数推算未知指数。例如，某地区本期与上年同期相比，居民消费价格水平上涨了3%，居民消费总额增加了8%，则居民消费数量指数为108%÷103%＝104.85%，即剔除价格上涨因素后，居民消费实际增加了4.85%。

其二，用于因素分析，即以指数体系为基础，分析现象的总变动中各个因素的影响作用。在本章第三节中，我们曾分析过综合指数计算结果的经济意义：它们不仅反映了指数化指标的综合变动程度，也反映了指数化指标变动对相应总量的影响程度，其分子与分母之差则表示这种影响的绝对数量。所以，利用指数体系，可以对总量变动中各因素的影响效应一一进行分析。这种因素分析方法，不仅适合于两因素分析，也适合于多因素分析；不仅适合于对总量变动的分析，也适合于对总平均数（或相对数）变动的分析。下面将分别介绍这些因素分析方法的具体应用。

二、对总量的两因素指数分析

许多现象可以分解为两个因素的乘积，其一是数量指标，其二则是质量指标。因此，分析该现象总量的变动，就需要计算三个指数，即总量指数、数量指标指数和质量指标指数。为了保证指数体系的成立，两个因素指数的计算就必须一个采用拉氏公式，另一

个采用帕氏公式。实际分析中，比较常用的指数体系是，数量指标指数用拉氏公式计算，质量指标指数用帕氏公式计算，即

$$\frac{\sum q_1p_1}{\sum q_0p_0}=\frac{\sum q_1p_0}{\sum q_0p_0}\times\frac{\sum q_1p_1}{\sum q_1p_0} \tag{10-24}$$

利用上述指数体系，不仅可以分析现象总量的变动程度中各因素的影响程度，还可以分析现象总量变动的绝对数量中各因素的影响数量。总量增减变动的绝对数量与各因素影响数量之间的关系式为

$$\sum q_1p_1-\sum q_0p_0=\left(\sum q_1p_0-\sum q_0p_0\right)+\left(\sum q_1p_1-\sum q_1p_0\right) \tag{10-25}$$

利用指数进行因素分析时，不仅要进行相对数分析，往往还需要进行绝对数分析，因此常常把式（10-25）也看作指数体系的一个组成部分。

因素分析的一般步骤是：首先计算现象总量指数和总量变动的绝对差额；其次分别计算各个因素指数及其分子分母之差，用以反映各个因素对所研究总量变动的影响程度和影响数量；最后将以上分析进行综合和验证，做出文字分析说明。

【例 10-7】 根据表 10-1 的资料，对该公司三种商品销售总额的变动进行因素分析。

解 （1）销售总额指数 $I_{qp}=\frac{\sum q_1p_1}{\sum q_0p_0}=\frac{275\,370}{237\,600}\approx 115.9\%$

销售额增减额 $=\sum q_1p_1-\sum q_0p_0=275\,370-237\,600=37\,770$（元）

（2）销售量总指数 $I_q=\frac{\sum q_1p_0}{\sum q_0p_0}=\frac{267\,100}{237\,600}\approx 112.42\%$

销售量变动的影响额 $=\sum q_1p_0-\sum q_0p_0=267\,100-237\,600=29\,500$（元）

（3）价格总指数 $I_p=\frac{\sum q_1p_1}{\sum q_1p_0}=\frac{275\,370}{267\,100}\approx 103.1\%$

价格变动的影响额 $=\sum q_1p_1-\sum q_1p_0=275\,370-267\,100=8\,270$（元）

（4）三者之间的数量关系为

$$115.9\%\approx 112.42\%\times 103.1\%$$

$$37\,770\text{（元）}=29\,500\text{（元）}+8\,270\text{（元）}$$

计算结果表明，三种商品的销售总额增长了 15.9%，即增加 37 770 元。其中，由于三种商品的销售量平均增长了 12.42%，销售额增长了 12.42%，即增加 29 500 元；又由于三种商品的价格平均上升了 3.1%，销售额相应上升了 3.1%，即增加 8 270 元。

用于因素分析的指数体系通常是指总指数体系。特殊地，若要分析单一个体的总量变动（如一种商品的销售额变动或一种产品总成本的变动），所依据的是个体指数体系。由于只有单一个体，进行相对数分析时，不需要同度量因素；但进行绝对数分析时，同样必须考虑与之对应的数量指标或质量指标。因此，可将个体指数体系视为总指数体系的特例，依据个体指数体系进行因素分析的方法和步骤都与上述基于总指数体系的分析一致，只是计算公式中各项都不必含总和符号“$\sum$”而已，即

$$\frac{q_1p_1}{q_0p_0}=\frac{q_1p_0}{q_0p_0}\times\frac{q_1p_1}{q_1p_0}=\frac{q_1}{q_0}\times\frac{p_1}{p_0} \tag{10-26}$$

$$(q_1p_1-q_0p_0)=(q_1-q_0)p_0+(p_1-p_0)q_1 \tag{10-27}$$

三、对总量的多因素指数分析

当所研究的现象分解为三个或三个以上因素的乘积时，分析各个因素变动对该现象总变动的影响就属于多因素分析。指数体系用于两因素分析的基本原理可以推广到多因素分析，其要点如下。

（1）测定其中某个因素的影响时，必须将其余所有因素都固定下来。

（2）一般也是将数量指标固定在报告期，将质量指标固定在基期。所不同的是，在多因素分析中，数量指标与质量指标的划分不是绝对的，而是两两相对的，要根据指标的内容和各因素之间的联系来判断。

（3）各因素的排列顺序要体现指标之间的相互关系，即要保证相邻指标两两相乘都有经济意义。这种顺序的合理性，既有利于正确区分数量指标和质量指标，保证指数体系的成立，也便于将有关因素合并或进一步细分。通常的顺序是先基础指标，后派生指标；或先数量指标（外延指标），后质量指标（内涵指标）。例如，

材料消耗总额＝产量×单位产品消耗量×材料价格

农作物总收益＝播种面积×单位面积产量×农作物价格×销售收益率

在遵循上述排序原则的前提下，测定某个影响因素变化的影响时，排列在它之前的指标都看作数量指标，固定在报告期；排列在它之后的指标都看作质量指标，固定在基期。这样，在形式上，对各因素的影响程度的测定，就相当于依次对各影响因素进行连锁替代和对比。因此，多因素的指数分析方法也常常被称为“连锁替代法”，即在基期总量的基础上，依次将其中各因素的基期数替代为报告期数，并将替代后的总量与替代前的总量相比，得到该因素的总指数——反映该因素的平均变动程度及其对所研究现象总量的影响程度，其分子分母差额表示该因素变动对所研究现象的绝对影响额。

假设所研究现象总量 W 可分解为 a、b、c 和 d 四个因素，其关系为 $W=a\times b\times c\times d$。连锁替代法的具体过程如下：基期总量 $\sum a_0b_0c_0d_0$；第一次替代（将 a_0 替换为 a_1）得到 $\sum a_1b_0c_0d_0$；第二次替代（在第一次替代的基础上将 b_0 替换为 b_1）得到 $\sum a_1b_1c_0d_0$；依次类推，最后一次替代后得到报告期总量 $\sum a_1b_1c_1d_1$。将每一次替代后与替代前的两个总量进行对比，所得指数即可测定此次替代因素对所研究现象总量的影响程度，这两个总量的差额也就反映此次替代因素的绝对影响量。例如，将第二次替代前后的两个总量对比即 $\dfrac{\sum a_1b_1c_0d_0}{\sum a_1b_0c_0d_0}$，这个比率就是测定因素 b 综合变动的程度及其对所研究总量 W 影响程度的指数，$\left(\sum a_1b_1c_0d_0-\sum a_1b_0c_0d_0\right)$ 就表示因素 b 变动使所研究现象 W 增减的数量。依次类推，可分析其余各因素的影响。

【例 10-8】　已知某公司三种商品的销售资料如表 10-3 所示，试对该公司三种商品的销售利润总额的变动进行因素分析。

表 10-3　某公司商品销售情况

商品名称	销售量		价格		销售利润率	
	基期 q_0	报告期 q_1	基期 p_0	报告期 p_1	基期 r_0	报告期 r_1
甲	2 000 千克	2 150 千克	30 元	33 元	10%	11%
乙	420 件	530 件	80 元	70 元	15%	13%
丙	800 套	890 套	180 元	188 元	8%	10%

解　利润额 = 销售量（q）×单位商品销售价格（p）×销售利润率（r）

根据上述关系，对利润总额的因素分析应以下列指数体系为依据：

$$\frac{\sum q_1 p_1 r_1}{\sum q_0 p_0 r_0}=\frac{\sum q_1 p_0 r_0}{\sum q_0 p_0 r_0}\times\frac{\sum q_1 p_1 r_0}{\sum q_1 p_0 r_0}\times\frac{\sum q_1 p_1 r_1}{\sum q_1 p_1 r_0}$$

（1）利润总额指数 $=\dfrac{\sum q_1 p_1 r_1}{\sum q_0 p_0 r_0}=\dfrac{2\,935\,950}{2\,256\,000}\approx 130.14\%$

$$\sum q_1 p_1 r_1-\sum q_0 p_0 r_0=2\,935\,950-2\,256\,000=679\,950\text{（元）}$$

（2）销售量总指数 $=\dfrac{\sum q_1 p_0 r_0}{\sum q_0 p_0 r_0}=\dfrac{2\,562\,600}{2\,256\,000}\approx 113.59\%$

$$\sum q_1 p_0 r_0-\sum q_0 p_0 r_0=2\,562\,600-2\,256\,000=306\,600\text{（元）}$$

（3）价格总指数 $=\dfrac{\sum q_1 p_1 r_0}{\sum q_1 p_0 r_0}=\dfrac{2\,604\,560}{2\,562\,600}\approx 101.64\%$

$$\sum q_1 p_1 r_0-\sum q_1 p_0 r_0=2\,604\,560-2\,562\,600=41\,960\text{（元）}$$

（4）销售利润率总指数 $=\dfrac{\sum q_1 p_1 r_1}{\sum q_1 p_1 r_0}=\dfrac{2\,935\,950}{2\,604\,560}\approx 112.72\%$

$$\sum q_1 p_1 r_1-\sum q_1 p_1 r_0=2\,935\,950-2\,604\,560=331\,390\text{（元）}$$

以上几个计算结果之间的关系为

$$130.14\%\approx 113.59\%\times 101.64\%\times 112.72\%$$

$$679\,950\text{（元）}=306\,600\text{（元）}+41\,960\text{（元）}+331\,390\text{（元）}$$

计算结果表明，三种商品的利润总额增长了 30.14%，即增加 679 950 元。其中，由于三种商品的销售量增长，利润总额增长了 13.59%，即增加 306 600 元；由于商品价格上升，利润总额增加了 1.64%，即增加 41 960 元；由于销售利润率上升，利润总额增加了 12.72%，即增加 331 390 元。

四、平均指标变动的因素分析

在分组条件下，总平均指标等于各组平均数的加权算术平均，即

$$\bar{x}=\frac{\sum xf}{\sum f}=\sum x\frac{f}{\sum f} \tag{10-28}$$

可见，在分组条件下，总平均指标的变动受两个因素的影响：一是各组平均指标 x；二是各组次数 f 或各组比重（$\dfrac{f}{\sum f}$），也就是总体结构。例如，某企业职工平均工资的变动，既受各类职工工资水平变动的影响，也受该企业职工构成（各类职工比重）变化的影响；企业（或社会）平均利润率既受各产品（或各行业）利润率的影响，也受产品（或行业）构成变动的影响；某种产品平均售价的变动受各组价格水平和销售量结构的影响。

为了分别测定各个因素对总平均指标变动的影响作用，也可以利用有关指数体系来进行因素分析，其基本原理与对总量进行因素分析的原理相同，即分析其中一个因素变动时假定另一个因素不变，通常将数量指标性质的因素固定在报告期，而将质量指标性质的因素固定在基期。具体地说，对总平均数指标变动进行因素分析需要计算如下三个指数。

（1）**总平均指标指数**，可用 $I_{\bar{x}}$ 表示。它反映总平均指标的变动程度，是报告期总平均指标 $\bar{x}_1$ 与基期总平均指标 $\bar{x}_0$ 之比，即

$$I_{\bar{x}}=\frac{\bar{x}_1}{\bar{x}_0}=\frac{\sum x_1 f_1}{\sum f_1}\div\frac{\sum x_0 f_0}{\sum f_0}=\sum x_1\frac{f_1}{\sum f_1}\div\sum x_0\frac{f_0}{\sum f_0} \tag{10-29}$$

（2）**组平均数指数**，也称**固定构成指数**，可用 I_x 表示。它说明各组平均数的平均变动程度及其对总平均指标变动的影响程度。计算时将各组次数 f（或由次数派生的比重 $\dfrac{f}{\sum f}$）固定在报告期，即

$$I_x=\frac{\sum x_1 f_1}{\sum f_1}\div\frac{\sum x_0 f_1}{\sum f_1}=\sum x_1\frac{f_1}{\sum f_1}\div\sum x_0\frac{f_1}{\sum f_1} \tag{10-30}$$

（3）**结构影响指数**，可用 I_f 表示。它反映总体结构变动对总平均数变动的影响程度。计算时将各组平均水平 x 固定在基期，即

$$I_f=\frac{\sum x_0 f_1}{\sum f_1}\div\frac{\sum x_0 f_0}{\sum f_0}=\sum x_0\frac{f_1}{\sum f_1}\div\sum x_0\frac{f_0}{\sum f_0} \tag{10-31}$$

综上所述，对总平均指标变动的因素分析所依据的指数体系为

总平均指标指数（$I_{\bar{x}}$）= 组平均数指数（I_x）× 结构影响指数（I_f）

用符号表示为

$$\frac{\dfrac{\sum x_1 f_1}{\sum f_1}}{\dfrac{\sum x_0 f_0}{\sum f_0}}=\frac{\dfrac{\sum x_1 f_1}{\sum f_1}}{\dfrac{\sum x_0 f_1}{\sum f_1}}\times\frac{\dfrac{\sum x_0 f_1}{\sum f_1}}{\dfrac{\sum x_0 f_0}{\sum f_0}} \tag{10-32}$$

或写为

$$\frac{\sum x_1\dfrac{f_1}{\sum f_1}}{\sum x_0\dfrac{f_0}{\sum f_0}}=\frac{\sum x_1\dfrac{f_1}{\sum f_1}}{\sum x_0\dfrac{f_1}{\sum f_1}}\times\frac{\sum x_0\dfrac{f_1}{\sum f_1}}{\sum x_0\dfrac{f_0}{\sum f_0}} \tag{10-33}$$

同样，也可以用绝对数对总平均指标的变动进行因素分析，相应的数量关系为

总平均指标变动的绝对量 = 组平均数变动的绝对影响量 + 结构变动的绝对影响量

即

$$\frac{\sum x_1 f_1}{\sum f_1}-\frac{\sum x_0 f_0}{\sum f_0}=\left(\frac{\sum x_1 f_1}{\sum f_1}-\frac{\sum x_0 f_1}{\sum f_1}\right)+\left(\frac{\sum x_0 f_1}{\sum f_1}-\frac{\sum x_0 f_0}{\sum f_0}\right) \tag{10-34}$$

【例 10-9】 某企业有两个分厂，各分厂工人的劳动生产率资料如表 10-4 所示。试对该企业总平均劳动生产率的变动进行因素分析。

表 10-4 某企业劳动生产情况

工厂	劳动生产率/（万元/人）		工人数/人	
	基期 x_0	报告期 x_1	基期 f_0	报告期 f_1
一分厂	60	66	550	600
二分厂	50	62	250	400

解 基期总平均劳动生产率 $\bar{x}_0=\frac{\sum x_0 f_0}{\sum f_0}=\frac{45\,500}{800}=56.875$（万元/人）

报告期总平均劳动生产率 $\bar{x}_1=\frac{\sum x_1 f_1}{\sum f_1}=\frac{64\,400}{1\,000}=64.4$（万元/人）

假定的总平均劳动生产率 $\frac{\sum x_0 f_1}{\sum f_1}=\frac{56\,000}{1\,000}=56$（万元/人）

（1）总平均劳动生产率指数 $I_{\bar{x}}=\frac{\bar{x}_1}{\bar{x}_0}=\frac{64.4}{56.875}\approx 113.23\%$

总平均劳动生产率变动的绝对量 = 64.4−56.875 = 7.525（万元/人）

（2）组平均劳动生产率指数 $I_x=\frac{\sum x_1 f_1}{\sum f_1}\div\frac{\sum x_0 f_1}{\sum f_1}=\frac{64.4}{56}=115\%$

各组劳动生产率变动的影响量 = 64.4−56 = 8.4（万元/人）

（3）结构影响指数 $I_f=\frac{\sum x_0 f_1}{\sum f_1}\div\frac{\sum x_0 f_0}{\sum f_0}=\frac{56}{56.875}\approx 98.46\%$

工人数结构变动的影响量 = 56−56.875 = −0.875（万元/人）

（4）以上计算结果的数量关系为

$$113.23\%\approx 115\%\times 98.46\%$$

$$7.525（万元/人）= 8.4（万元/人）-0.875（万元/人）$$

相对数分析的结果表明，该企业报告期总平均劳动生产率（人均产值）比基期提高了13.23%，这是下述两个因素共同作用的结果：两个分厂的劳动生产率平均提高了 15%，工人数结构变动使企业总平均劳动生产率下降了 1.54%。从绝对数来看，两个分厂的劳动生

产率提高使企业人均产值增加 8.4 万元，工人数结构变动使企业人均产值减少 0.875 万元，这两个因素共同作用的结果使该企业报告期人均产值比基期增加 7.525 万元。

第六节　几种常见的经济指数

一、工业生产指数

工业生产指数是反映一个国家或地区工业产品产量的综合变动程度的一种物量指数。它是衡量经济增长水平和判断经济形势的重要依据，因此其计算和发布在世界各国都颇受重视。世界各国采用的计算方法不尽相同，最常见的方法有下面三种。

（一）不变价格法

不变价格，是指连续计算指数时所采用的某一特定时间的价格，它在较长时间内保持固定不变，所以又称为固定价格。不变价格法计算工业生产指数，就是指以不变价格为权数来测定工业生产量的变动程度。若以 p_n 代表不变价格，其具体计算公式可写为

$$I_q=\frac{\sum q_1p_n}{\sum q_0p_n} \tag{10-35}$$

式（10-35）中，分子、分母都是按不变价格计算的综合总量。可见，不变价格法是属于综合指数的一种计算方法（杨格指数）。由于权数固定，所以不变价格法不仅便于灵活地计算任意两个不同时间对比的指数，而且有利于观察在较长时间内的工业生产的发展变化态势。中华人民共和国成立后计算工业生产指数长期采用的就是这种方法。我国先后采用过 1952 年、1957 年、1965 年、1970 年、1980 年和 1990 年的不变价格。将两个按不同时期的不变价格计算的总产出（值）进行对比时，要消除不变价格变动的影响，才能得到生产指数。

由于工业产品种类繁多，对每种产品制定不变价及计算不变价产值本身是一项十分浩繁的工作，而且随着技术经济条件的飞速变化，产品更新换代的速度加快，不变价格与实际价格的差异越来越大，导致不变价格法所得的指数不能真实反映工业发展速度。从 1995 年起，我国各省、自治区、直辖市开始采用工业生产指数法来测算工业发展速度。

（二）算术平均指数法

国际上较多采用的编制工业生产指数的方法是算术平均指数的方法。也就是通过对工业产品的产量个体指数（或类指数）进行加权算术平均来计算工业生产指数，通常用基期增加值加权。一般是在分类基础上逐层计算，先计算产品个体指数，再由个体指数计算类指数，最后由类指数或大类指数计算总指数来综合反映整个工业的发展速度。其计算公式为

$$I_q=\frac{\sum\frac{q_1}{q_0}(q_0p_0)}{\sum(q_0p_0)} \tag{10-36}$$

其中，$\frac{q_1}{q_0}$为各工业产品（类）的产量个体指数（或类指数）；q_0p_0为相应产品（类）的基期增加值。

工业生产指数一般都要连续编制。为了简便，实际中通常将权数相对固定（如五年不变）。采用固定权数（w）的工业生产指数的计算公式为

$$I_q=\sum\frac{q_1}{q_0}w\quad\left(\sum w=1\right) \tag{10-37}$$

（三）价格指数减缩法

价格指数减缩法实质上是利用指数体系的原理，从价值量的变动中剔除价格变动的影响，由此来推算工业发展速度，即根据“价值量指数等于物量指数与价格指数乘积”的关系，将价值量指数除以相应的价格指数得到物量指数。这里的价值量一般指工业增加值。计算方法又有单缩法和双缩法两种。

（1）单缩法。用一个价格指数对价值量指标进行减缩。单缩法计算工业生产指数的公式一般为

$$I_q=\frac{\sum q_1p_1}{\sum q_0p_0}\div I_p=\frac{\text{按现价计算的工业增加值发展速度}}{\text{工业品出厂价格指数}} \tag{10-38}$$

（2）双缩法。分别用两个价格指数对有关价值量指标进行减缩。由于工业增加值等于工业总产值减中间投入，而工业产品与其原材料等中间投入的价格变化经常不一致，为了准确反映工业生产速度，就需要采用双缩法。其具体计算公式为

$$I_q=\frac{\dfrac{\text{报告期按现价计算的工业总产值}}{\text{工业品出厂价格指数}}-\dfrac{\text{报告期按现价计算的中间投入}}{\text{中间投入价格指数}}}{\text{基期工业增加值}} \tag{10-39}$$

二、居民消费价格指数

居民消费价格指数是各国政府都非常重视的一种经济指数，在国外称为“消费价格指数”（consumer price index，CPI）。它综合反映居民家庭所购买的各种消费品和服务的价格变动程度。这一指标通常影响着政府关于财政、货币、消费、工资、社会保障等政策的制定，是研究人民生活水平、监测社会稳定性、进行宏观经济分析和调控的重要依据。其具体应用主要有下面几个方面。

（1）用来测定通货膨胀。最常见的方法就是用“居民消费价格指数-100%”作为通货膨胀率的一种测度。“环比物价指数-100%”表示报告期与上期相比的通货膨胀率，“定基物价指数-100%”则表示从固定基期到报告期的累计通货膨胀率。通货膨胀率小于0时表示出现了通货紧缩。

（2）反映货币购买力的变动程度。货币购买力是指单位货币所能购买的消费品和服务的数量。价格上升意味着货币贬值，货币购买力下降；反之，价格下降意味着货币升值，货币购买力上升。货币购买力指数通常就是用居民消费价格指数的倒数来计算的。

（3）将价值量指标的名义值减缩为实际值，以消除价格变化的影响，如用名义工资

除以居民消费价格指数，得到实际工资。类似地，可测定居民实际可支配收入水平和实际消费水平等。

我国把居民消费分为食品、烟酒及用品、衣着、家庭设备用品及服务、医疗保健及个人用品、交通和通信、娱乐教育文化用品及服务、居住等八大类 262 个基本分类，每个基本分类包括若干代表规格品。目前我国居民消费价格指数的编制过程中，数据采集来自从全国抽选出的 500 个调查市县，每个调查市县所选择的代表性商品和服务项目有 600 多种，该指数每月编制并公布，具有较强的及时性。为了满足分层面分析的需要，不仅编制全国的，也编制分地区的、分城乡的居民消费价格指数。权数根据城乡居民家庭生活支出构成确定，如食品大类的权数为食品类支出额占全部支出额的比重，粮食中类的权数为粮食支出在食品大类支出额中所占的比重。权数每 5 年调整一次。

我国居民消费价格指数的计算从各个代表规格品的个体指数开始，逐级计算基本分类指数、中类指数、大类指数和总指数。计算方法分别如下：

代表品的环比价格指数（G_t）= 报告期平均价格除以基期平均价格，即

$$G_t = \frac{\bar{p}_t}{\bar{p}_{t-1}} \tag{10-40}$$

基本分类环比价格指数（K_t）= n 个代表品的环比价格指数的简单几何平均数，即

$$K_t = \sqrt[n]{G_1 \times G_2 \times \cdots \times G_n} \tag{10-41}$$

中类、大类和总体的环比指数都是逐级求加权算术平均数，如由大类环比指数（$K_{大类,环比}$）求总体环比指数（以 W_{t-1} 为权数）的计算公式为

$$I_{t,总体,环比} = \frac{\sum K_{大类,环比} W_{t-1}}{\sum W_{t-1}} \tag{10-42}$$

各级分类和总体的报告期定基指数（$I_{t,定基}$）都等于相应报告期环比指数与上期定基指数的乘积，即计算公式为

$$I_{t,定基} = I_{t,环比} \times I_{t-1,定基} = \left(\frac{\sum K_{类,环比} W_{t-1}}{\sum W_{t-1}} \right) I_{t-1,定基} \tag{10-43}$$

式（10-43）称为计算定基居民消费价格指数的链式拉氏公式。

【例 10-10】 某市居民消费价格指数的有关资料如表 10-5 所示，试说明其中面粉和粮食类的价格指数以及该市居民消费价格指数（即表 10-5 中带方括号的数值）的计算（其中定基指数的基期为 2000 年）。

表 10-5　居民消费价格指数计算

项目	权数	本月环比指数	上月定基指数	本月定基指数
居民消费价格指数	1 000‰	[102.01%]	101.5%	[103.54%]
一、食品	487‰	104.6%	98.6%	103.14%
1. 粮食	（70‰）	[103.48%]	95.5%	[98.82%]
其中：（1）大米	<470‰>	103.5%	94.0%	97.29%

续表

项目	权数	本月环比指数	上月定基指数	本月定基指数
（2）面粉	＜350‰＞	［103.35%］	95.3%	［98.49%］
标准粉		102.5%		
精制粉		104.2%		
（3）粮食制品	＜78‰＞	105.0%	96.4%	101.22%
（4）其他	＜102‰＞	102.7%	95.7%	98.28%
2. 淀粉及薯类	（11‰）	102.1%	98.5%	100.57%
⋮	⋮	⋮	⋮	⋮
16. 其他食品及加工服务费	（135‰）	101.9%	100.5%	102.41%
二、烟酒及用品	54‰	101.4%	98.7%	100.08%
三、衣着	87‰	98.3%	96.5%	94.86%
四、家庭设备用品及服务	58‰	97.5%	98.4%	95.94%
五、医疗保健及个人用品	45‰	102.7%	99.6%	102.29%
六、交通和通信	65‰	95.1%	95.8%	91.11%
七、娱乐教育文化用品及服务	89‰	99.5%	107.7%	107.16%
八、居住	115‰	102.0%	114.9%	117.20%

注：1. 表中（ ）内的数值表示三级权重；

2. 目前我国居民消费价格指数的分类与具体权重已有变化。本例只是展示其基本原理与计算过程

解 （1）由式（10-41）及式（10-43）可得面粉的环比、定基价格指数分别为

$$K_{面粉,环比}=\sqrt{1.025\times 1.042}\approx 103.35\%$$

$$K_{面粉,定基}=1.0335\times 0.953\approx 98.49\%$$

（2）由式（10-42）及式（10-43）可得粮食类的环比、定基价格指数分别为

$$K_{粮食,环比}=1.035\times\frac{470}{1000}+1.0335\times\frac{350}{1000}+1.05\times\frac{78}{1000}+1.027\times\frac{102}{1000}\approx 103.48\%$$

$$K_{粮食,定基}=1.0348\times 0.955\approx 98.82\%$$

（3）由式（10-42）及式（10-43）可得该市环比、定基居民消费价格指数分别为

$$\begin{aligned}I_{环比}=&1.046\times 0.487+1.014\times 0.054+0.983\times 0.087+0.975\times 0.058\\&+1.027\times 0.045+0.951\times 0.065+0.995\times 0.089+1.02\times 0.115\\\approx&102.01\%\end{aligned}$$

$$I_{定基}=1.0201\times 1.015\approx 103.54\%$$

计算结果表明，本月该市居民消费价格比上月上涨2.01%，比2000年的价格水平上涨3.54%。

请扫描二维码，获取资源：参考 10-2　价格指数最好列入法律条款

请扫描二维码，获取资源：参考 10-3　为什么 CPI 有时与人们的感觉不一样？

三、股票价格指数

股票价格指数是反映某一股票市场上价格综合变动程度的相对数，简称股价指数。在成熟市场经济中，股价指数不仅是投资者决策的重要依据，也是国民经济的晴雨表。

股价指数的计算方法很多，一般采用综合指数形式，以发行量（或流通量）为权数，权数可以固定在基期（拉氏公式），也可以固定在报告期（帕氏公式），大多数股价指数采用帕氏公式。股价指数通常以"点"为单位，将基期水平固定为 100 或 1 000，股价比基期每变动 1%或 1‰，就称变动了一点（一个百分点或一个千分点）。

下面简单介绍几种影响较大、计算方法也有代表性的股价指数。

美国的标准普尔 500（Standard & Poor's 500，S&P500）指数，包括 500 只股票（其中，工业类 400 只，公用事业类 40 只，金融类 40 只，运输业类 20 只）。采用拉氏指数公式，以发行量为权数，基期为 1941～1943 年（避免某日或某一段时间股价整体水平偏高或偏低对以后股价走势的影响）。标准普尔公司是美国最大的证券研究机构，后来还编制了较有影响的 S&P 全球 1200 指数、S&P 新兴市场指数等，形成了标准普尔股价指数系列。

道·琼斯指数，通常也称为道·琼斯股价平均数（Dow Jones average）。其计算方法是对入选指数的各种股票价格进行简单算术平均，再将两个不同时间的不同价格进行对比。虽然该指数没有加权，计算方法上存在明显不足，但是由于其历史最为悠久、样本股票的代表性较好等，它至今仍然被认为是一种权威性的股价指数，有着广泛的应用。

香港恒生指数是反映香港股票市场价格变化的著名指数。它采用帕氏指数公式，以发行量为权数，由工商业、金融、地产和公用事业 4 个大类共 33 只具有代表性的股票构成样本（成份股）来计算，样本的市价总值占香港联合交易所总市值的 70%左右。1964 年 7 月 31 日为基期，基点为 100。

上证综合指数包括上海证券交易所的全部上市股票，以报告期发行量为权数，最初的上证指数以 1990 年 12 月 19 日为基期，基点为 100；目前的上证指数以 2005 年 12 月 30 日为基期，基点为 1 000。反映上海证券市场股价变动的指数还有上证成份指数（也称上证 180 指数）。它是以行业代表性、规模、流动性等为标准，从上海证券市场所有

A股股票中选取最具有市场代表性的180只股票构成样本，以报告期流通量（或按流通比例确定的调整股本数）为权数。深证综合指数是包括深圳证券交易所的全部上市股票，以报告期发行量为权数，以1991年4月3日为基期，基点为100。深证100指数选取的成份股是100只A股，以报告期流通量为权数，以2002年12月31日为基期，基点为1 000。沪深300指数是从上海和深圳证券交易所所有上市股票中选取规模大和流动性强的最具代表性的300家成份股作为编制对象，并以这些成份股的自由流通量为权数，以2004年12月31日为基期，基点为1 000，是目前我国股指期货标的物。

➢本章小结

1. 对比分析一般是指利用相对数来进行比较分析。常用的对比分析方法有动态对比分析、结构分析、比例分析、空间比较分析、计划完成程度分析，以及强度、密度和效益分析等。应用对比分析方法须注意保证所对比指标的可比性、正确选择对比基准、相对数与绝对数结合运用，以及多种相对指标结合运用等原则。

2. 狭义的指数是反映数量上不能直接加总的多个个体组成的总体的综合变动程度的相对数，它具有相对性、综合性和平均性等特点。

3. 编制总指数的基本方法有综合法和平均法两种。综合指数的思路是“先综合，再对比”，其关键在于引入什么指标为同度量因素即权数，以及把它固定在哪个时间。若把同度量因素固定在基期，所计算的综合指数称为拉氏指数，若固定在报告期则是帕氏指数。实际工作中，计算数量指标指数较多采用拉氏公式，而计算质量指标指数较多采用帕氏公式。此外，马埃指数、理想指数和固定权数的综合指数等也有一定的理论和实用价值。

4. 平均指数的思路是从个体指数出发，“先对比，再综合”。计算平均指数的关键是选择平均的方法以及适当的权数。算术平均指数的权数一般有基期总值（q_0p_0）和固定权数（w）两种，调和平均指数的权数通常为报告期总值（q_1p_1）。当个体指数与其对应权数的计算范围都相同时，基期总值加权的算术平均指数是拉氏综合指数的变形，报告期总值加权的调和平均指数是帕氏综合指数的变形。

5. 狭义的指数体系是指几个有关指数组成的数量关系式。例如，一个总量指数等于它的各个因素指数的乘积。指数体系主要用于指数之间的推算以及因素分析。对总量变动进行两因素分析时，常用的指数体系由拉氏数量指标指数与帕氏质量指标指数构成。各个因素指数反映了现象总量变动中各因素的影响程度，其分子分母之差则反映各因素变动的绝对影响数量。两因素分析的基本原理可推广到多因素分析，该方法称为连锁替代法。

6. 对分组条件下总平均指标的变动也可利用指数来进行因素分析。所依据的指数体系为“总平均指标指数 = 组平均数指数×结构影响指数”。组平均数指数说明各组平均数的变动及其对总平均指标变动的影响程度。结构影响指数反映总体结构变动对总平均数变动的影响程度。同样可作相应的绝对数分析。

7. 工业生产指数、居民消费价格指数和股票价格指数都是重要的经济指数。了解它们的意义及编制方法，对于研究许多经济问题都大有裨益。

➢思考与练习

一、单项选择题

1. 某企业计划要求本月每万元产值能源消耗率指标比上年同期下降5%，实际降低了2.5%，则该项计划的计划完成百分比为（　　）。

A. 50.0%　　B. 97.4%　　C. 97.6%　　D. 102.6%

2. 下列指标中属于强度相对数的是（　　）。

A. 产值利润率　　B. 基尼系数

C. 恩格尔系数　　D. 人均消费支出

3. 下列指标中属于狭义指数的是（　　）。

A. 某地区本月社会商品零售量为上月的110%

B. 某地区本月能源消耗总量为上月的110%

C. 某地区本月居民收入总额为上月的110%

D. 某地区本月居民生活用水价格为上月的110%

4. 若为了纯粹反映价格变化而不受销售量结构变动的影响，计算价格总指数时应该选择的计算公式是（　　）。

A. 拉氏指数　　B. 帕氏指数　　C. 马埃指数　　D. 理想指数

5. 与帕氏质量指标综合指数之间存在变形关系的调和平均指数的权数应是（　　）。

A. q_0p_0　　B. q_1p_1　　C. q_1p_0　　D. q_0p_1

6. 为了说明两个地区居民消费水平之间的差异程度，有关指数的计算最好采用（　　）。

A. 拉氏指数　　B. 帕氏指数　　C. 马埃指数　　D. 理想指数

7. 同样数量的货币，某年购买的商品数量比上年减少了4%，那么可推断物价指数为（　　）。

A. 4.0%　　B. 104%　　C. 4.2%　　D. 104.2%

8. 某公司报告期新职工人数比重大幅度上升，为了准确反映全公司职工劳动效率的真实变化，需要编制有关劳动生产率变化的（　　）。

A. 总平均数指数　　B. 组平均数指数

C. 结构影响指数　　D. 数量指标综合指数

9. 某地区报告年按可比价格计算的工业总产值为基年工业总产值的110%，这个指数是一个（　　）。

A. 总产值指数　　B. 价格指数

C. 工业生产指数　　D. 静态指数

10. 我国深证100指数将基期价格水平定为1 000。若某周末收盘指数显示为1 122，此前一周末收盘指数显示为1 100，即表示此周末收盘时股价整体水平比一周前上涨了（　　）。

A. 2%　　B. 22%　　C. 122点　　D. 12.2%

二、判断分析题

1. 报告期与基期相比，某城市居民消费价格指数为110%，居民可支配收入增加了20%，那么居民的实际收入水平提高了10%。请判断这种说法是否正确。

2. 某公司报告期能源消耗总额为28.8万元，与上年同期相比，所耗能源的价格平均上升了20%，那么按上年同期的能源价格计算，该公司报告期能源消耗总额应为多少？

3. 有人认为，定基发展速度等于相应环比发展速度连乘积，动态指数相当于发展速度，因此，定基指数也总是等于相应环比指数的连乘积。请判断这种说法是否正确。

4. 一般说来，根据同一资料计算的拉氏指数、理想指数与帕氏指数三者的数值之间存在什么样的关系？试解释说明出现这种关系的原因。

5. 编制综合指数时，同度量因素的选择与指数化指标有什么关系？同度量因素为什么又称为权数？它与平均指数中的权数是否一致？

6. 结构影响指数的数值越小，是否说明总体结构的变动程度越小？一般说来，当总体结构发生什么样的变动时，结构影响指数就会大于1？请结合具体事例来说明。

7. 为什么在多因素指数分析中要强调各因素的排列顺序？连锁替代法是否适用于任意一种排序的多因素分析？

8. 某厂工人分为技术工和辅助工两类，技术工人的工资水平大大高于辅助工人。最近，该厂一财务人员对全厂工人的平均工资变动情况进行了动态对比，他发现与上年相比，全厂工人的平均工资下降了5%。另一人则通过分析认为，全厂工人的工资水平并没有下降，而实际上工人的工资平均提高了5%。你认为这两人的分析结论是否矛盾？为什么？

三、计算题

1. 某企业只生产甲、乙两种产品，有关的产量和出厂价格资料如下：

产品	计量单位	产量		出厂价格/元	
		基期	报告期	基期	报告期
甲	件	400	500	500	450
乙	套	1 000	1 100	800	960

要求：分别用拉氏指数、帕氏指数、理想指数和马埃指数的公式计算该企业的产量总指数和出厂价格总指数，并比较各种计算结果的差异。

2. 现有某行业中甲、乙两个企业同一年的如下数据，试从总量、结构、效益等方面对这两个企业的情况进行简要的比较分析。

指标名称	甲企业	乙企业
年平均职工人数/人	3 500	2 100
其中：专业技术人员数/人	1 085	798
增加值/万元	36 500	24 500
产品销售收入/万元	115 200	72 000
其中：新产品销售/万元	19 600	18 000
能源消耗总量/吨标准煤	8 450	5 900

3. 某地区2016～2017年农产品的收购额及价格变动情况如下表所示：

农产品	收购金额/万元		收购价格上涨率
	2016 年	2017 年	
A	160	185	10%
B	120	110	−5%
C	20	22	2%

试计算该地区的农产品收购价格总指数，并据以分析农产品收购价格变化对农民收入的影响。

4. 某投资者的投资组合由四种股票组成，其有关资料如下：

股票	买入价/（元/股）	现价/（元/股）	股票数量/股
A	15.50	17.00	5 000
B	18.50	20.25	2 000
C	26.75	26.00	5 000
D	42.25	45.50	3 000

试计算该股票投资组合的价格指数，并解释这个指数的经济意义。

5. 某地区的全部工业企业分为四个部门，报告期与基期相比，这四个工业部门的生产量分别增加了 8%、10%、14%和 5%。已知在该地区基期工业增加值中，这四个部门所占的份额依次为 30%、25%、18%和 27%。试求该地区的工业发展速度。

6. 《中华人民共和国 2016 年国民经济和社会发展统计公报》中提到“全年社会消费品零售总额 332 316 亿元，比上年增长 10.4%，扣除价格因素，实际增长 9.6%。按经营地统计，城镇消费品零售额 285 814 亿元，增长 10.4%；乡村消费品零售额 46 503 亿元，增长 10.9%”。根据这段材料，要求：①推算 2016 年我国消费品零售价格比 2015 年上涨了多少；②估计零售价格上涨使城乡居民消费支出增加的总额。

7. 某企业生产两种产品，其产量和成本资料如下：

产品	计量单位	产量		单位成本/元	
		基期	报告期	基期	报告期
A	只	1 000	1 250	12	10
B	件	2 200	2 300	150	152

试从相对数和绝对数两个方面对该企业总成本变动进行因素分析。

8. 某企业生产两种设备，其产量及其消耗原材料的有关资料如下：

产品	产量/台		原材料单耗/（千克/台）		原材料价格/（元/千克）	
	基期	报告期	基期	报告期	基期	报告期
甲	1 000	1 200	300	270	25	28
乙	500	800	250	220	21	20

要求：根据表中数据分析各因素对这两种产品的原材料消耗总额的变动的影响。

9. 某企业某种产品基期和报告期的销售情况如下：

产品等级	单价/（元/件）		销售量/$\times 10^2$件	
	基期	报告期	基期	报告期
1	30	35	58	96
2	25	28	25	30
3	15	15	17	4

要求：对该产品平均价格的变动进行因素分析，并说明该企业产品质量变化对企业销售收入的影响。

请扫描二维码，获取资源：参考 10-4　第十章习题详解

第十一章

统计综合评价

【引例】 哪一种大学排行榜更加科学合理？

随着我国高等教育的蓬勃发展，高校之间的竞争日趋激烈，高校本身作为人才培养和科学研究的机构在现代社会也受到广泛关注。在这种背景下，国内外各类机构的大学评价工作迅速地发展，伴随而来的是各式各样大学排行榜的出炉。

不同的大学有各自的特点，有的学校科研经费较多，有的学校科研成果的水平较高，有的学校培养的本科生多，有的学校培养的研究生多，有的学校工科较强，有的学校理科较强，还有的学校文科较强。选择考察的指标体系不同，采用的数据来源不同，或者采用的评价标准和综合方法不同，得出的大学的排名也就不同。

合理的大学排名必须以科学的评价指标体系和真实的统计数据作为基础，同时还要采用科学的综合评价方法。通过本章的学习，你可以掌握统计综合评价的基本知识，并运用这些知识去判断现有的几种大学排行榜是否科学合理。

第一节 统计综合评价概述

一、统计综合评价的概念和基本步骤

统计综合评价是对所要研究的对象，建立一个统计指标体系，并利用一定的方法和模型，对反映该现象不同侧面的指标进行综合分析，对被评价的事物从整体上做出定量的总体判断，从而揭示事物的本质及其发展规律。

就统计活动过程而言，统计综合评价是在统计调查、统计整理之后的一项重要的工作，是充分发挥统计功能的重要环节。

统计综合评价的基本步骤有以下几个。

（一）明确评价的目标

进行统计综合评价，必须先明确其评价的目标，即搞清楚为什么要进行综合评价。在明确目标时，要界定所要评价对象的范围，了解评价对象的属性和结构，确定评价的

精确度以及评价所要说明的问题等。明确评价的目标，是综合评价的基础工作。

（二）建立评价指标体系

根据研究的目的，选择合适的统计指标，建立一个能够从不同角度、不同侧面反映评价对象的评价指标体系。评价指标体系可以是单一层次的，也可以是多层次的。例如，我国评价规模以上工业企业的经济效益，是利用工业增加值率、总资产贡献率、资产负债率、流动资产周转次数、工业成本费用利润率、全员劳动生产率、产品销售率等指标进行评价，该评价项目体系是单一层次的。对于因素更多的复杂现象，则可用多层次综合评判法进行评价。

（三）评价指标的无量纲化处理

综合评价需要运用由多个指标组成的指标体系。而这些指标性质不同，计量单位往往也不一样，即它们具有不同的量纲，因而，必须对各指标的实际值进行无量纲化处理，或者说进行同度量处理，使之具有可比性，在此基础上才能综合汇总。

（四）确定各评价指标的权重

综合评价涉及许多因素，而每一因素又有各种不同的评价值。例如，一种产品是否受欢迎受到多种因素的影响，这些因素包括了产品的质量、性能、价格、式样、包装及售后服务等，而这六个因素对我们评价的目标——产品受欢迎程度——所起的作用是不同的。因此，在评价中，须根据评价的目的和各个项目的内在含义对各个目标值赋予相应的权数。在综合评价中，权衡不同指标重要性的数值被称为**权重**，或称**权数**。

如果评价项目体系是单一层次的，要求所有指标的权数总和等于100%。如果评价项目体系是多层次的，则要求每一层次中，同一层次各项目的权数总和等于100%。

（五）计算综合评价结果

在对各个评价指标进行无量纲化处理和确定各评价指标相应的权数之后，还要选择评价方法，建立综合评价模型，将经过无量纲化的评价值代入评价模型，计算综合的结果。

（六）根据评价结果进行统计分析

根据综合评价的结果——综合值，评价客观现象的数量特征，并利用该综合值对被评价的各个对象进行排序、比较，指出被评价对象的优势、劣势或成绩、不足，据此查找原因，并提出相应的改进措施。

二、统计综合评价的局限性

应该指出，目前统计综合评价的理论与方法还不是十分成熟，尚存在一定的局限性，主要表现为以下两点。

（一）综合评价结果具有相对性

综合评价尽管采用了一定的数学模型，其结果可以用数值表示，但它只有相对的意义。一般情况下，它仅适用于在具有可比性的对象之间进行比较和排序。此外，采用不同的评价方法，有可能得出不同的结果，评价的结果并非唯一。

（二）综合评价结果有可能受主观因素的影响

在综合评价中，评价指标的选择、指标权重的分配以及评价模型的建立，常常需要依靠有关专家来确定，不同的专家给出的选择标准和权重会有所差异。因此，综合评价的结果，往往带有一定的主观性。

我们在开展统计综合评价时，必须认真比较各种评价方法的特点和适用范围，尽可能采用多种方法进行比较与分析，以最大限度地减少主观因素的干扰，提高评价结果的客观性和稳定性。

第二节　评价指标及其权重的确定

一、选择评价指标的原则

对客观现象进行统计综合评价，关键是要科学地选择评价指标，建立一个合适的评价指标体系。选择评价指标应遵循以下几个原则。

（一）目的性

指标的选择应与研究目的相吻合，指标确实能反映评价对象的内容，对实现评价目标有明确的导向性。

（二）客观性

评价指标体系能够准确地把握所要研究问题的本质和内涵，能够客观地反映事物的特征。

（三）全面性

各评价指标能从不同的角度综合反映分析对象的全貌，覆盖评价的基本内容。

（四）敏感性

所选择的指标能比较敏感地反映分析对象的变化。

（五）相互独立性

尽可能选择相关程度低的指标，这是因为如果指标之间相关程度过高，用一项指标就能说明问题，若采用多项指标，事实上加大了这类指标的权重。

（六）可比性

评价指标要含义明确，计算口径一致，达到动态可比、横向可比。

（七）可操作性

评价指标体系要考虑资料收集的可能性，尽可能地利用现有的统计资料。评价方法要简洁、方便，易于为社会各界所接受。建立评价模型时尽可能选择公式简明、公式中相关参数易于获取的模型。

二、评价指标的选择方法

在实践中，根据上述原则选择具体评价指标的方法有两种：定性方法和定量方法。

（一）定性方法

常用的定性方法有综合法和分析法。

综合法一般是通过研讨会或征询意见的方式，集中专家们的意见，以确定评价指标。该方法是借助专家的智力优势和经验来选择指标的。

分析法是将评价的对象划分为若干个组成部分或不同的侧面，明确各个侧面所要评价问题的内涵与外延，在此基础上，从每一侧面分别选用一个或若干个指标以反映评价对象的特征。

（二）定量方法

1. 系统聚类法

系统聚类法是通过判断指标之间的相似程度来筛选指标的一种方法。假设有 N 个指标，将每个指标看作一类，根据指标间的相似程度，通过比较类间距离进行并类。把距离最小的两类加以合并，此时，余下 $N-1$ 类；再选择类间距离最小的加以合并。这样，每合并一次，就减少一类，反复继续这一过程，最终形成由小到大的分类系统。整个分类过程可以绘制成一张聚类图，用以反映所有指标的亲疏关系，我们可依据这种关系确定指标体系中所包含的指标个（类）数。系统聚类法的具体操作步骤如下所示。

第一步：度量指标（类）间的相似程度。

度量指标（类）间的相似程度常用的方法是相关系数或判别系数法。根据 N 个指标的历史资料，分别计算两两指标的相关系数（或判别系数）并形成相关系数矩阵 $\boldsymbol{R}$（或判别系数矩阵 $\boldsymbol{R}^2$），以相关系数矩阵 $\boldsymbol{R}$（或判别系数矩阵 $\boldsymbol{R}^2$）表示指标间的相关关系。

第二步：度量指标（类）间的距离。

利用相关系数矩阵 $\boldsymbol{R}$（或判别系数矩阵 $\boldsymbol{R}^2$）表示指标（类）间相似程度时，必须将其变换为距离 d，d 值越小表明两指标关系越密切。

$$d=1-\left|r_{ij}\right| \tag{11-1}$$

或

$$d^2 = 1 - r_{ij}^2 \tag{11-2}$$

第三步：根据聚类图确定指标（类）的个数，从每类中选择最具有代表性的指标。

【例 11-1】 现有 6 个指标，根据历史资料计算每两个指标的相关系数（表 11-1），请用系统聚类法选择评价指标。

表 11-1　相关系数矩阵 *R*

指标	1	2	3	4	5	6
1	1	0.75	0.58	0.54	0.44	0.60
2		1	0.55	0.56	0.56	0.62
3			1	0.89	0.73	0.60
4				1	0.74	0.72
5					1	0.80
6						1

解　建立相关系数矩阵 ***R***，并将相关系数矩阵 ***R*** 转变为距离矩阵 ***D***（表 11-2）。

表 11-2　距离矩阵 *D*

指标	1	2	3	4	5	6
1	0	0.25	0.42	0.46	0.56	0.40
2		0	0.45	0.44	0.44	0.38
3			0	0.11	0.27	0.40
4				0	0.26	0.28
5					0	0.20
6						0

在距离矩阵中（表 11-2）找到距离最小的两个指标，由 $d_{34} = 0.11$ 得知，指标 3 和指标 4 关系最为密切，可聚为一类。又在距离矩阵中找到距离第二小的两个指标，由 $d_{56} = 0.20$ 得知，指标 5 和指标 6 关系密切程度仅次于指标 3 和指标 4，它们可聚为一类。如此继续这一过程，逐步选择较小距离的指标，直到指标聚为一类为止，并据此绘制聚类图，具体图形见图 11-1。

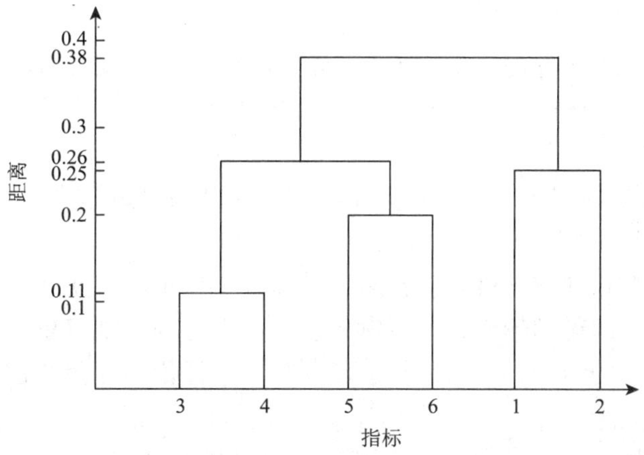

图 11-1　聚类图

通过定量和定性判断，根据评价的目的、实际操作的可能性和各个指标之间关系的密切程度确定指标体系的容量。假定评价某一现象要选择四个评价指标，可在指标 3 和指标 4 中选择一个指标，将它确定为第一个评价指标，又在指标 5 和指标 6 中选择一个指标，将它确定为第二个评价指标，确定指标 1 为第三个评价指标，确定指标 2 为第四个评价指标。再假定评价另一现象要选择两个评价指标，可在指标 3、指标 4、指标 5 和指标 6 中选择一个指标，将它确定为第一个评价指标，又在指标 1 和指标 2 中选择一个指标，将它确定为第二个评价指标。

2. 极大不相关法

极大不相关法的思路是：假定有 p 个可供选择的指标为 $x_1, x_2, \cdots, x_p$，x_1 与 $x_2, \cdots, x_p$ 是独立的，表明 x_1 是无法由其他指标来替代的，因此，以保留相关性最小的指标为选定的评价指标。极大不相关法的具体步骤如下。

第一步，求出 p 个指标值的相关矩阵 $\boldsymbol{R}$。

$$\boldsymbol{R} = (r_{ij}) \tag{11-3}$$

$$r_{ij} = \frac{s_{ij}}{\sqrt{s_{ii} \cdot s_{jj}}} \quad (i, j = 1, 2, \cdots, p) \tag{11-4}$$

r_{ij} 为 x_i 和 x_j 的相关系数，反映 x_i 和 x_j 的线性相关程度。

第二步，对 x_i 和余下的 $p-1$ 个变量计算其相互之间的复相关系数的平方 ρ_i^2（$i = 1, 2, \cdots, p$）。

第三步，比较 $\rho_1^2, \rho_2^2, \cdots, \rho_p^2$ 的大小，其中值最大者，表明它与其余变量相关性最大。

第四步，确定临界值 D，当 $\rho_i^2 > D$ 时，就删去 x_i。

重复以上步骤，逐步删去相关性大的指标，直到余下的指标个数与预先确定的指标体系容量相等为止。

对于指标的筛选方法，除了以上介绍的系统聚类法和极大不相关法之外，还有条件广义方差极小法、选取典型指标法和试算法等，限于篇幅，恕不介绍。

三、权重的分类

在综合评价中，表明各评价指标重要性的权数即权重。权重有不同的类别，不同类别的权重往往代表着不同的经济含义和不同的数学特点。在综合评价中的统计权重主要有如下几种分类。

按权重的表现形式划分，可分为**绝对数形式权重**和**相对数形式权重**（或称**比重权数**），相对数权重能较直观地显示各评价指标在评价中的作用。

按权重的形成方式划分，可分为自然权重和人工权重。由变换统计资料的表现形式与统计指标合成方式而得到的权重即**自然权重**，也被称为**客观权重**。**人工权重**是指根据研究目的和评价指标的内涵，人为地构造出反映各个评价指标重要程度的权数，也被称为**主观权重**。

按权重形成的数量特点划分，可分为**定性赋权**和**定量赋权**。在综合分析评价过程中，定性赋权和定量赋权的方法结合使用，往往能获得较好的效果。

按权重与待加权的单个指标之间的相关程度划分，可分为独立权重与相关权重。**独立权重**是指评价指标的权重与该指标值的大小无关，在综合评价中较多地运用这种权重，基于这种权重建立的综合评价模型被称为**"定权综合"模型**。**相关权重**是指评价指标的权重与该指标值呈函数关系。例如，当某一评价指标值达到一定水平时，该指标重要性相应减弱；或者当某一评价指标值达到另一定水平时，该指标重要性相应增大。这种权重产生于评价指标的重要性随着指标取值的不同而发生变化的场合，基于这种权重建立的综合评价模型被称为**"变权综合"模型**。"变权综合"模型较多地运用于对环境质量的评价中。

四、确定权重的方法

权重的确定方法有多种，本书仅介绍几种较常用的方法。

（一）统计平均法

统计平均法是根据专家对各评价指标所赋予的相对重要性系数分别求其算术平均数，所得的平均数作为各指标的权重。

（二）频率最大组中值法

频率最大组中值法的具体步骤如下。

第一步，请 m 个有关人员（一般要求 $m \geqslant 30$）依权数分配表对评价指标体系 U 中的指标 $u_1, u_2, \cdots, u_n$ 分别赋予最合适的权数。

第二步，对专家所赋予的权数变量 a_{ij}（$i=1, 2, \cdots, n$；$j=1, 2, \cdots, m$）分组。先从各个评价指标中找出最大值 $a_{\max}$ 和最小值 $a_{\min}$；再确定各评价指标分组的组数 n_i；而后利用公式 $\frac{a_{\max}-a_{\min}}{n}$ 计算出权数 a_{ij} 分组的组距，将权数从小到大分为 n 组。

第三步，计算各组的权数的频数与频率。

第四步，根据频数与频率分布情况，取最大频率所在组的组中值为指标 u_i 的权数 a_i（$i=1, 2, \cdots, n$），从而得出权重向量。若 $\sum a_i \neq 1$，须做归一化处理。

下面以一实例说明如何用最大组中值法确定权重。

【例 11-2】 某行政管理机构对行政工作人员工作质量进行评估，建立评价指标体系 U，U 中含有四个指标，u_1：管理能力；u_2：敬业廉政；u_3：业务水平；u_4：工作效率。现请 100 名相关人员对这四个指标写出自己认为最合理的权重分配，据此确定四个评价指标的权数。

解　根据 100 名相关人员所列的权重分配表，对于指标 u_1（管理能力）：最大值 $a_{\max}=0.5$，最小值 $a_{\min}=0.05$。选 $n=5$ 作为组数，则组距 $=\frac{0.5-0.05}{5}=0.09$，具体分组情况如表 11-3 所示。

表 11-3 管理能力指标权重分配表

分组	0.05～0.14	0.14～0.23	0.23～0.32	0.32～0.41	0.41～0.50	合计
频数	8	10	40	33	9	100
频率	0.08	0.10	0.40（max）	0.33	0.09	1.00

对于指标u_2（敬业廉政）：最大值$a_{max}=0.75$，最小值$a_{min}=0.25$，组距$=\dfrac{0.75-0.25}{5}=0.1$，分组情况如表 11-4 所示。

表 11-4 敬业廉政指标权重分配表

分组	0.25～0.35	0.35～0.45	0.45～0.55	0.55～0.65	0.65～0.75	合计
频数	7	25	43	20	5	100
频率	0.07	0.25	0.43（max）	0.20	0.05	1.00

对于指标u_3（业务水平）：最大值$a_{max}=0.50$，最小值$a_{min}=0.05$，组距$=\dfrac{0.50-0.05}{5}=0.09$，分组情况如表 11-5 所示。

表 11-5 业务水平指标权重分配表

分组	0.05～0.14	0.14～0.23	0.23～0.32	0.32～0.41	0.41～0.50	合计
频数	12	55	18	9	6	100
频率	0.12	0.55（max）	0.18	0.09	0.06	1.00

对于指标u_4（工作效率）：最大值$a_{max}=0.25$，最小值$a_{min}=0$，组距$=\dfrac{0.25-0}{5}=0.05$，分组情况如表 11-6 所示。

表 11-6 工作效率指标权重分配表

分组	0～0.05	0.05～0.1	0.1～0.15	0.15～0.2	0.2～0.25	合计
频数	8	33	49	6	4	100
频率	0.08	0.33	0.49（max）	0.06	0.04	1.00

表 11-3～表 11-6 反映了 100 名相关人员对四个评价指标给出的权重系数的分布情况，取频率最大组的组中值作为相应指标u_i的权数。当所得的权数之和不为 1 时，可做相应的调整。如本例，各评价指标中，频率最大的组中值分别为 0.275、0.5、0.185、0.125，它们的和不为 1，须调整。

$$\text{调整系数}=\frac{1}{0.275+0.5+0.185+0.125}\approx 0.921\,66$$

$0.275\times0.92166\approx0.253$, $0.5\times0.92166\approx0.461$, $0.185\times0.92166\approx0.171$, $0.125\times0.92166=0.115$，由此，我们可以得到评价指标的权重向量 $\boldsymbol{A}=(0.253, 0.461, 0.171, 0.115)$。

（三）AHP 构权法

AHP（analytic hierarchy process）构权法又称**层次分析法**，它的基本思路是：将复杂的评价对象表现为一个有序的递阶层次结构的整体，通过人们在各个评价项目间进行两两的比较、判断，进而计算各个评价项目的相对重要性系数，即权重。AHP 构权法有单准则构权法和多准则构权法之分，本节只介绍单准则构权法。用单准则 AHP 构权法确定权数的具体步骤包括以下几项。

1. 确定指标的量化标准

AHP 构权法的关键是建立一个构造合理且一致的判断矩阵，判断矩阵的合理性受到标度合理性的影响。标度是人们对各个评价指标（项目）重要性等级差异的量化的概念。确定指标重要性的量化标准的常用方法有比例标度法和指数标度法。比例标度法是以人们对事物质的区别的评判标准为基础，一般以 5 种判别等级表示事物质的等级差别。当评判需要更高的精度时，可以用 9 种判别等级。对判别等级量化，9 个标度以数值表示。常见的标度值体系如表 11-7 所示。

表 11-7　比例标度值体系（重要性分数 x_{ij}）

取值含义	1～9 标度	5/5～9/1 标度	9/9～9/1 标度
i 与 j 同等重要	1	（5/5 =）1	（9/9 =）1
i 比 j 稍微重要	3	（6/4 =）1.5	（9/7≈）1.286
i 比 j 明显重要	5	（7/3≈）2.33	（9/5 =）1.8
i 比 j 强烈重要	7	（8/2 =）4	（9/3 =）3
i 比 j 极端重要	9	（9/1 =）9	（9/1 =）9
介于上述相邻两级之间重要程度的比较	2、4、6、8	（5.5/4.5≈）1.222 （6.5/3.5≈）1.857 （7.5/2.5 =）3 （8.5/1.5≈）5.67	（9/8 =）1.125 （9/6 =）1.5 （9/4 =）2.25 （9/2 =）4.5
j 与 i 的比较	上述各数的倒数	上述各数的倒数	上述各数的倒数

2. 初始权数的形成

确定初始权数常采用定性分析与定量分析相结合的方法，一般地，是先组织专家评判，再综合专家的意见，最终形成初始权数。具体步骤如下。

（1）将统计分析的目的、已建立的评价指标体系和初步确定的指标重要性的量化标准分发给各个专家，让专家根据上述的比例标度值表所提供的等级重要性系数，独立地对各评价指标赋予相应的权重。

（2）根据专家所给出的各个指标的权重，分别计算各指标权重的均值和标准差。

（3）将所得的均值和方差的资料反馈给专家，要求专家再次提出修改意见或更改指标的建议，并在这基础上重新确定权数。

（4）重复以上（1）～（3）的步骤，直到获得较为满意的结果（或各专家对各个评价项目所确定的权数趋于一致）为止，便得到初始权数。

3. 对初始权数进行处理

（1）建立判断矩阵 $\boldsymbol{A}$ 。根据专家对 N 个评价指标的评判和比较后得到的初始权数建立判断矩阵 $\boldsymbol{A}$ 。判断矩阵 $\boldsymbol{A}$ 中第 i 行第 j 列的元素 x_{ij} 表示指标 x_i 与 x_j 比较后所得的标度系数。

（2）计算判断矩阵 $\boldsymbol{A}$ 每一行各标度值的几何平均数。

（3）进行归一化处理。归一化处理就是利用公式 $w_i' = \dfrac{w_i}{\sum w_i}$ 计算，确定各个评价指标的权数。

4. 对判断矩阵的一致性进行检验

判断矩阵的一致性检验是指当需要赋权的指标较多时，矩阵内的初始权数可能出现相互矛盾的现象，对于阶数较高的判断矩阵，难以直观地对其一致性进行判断，这就必须进行一致性检验。本书省略了一致性检验的步骤。

【例 11-3】 有三个评价指标 x_1 、 x_2 、 x_3 ，其判断矩阵 $\boldsymbol{A}$ 如表 11-8 所示，试确定这三个指标的权数。

表 11-8 判断矩阵 $\boldsymbol{A}$

指标	x_1	x_2	x_3
x_1	1	4	1/8
x_2	1/4	1	1/5
x_3	8	5	1

解 根据已知条件计算 w_i ：

$$w_1 = \sqrt[3]{1 \times 4 \times 1/8} \approx 0.793\,7$$
$$w_2 = \sqrt[3]{1/4 \times 1 \times 1/5} \approx 0.368\,4$$
$$w_3 = \sqrt[3]{8 \times 5 \times 1} \approx 3.42$$

进行归一化处理： $\sum_{i=1}^{3} w_i = 0.793\,7 + 0.368\,4 + 3.42 = 4.582\,1$

$$w_1' = \frac{w_1}{\sum w_i} = \frac{0.793\,7}{4.582\,1} \approx 0.173\,2$$

同理， $w_2' = 0.080\,4$ ， $w_3' = 0.746\,4$ 。

通过以上计算，初步确定三个指标的权数为 0.173 2、0.080 4、0.746 4。

（四）变异系数法

与前面介绍的几种方法不同，**变异系数法**不需要依靠专家先对各指标的权重做出评定，而是直接利用各指标所包含的信息通过计算得出指标的权重。它是一种客观赋权方法。这一方法的基本思想是：在评价指标体系中，取值差异越大的指标是越难实现的指标，从而也就越重要，因为它更能反映出参加评价的各单位的差距。评价指标体系中各指标的量纲不同，不宜直接比较其差异程度。为了消除各指标量纲不同的影响，用各指标的变异系数来衡量各项指标取值的差异程度。

各指标的变异系数：

$$V_i = \frac{\sigma_i}{\bar{x}_i} \quad (i=1,2,\cdots,n) \tag{11-5}$$

其中，σ_i 为第 i 项指标的标准差；$\bar{x}_i$ 为第 i 项指标的均值。

各指标的权重：

$$W_i = \frac{V_i}{\sum_{i=1}^{10} V_i} \tag{11-6}$$

【例 11-4】 试利用变异系数法确定英国社会学家英克尔斯提出的衡量一个国家现代化程度的指标体系的权重[①]。

解 选取包括中国在内的近 40 个中等收入水平以上国家 1998 年的数据为样本，根据式（11-5）计算各项指标在这近 40 个国家中的变异系数，以反映各国在各项指标方面的差距，从而作为衡量各项指标权重的依据，再根据式（11-6）计算出各指标的权重，计算结果见表 11-9。

表 11-9　现代化评价指标的权重

统计量	人均 GNP/美元	农业占 GDP 的比重	第三产业占 GDP 的比重	非农业劳动力比重	城市人口比重	人口自然增长率	平均预期寿命/岁	成人识字率	大学生占适龄人口的比重	千人拥有医生数	总和
标准差	7 966.27	7.316%	11.94%	0.170%	19.339%	0.831 9	5.375	9.050%	20.477%	1.314	—
平均数	11 938.4	9.352%	54.86%	0.826%	69.792%	0.721 4	72.632	93.34%	36.556%	2.446	—
变异系数	0.667	0.782%	0.236%	0.206%	0.277%	1.153	0.074	0.097%	0.560%	0.537	4.59
权数	0.145	0.170%	0.051%	0.045%	0.060%	0.251	0.016	0.021%	0.122%	0.117	1.00

请扫描二维码，获取资源：参考 11-1　金砖国家农业发展水平分析——基于熵权法和变异系数法的比较研究

① 引自曾五一，庄赟. 中国现代化进程的统计考察. 中国统计，2003,（1）：19-21.

第三节 数据的预处理

一、定性指标的量化

在综合评价中，有一些因素是以定性指标来衡量的。例如，评价工程项目质量是以优、良、合格、不合格作为评价标准的；顾客对某项服务的评价是以满意、一般、不满意来反映的。对于定性指标，须进行量化，量化后才可与其他定量指标一起使用。

定性指标主要有两类数据：定类尺度计量的数据和定序尺度计量的数据。对于定类尺度计量的数据，是无法真正量化的；对于定序尺度计量的数据，量化的主要方法有以下几种。

（一）名次序数百分化

名次序数百分化是将被评价单位的名次序数转化为在百分内的相对位置的一种方法。具体操作步骤是：先对被评价单位排列名次，得到名次序数，而后利用式（11-7）计算名次百分：

$$x\text{名次百分}=100-\frac{100}{n}(x-0.5) \tag{11-7}$$

其中，x 为被评价对象所得的名次；n 为全部被评价单位数。

由于名次与它在百分中的位置不一致，故用$(x-0.5)$处理，以避免出现最后一名被评价单位的名次百分为零的局面，保证第一名从$\left(100-\frac{100}{2n}\right)$开始，使各不同的名次均匀地分布在百分位中。

名次序数与评价得分是逆向变化的，名次序数的百分化实质是利用“倒扣”的方法将名次转化为分值。

（二）统计评分法

如果评价项目是根据其品质划定等级的，对其进行量化处理，常用的方法是**统计评分法**，其基本思想是对评价的不同等级赋予不同的分值，以此为基础进行综合评价。

【例 11-5】 对某城市的社会现代化进行综合评价，把社会现代化评估的评分标准分为四个等级，试考虑其如何量化的问题。

解 可以对这评分标准的四个等级分别赋予不同的分值，由此将评估的四个等级转换为相应的数值：10、8、6、4，见表 11-10。在此基础上，可请足够多的专家参加评议，求出各项目的平均得分，并在确定相应权数的基础上，进一步进行综合评价。

表 11-10　社会现代化评估体系

评价项目	评分标准			
	10	8	6	4
文教卫生现代化	高度现代化	较现代化	一般	落后
社会保障健全化	很健全	较健全	一般	不健全
社会环境安全化	很安全	较安全	一般	不安全
民主与法制完善化	高度完善	较完善	一般	不完善

二、评价指标的无量纲化处理

在评价指标体系建立之后，有可能因为各指标的计量单位不同（具有不同的量纲）而无法进行直接汇总，为此，一般在完成资料收集工作后，还需要进行消除量纲处理，即**同度量处理**。较常用的同度量处理方法有以下几种。

（一）相对化处理法

进行**相对化处理**，必须先对每个评价指标确定一个标准值，而后计算实际值与标准值之比。

指标有“正”“逆”之分，**正指标**，是指指标数值越大就越好的指标，如产值、利润、劳动生产率等指标。**逆指标**，是指指标数值越小就越好的指标，如单位产品成本、万元产值综合能耗、物耗率等指标。对正、逆指标的相对化处理公式如下：

$$\text{正指标：}\ x_i' = \frac{x_i}{x_m} \tag{11-8}$$

$$\text{逆指标：}\ x_i' = \frac{x_m}{x_i} \tag{11-9}$$

其中，x_i' 为标准化后的数值；x_i 为实际值；x_m 为标准值。

通常，可用参加评价单位某一时期的最优值作为标准值。根据研究目的不同，也可以选择国际先进水平、历史最高水平或计划规定水平等作为标准值。

在现实经济生活中，还有一些指标属于适度指标。例如，人口的出生率既不是越低越好，也不是越高越好。对于适度指标可事先确定一个理想的标准值，当实际值小于该标准值时可采用正指标的相对化处理方式，而当实际值大于该标准值时则采用逆指标的相对化处理方式。

【例 11-6】　2014 年 4 个地区的规模以上工业企业主要经济效益指标资料如表 11-11 所示，试对这些资料进行相对化处理。

表 11-11　4 个地区规模以上工业企业主要经济效益指标

地区	总资产贡献率	资产负债率	流动资产周转次数/（次/年）	工业成本费用利润率	人均主营业务收入/万元
A	7.7%	51.07%	1.44	7.97%	169.37
B	12.99%	50.29%	1.77	7.92%	143.51
C	15.87%	54.92%	2.71	6.71%	123.66
D	13.97%	58.42%	2.31	6.42%	78.51

解　表 11-11 所列示的指标中，资产负债率为逆指标，其他四个为正指标，表 11-12 中第二行给出了各项指标的标准值，以实际值对比标准值，利用式（11-8）和式（11-9）可将原来不同度量的指标转化为无量纲的相对指标。具体的处理结果如表 11-12 所示。

表 11-12　相对化处理结果数据表

地区	总资产贡献率	资产负债率	流动资产周转次数/（次/年）	工业成本费用利润率	人均主营业务收入/万元
标准值	16.00%	50.00%	3.00	8.00%	170.00
A	0.481%	0.979%	0.480	0.996%	0.996
B	0.812%	0.994%	0.590	0.990%	0.844
C	0.992%	0.910%	0.903	0.839%	0.727
D	0.873%	0.856%	0.770	0.803%	0.462

（二）功效系数法

功效系数法是对多目标规划原理中的功效系数加以改进，从而把确定要评价的各项指标值转化为可以度量的评判分数。

利用功效系数法进行消除量纲影响的处理时，必须对评价的指标确定一对阈值，包括一个下限值（不容许值）和一个上限值（满意值），并通过功效系数公式计算出每项指标的评价分，其计算公式如下：

$$d_i^* = \frac{x_i - x_i^{(s)}}{x_i^{(h)} - x_i^{(s)}} \times 40 + 60 \tag{11-10}$$

其中，x_i 为第 i 个指标实际值；$x_i^{(s)}$ 为第 i 个指标的不容许值；$x_i^{(h)}$ 为第 i 个指标的满意值；d_i^* 为第 i 项指标单项评分。一般地，对于不容许值，可令第 i 项指标历年来最差值为不容许值，或第 i 项指标数列中较差的 10%的数值平均数为不容许值；对于满意值，可令第 i 项指标中历年来最优值为满意值，或第 i 项指标数列中较好的 10%的数值平均数为满意值。

在式（11-10）中，把指标值处于不容许状态看作及格状态，当某项指标值等于不容许值时，d_i^* 为 60 分。一般情况下，实际指标值在不容许值和满意值之间，若 x_i 比 $x_i^{(h)}$ 值更高，$d_i^* >100$ 分；若 x_i 比 $x_i^{(s)}$ 值更低，则 $d_i^* <60$ 分。

【例 11-7】　对表 11-11 所提供的资料，利用功效系数法进行数据处理。

解　利用式（11-10）计算，具体计算如下：

A 地区总资产贡献率功效系数分值：$d^* = \dfrac{7.7-7.5}{16-7.5} \times 40 + 60 \approx 60.94$

A 地区资产负债率功效系数分值：$d^* = \dfrac{51.07-60}{50-60} \times 40 + 60 = 95.72$

同理，我们可以得到其他地区有关规模以上工业企业经济效益指标的功效系数分值。计算结果列在表 11-13 中。

表 11-13　功效系数法处理结果数据表

地区	总资产贡献率	资产负债率	流动资产周转次数/（次/年）	工业成本费用利润率	人均主营业务收入/万元
不容许值	7.5%	60.0%	1.4	6.4%	75.0
满意值	16.0%	50.0%	2.8	8.0%	170
A	60.94%	95.72%	61.14	99.25%	99.73
B	85.84%	98.84%	70.57	98.00%	88.85
C	99.39%	80.32%	97.43	67.75%	80.49
D	90.45%	66.32%	86.00	60.50%	61.48

请扫描二维码，获取资源：参考 11-2　武汉市城市土地利用效益评价

（三）标准化处理

利用**标准化处理**的基本前提是：进行标准化处理的变量服从正态分布。在标准化处理中，将变量值转化为数学期望为 0、方差为 1 的标准化数值。具体操作步骤如下。

（1）求出各变量（指标）的算术平均值（数学期望值）$\overline{x}_i$ 和标准差 σ_i。

（2）进行标准化处理：

$$x'_{ij} = \frac{x_{ij} - \overline{x}_i}{\sigma_i} \tag{11-11}$$

其中，x'_{ij} 为标准化变量；x_{ij} 为实际变量（指标）值；$\overline{x}_i$ 为各变量（指标）的算术平均值（数学期望值）；σ_i 为标准差。

（3）进行标准化处理的指标中若有逆指标，要改变处理后的指标的符号。

【例 11-8】　利用表 11-11 所提供的资料进行标准化处理。

解　根据表 11-11 的数据，先计算各指标的平均数与标准差，而后利用式（11-11）分别对各地区指标的实际值进行标准化，由于资产负债率是逆指标，因此需改变处理后的指标的符号：

$$A\text{地区总资产贡献率标准分值}=\frac{7.7-12.63}{3.03}\approx -1.63$$

$$A\text{地区资产负债率标准分值}=-\left(\frac{51.07-53.68}{3.25}\right)\approx 0.80$$

同理，我们可以得到其他各地区评价指标的标准分值。具体计算处理结果见表 11-14。

表 11-14 标准化处理结果数据表

地区	总资产贡献率	资产负债率	流动资产周转次数/（次/年）	工业成本费用利润率	人均主营业务收入/万元
平均数 $\bar{x}$	12.63%	53.68%	2.06	7.26%	128.76
标准差	3.03%	3.25%	0.49	0.70%	33.23
A	−1.63%	0.80%	−1.26	1.02%	1.22
B	0.12%	1.04%	−0.59	0.95%	0.44
C	1.07%	−0.38%	1.34	−0.78%	−0.15
D	0.44%	−1.46%	0.52	−1.20%	−1.51

（四）最优值距离法

最优值距离法是以各项评价指标实际值与最优值之间的相对距离的大小作为衡量评价对象优劣的标准。这一方法通常在相对化处理的基础上进行。其计算公式为

$$E_i = 1 - x_i' \tag{11-12}$$

其中，E_i 为第 i 个评价指标实际值与最优值之间的相对距离；x_i' 为第 i 个指标经过相对化处理后得到的数值。一般来讲，E_i 越小，表明实际数值与最优值越接近。

【例 11-9】 根据表 11-12 的数据，计算各地区分项目的最优值距离。

解 将表 11-12 的数据代入式（11-12）可得到如下结果：

表 11-15 最优值距离法处理结果数据表

地区	总资产贡献率	资产负债率	流动资产周转次数/（次/年）	工业成本费用利润率	人均主营业务收入/万元
A	0.519%	0.021%	0.52	0.004%	0.004
B	0.188%	0.006%	0.41	0.01%	0.156
C	0.008%	0.09%	0.097	0.161%	0.273
D	0.127%	0.144%	0.23	0.197%	0.538

第四节 综合评价模型

在选择合适的同度量处理方法对数据进行预处理，得出各单个项目的评价结果的基础上，还必须根据被评价对象的性质和评价的目的，建立科学的综合评价模型，对各单

个项目的评价结果进行综合，最终求得综合评价结果。利用综合评价结果，可以对各评价对象进行排序，清楚地显示各个评价对象实际水平的高低。同时，分析各个评价对象的综合评价结果的高低，可以找出各个评价对象的优势和劣势、差距和不足，并由此寻找存在的问题和薄弱的环节，探索问题产生的原因，进而提出相应的措施。

综合评价的数学模型有多种，本书侧重介绍加权算术平均综合模型和加权几何平均综合模型。

一、加权算术平均综合模型

采用**加权算术平均综合模型**计算综合评价指数，其基本公式如下：

$$\text{加权算术平均综合评价指数}=\frac{\sum_{i=1}^{n}x_iW_i}{\sum_{i=1}^{n}W_i} \tag{11-13}$$

其中，给定评价指标体系由 n 个指标构成；x_i 为已经同度量处理过的第 i 个评价指标的相对值，$i=1,2,\cdots,n$；W_i 为各项指标的权重，$W_1+W_2+\cdots+W_n=100\%$。

加权算术平均综合模型具有以下特点：①适用于各指标相互独立的场合；②各评价指标间可以相互线性补偿；③评价的结果主要体现各项目各自的功能性。

【例 11-10】 根据表 11-11 的资料，利用变异系数法得到规模以上企业效益评价指标体系中评价指标总资产贡献率、资产负债率、流动资产周转次数、工业成本费用利润率和人均主营业务收入的权重向量为 $(0.26,0.1,0.26,0.1,0.28)$。根据表 11-13 功效系数法处理的结果，利用加权算术平均综合模型计算各地区的综合评价指数，并根据综合评价指数的高低对各地区企业经济效益进行排序。

解　A 地区企业经济效益综合评价指数

$$\frac{60.94\times0.26+95.72\times0.1+61.14\times0.26+99.25\times0.1+99.73\times0.28}{0.26+0.1+0.26+0.1+0.28}\approx79.162$$

同理，可得到 B、C 和 D 地区的综合评价指数，它们分别为 85.229、88.517、75.773。按综合评价指数的高低排序：C 地区第一，B 地区次之，A 地区第三，D 地区最差。

二、加权几何平均综合模型

采用**加权几何平均综合模型**计算综合评价指数，其基本公式如下：

$$\text{加权几何平均综合评价指数}=\sqrt[\sum_{i=1}^{n}w_i]{\prod x_i^{w_i}} \tag{11-14}$$

其中，给定评价指标体系由 n 个指标构成；x_i 为已经同度量处理过的第 i 个评价指标的相对值，$i=1,2,\cdots,n$；W_i 为各项指标的权重，$W_1+W_2+\cdots+W_n=100\%(=1)$。

加权几何平均综合模型具有以下特点：①适用于各指标间有较强关联的场合；②对指标值（特别是较小值）变动的反映比加权算术平均模型敏感；③评价的结果主要体现各项目之间的均衡性；④当对于某些评价指标具有一票否决要求时，适合采用该类模型。

【例 11-11】 根据表 11-13 功效系数法处理的结果和例 11-10 给出的权数，采用加权几何平均综合模型法，计算各地区的综合评价指数，并对各地区规模以上工业企业经济效益进行排序。

解 利用式（11-14）计算。

A 地区企业效益综合评价指数：

$$\sqrt[0.26+0.1+0.26+0.1+0.28]{60.94^{0.26} \times 95.72^{0.1} \times 61.14^{0.26} \times 99.25^{0.1} \times 99.73^{0.28}} = 76.907$$

同理，我们可得到 B、C 和 D 地区的综合评价指数，它们分别为 84.653、87.811、74.614。按综合评价指数的高低排序：C 地区第一，B 地区次之，A 地区第三，D 地区最差。

应当指出，虽然以上例子中基于两个不同模型得到的评价结果的排序是一致的，但该结果不具有一般性。并非利用相同的资料、建立不同的综合评价模型所计算的结果一定都是一致的，现实中常会出现排序不一致的现象。

➢本章小结

1. 统计综合评价是对所要研究的对象，建立一个统计评价指标体系，并利用一定的方法和模型，对不同指标进行综合分析，对被评价的事物从整体上做出定量的总体判断。统计综合评价的结果具有相对性并可能会受主观因素的影响。

2. 综合评价指标体系选择方法有定性方法和定量方法。定量方法主要有系统聚类法，它是通过判断指标之间的相似程度来筛选指标的一种方法。系统聚类法的具体操作步骤是：第一步，度量指标（类）间的相似程度；第二步，度量指标（类）间的距离；第三步，根据聚类图确定指标（类）的个数，从每类中选择出最具有代表性的指标。

3. 评价指标权重的确定方法主要有统计平均法、频率最大组中值法、AHP 构权法和变异系数法。

4. 不同评价指标具有不同的量纲，在评价中必须消除不同量纲的影响，即进行同度量处理。同度量处理的主要方法有：①相对化处理法，对于正指标，用公式 $x_i' = x_i / x_m$ 进行相对化处理；对于逆指标，用公式 $x_i' = x_m / x_i$ 进行相对化处理；对于适度指标，可根据实际情况，分别采用正指标和逆指标的相对化处理方式。②功效系数法，其计算公式是 $d_i^* = \frac{x_i - x_i^{(s)}}{x_i^{(h)} - x_i^{(s)}} \times 40 + 60$。③标准化处理法是将变量值转化为数学期望为 0、方差为 1 的标准化数值。

5. 对单项评价指标评价结果进行综合，必须借助于综合评价数学模型。实践中常用的主要综合方法有加权算术平均综合法、加权几何平均综合法和最优值距离法。

➢思考与练习

一、判断题

1. 变异系数法赋权是一种主观赋权法。

2. 综合评价是对客观对象从不同的侧面、不同的角度进行全面的分析与评价，故它完全地消除了主观因素的影响。

3. 资产负债率、万元产值消耗能源比率和物耗率皆为逆指标。

4. 评价指标值若服从正态分布，可利用标准化方法进行消除量纲影响的处理。

5. 进行归一化处理后，权数之和一定为 1。

6. 经过标准化处理后的数据 x'_{ij} 取值范围为 $0 \leqslant x'_{ij} \leqslant 1$。

7. 用加权平均综合模型计算综合评价指数，指数值越高表明评价对象的效益越好。

二、计算题

1. 现有 7 个指标，根据历史资料计算每两个指标的相关系数，建立如下相关系数表：

指标间相关系数表

指标	1	2	3	4	5	6	7
1	1	0.85	0.58	0.54	0.44	0.74	0.60
2		1	0.55	0.56	0.56	0.34	0.62
3			1	0.89	0.73	0.72	0.60
4				1	0.74	0.41	0.72
5					1	0.54	0.80
6						1	0.66
7							1

试根据上述资料绘制聚类图。假定评价某一项目的评价指标体系指标容量为 4，请根据聚类图从中选择 4 个评价指标。

2. 某电器公司为了解本公司某型号电冰箱的受欢迎程度，请客户对该型号冰箱从其制冷量、耗电量、耐用度及售后服务四个项目进行评价。对每一评价项目，按满意 10 分、较满意 8 分、一般 6 分、较差 4 分等四个等级计分。收回的 500 个客户的调查问卷的资料整理结果如下表所示，又假定各评价项目的权重分别为 0.3、0.2、0.3、0.2。要求：按总分评定法计算该型号电冰箱的得分。

四个评价项目的得分情况表

评估项目	得票数				
	满意（10 分）	较满意（8 分）	一般（6 分）	较差（4 分）	合计
制冷量	280	160	60	0	500
耗电量	120	200	100	80	500
耐用度	160	160	100	80	500
售后服务	50	50	100	300	500

3. 污水处理厂的经营管理状况综合评判是采用如下指标反映的：①每日污水处理量（千吨）；②BOD_5 去除率；③悬浮物去除率；④处理 1 吨污水消耗空气量（立方米）；⑤去除 1 千克 BOD_5 耗电量（千瓦时）。以上各项指标的权数为 0.10、0.30、0.30、0.15、0.15。又已知某污水处理厂按月记录的历史数据划分为三个等级，各等级的平均值和该厂 2011 年 6 月的实际指标值如下表所示。

污水处理厂主要技术管理指标

指标	好	中	差	实际值
每天污水处理量/$\times 10^3$吨	18.5	16.5	14.5	15.0
BOD_5去除率	95.0%	87.0%	79.0%	95.0%
悬浮物去除率	95.0%	87.0%	79.0%	94.0%
处理1吨污水消耗空气量/米^3	6.5	8.5	10.5	8.0
去除1千克BOD_5耗电量/千瓦时	0.85	1.05	1.25	1.05

（1）以评语“好”为满意值，以评语“差”为不容许值，用功效系数法对上述资料进行同度量处理。

（2）以评语“好”为最优值，用相对化处理法对上述资料进行同度量处理。

（3）对（1）的计算结果，采用加权算术平均综合法和加权几何平均综合法进行综合。

（4）对（2）的计算结果，用最优值距离法进行综合。

请扫描二维码，获取资源：参考 11-3　第十一章习题详解

参 考 文 献

古亚拉提 D N. 2007. 经济计量学精要[M]. 张涛，译. 北京：机械工业出版社.

郭英，高建国. 2001. 统计学[M]. 北京：中国财政经济出版社.

黄良文，曾五一. 2000. 统计学原理[M]. 北京：中国统计出版社.

肖红叶. 2010. 中国经济统计学科建设 30 年回顾与评论——基于三大事件框架的研究[J]. 统计研究，(1)：15-25.

袁卫，庞皓，曾五一，等. 2009. 统计学[M]. 3 版. 北京：高等教育出版社.

曾五一. 2004. 关于经济与管理类统计学专业教学规范的若干问题[J]. 统计与信息论坛，(4)：12-17.

曾五一. 2009. 统计调查体系与调查方法问题研究[M]. 北京：中国统计出版社.

曾五一. 2010. 统计学概论 [M]. 2 版.北京：首都经济贸易大学出版社.

曾五一，尚卫平. 1999. 关于经济统计学若干问题的思考[J]. 统计研究，(11)：15-19.

曾五一，孙蕾. 2007. 关于进一步促进我国统计学发展的几点思考[J]. 统计研究，(8)：5-8.

曾五一，王美今，李金昌. 1999. 统计估算理论方法和应用研究[M]. 北京：中国金融出版社.

附录一

Excel 在统计中的应用

第一节　Excel 简介与基本操作

一、Excel 简介

Microsoft Excel 是美国微软公司 Microsoft Office 桌面办公软件的重要组成部分，它是一个用来组织、计算和分析数据的通用电子表格软件。Excel 有多种版本。不同版本的界面和功能有所不同。本书使用的是 Excel 2013 版。

由于和 Windows 操作系统的良好结合，Excel 的普及面广，易于操作。作为一个通用的电子表格软件，除了其普及面广、易于操作的特性外，Excel 还有如下一些特性使其适于完成一般的统计分析任务。

（1）分析工具库。Excel 专门提供了一组数据分析工具，只需提供必要的数据和参数，该工具就会输出相应的结果。这一特性使 Excel 具备了专业统计分析软件的某些功能。

（2）图表功能。Excel 强大的图表功能可以让我们方便地画出各种统计图形，如直方图、散点图等。

（3）公式与函数。Excel 具有很强的公式功能，以及丰富的数学、统计函数。对于没有现成分析工具的统计分析任务，可以用综合应用 Excel 的公式和函数来完成。

（4）VBA 编程。在 Excel 中可以使用 VBA 进行编程，为特定的统计分析任务制订解决方案，如可以用 VBA 编写求加权平均的函数。这一特性需要掌握编程技能，本书不加以介绍。

此外，作为办公自动化软件的组件之一，Excel 能够与 Office 中的其他软件相结合，便于制作教学多媒体课件。

二、熟悉 Excel 工作界面

Excel 第一次启动时，在应用程序工作区会显示一个新的空工作簿，如附图 1-1 所示，主要包含如下几项内容：标题栏、功能区、快速访问工具栏、名称框和编辑栏、工作表、工作表标签、滚动条和状态栏等。

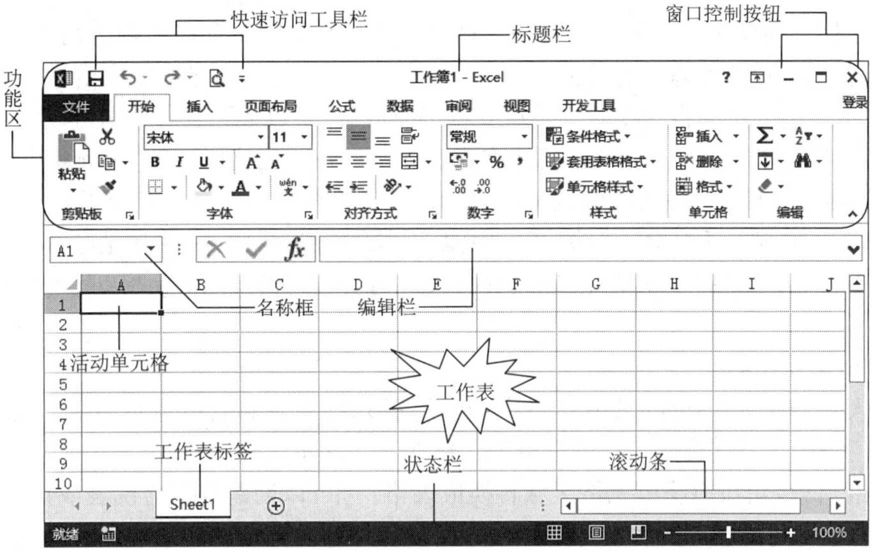

附图 1-1　Excel 的工作界面

（一）标题栏

“标题栏”告诉用户正在运行的程序名称和正在打开的文件的名称。标题栏显示“工作簿 1-Excel”表示此窗口的应用程序为 Excel，在 Excel 中打开的当前文件的文件名为“工作簿 1.xlsx”。

（二）功能区

Excel 2007 中首次引入了功能区的概念，在 Excel 2013 中，功能区得到进一步扩展。功能区旨在帮助用户快速找到完成某一任务所需的命令，是 Microsoft Office Fluent 用户界面[①]的一部分。利用功能区，可以轻松地查找以前隐藏在复杂菜单和工具栏中的命令和功能，换句话讲，功能区替代了以前版本的菜单和工具栏。

功能区由“开始”“插入”“页面布局”“公式”“数据”等“选项卡”组成。每个选项卡都与一种类型的活动（如布局页面）相关，包括了完成相应任务的各种命令。命令按逻辑组的形式组织，逻辑组集中在选项卡下，如“开始”选项卡包括了最常见的一些操作命令，分为“剪贴板”“字体”“对齐方式”等不同的逻辑命令组，其中的“剪贴板”组下，则包括了完成复制、剪切、粘贴等相关的各种命令按钮。下面给出主要选项卡的简介。

---

① 在 Microsoft Office 2007 及后续版本中，对用户与 Word、PowerPoint、Excel、Access 和 Outlook 等的交互方式进行了重新设计，使用户能够更轻松地找到和使用程序功能。这些应用程序的总体外观简洁明快，并通过引入新技术向用户提供可能的选择结果，用户只需“浏览、选取并单击”，而无须再面对复杂的对话框。

1.“开始”选项卡

“开始”选项卡包括了最常见的一些操作命令，分为“剪贴板”、“字体”、“对齐方式”、“数字”、“样式”、“单元格”和“编辑”等不同的逻辑命令组。

“剪贴板”命令组包括复制、剪切、粘贴（选择性粘贴）和格式刷等命令。“字体”命令组则包括了设置字体的各种命令。“对齐方式”命令组则可设置文本的水平和垂直对齐方式、文本的缩进与自动换行以及单元格的合并等。“数字”命令组则可设置单元格的数字格式。“样式”命令组可设置条件格式、表格以及单元格样式。“单元格”命令组则可插入或删除单元格、插入或删除工作表、设置行高与列宽、单元格格式以及操作工作表，如移动、复制、重命名、保护等。“编辑”命令组则可插入一些常见函数或打开“插入函数”对话框、进行自动填充、清除内容或格式、进行排序和筛选以及查找替换和定位等。

2.“插入”选项卡

“插入”选项卡用于插入图表、图片、自选图形等，它所包含的逻辑命令组有“表格”、“插图”、“图表”、“迷你图”、“筛选器”、“链接”、“文本”和“符号”。

“表格”命令组可以将单元格区域转换成表格，也可以创建数据透视表或数据透视图。“插图”命令组可以插入图片、剪贴画、自选图形，创建 SmartArt 图形，也可以直接进行屏幕截图。“图表”命令组则可以插入各种统计图形，如柱形图、折线图、饼图和散点图等。“迷你图”是工作表单元格中的一个微型图表，可提供数据的直观表示，包括折线图、柱形图和盈亏图。“筛选器”中的切片器则用来筛选数据，如可以筛选数据透视表数据。“链接”则用于插入网站或其他文件等的超链接。“文本”命令组可以插入文本框、页眉和页脚、艺术字等。“符号”命令组则可插入各种符号以及 $A=\pi r^2$ 这样的公式（作为对象插入，不可计算）。

3.“页面布局”选项卡

“页面布局”选项卡用于进行页面设置、主题设置以及对象操作，包括“主题”、“页面设置”、“调整为合适大小”、“工作表选项”和“排列”等命令组。

文档主题是一套统一的设计元素和配色方案，是为文档提供的一套完整的格式集合。其中包括主题颜色（配色方案的集合）、主题文字（标题文字和正文文字的格式集合）和相关主题效果（如线条或填充效果的格式集合）。利用文档主题，可以非常容易地创建具有专业水准、设计精美、美观时尚的文档。“主题”命令组包括了设置主题的各种命令。“页面设置”、“调整为合适大小”和“工作表选项”这三个命令组用于页面设置，实际上均属“页面设置”对话框中最常用的功能。“排列”命令组用于对浮动对象进行操作，如调整层次关系、对象的对齐等。

4.“公式”选项卡

“公式”选项卡主要涉及公式的操作，包括“函数库”、“定义的名称”、“公式审核”和“计算”四个逻辑命令组。

“函数库”命令组可以直接打开“插入函数”对话框，插入几个最常用的自动求和函数（包括求和、求平均、最大值、最小值）以及最近你所使用过的函数，“函数库”命令组还分类列出了 Excel 的函数（Excel 共有 13 个函数类别，这里只列出 11 个类别，数据库函数和自定义函数未列出），你可以点相应类别，然后选择弹出的函数列表中的某个函数，打开“函数参数”对话框。“定义的名称”命令组用于设置区域的名称。“公式审核”命令组则用于对公式进行审核，如实现在显示公式和显示公式计算结果之间进行切换，追踪引用或从属单元格，错误检查等。在 Excel 中，计算指的是在包含公式的单元格中显示结果值的过程。默认情况下，Excel 对公式自动计算，如当你更改公式中引用的单元格时，公式会立即自动重新计算并显示出新的结果，当然也可以手动重新计算。“计算”命令组则可完成自动与手动计算的选择，并在手动模式下完成工作表或工作簿的计算。

5.“数据”选项卡

“数据”选项卡主要涉及对数据的排序筛选、审核、分类汇总以及使用“分析工具库”进行分析等。

“获取外部数据”和“连接”命令组主要用于获取其他数据源的数据。“排序和筛选”命令组的功能是显而易见的。“数据工具”命令组可以进行数据分列、删除重复数据，可以进行有效性审核，可以将多个区域的值合并到一个新区域，还可以进行单变量求解以及模拟运算等。“分级显示”命令组可以创建分类汇总。

“分析”命令组包括“规划求解”和“数据分析”两个命令。这两个命令以加载宏的方式提供，默认情况下，它们并不出现在“数据”选项卡中。为了使用这两项功能，需要先加载规划求解或分析工具库。点击“文件”选项卡中的“选项”打开“Excel 选项”对话框，再点击对话框的“加载项”，确保右侧的“管理”下接列表中是“Excel 加载项”（默认即是），然后单击“转到”按钮，弹出“加载宏”对话框。在对话框中，选中“分析工具库”和“规划求解加载项”，最后单击“确定”按钮即可，见附图 1-2。如果没有“分析工具库”或“规划求解加载项”，则单击“浏览”进行查找。如果出现一条消息，指出你的计算机上当前没有安装分析工具库或规划求解加载宏，请单击“是”进行安装。

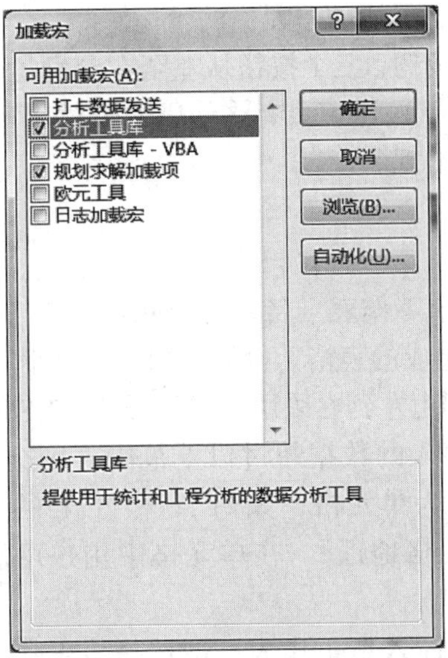

附图 1-2　“加载宏”对话框

6.“审阅”选项卡

“审阅”选项卡的主要功能包括拼写检查、批注、保护工作表或工作簿以及修订等。

7.“视图”选项卡

视图决定了工作表的特定显示设置。使用“视图”选项卡可以设置三种工作簿视图：普通、页面布局和分页预览。默认是普通视图，通常就是我们打开 Excel 所见到的样子。使用页面布局视图可以看到页的起始与结束位置，并可看到页眉和页脚。使用分页预览视图可以预览到打印时的分页位置，在该视图下，可以很方便地设置分页符。此外，还可以设置自定义视图，并设置在任意一种视图下是否全屏显示。“显示”命令组可以设置是否显示网络线、行列标题、编辑栏等。“显示比例”命令组可放大或缩小显示工作表。“窗口”命令组可以拆分或冻结窗口。“宏”命令可以录制或查看 VBA 宏。

此外，在“开始”选项卡左边还有一个“文件”按钮，通过该按钮，可设置 Excel 选项以及对文件进行相关操作，如打开、关闭、保存文件以及打印等。

为了使屏幕更为整洁，某些选项卡只在需要时才显示，并且功能区可以最小化。在 Office 2010 版本中，还可以创建自定义选项卡和自定义组来包含一些常用命令。

（三）快速访问工具栏

它是一个可自定义的工具栏，包含一组独立于当前显示的功能区上选项卡的命令。该工具栏可以放在功能区上方，也可放置于功能区下方，并且可以实现向快速访问工具栏中添加你所常用的命令按钮。默认情况下，快速访问工具栏的四个按钮分别是“保存”、“撤销”、“恢复”和“自定义快速访问工具栏”。

（四）名称框和编辑栏

名称框和编辑栏给用户提供活动单元格的信息。在编辑栏中用户可以进行输入和编辑，编辑栏左边是名称框，显示活动单元格的坐标。

编辑栏左半部分有三个按钮，三个按钮从左至右分别是“×”（取消）按钮、“√”（输入）按钮和“*fx*”（插入函数）按钮。只有当使用编辑栏输入数据或编辑活动单元格的内容时，取消和输入按钮才会出现。

（五）工作表

新的工作簿默认包含一个工作表，名称为 Sheet1。

工作表是一个由行和列组成的表格。行号和列号分别用字母和数字区别。行号由上自下范围 1～1 048 576，列号则由左到右采用字母编号 A～XFD。因此每张表为 16 384 列×1 048 576 行，若从 Excel 导入的数据超过以上范围，则会被 Excel 自动截去。每一个行、列坐标所指定的位置称为单元格，如列 A 和行 1 的交叉点的单元格称为单元格 A1。单元格名称也叫“单元格地址”。在单元格中用户可以键入符号、数值、公式以及其他内容。

若要在现有工作表之前插入新工作表，请选择该工作表，在“开始”选项卡上的“单元格”组中，单击“插入”，然后单击“插入工作表”；若要删除工作表，则右键单击该工作表标签，然后单击“删除”。

（六）工作表标签

工作表标签通常用“Sheet1”“Sheet2”等名称来表示，用户也可以通过鼠标右击标签名，选择弹出菜单中的“重命名”命令来修改标签名。

工作簿窗口中的工作表称为活动工作表，当前工作表的标签为白色，其他为灰色，如附图 1-3 所示。单击某个标签可以使相应的工作表成为活动工作表。如果工作表数量过多，看不到相应的标签，那么就要用标签滚动按钮，当看到所需要的工作表标签时，再单击该标签，使该工作表成为活动工作表。

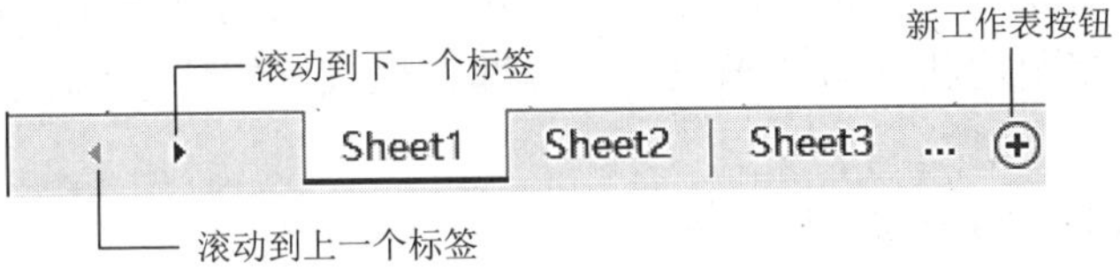

附图 1-3　工作表标签

（七）滚动条

当工作表很大时，如何在窗口中查看表中的全部内容呢？可以使用工作簿窗口右边及下边的滚动条（包括滚动框和滚动箭头等），使窗口在整张表上移动查看，也可以通过“视图”选项卡中的“显示比例”扩大整个工作表的显示范围。

（八）状态栏

状态栏位于 Excel 窗口底部，它显示程序运行的某些信息。例如，在默认情况下，最左端显示的是单元格的模式，当单元格准备接受命令或输入数据时，显示为“就绪”，当输入数据时，显示“输入”，当单元格处于编辑状态时，显示“编辑”。当单击了功能区的某些命令按钮时，可能会显示此命令用途的简要提示。状态栏的右侧依次是“视图快捷方式”、“显示比例”和“缩放滑块”，不仅能显示出当前的工作表视图信息，还可以通过它们调整视图方式和显示比例等。当选择了包括数字的单元格区域时，状态栏上会显示这些数字的平均值、求和以及计数等信息。此外，右键单击状态栏可对状态栏自定义。

三、输入数据

（一）直接输入

一般来讲，在 Excel 中输入数据，要先选择单元格，然后输入数据并按回车键。输入的数据同时显示在相应的单元格和编辑栏上，如要编辑已输入的数据，可单击编辑栏进行编辑。编辑时，单击“×”（取消）按钮，可放弃编辑，单击“√”（输入）按钮，可接受一个已修改的项。也可双击相应的单元格或选定相应的单元格并按功能键 F2，在单元格中移动插入指针进行编辑。

可以在 Excel 工作表中输入下列形式的信息。

（1）数值。数值可以是整数、小数、整分数（如 10、3/7）或以科学记数法表示的数字（如 2E+9）。可以在数字中使用一些数学符号，包括加（+）、减（-）、百分号（%）、分号（/）、指数符号（E）和货币符号。默认情况下，数值靠单元格的右端对齐。

（2）文本。文本可以是任意文字、数字、字符的组合，包括大小写字母、数字和符号。默认情况下，文本靠单元格的左端对齐。如果想要将数值、日期一类的数字保存为文本，在数字前加一个单引号。

（3）日期和时间。要在单元格中保存日期和时间，必须使用预定义的日期和时间格式的一种，如“2002 年 3 月”、“2002-03-03”或“8：00 AM”。

（4）公式。公式是一个从现有的数值计算出一个新值的方程式。它可以包括数字、数学运算符、单元格引用和称为“函数”的内部方程式，如“=sum（A5：A8）”。公式的使用将另作介绍。

（5）其他。例如，超链接、批注以及图片等。

（二）与其他软件交换数据

除了直接输入数据外，Excel 还可通过复制、公式、与其他软件交换等渠道取得数据。关于复制和公式的操作，我们将在下文中介绍。这里，介绍如何与其他软件交换数据。

在 Excel 中可以打开其他类型的数据文件，如文本文件、Access 数据文件等。具体操作方法如下。

（1）在“文件”选项卡中选择“打开”。

（2）在“打开”文件对话框中选择所要打开的文件的类型及其所在的目录。

（3）用鼠标双击该文件名，然后按 Excel 提示步骤操作即可打开该文件。

四、编辑工作表

（一）选定单元格和区域

一些 Excel 命令是针对单个单元格或单元格区域的。活动单元格总是处于选定状态。要使用鼠标选择一定区域的单元格，可执行下列步骤。

（1）鼠标单击要选定的第一个单元格。

（2）按下鼠标左键，然后将鼠标拖过选定区，最后放开鼠标左键。被选定的单元格以淡蓝色突出显示，并且外边框为加粗边框。

（3）如要选定不相邻的单元格区域，可按住 Ctrl 键，然后重复步骤（1）和（2）直到选定所有的区域。选定后，放开 Ctrl 键。

还可以通过单击想要选定行的行标，选定一行单元格，或单击列标选定一列单元格。按下鼠标左键，并拖曳鼠标指针经过希望选定的列或行，则可以选定多个行或列。最后，按下“全选”按钮允许用户在一次操作中选定工作表中的所有单元格。如附图 1-4 所示。

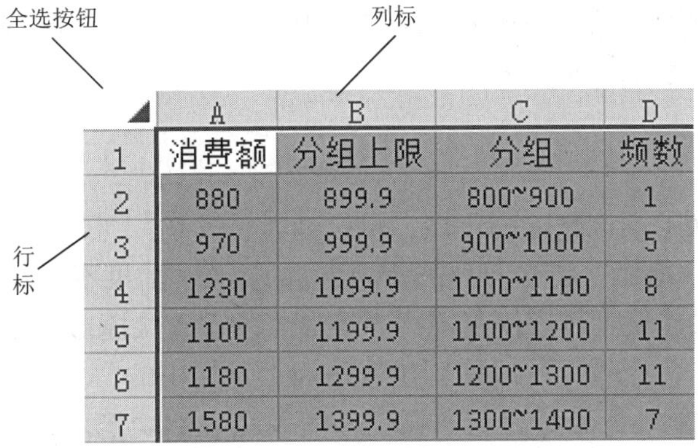

附图 1-4　选定单元格和区域

要使用键盘选择一定区域的单元格，可执行下列步骤。

（1）使用箭头键移动到要选定的第一个单元格上。

（2）按 Shift 键，然后按相应的箭头键选定其余部分。最后放开 Shift 键。

要选定不相邻的单元格区域，选定一个区域后，按下 Shift + F8 组合键（此时状态栏上出现“添加到所选内容”），重复上述步骤再选择另一个区域。

另外，使用 Shift + Ctrl + 箭头键可以快速选定一个连续的数据区域，大大提高操作效率。

（二）编辑和清除单元格内容

要想编辑一个存在数据的单元格，可以先进入编辑该单元格的状态，然后进行修改，最后确认即可。进入编辑状态，有两种方法：双击相应的单元格；选定相应的单元格，然后按 F2 键或单击编辑栏。确认修改结果时，可以直接按回车键也可以单击编辑栏上的“√”（输入）按钮。

要清除活动单元格的内容，按 Delete 键，或者右击该单元格，然后从弹出菜单中选择“清除内容”即可。用户还可以选择一定区域的单元格，然后以同样的方式清除它们的内容。

注意单元格内容并未被完全删除。清除单元格与删除单元格不同。清除单元格只是清除单元格的值，而单元格的格式信息却仍然保留。而删除单元格则是将单元格从电子表格中删除，并用其他单元格来替换该单元格。

（三）插入和删除单元格

要将一个单元格或单元格区域插入电子表格中，可以选定与要插入新单元格的位置相邻的单元格区域，右键单击这个单元格，然后从弹出菜单中选择“插入”。如果 Excel 不能确定如何处理其他单元格，则会提示用户是否将单元格下移或右移。它还让用户选择是插入新行还是插入新列。

删除单元格区域情况相同，只是单元格按相反的方向移动。用户可以将单元格左移或上移，或者用户可以删除受影响的行或列。如果用户在选择插入或删除命令之前，选定了一行或多行（或列），那么 Excel 将不会向用户提示额外信息，它只是向前执行所需的操作。

（四）“撤销”和“恢复”命令

如果不小心删除了不该删除的区域，可以通过快速访问工具栏中的“撤销”命令来恢复被删除的内容。“撤销”是 Excel 中较常用到的操作，如果不小心实施了错误的操作，那么可以通过撤销操作使工作表恢复原样。该命令的键盘快捷键是 Ctrl + Z。

在使用“撤销”命令后，可以使用快速访问工具栏中的“恢复”命令将刚才撤销的操作恢复过来。“恢复”命令具有与“撤销”命令相反的功能。该命令的键盘快捷键是 Ctrl + Y。

（五）使用“剪切”和“粘贴”命令移动数据

当使用“剪切”命令剪切某个单元格区域时，该区域周围显示闪动的虚线矩形框表示这是要移动的单元格，然后将该单元格区域内容（包括批注和格式）存放在一个临时的存储空间，该存储空间就是 Windows 剪贴板。当选定放置数据的新位置并执行“粘贴”命令，单元格以及它们的格式将从剪贴板复制到新的位置上，同时原始单元格区域的数据和格式将被清除。如果在出现矩形框后要取消移动，请按 Esc 键。

操作步骤如下。

（1）选定要移动的单元格区域。

（2）单击“开始”选项卡“剪贴板”组中的“剪切”命令。也可按快捷键 Ctrl + X。

（3）选定要移动数据的目的单元格。

（4）单击“开始”选项卡“剪贴板”组中的“粘贴”命令。也可按快捷键 Ctrl + V。

（六）使用“复制”和“粘贴”命令复制数据

如果只是要复制工作表中的单元格区域，而不是移动它们，可用“开始”选项卡“剪贴板”组中的“复制”命令。这个命令将选定的单元格副本保存到剪贴板中，使用“粘贴”命令可以将这些单元格任意多次地粘贴到工作表中。

其操作步骤基本上与“剪切”和“粘贴”命令相同，只是第二步应改为执行“复制”命令。也可按快捷键 Ctrl + C。

（七）使用自动填充功能创建序列

Excel 中最有用的特性之一就是它自动完成一个序列的能力。一个序列可以是一组数字（如 1、2、3 或 2、4、6），也可以是一组日期（如 Jan-99、Feb-99、Mar-99 或工作日），用户甚至可以定义自己的序列（Excel 已有的自定义序列有 11 个），Excel 将自动填充。

自动填充功能通过将“填充柄”拖过新单元格产生作用。填充柄是位于活动单元格或选定单元格区域右下角的小黑框。当指针停留在填充柄上时，指针形状变成加号（+），这表明自动填充功能已经启用。

要使用自动填充功能，可以按下列步骤进行。

（1）在电子表格中输入序列的前几个值。

（2）用鼠标选定这些值。

（3）将指针移动到选定区域的填充柄上，然后等待指针变为加号。

（4）按下鼠标左键，拖动填充柄覆盖希望填充的单元格区域。

（5）释放鼠标左键。

在“文件”选项卡，单击“选项”，可以打开“Excel 选项”对话框。在对话框“高级”类别的“常规”下，单击“编辑自定义列表”，可打开“自定义序列”对话框创建自己的序列。

五、使用公式和函数

Excel 具有很强的公式功能。在数据分析处理过程中，使用公式和函数主要有以下几方面优点。

（1）公式的复制功能适应大批量数据处理，极大地加快了运算速度。

（2）用 Excel 的公式，可以记住分析的具体步骤，非常便于检查和修改。

（3）Excel 具有自动更新功能，修改公式引用的单元格，公式可立刻进行重新计算并显示出结果。

（4）利用 Excel 的函数，可以省去众多手动计算时的中间步骤，提高效率。

Excel 在内部保存公式（可以在编辑栏上看到公式），在放置公式的单元格中显示公式的计算结果。Excel 中的所有公式都以一个等号（ = ）开头，后面跟上由各种运算符连接在一起的一系列数据、单元格引用、单元格区域名称或函数等。

（一）创建公式

选择要输入公式的单元格，输入公式（公式一定以一个等号开头），按回车键完成公式并显示结果。有两种方式输入公式：一是直接在单元格中输入公式；二是使用“插入函数”对话框。要调出该对话框，可单击编辑栏上的“*fx*”按钮。

数组公式的输入如下所示。

（1）如果数组公式返回一个结果，请单击需要输入数组公式的单元格；如果数组公式将返回多个结果，请选定需要输入数组公式的单元格区域。

（2）键入数组公式。

（3）按 Ctrl + Shift + Enter 组合键。

在输入数组公式时，Excel 自动在大括号{ }之间插入公式。

（二）在公式中使用单元格引用

单元格引用指的是在公式中包含单元格的名称。要在公式中引用单元格，有两种方法，下面举例说明。

例如，要将单元格 B5 和 C5 的内容相加，结果放至 D5 中去，可创建公式“= B5 + C5”，这时可使用如下两种方法。

（1）通过键盘输入创建。选择单元格 D5，输入“= B5 + C5”，按回车键。

（2）用鼠标创建。选择单元格 D5，输入等号（=），单击单元格 B5，然后按加号键（+），再单击单元格 C5，最后按回车键。

Excel 有三种方式表示单元格的引用，即冒号、逗号和空格。

冒号表示连续区域的引用，即引用一个矩形区域内的单元格；逗号表示联合引用，即引用若干个单元格或单元格区域，这些单元格或单元格区域并不一定是在一起的；空格表示交叉引用，即引用两个单元格区域的公共部分。

如 SUM（A1：B5）表示对 A1 到 A5 以及 B1 到 B5 单元格求和；

SUM（A1，A3，B1：B4）表示对 A1、A3 以及 B1 到 B4 单元格求和；

SUM（A1：B4　A2：B5）表示对 A2 到 A4 以及 B2 到 B4 单元格求和。

（三）公式的复制

公式复制是 Excel 数据成批计算的重要操作方法。可以使用自动填充功能来实现公式的复制，也可以用“复制”和“粘贴”命令来实现公式的复制。

如果公式中包含单元格引用，必须了解单元格引用的方式：绝对引用和相对引用。如果公式中引用的单元格的地址的行标和列标前都加上“$”符号，则表明使用的是绝对引用；反之，如果未加“$”符号，则表示是相对引用。

之所以要区分绝对引用和相对引用，是因为复制公式时，Excel 会根据引用方式的不同，自动调整公式中的单元格引用。这一特性是 Excel 非常重要的功能之一，它使数据的成批计算成为可能，如使用复制公式这一功能，在 Excel 中可以根据一个数列产生一个新的数列。

如果希望当公式复制到别的区域之时，公式中引用的单元格地址不会随之相对变动，那么你必须在公式中使用单元格的绝对引用。如果你希望当公式复制到别的区域之时，公式引用的单元格地址也会随之相对变动，那么你必须在公式中使用单元格的相对引用。有时，在复制公式时，要求仅仅保持引用单元格的行标或列标不变，这种情况下要使用混合引用，即只在引用单元格地址的行标前或只在列标前加上“$”符号。

下面举例说明绝对引用与相对引用的区别。

在单元格 A1 和 B1 中已输入了数值数据，在 C1 单元格输入公式“= A1 + B1”，该公式使用的便是相对引用：C1 中有公式，公式引用的单元格与公式所在单元格 C1 在同一行，但是分别在 C1 的左边 1 列和左边 2 列，此时将 C1 中的公式复制到其他单元格，则公式引用的单元格地址和公式所在单元格地址保持相对不变。例如，将 C1 中的公式复制到了 D2 的单元格，则 D2 中的公式引用的单元格就不是 A1 和 B1 了，而是与 D2 在同一行，分别在 D2 左边 1 列和左边 2 列的两个单元格，即 B2 和 C2 单元格，因此 D2 中的公式是“= B2 + C2”。如果将该公式复制到单元格 F100，同理 F100 中的公式将变为“= D100 + E100”。

因此“相对”的概念指的是，公式所在的单元格位置和该公式引用的单元格位置是相对固定的。

在复制包含绝对引用的公式时，不论将公式复制到何处，公式的内容都不会发生变化。

例如，若 C1 中的公式是“= A1 + B1”，则将该公式复制到 F100 单元格时，F100 中的公式仍是“= A1 + B1”。

在复制包含混合引用的公式时，如果单元格地址的行标前加“$”，则保持“行”不变动，但“列”会随着公式位置的变化而变动；如果单元格地址的列标前加“$”，则保持“列”不变动，但“行”会随着公式位置的变化而变动。例如，将单元格 C1 中的公式“= A$1 + B$1”复制到单元格 F100，那么公式将变为“= D$1 + E$1”。

在复制公式时，可以作这样的归纳：公式中“$”符号后面的单元格坐标不会随公式位置的变化而变动，而不带“$”符号后面的单元格坐标会随公式位置的变化而相对变动。

（四）复制公式的计算结果

可以仅将公式的计算结果复制到目标区域，并不复制公式本身，即实现选择性粘贴。操作步骤如下。

（1）选定待复制区域，并执行“复制”命令。

（2）用鼠标右击目标区域，执行“选择性粘贴”命令。出现“选择性粘贴”对话框，选定“数值”选项。也可在弹出的右键菜单中单击123按钮。

（五）使用函数

函数是一些预定义的公式，利用函数不仅能提高效率，而且可以减少人为原因导致的错误，同时也能减少工作表占用的内存空间，提高 Excel 工作速度。

1. 函数的语法

函数名（参数 1，参数 2，参数 3，…）

其中，参数为函数中用来执行计算的数值。参数可以是数字、文本、单元格引用或名称，也可以是常量或其他函数。具体到特定的函数，其参数类型与参数个数等由函数自身决定，因此在使用函数前应了解函数的具体语法。

2. 函数的输入

在 Excel 中使用函数，必须将它们输入工作表的公式中。

（1）几个常用求和函数的输入。

在“开始”选项卡的“编辑”命令组和“公式”选项卡的“函数库”命令组中，单击“∑自动求和”按钮可以输入几个最常用的自动求和函数（包括求和、平均值、最大值、最小值）。

（2）输入最近使用过的函数。

在“公式”选项卡的“函数库”命令组中，有一个“最近使用的函数”按钮，点击该按钮，可以弹出你最近使用过的函数列表。

（3）使用“插入函数”对话框输入函数。

点击“公式”选项卡“函数库”命令组中的“*fx* 插入函数”按钮或单击编辑栏上的“*fx*”按钮，可调出“插入函数”对话框。

Excel 中的函数共分为 13 个类别，与本书关系密切的有统计函数、数学和三角函数、日期和时间函数、查找和引用函数、文本函数等。

如果对 Excel 的函数比较了解，可以先浏览“选择类别”框中的分类，然后在“选择函数”列表中选择你想要的函数。选中某个函数后，在对话框的下部会显示这个函数的简单介绍和语法。例如，要想求算术平均数，可以先选择“统计”类别，则会列出所有的统计函数，然后选中 AVERAGE 函数，再单击“确定”按钮，见附图 1-5。

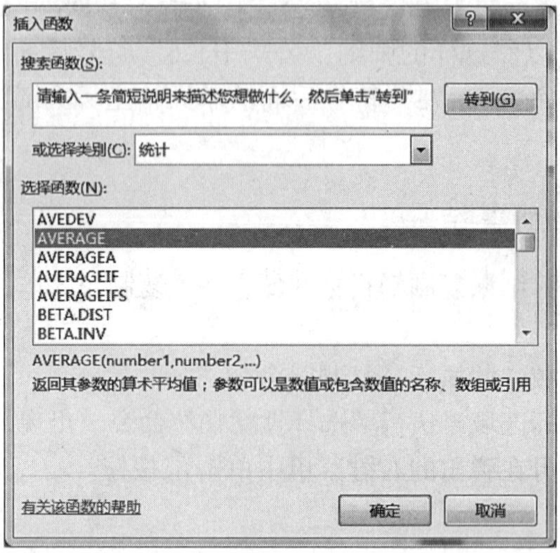

附图 1-5 “插入函数”对话框

如果不确定要使用哪一个函数，则可在“搜索函数”框中键入关键字词来搜索函数，以加快输入函数的速度。例如，想求算术平均数，但又不知道应该用哪个函数，则可以在“搜索函数”框中键入关键字“求平均”，然后单击“转到”按钮，则会在“选择函数”列表中列出相关的平均数函数，逐一点击相关的函数，观察每个函数的说明，就可以知道求算术平均值应该使用 AVERAGE 函数，见附图 1-6。

附图 1-6 搜索函数

选择函数并单击“确定”按钮后，会打开“函数参数”对话框。附图 1-7 是 AVERAGE 函数的参数对话框。

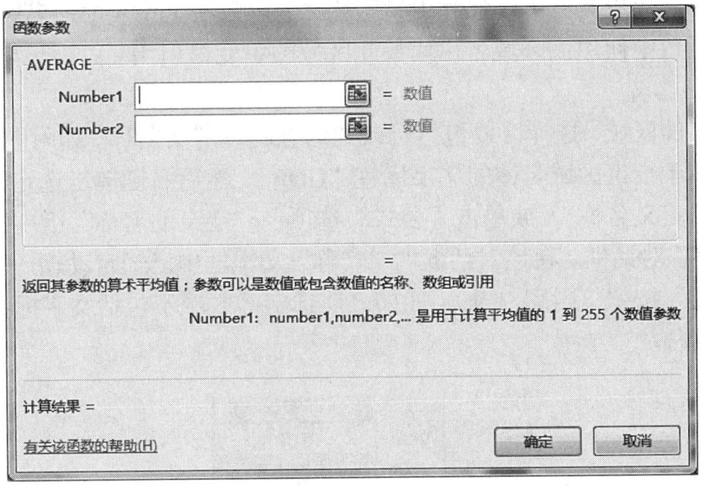

附图 1-7 函数参数

若要将单元格引用作为参数输入，请单击“压缩对话框”按钮（ ）以临时隐藏对话框，在工作表上选择单元格，然后按“展开对话框”（ ）。参数输入后按“确定”按钮即可。

（4）使用“函数库”命令组输入函数。

“公式”选项卡的“函数库”命令组分类列出了 Excel 的函数（Excel 共有 13 个函数类别，这里只列出 11 个类别，数据库函数和自定义函数未列出）。单击某个类别后，会弹出该类别中的函数列表。当鼠标悬停在某个函数名上时，会显示出该函数的简单说明。找到所需的函数后，单击该函数，会打开“函数参数”对话框。

（六）公式与错误值

如果公式不能正确计算出结果，Excel 将显示一个错误值。常见的错误值见附表 1-1。

附表 1-1 Excel 中常见错误值

错误值	简单说明
#DIV/0!	公式中出现 0 为除数的情况
#N/A	当某个值不可用于函数或公式时
#NAME?	公式中使用了 Excel 不能识别的文本
#NULL!	试图为两个不相交的区域指定交叉点
#NUM!	当公式或函数包含无效数值时
#REF!	公式包含的区域引用无效时
#VALUE!	公式所包含的单元格有不同的数据类型
######	计算结果太宽，无法在单元格中显示

（七）在公式中使用区域名称

要使公式和函数更具有可读性和更易于输入，可以在工作表中命名一个单元格区域，然后在公式和函数中使用该区域名称代替此区域的单元格引用。

1. 指定区域名称

选中要命名的区域，选择区要包括行或列的标题以定义名称。如附图 1-8 所示，选择区域包含了要用于指定区域名称的文字标签“GDP”。然后右键单击选定的区域，在弹出的菜单中点击“定义名称”，或单击“公式”选项卡“定义的名称”组中的“定义名称”，弹出“新建名称”对话框。在该对话框的“名称”文本框中已经自动输入了名称“GDP”，最后单击“确定”按钮（附图 1-9）。如果之前选定的区域不包括文字标签，则需要自行输入一个新的名称。

	A	B
1	year	GDP
2	2004	162742.1
3	2005	189190.4
4	2006	221206.5
5	2007	271699.3
6	2008	319935.8
7	2009	349883.3
8	2010	410708.3
9	2011	486037.8
10	2012	540988.9
11	2013	596962.9
12	2014	648493.1
13	2015	696299.7

附图 1-8　指定区域名称

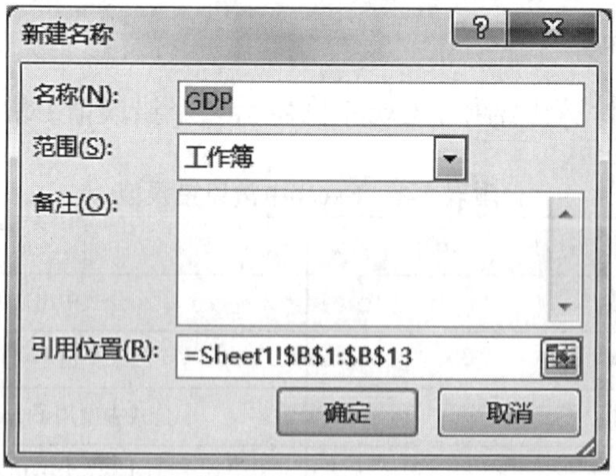

附图 1-9　定义名称

2. 使用区域名称

可以在公式和函数中使用区域名称，如本例要计算单元格 B2 到 B1 的 GDP 平均值，可以用公式“ = AVERAGE（GDP）”

3. 修改名称所指定的单元格区域

（1）单击“公式”选项卡“定义的名称”组中的“名称管理器”，弹出“名称管理器”对话框。

（2）选择要修改的区域名称，再单击“编辑”，弹出“编辑名称”对话框（与“新建名称”基本相同，只是对话框中的“范围”不可选）。

（3）在“引用位置”文本框修改单元格引用。也可以直接在工作表中选择新的单元格区域。

（4）最后单击“确定”按钮保存所做的修改。

当修改区域时，Excel 将自动更新所有与此名称相关的公式。

4. 删除区域名称

调出“名称管理器”对话框，单击要从工作表中删除的区域名称，再单击“删除”按钮。

第二节　分析工具库与统计函数

一、分析工具

Excel 提供了一组数据分析工具，称为“分析工具库”。在建立复杂的统计分析时，使用现成的数据分析工具，可以节省很多时间。只需为每一个分析工具提供必要的数据和参数，该工具就会自动使用适宜的统计或数学函数，并在输出表格中显示相应的结果。其中的一些工具在生成输出表格时还能同时产生图表。如果要浏览已有的分析工具，可以单击“数据”选项卡“分析”命令组中的“数据分析”按钮。

如果“数据分析”没有出现在选项卡上，则必须先加载该分析工具库。具体参见附录一第一节中的“熟悉 Excel 工作界面”部分。

使用各项分析工具的操作步骤如下。

（1）打开相应的 Excel 文件。

（2）点击“数据→数据分析”，在调出的“数据分析”对话框中双击相应的数据分析工具选项，如“回归”“抽样”等，见附图 1-10。

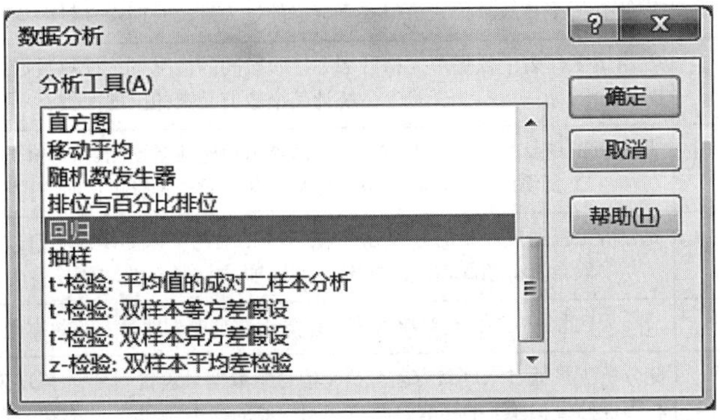

附图 1-10　“数据分析”对话框

（3）在打开的各种分析工具的对话框中，按各种分析工具的要求填写相应的信息，最后按“确定”按钮。

以下给出 Excel 主要数据分析工具一览表（附表 1-2），具体的使用方法，在相关章节中已作说明。

附表 1-2　Excel 主要数据分析工具一览表

分析工具名称	简单说明
F-检验：双样本方差分析	此分析工具可以进行双样本 F-检验，用来比较两个样本总体的方差
t-检验：平均值的成对二样本分析	此分析工具及其公式可以进行成对二样本 t-检验，用来确定样本均值是否不等。此 t-检验并不假设两个总体的方差是相等的
t-检验：双样本等方差假设	此分析工具可以进行双样本 t-检验。此 t-检验先假设两个数据集的平均值相等，故也称作齐次方差 t-检验。可以使用 t-检验来确定两个样本均值实际上是否相等
t-检验：双样本异方差假设	此分析工具及其公式可以进行双样本 t-检验。此 t-检验先假设两个数据集的方差不等，故也称作异方差 t-检验。可以使用 t-检验来确定两个样本均值实际上是否相等
z-检验：双样本平均差检验	此分析工具可以进行方差已知的双样本均值 z-检验。此工具用于检验两个总体均值之间存在差异的假设
抽样	此分析工具以输入区域为总体构造总体的一个样本。当总体太大而不能进行处理或绘制时，可以选用具有代表性的样本。如果确认输入区域中的数据是周期性的，还可以对一个周期中特定时间段中的数值进行采样。例如，如果输入区域包含季度销售量数据，以四为周期进行取样，将在输出区域中生成某个季度的样本
回归	此工具通过对一组观察值使用“最小二乘法”直线拟合，进行线形回归分析。本工具可用来分析单个因变量是如何受一个或几个自变量影响的
描述统计	此分析工具用于生成对输入区域中数据的单变值分析，提供有关数据趋中性和易变性的信息
排位与百分比排位	此分析工具可以产生一个数据列表，在其中将给定数据按大小次序排位和相应的百分比排位。用来分析数据集中各数值间的相互位置关系
随机数发生器	此分析工具可以按照用户选定的分布类型，在工作表的特定区域中生成一系列独立随机数字。可以通过概率分布来表示主体的总体特征
相关系数	此分析工具及其公式可用于判断两组数据集（可以使用不同的度量单位）之间的关系。可以使用“相关系数”分析工具来确定两个区域中数据的变化是否相关
协方差	此分析工具及其公式用于返回各数据点的一对均值偏差之间的乘积的平均值。可以使用协方差工具来确定两个区域中数据的变化是否相关
移动平均	此分析工具及其公式可以基于特定的过去某段时期中变量的均值，对未来值进行预测
直方图	在给定工作表中数据单元格区域和接收区间的情况下，计算数据的个别和累积频率，用于统计某个数值元素的出现次数
指数平滑	此分析工具及其公式基于前期预测值导出相应的新预测值，并修正前期预测值的误差。此工具将使用平滑常数 a，其大小决定了本次预测对前期预测误差的修正程度
单因素方差分析	此分析工具通过简单的方差分析（anova），对两个以上样本均值进行相等性假设检验（抽样取自具有相同均值的样本空间）。此方法是对双均值检验（如 t-检验）的扩充
可重复双因素分析	此分析工具是对单因素方差分析的扩展，即每一组数据包含不止一个样本
无重复双因素分析	此分析工具通过双因素方差分析（但每组数据只包含一个样本），对两个以上样本均值进行相等性假设检验（抽样取自具有相同均值的样本空间）。此方法是对双均值检验（如 t-检验）的扩充

二、常用数学与统计函数简表

这里，给出 Excel 中常用的数学和统计函数一览表（附表 1-3）。更多函数请参考 Excel 帮助。

附表 1-3 Excel 中常用的数学和统计函数一览表

函数名称	函数功能
AVERAGE	求算术平均值
BINOM.DIST	求二项式分布的概率值
BINOM.INV	求使累积二项式分布大于或等于临界值的最小值
CHISQ.DIST	求 X^2 分布的左尾概率值或密度函数值
CHISQ.INV	求 X^2 分布左尾概率的逆函数值
CHISQ.DIST.RT	求 X^2 分布的右尾概率值
CHISQ.INV.RT	求 X^2 分布右尾概率的逆函数值
CONFIDENCE.NORM	求总体平均值的置信区间，即求 $z_{\alpha/2}\sigma/\sqrt{n}$
CORREL	求相关系数
COUNT	求变量个数
COVARIANCE.P	求总体协方差
COVARIANCE.S	求样本协方差
BINOM.INV	求使累积二项分布概率值大于或等于临界值 α 的最小值
EXP	返回 e 的 n 次幂
EXPON.DIST	求指数分布累积分布或概率密度
F.DIST	求 F 分布的左尾概率值或密度函数值
F.INV	求 F 概率分布左尾概率的逆函数值
F.DIST.RT	求 F 分布的右尾概率值
F.INV.RT	求 F 概率分布右尾概率的逆函数值
F.TEST	返回 F 检验的结果，即当数组 1 和数组 2 的方差无明显差异时的双尾概率
HYPGEOM.DIST	返回超几何分布的概率值
IF	执行真假值判断，根据逻辑测试的真假值返回不同的结果
INT	求一个数向下舍位到最接近的整数
INTERCEPT	返回线性回归线的截距
KURT	求峰度
LN	求一个数的自然对数
LOG	按所指定的底数，求一个数的对数
MAX	求一组数的最大值

续表

函数名称	函数功能
MEDIAN	求中位数
MIN	求一组数的最小值
MINVERSE	求逆矩阵
MMULT	求两个矩阵的乘积
MODE.SNGL	求众数
NORM.DIST	求正态分布的概率值（给定平均值和标准偏差）
NORM.INV	求给定平均值和标准偏差的正态分布的累积函数的逆函数
NORM.S.DIST	求标准正态分布的概率值
NORM.S.INV	求标准正态分布累积函数的逆函数
PI	返回 π 值
POISSON.DIST	求泊松分布的概率值
ROUND	求某个数字按指定位数舍入后的数字
SKEW	求偏度
SLOPE	返回线性回归线的斜率
SQRT	求正平方根
STANDARDIZE	返回正态化数值，即 $(X-\mu)/\sigma$
STDEV.S	求样本的标准差
STDEV.P	求总体的标准差
SUM	求所有参数的和
T.DIST	求 T 分布的左尾概率值或密度函数值
T.INV	求 T 分布左尾概率的逆函数
T.DIST.2T	求 T 分布的双尾概率值
T.INV.2T	求 T 分布双尾概率的逆函数
TRANSPOSE	求矩阵的转置
T.TEST	返回 T 检验相关的概率
VAR.S	求样本方差
VAR.P	求总体方差
Z.TEST	返回 Z 检验的单尾概率值

附录二

常用统计表

附表 2-1　正态分布函数 $N(0, 1)$ 的数值表

$$\Phi(z)=\frac{1}{\sqrt{2\pi}}\int_{-\infty}^{z}\mathrm{e}^{\frac{-z^2}{2}}\mathrm{d}z$$

Z	0.00	0.01	0.02	0.03	0.04	0.05	0.06	0.07	0.08	0.09
0.0	0.500 0	0.504 0	0.508 0	0.512 0	0.515 9	0.519 9	0.523 9	0.527 9	0.531 9	0.535 9
0.1	0.539 8	0.543 8	0.547 8	0.551 7	0.555 7	0.559 6	0.563 6	0.567 5	0.571 4	0.575 3
0.2	0.579 3	0.583 2	0.587 1	0.591 0	0.594 8	0.598 7	0.602 6	0.606 4	0.610 3	0.614 1
0.3	0.617 9	0.621 7	0.625 5	0.629 3	0.633 1	0.636 8	0.640 6	0.644 3	0.648 0	0.651 7
0.4	0.655 4	0.659 1	0.662 8	0.666 4	0.670 0	0.673 6	0.677 2	0.680 8	0.684 4	0.687 9
0.5	0.691 5	0.695 0	0.698 5	0.701 9	0.705 4	0.708 8	0.712 3	0.715 7	0.719 0	0.722 4
0.6	0.725 7	0.729 1	0.732 4	0.735 7	0.738 9	0.742 2	0.745 4	0.748 6	0.751 8	0.754 9
0.7	0.758 0	0.761 2	0.764 2	0.767 3	0.770 4	0.773 4	0.776 4	0.779 4	0.782 3	0.785 2
0.8	0.788 1	0.791 0	0.793 9	0.796 7	0.799 5	0.802 3	0.805 1	0.807 8	0.810 6	0.813 3
0.9	0.815 9	0.818 6	0.821 2	0.823 8	0.826 4	0.828 9	0.831 5	0.834 0	0.836 5	0.838 9
1.0	0.841 3	0.843 8	0.846 1	0.848 5	0.850 8	0.853 1	0.855 4	0.857 7	0.859 9	0.862 1
1.1	0.864 3	0.866 5	0.868 6	0.870 8	0.872 9	0.874 9	0.877 0	0.879 0	0.881 0	0.883 0
1.2	0.884 9	0.886 9	0.888 8	0.890 7	0.892 5	0.894 4	0.896 2	0.898 0	0.899 7	0.901 5
1.3	0.903 2	0.904 9	0.906 6	0.908 3	0.909 9	0.911 5	0.913 1	0.914 7	0.916 2	0.917 7
1.4	0.919 2	0.920 7	0.922 2	0.923 6	0.925 1	0.926 5	0.927 9	0.929 2	0.930 6	0.931 9
1.5	0.933 2	0.934 5	0.935 7	0.937 0	0.938 2	0.939 4	0.940 6	0.941 8	0.943 0	0.944 1
1.6	0.945 2	0.946 3	0.947 4	0.948 5	0.949 5	0.950 5	0.951 5	0.952 5	0.953 5	0.954 5
1.7	0.955 4	0.956 4	0.957 3	0.958 2	0.959 1	0.959 9	0.960 8	0.961 6	0.962 5	0.963 3
1.8	0.964 1	0.964 9	0.965 6	0.966 4	0.967 1	0.967 8	0.968 6	0.969 3	0.969 9	0.970 6
1.9	0.971 3	0.971 9	0.972 6	0.973 2	0.973 8	0.974 4	0.975 0	0.975 8	0.976 2	0.976 7

续表

Z	0.00	0.01	0.02	0.03	0.04	0.05	0.06	0.07	0.08	0.09
2.0	0.977 3	0.977 8	0.978 3	0.978 8	0.979 3	0.979 8	0.980 3	0.980 8	0.981 2	0.981 7
2.1	0.982 1	0.982 6	0.983 0	0.983 4	0.983 8	0.984 2	0.984 6	0.985 0	0.985 4	0.985 7
2.2	0.986 1	0.986 5	0.986 8	0.987 1	0.987 5	0.987 8	0.988 1	0.988 4	0.988 7	0.989 0
2.3	0.989 3	0.989 6	0.989 8	0.990 1	0.990 4	0.990 6	0.990 9	0.991 1	0.991 3	0.991 6
2.4	0.991 8	0.992 0	0.992 2	0.992 5	0.992 7	0.992 9	0.993 1	0.993 2	0.993 4	0.993 6
2.5	0.993 8	0.994 0	0.994 1	0.994 3	0.994 5	0.994 6	0.994 8	0.994 9	0.995 1	0.995 2
2.6	0.995 3	0.995 5	0.995 6	0.995 7	0.995 9	0.996 0	0.996 1	0.996 2	0.996 3	0.996 4
2.7	0.996 5	0.996 6	0.996 7	0.996 8	0.996 9	0.997 0	0.997 1	0.997 2	0.997 3	0.997 4
2.8	0.997 4	0.997 5	0.997 6	0.997 7	0.997 7	0.997 8	0.997 9	0.998 0	0.998 0	0.998 1
2.9	0.998 1	0.998 2	0.998 3	0.998 4	0.998 4	0.998 4	0.998 5	0.998 5	0.998 6	0.998 6
3.0	0.998 7	0.998 7	0.998 7	0.998 8	0.998 8	0.998 8	0.998 9	0.999 8	0.989 8	0.999 0
3.1	0.999 0	0.999 0	0.999 1	0.999 1	0.999 2	0.999 2	0.999 2	0.999 2	0.999 3	0.999 3
3.2	0.999 3	0.999 3	0.999 4	0.999 4	0.999 4	0.999 4	0.999 4	0.999 5	0.999 5	0.999 5
3.3	0.999 5	0.999 5	0.999 6	0.999 6	0.999 6	0.999 6	0.999 6	0.999 6	0.999 6	0.999 7
3.4	0.999 7	0.999 7	0.999 7	0.999 7	0.999 7	0.999 7	0.999 7	0.999 7	0.999 8	0.999 8
3.5	0.999 8	0.999 8	0.999 8	0.999 8	0.999 8	0.999 8	0.999 8	0.999 8	0.999 8	0.999 8
3.6	0.999 8	0.999 9	0.999 9	0.999 9	0.999 9	0.999 9	0.999 9	0.999 9	0.999 9	0.999 9
3.7	0.999 9	0.999 9	0.999 9	0.999 9	0.999 9	0.999 9	0.999 9	0.999 9	0.999 9	0.999 9
3.8	0.999 9	0.999 9	0.999 9	0.999 9	0.999 9	0.999 9	0.999 9	1.000 0	1.000 0	1.000 0
3.9	1.000 0	1.000 0	1.000 0	1.000 0	1.000 0	1.000 0	1.000 0	1.000 0	1.000 0	1.000 0

附表 2-2　*t* 分布临界值表

$$P\left[\left|t(v)\right| > t_{\alpha}(v)\right] = \alpha$$

单侧	α =0.10	0.05	0.025	0.01	0.005
双侧	α =0.20	0.10	0.05	0.02	0.01
$v=1$	3.078	6.314	12.706	31.821	63.657
2	1.886	2.920	4.303	6.965	9.925
3	1.638	2.353	3.182	4.541	5.841
4	1.533	2.132	2.776	3.747	4.604
5	1.476	2.015	2.571	3.365	4.032
6	1.440	1.943	2.447	3.143	3.707
7	1.415	1.895	2.365	2.998	3.499
8	1.397	1.860	2.306	2.896	2.355
9	1.383	1.833	2.262	2.821	3.250

续表

单侧	α =0.10	0.05	0.025	0.01	0.005
双侧	α =0.20	0.10	0.05	0.02	0.01
10	1.372	1.812	2.228	2.764	3.169
11	1.363	1.796	2.201	2.718	3.106
12	1.356	1.782	2.179	2.681	3.055
13	1.350	1.771	2.160	2.650	3.012
14	1.345	1.761	2.145	2.624	2.977
15	1.341	1.753	2.131	2.602	2.947
16	1.337	1.746	2.120	2.583	2.921
17	1.333	1.740	2.110	2.567	2.898
18	1.330	1.734	2.101	2.552	2.878
19	1.328	1.729	2.093	2.539	2.861
20	1.325	1.725	2.086	2.528	2.845
21	1.323	1.721	2.080	2.518	2.831
22	1.321	1.717	2.074	2.508	2.819
23	1.319	1.714	2.069	2.500	2.807
24	1.318	1.711	2.064	2.492	2.797
25	1.316	1.708	2.060	2.485	2.787
26	1.315	1.706	2.056	2.479	2.779
27	1.314	1.703	2.052	2.473	2.771
28	1.313	1.701	2.048	2.467	2.763
29	1.311	1.699	2.045	2.462	2.756
30	1.310	1.697	2.042	2.457	2.750
40	1.303	1.684	2.021	2.423	2.704
50	1.299	1.676	2.009	2.403	2.678
60	1.296	1.671	2.000	2.390	2.660
70	1.294	1.667	1.994	2.381	2.648
80	1.292	1.664	1.990	2.374	2.639
90	1.291	1.662	1.987	2.368	2.632
100	1.290	1.660	1.984	2.364	2.626
125	1.288	1.657	1.979	2.357	2.616
150	1.287	1.655	1.976	2.351	2.609
200	1.286	1.653	1.972	2.345	2.601
∞	1.282	1.645	1.960	2.326	2.576

附表 2-3 χ^2分布临界值表

$$P\left[\left|\chi^2(v)\right| > \chi_\alpha^2(v)\right] = \alpha$$

v	显著性水平（α）												
	0.995	0.99	0.975	0.95	0.9	0.8	0.5	0.2	0.1	0.05	0.025	0.01	0.005
1	0	0.000 2	0.001 0	0.003 9	0.015 8	0.064 2	0.454 9	1.642 4	2.705 5	3.841 5	5.023 9	6.634 9	7.879 4
2	0.010 0	0.020 1	0.050 6	0.102 6	0.210 7	0.446 3	1.386 3	3.218 9	4.605 2	5.991 5	7.377 8	9.210 3	10.596 6
3	0.071 7	0.114 8	0.215 8	0.351 8	0.584 4	1.005 2	2.366 0	4.614 6	6.251 4	7.814 7	9.348 0	11.344 9	12.838 2
4	0.207 0	0.297 1	0.484 4	0.710 7	1.063 6	1.648 8	3.356 7	5.988 6	7.779 4	9.487 7	11.143 3	13.276 7	14.860 3
5	0.411 7	0.554 3	0.831 2	1.145 5	1.610 3	2.342 5	4.351 5	7.289 3	9.236 4	11.070 5	12.832 5	15.086 3	16.749 6
6	0.675 7	0.872 1	1.237 3	1.635 4	2.204 1	3.070 1	5.348 1	8.558 1	10.644 6	12.591 6	14.449 4	16.811 9	18.547 6
7	0.989 3	1.239 0	1.689 9	2.167 3	2.833 1	3.822 3	6.345 8	9.803 2	12.017 0	14.067 1	16.012 8	18.475 3	20.277 7
8	1.344 4	1.646 5	2.179 7	2.732 6	3.489 5	4.593 6	7.344 1	11.030 1	13.361 6	15.507 3	17.534 5	20.090 2	21.955 0
9	1.734 9	2.087 9	2.700 4	3.325 1	4.168 2	5.380 1	8.342 8	12.242 1	14.683 7	16.919 0	19.022 8	21.666 0	23.589 4
10	2.155 9	2.558 2	3.247 0	3.940 3	4.865 2	6.179 1	9.341 8	13.442 0	15.987 2	18.307 0	20.483 2	23.209 3	25.188 2
11	2.603 2	3.053 5	3.815 7	4.574 8	5.577 8	6.988 7	10.341 0	14.631 4	17.275 0	19.675 1	21.920 0	24.725 0	26.756 8
12	3.073 8	3.570 6	4.403 8	5.226 0	6.303 8	7.807 3	11.340 3	15.812 0	18.549 3	21.026 1	23.336 7	26.217 0	28.299 5
13	3.565 0	4.106 9	5.008 8	5.891 9	7.041 5	8.633 9	12.339 8	16.984 8	19.811 9	22.362 0	24.735 6	27.688 2	29.819 5
14	4.074 7	4.660 4	5.628 7	6.570 6	7.789 5	9.467 3	13.339 3	18.150 8	21.064 1	23.684 8	26.118 9	29.141 2	31.319 3
15	4.600 9	5.229 3	6.262 1	7.260 9	8.546 8	10.307 0	14.338 9	19.310 7	22.307 1	24.995 8	27.488 4	30.577 9	32.801 3
16	5.142 2	5.812 2	6.907 7	7.961 6	9.312 2	11.152 1	15.338 5	20.465 1	23.541 8	26.296 2	28.845 4	31.999 9	34.267 2
17	5.697 2	6.407 8	7.564 2	8.671 8	10.085 2	12.002 3	16.338 2	21.614 6	24.769 0	27.587 1	30.191 0	33.408 7	35.718 5
18	6.264 8	7.014 9	8.230 7	9.390 5	10.864 9	12.857 0	17.337 9	22.759 5	25.989 4	28.869 3	31.526 4	34.805 3	37.156 5
19	6.844 0	7.632 7	8.906 5	10.117 0	11.650 9	13.715 8	18.337 7	23.900 4	27.203 6	30.143 5	32.852 3	36.190 9	38.582 3
20	7.433 8	8.260 4	9.590 8	10.850 8	12.442 6	14.578 4	19.337 4	25.037 5	28.412 0	31.410 4	34.169 6	37.566 2	39.996 8
21	8.033 7	8.897 2	10.282 9	11.591 3	13.239 6	15.444 6	20.337 2	26.171 1	29.615 1	32.670 6	35.478 9	38.932 2	41.401 1
22	8.642 7	9.542 5	10.982 3	12.338 0	14.041 5	16.314 0	21.337 0	27.301 5	30.813 3	33.924 4	36.780 7	40.289 4	42.795 7
23	9.260 4	10.195 7	11.688 6	13.090 5	14.848 0	17.186 5	22.336 9	28.428 8	32.006 9	35.172 5	38.075 6	41.638 4	44.181 3
24	9.886 2	10.856 4	12.401 2	13.848 4	15.658 7	18.061 8	23.336 7	29.553 3	33.196 2	36.415 0	39.364 1	42.979 8	45.558 5
25	10.519 7	11.524 0	13.119 7	14.611 4	16.473 4	18.939 8	24.336 6	30.675 2	34.381 6	37.652 5	40.646 5	44.314 1	46.927 9
26	11.160 2	12.198 1	13.843 9	15.379 2	17.291 9	19.820 2	25.336 5	31.794 6	35.563 2	38.885 1	41.923 2	45.641 7	48.289 9
27	11.807 6	12.878 5	14.573 4	16.151 4	18.113 9	20.703 0	26.336 3	32.911 7	36.741 2	40.113 3	43.194 5	46.962 9	49.644 9
28	12.461 3	13.564 7	15.307 9	16.927 9	18.939 2	21.588 0	27.336 2	34.026 6	37.915 9	41.337 1	44.460 8	48.278 2	50.993 4
29	13.121 1	14.256 5	16.047 1	17.708 4	19.767 7	22.475 1	28.336 1	35.139 4	39.087 5	42.557 0	45.722 3	49.587 9	52.335 6
30	13.786 7	14.953 5	16.790 8	18.492 7	20.599 2	23.364 1	29.336 0	36.250 2	40.256 0	43.773 0	46.979 2	50.892 2	53.672 0

附表 2-4 *F*分布临界值表（$\alpha = 0.05$）

$$P\left[F(v_1, v_2) > F_{\alpha}(v_1, v_2)\right] = \alpha$$

v_2	v_1								
	1	2	3	4	5	6	8	10	15
1	164.40	199.50	215.70	224.60	230.20	234.00	238.90	241.90	245.90
2	18.51	19.00	19.16	19.25	19.30	19.33	19.37	19.40	19.43
3	10.13	9.55	9.28	9.12	9.01	8.94	8.85	8.79	8.70
4	7.71	6.94	6.59	6.39	6.26	6.16	6.04	5.96	5.86
5	6.61	5.79	5.41	5.19	5.05	4.95	4.82	4.74	4.62
6	5.99	5.14	4.76	4.53	4.39	4.28	4.15	4.06	3.94
7	5.59	4.74	4.35	4.12	3.97	3.87	3.73	3.64	3.51
8	5.32	4.46	4.07	3.84	3.69	3.58	3.44	3.35	3.22
9	5.12	4.26	3.86	3.63	3.48	3.37	3.23	3.14	3.01
10	4.96	4.10	3.71	3.48	3.33	3.22	3.07	2.98	2.85
11	4.84	3.98	3.59	3.36	3.20	3.09	2.95	2.85	2.72
12	4.75	3.89	3.49	3.26	3.11	3.00	2.85	2.75	2.62
13	4.67	3.81	3.41	3.18	3.03	2.92	2.77	2.67	2.53
14	4.60	3.74	3.34	3.11	2.96	2.85	2.70	2.60	2.46
15	4.54	3.68	3.29	3.06	2.90	2.79	2.64	2.54	2.40
16	4.49	3.63	3.24	3.01	2.85	2.74	2.59	2.49	2.35
17	4.45	3.59	3.20	2.96	2.81	2.70	2.55	2.45	2.31
18	4.41	3.55	3.16	2.93	2.77	2.66	2.51	2.41	2.27
19	4.38	3.52	3.13	2.90	2.74	2.63	2.48	2.38	2.23
20	4.35	3.49	3.10	2.87	2.71	2.60	2.45	2.35	2.20
21	4.32	3.47	3.07	2.84	2.68	2.57	2.42	2.32	2.18
22	4.30	3.44	3.05	2.82	2.66	2.55	2.40	2.30	2.15
23	4.28	3.42	3.03	2.80	2.64	2.53	2.37	2.27	2.13
24	4.26	3.40	3.01	2.78	2.62	2.51	2.36	2.25	2.11
25	4.24	3.39	2.99	2.76	2.60	2.49	2.34	2.24	2.09
26	4.23	3.37	2.98	2.74	2.59	2.47	2.32	2.22	2.07
27	4.21	3.35	2.96	2.73	2.57	2.46	2.31	2.20	2.06
28	4.20	3.34	2.95	2.71	2.56	2.45	2.29	2.19	2.04
29	4.18	3.33	2.93	2.70	2.55	2.43	2.28	2.18	2.03
30	4.17	3.32	2.92	2.69	2.53	2.42	2.27	2.16	2.01
40	4.08	3.23	2.84	2.61	2.45	2.34	2.18	2.08	1.92
50	4.03	3.18	2.79	2.56	2.40	2.29	2.13	2.03	1.87
60	4.00	3.15	2.76	2.53	2.37	2.25	2.10	1.99	1.84
70	3.98	3.13	2.74	2.50	2.35	2.23	2.07	1.97	1.81
80	3.96	3.11	2.72	2.49	2.33	2.21	2.06	1.95	1.79
90	3.95	3.10	2.71	2.47	2.32	2.20	2.04	1.94	1.78
100	3.94	3.09	2.70	2.46	2.31	2.19	2.03	1.93	1.77
125	3.92	3.07	2.68	2.44	2.29	2.17	2.01	1.91	1.75
150	3.90	3.06	2.66	2.43	2.27	2.16	2.00	1.89	1.73
200	3.89	3.04	2.65	2.42	2.26	2.14	1.98	1.88	1.72
∞	3.84	3.00	2.60	2.37	2.21	2.10	1.94	1.83	1.67

F分布临界值表（$\alpha=0.01$）

v_2	v_1								
	1	2	3	4	5	6	8	10	15
1	4 052	4 999	5 403	5 625	5 764	5 859	5 981	6 065	6 157
2	98.50	99.00	99.17	99.25	99.30	99.33	99.37	99.40	99.43
3	34.12	30.82	29.46	28.71	28.24	27.91	27.49	27.23	26.87
4	21.20	18.00	16.69	15.98	15.52	15.21	14.80	14.55	14.20
5	16.26	13.27	12.06	11.39	10.97	10.67	10.29	10.05	9.72
6	13.75	10.92	9.78	9.15	8.75	8.47	8.10	7.87	7.56
7	12.25	9.55	8.45	7.85	7.46	7.19	6.84	6.62	6.31
8	11.26	8.65	7.59	7.01	6.63	6.37	6.03	5.81	5.52
9	10.56	8.02	6.99	6.42	6.06	5.80	5.47	5.26	4.96
10	10.04	7.56	6.55	5.99	5.64	5.39	5.06	4.85	4.56
11	9.65	7.21	6.22	5.67	5.32	5.07	4.74	4.54	4.25
12	9.33	6.93	5.95	5.41	5.06	4.82	4.50	4.30	4.01
13	9.07	6.70	5.74	5.21	4.86	4.62	4.30	4.10	3.82
14	8.86	6.51	5.56	5.04	4.69	4.46	4.14	3.94	3.66
15	8.86	6.36	5.42	4.89	4.56	4.32	4.00	3.80	3.52
16	8.53	6.23	5.29	4.77	4.44	4.20	3.89	3.69	3.41
17	8.40	6.11	5.19	4.67	4.34	4.10	3.79	3.59	3.31
18	8.29	6.01	5.09	4.58	4.25	4.01	3.71	3.51	3.23
19	8.18	5.93	5.01	4.50	4.17	3.94	3.63	3.43	3.15
20	8.10	5.85	4.94	4.43	4.10	3.87	3.56	3.37	3.09
21	8.02	5.78	4.87	4.37	4.04	3.81	3.51	3.31	3.03
22	7.95	5.72	4.82	4.31	3.99	3.76	3.45	3.26	2.98
23	7.88	5.66	4.76	4.26	3.94	3.71	3.41	3.21	2.93
24	7.82	5.61	4.72	4.22	3.90	3.67	3.36	3.17	2.89
25	7.77	5.57	4.68	4.18	3.85	3.63	3.32	3.13	2.85
26	7.72	5.53	4.64	1.14	3.82	3.59	3.29	3.09	2.81
27	7.68	5.49	4.60	4.11	3.78	3.56	3.26	3.06	2.78
28	7.64	5.45	4.57	4.07	3.75	3.53	3.23	3.03	2.75
29	7.60	5.42	4.54	4.04	3.73	3.50	3.20	3.00	2.73
30	7.56	5.39	4.51	4.02	3.70	3.47	3.17	2.98	2.70
40	7.31	5.18	4.31	3.83	3.51	3.29	2.99	2.80	2.52
50	7.17	5.06	4.20	3.72	3.41	3.19	2.89	2.70	2.42
60	7.08	4.98	4.13	3.65	3.34	3.12	2.82	2.63	2.35
70	7.01	4.92	4.07	3.60	3.29	3.07	2.78	2.59	2.31
80	6.96	4.88	4.04	3.56	3.26	3.04	2.74	2.55	2.27
90	6.93	4.85	4.01	3.53	3.23	3.01	2.72	2.52	2.42
100	6.90	4.82	3.98	3.51	3.21	2.99	2.69	2.50	2.22
125	6.84	4.78	3.94	3.47	3.17	2.95	2.66	2.47	2.19
150	6.81	4.75	3.91	3.45	3.14	2.92	2.63	2.44	2.16
200	6.76	4.71	3.88	3.41	3.11	2.89	2.60	2.41	2.13
∞	6.63	4.61	3.78	3.32	3.02	2.80	2.51	2.23	2.04

附表 2-5 符号检验临界值 S_α

$$P(S \leqslant S_\alpha) \leqslant \alpha$$

n	0.01	0.05	0.10	0.25	n	0.01	0.05	0.10	0.25	n	0.01	0.05	0.10	0.25
1	—	—	—	—	31	7	9	10	11	61	20	22	23	25
2	—	—	—	0	32	8	9	10	12	62	20	22	24	25
3	—	—	—	0	33	8	10	11	12	63	20	23	24	26
4	—	—	—	0	34	9	10	11	13	64	21	23	24	26
5	—	—	0	0	35	9	11	12	13	65	21	24	25	27
6	—	0	0	1	36	9	11	12	14	66	22	24	25	27
7	—	0	0	1	37	10	12	13	14	67	22	25	26	28
8	0	0	1	1	38	10	12	13	14	68	22	25	26	28
9	0	1	1	2	39	11	12	13	15	69	23	25	27	29
10	0	1	1	2	40	11	13	14	15	70	23	26	27	29
11	0	1	2	3	41	11	13	14	16	71	24	26	28	30
12	1	2	2	3	42	12	14	15	16	72	24	27	28	30
13	1	2	3	3	43	12	14	15	17	73	25	27	28	31
14	1	2	3	4	44	13	15	16	17	74	25	28	29	31
15	2	3	3	4	45	13	15	16	18	75	25	28	29	32
16	2	3	4	5	46	13	15	16	18	76	26	28	30	32
17	2	4	4	5	47	14	16	17	19	77	26	29	30	32
18	3	4	5	6	48	14	16	17	19	78	27	29	31	33
19	3	4	5	6	49	15	17	18	19	79	27	30	31	33
20	3	5	5	6	50	15	17	18	20	80	28	30	32	34
21	4	5	6	7	51	15	18	19	20	81	28	31	32	34
22	4	5	6	7	52	16	18	19	21	82	28	31	33	35
23	4	6	7	8	53	16	18	19	21	83	29	32	33	35
24	5	6	7	8	54	17	19	20	22	84	29	32	33	36
25	5	7	7	9	55	17	19	20	22	85	30	32	34	36
26	6	7	8	9	56	17	20	21	23	86	30	33	34	37
27	6	7	8	10	57	18	20	21	23	87	31	33	35	37
28	6	8	9	10	58	18	21	22	24	88	31	34	35	38
29	7	8	9	10	59	19	21	22	24	89	31	34	36	38
30	7	9	10	11	60	19	21	23	25	90	32	35	37	39

附表 2-6 威尔科克森配对符号秩检验中 T 的临界值

n 是配对样本中正的与负的配对差个数的总和。表体中所列临界值是拒绝域的最大值。在一定的显著性水平和样本容量 n 下，样本的 T 值如果小于或等于临界值，就拒绝两总体无显著差异的原假设。

n	单尾检验的显著性水平 α				n	单尾检验的显著性水平 α			
	0.05	0.025	0.01	0.005		0.05	0.025	0.01	0.005
5	0	—	—	—	28	130	116	101	91
6	2	0	—	—	29	140	126	110	100
7	3	2	0	—	30	151	137	120	109
8	5	3	1	0	31	163	147	130	118
9	8	5	3	1	32	175	159	140	128
10	10	8	5	3	33	187	170	151	138
11	13	10	7	5	34	200	182	162	148
12	17	13	9	7	35	213	195	173	159
13	21	17	12	9	36	227	208	185	171
14	25	21	15	12	37	241	221	198	182
15	30	25	19	15	38	256	235	211	194
16	35	29	23	19	39	271	249	224	207
17	41	34	27	23	40	286	264	238	220
18	47	40	32	27	41	302	279	252	233
19	53	46	37	32	42	319	294	266	247
20	60	52	43	37	43	336	310	281	261
21	67	58	49	42	44	353	327	296	276
22	75	65	55	48	45	371	343	312	291
23	83	73	62	54	46	389	361	328	307
24	91	81	69	61	47	407	378	345	322
25	100	89	76	68	48	426	396	362	339
26	110	98	84	75	49	446	415	379	355
27	119	107	92	83	50	466	434	397	373

附表 2-7　秩和检验表

表中列出了秩和下限 W_1 及秩和上限 W_2 的值

$\alpha=0.05$								$\alpha=0.025$							
n_1	n_2	W_1	W_2	n_1	n_2	W_1	W_2	n_1	n_2	W_1	W_2	n_1	n_2	W_1	W_2
2	4	3	11	5	5	19	36	2	6	3	15	5	8	21	49
2	5	3	13	5	6	20	40	2	7	3	17	5	9	22	53
2	6	4	14	5	7	22	43	2	8	3	19	5	10	24	56
2	7	4	16	5	8	23	47	2	9	3	21	6	6	26	52
2	8	4	18	5	9	25	50	2	10	4	22	6	7	28	56
2	9	4	20	5	10	26	54	3	4	6	18	6	8	29	61
2	10	5	21	6	6	28	50	3	5	6	21	6	9	31	65
3	3	6	15	6	7	30	54	3	6	7	23	6	10	33	69
3	4	7	17	6	8	32	58	3	7	8	25	7	7	37	68
3	5	7	20	6	9	33	63	3	8	8	28	7	8	39	73
3	6	8	22	6	10	35	67	3	9	9	30	7	9	40	79
3	7	9	24	7	7	39	66	3	10	9	33	7	10	43	83
3	8	9	27	7	8	41	71	4	4	11	25	8	8	49	87
3	9	10	29	7	9	43	76	4	5	12	28	8	9	51	93
3	10	11	31	7	10	46	80	4	6	12	32	8	10	54	98
4	4	12	24	8	8	52	84	4	7	13	35	9	9	63	108
4	5	13	27	8	9	54	90	4	8	14	38	9	10	66	114
4	6	14	30	8	10	57	95	4	9	15	41	10	10	79	131
4	7	15	33	9	9	66	105	4	10	16	44				
4	8	16	36	9	10	69	111	5	5	18	37				
4	9	17	39	10	10	93	127	5	6	19	41				
4	10	18	42					5	7	20	45				

附表 2-8　斯皮尔曼等级相关系数 r_s 的上临界值 r_α 表

$$P(r_s \geqslant r_\alpha) \leqslant \alpha,\ P(r_s \leqslant -r_\alpha) \leqslant \alpha$$

n	α					
	0.001	0.005	0.010	0.025	0.050	0.100
4	—	—	—	—	0.800 0	0.800 0
5	—	—	0.900 0	0.900 0	0.800 0	0.700 0
6	—	0.942 9	0.885 7	0.828 6	0.771 4	0.600 0
7	0.964 3	0.892 9	0.857 1	0.746 0	0.678 6	0.535 7
8	0.928 6	0.857 1	0.809 5	0.714 3	0.619 0	0.500 0
9	0.900 0	0.816 7	0.766 7	0.683 3	0.583 3	0.466 7

续表

n	α					
	0.001	0.005	0.010	0.025	0.050	0.100
10	0.866 7	0.781 8	0.733 3	0.636 4	0.551 5	0.442 4
11	0.836 4	0.754 5	0.700 0	0.609 1	0.527 3	0.418 2
12	0.818 2	0.727 3	0.671 3	0.580 4	0.496 5	0.398 6
13	0.791 2	0.697 8	0.642 9	0.554 9	0.478 0	0.379 1
14	0.767 0	0.674 7	0.622 0	0.534 1	0.459 3	0.362 6
15	0.746 4	0.653 6	0.600 0	0.517 0	0.442 9	0.350 0
16	0.726 5	0.632 4	0.582 4	0.500 0	0.426 5	0.338 2
17	0.708 3	0.615 2	0.563 7	0.485 3	0.411 8	0.326 0
18	0.690 4	0.597 5	0.548 0	0.471 6	0.399 4	0.314 8
19	0.673 7	0.582 5	0.533 3	0.457 9	0.389 5	0.307 0
20	0.658 6	0.568 4	0.520 3	0.445 1	0.378 9	0.297 7
21	0.645 5	0.564 5	0.507 8	0.435 1	0.368 8	0.290 9
22	0.631 8	0.542 6	0.496 3	0.424 1	0.359 7	0.282 9
23	0.618 6	0.530 6	0.485 2	0.415 0	0.351 8	0.276 7
24	0.607 0	0.520 0	0.474 8	0.406 1	0.343 5	0.270 4
25	0.596 2	0.510 0	0.465 4	0.397 7	0.336 2	0.264 6
26	0.585 6	0.500 2	0.456 4	0.389 4	0.329 9	0.258 8
27	0.575 7	0.491 5	0.448 1	0.382 2	0.323 6	0.254 0
28	0.566 0	0.482 8	0.440 1	0.374 9	0.317 5	0.249 0
29	0.556 7	0.474 4	0.432 0	0.368 5	0.311 3	0.244 3
30	0.547 9	0.466 5	0.425 1	0.362 0	0.305 9	0.240 0

附录三

全国大学生市场调查分析大赛优秀案例选登

一、全国大学生市场调查与分析大赛简介

全国大学生市场调查与分析大赛由中国商业统计学会创办于 2010 年。到 2022 年为止，已连续举办 12 届，累计有 4500 多校（次），55 万多人次参赛。2019～2022 年，该大赛连续四年入选《全国普通高校学科竞赛榜单》，已成为全国一流的公益性专业品牌赛事，也是学术引领、政府支持、企业认可、海峡两岸暨港澳高度联动的多方协同育人平台。

大赛设专科组、本科组和研究生组三个竞赛组别，全日制在读专科生、本科生和研究生均可参赛，专业不限。大赛由知识赛和实践赛两部分组成，知识赛主要考核学生对于基本理论和基础知识、技能的掌握程度（大体与本书的程度相当）。知识赛必须取得合格的成绩后，才能参加实践赛。实践赛则包含书面报告 + 展示答辩两个部分，主要考查学生理论结合实际的能力、解决实际问题的能力和综合展示能力。

该大赛的宗旨是通过竞赛，促进统计学和其他相关学科跨专业、跨领域融合，引导大学生理论联系实际，“真题真做”，提高大学生组织、策划、调查实施及数据处理与分析等专业实战能力，培养大学生的社会责任感、服务意识、市场敏锐度和团队协作精神。以赛促学、以赛促教、以赛促改、以赛促创，促进教育链、人才链、产业链的有机衔接，为社会经济发展服务。

历届大赛均涌现出了一批理论联系实际，解决现实问题的优秀案例。为了帮助学生提高参与市场调查与分析大赛的成绩，特别是提高理论联系实际，运用统计学理论和方法解决真实问题的能力，下面给出编者作为多年大赛评委的经验之谈，并且选择了一个获奖的案例供读者参考。

二、如何才能在市场调查分析大赛上取得更好的成绩[①]

（一）要认真学习有关市场调查、统计分析和有关所要研究主题的基础知识

市场调查大赛是鼓励同学们理论联系实际，培养利用统计和调查方法去解决实际问题的平台。为了保证参赛的质量，市场调查大赛安排了有关基础知识的初试，只有初试合格的同学才有资格组队参赛。另外，在分析解决有关问题时还会遇到需要利用一些课堂上还没有学过的理论知识和方法，因此，同学们还要结合分析问题的需要有重点地学习一些基本的知识与方法，在实践中带着问题学，急用先学，往往可以收到比较好的效果。

（二）要更加注重参赛项目选题的凝练

选题时要注意以下几点：一是尽可能是社会所关心的重大热点问题；二是尽可能是具有新意的选题；三是有可能获得基础调查数据的选题；四是能够较好地展示自己所掌握的各种调查与分析方法的选题。另外，我个人意见，研究报告的题目不宜过长，也不提倡乱用谐音字，使人不知所云。研究报告应突出主题，让人一目了然，知道所要研究的基本内容。

（三）要根据所要研究的问题，选用合适的方法

在参赛过程中，如果能够较好地运用一些现代统计调查和分析方法去研究实际问题，无疑是会给自己加分的。但应注意不要单纯地炫技，而要根据解决实际问题的需要去选择方法，并且了解这些方法应用的背景和前提。方法不是越多越好，也不是越高深越好，关键还是要用得恰当，恰到好处，能够解决其他方法未能很好地解决的实际问题。

（四）要努力写好研究报告

研究报告要突出主题，尽可能说清选题的意义，以及运用有关方法的意义和背景。研究结论应当是通过调查分析得到的结论，政策建议应当与研究结论密切相关，并且具有针对性（说清楚是对谁提的建议）。研究报告应繁简得当，用较大的篇幅，尽可能展示研究具有新意的地方。有些常用的方法和具体计算过程可从简，或采用附件的形式。

（五）做好PPT和相关视频

要在大赛中取得满意的成绩，更好地向评委展示自己所做的研究也是十分重要的一个环节。PPT 要美观大方，视频要生动活泼，并且要严格按照规定的时间制作，注意不要超时。总之，要适当取舍，在规定的时间内抓住评委的眼球，将自己所做研究的独到之处，更好地显示出来。

---

① 此段是曾五一在第十三届全国大学生市场调查与分析大赛开幕式上致辞的摘要。

三、案例：竹叶青品牌传播效果研究（摘要）[①]

中国具有悠久的饮茶历史，有红茶、绿茶、青茶、黄茶、黑茶、白茶六大茶类，同时中国也是最大的茶叶生产国，有四大茶叶产区，分别为：西南茶区、江南茶区、江北茶区、华南茶区，茶叶产量世界第一。近年来，茶叶生产行业发展迅猛，我国茶叶生产总量一直呈增长趋势。生产的发展也刺激了茶叶零售市场的消费需求，2021 年，我国茶叶销售量突破 230 万吨，预计到 2023 年我国茶叶消费量将增长到 251 万吨。随着茶叶消费量日益激增，消费者对茶叶品质的要求逐渐升级，进而对高端茶叶的需求增加；且消费者购茶不仅是用于自饮，更具有送礼需求，因而对茶叶的品牌价值要求提高，由购买非品牌茶叶逐步转向购买高端品牌茶叶。在这种局面下，小罐茶等新兴高端茶叶品牌破土而出，高端茶叶市场竞争愈发激烈。在四大产区、六大茶类中，竹叶青茶叶是唯一的既是茶叶品种又是茶叶品牌的特殊存在。竹叶青茶将企业商标、品牌、名称三者融为一体，塑造了“竹叶青”这个全新的茶叶品类，构建了一个高端奢侈的茶叶品牌。面对复杂多变的市场形势，竹叶青从 2018 年开始全力加大品牌传播力度，一方面扩展线下门店，在为消费者提供多样化、个性化的购买和服务的同时提升竹叶青在消费者心目中的品牌形象；另一方面通过线上媒体和明星合作，以及播放商业广告的形式提升品牌知名度。为在竞争激烈的市场中拔得头筹，竹叶青品牌需要对现有的品牌传播效果进行评估，为今后的媒介市场投放提供策略支持。

基于上述背景，本团队开展“竹叶青品牌传播效果项目”研究，评估竹叶青品牌传播效果并提出相关策略与战术，希望通过调研做到：①深度了解竹叶青品牌消费者特征及其对购买情况的影响；②深入分析竹叶青品牌传播效果，对比其他茶叶品牌探究竹叶青品牌传播的优劣势；③打造竹叶青品牌传播的优化策略，寻求改善传播效果的破局点。

调研之初，我们首先与四川省峨眉山竹叶青茶业有限公司市场部经理进行一对一深度访谈，了解竹叶青茶叶有限公司的直营门店在全国的分布情况以及竹叶青产品的热销城市、受众群体。此外还了解到竹叶青茶叶有限公司对消费者和市场的核心关注点以及竹叶青品牌的主要竞品。我们根据深度访谈凝练出竹叶青品牌消费者主要分布在自饮自购市场、家庭送礼市场、商务送礼市场这一结论。基于前期的定性调查和资料查询，我们设计问卷，对北京、成都、重庆、西安四个城市进行线下调查，共回收有效问卷 2 000 份，通过信效度检验，问卷具有可靠性。

在数据分析阶段，我们进行了以下研究：①通过描述性统计研究竹叶青品牌的消费者基本情况，并采用用户画像分析自饮自购、家庭送礼、商务送礼用户特征；②采用二元选择模型进行品牌购买意愿影响因素分析，找出影响购买的关键因素；③通过网络爬虫和文本情感分析技术，对竹叶青品牌传播的形象进行分析，通过文献研究对竹叶青及其竞品的品牌传播策略进行对比分析；④运用漏斗模型，从品牌识别、品牌购买渗透、品牌再购买和品牌推荐四个方面综合分析竹叶青品牌传播效果；⑤通过竞品分析，对比

---

① 本案例由天津财经大学“只此青绿”小组完成，小组成员有：李勃维、段继睿、刘恩麟、吴冬兴、胡文瀚；指导教师为：王健、程郁泰、尹剑。2022 年获得第十二届全国大学生市场调查与分析大赛研究生组总决赛一等奖第三名。

其他茶叶品牌，探究竹叶青品牌传播的优劣势；⑥利用 DAGMAR 模型深入分析品牌广告传播效果，并对广告传播的用户反响进行 SnowNLP 情感分析，了解当前竹叶青品牌广告传播的现状及问题。

根据以上分析得出主要结论：①竹叶青品牌第一目标人群为商务送礼用户，第二目标人群为家庭送礼用户，第三目标人群为自饮自购用户。②自饮自购用户对竹叶青口感和产品品质给予高度评价，但是较贵的价格可能成为其购买的障碍；两类送礼用户对竹叶青较高的品牌知名度给予认可，但对品牌价值缺乏真正的了解。③竹叶青以高端绿茶定位的品牌宣传得到用户认可，在高端绿茶市场中的用户提及排名榜首，在高端送礼市场中，得到用户认可，用户提及仅次于茅台和五粮液。④构建品牌传播指数来衡量品牌传播效果，分三类市场来看传播效果，商务送礼市场＞家庭送礼市场＝自饮自购市场。竹叶青在三类市场中的品牌传播指数明显高于贡牌西湖龙井和小罐茶。深入分析得出三个市场的不足之处在于：商务送礼市场，品牌价值、价格认知方面宣传不足；家庭送礼市场，健康属性和家庭属性方面宣传不足；自饮自购市场，口感和产品质量方面宣传不足。⑤竹叶青通过投放广告提升了品牌认知度，但广告传播效果还未达到预期。问题具体表现为传播内容无法精准触达，传播渠道落后，传播形式生硬。

根据上述研究，特提出如下建议：①强化宣传竹叶青品牌价值、价格认知，巩固并吸引商务送礼用户；强化宣传竹叶青健康属性和家庭属性，吸引家庭送礼用户；强化宣传竹叶青茶叶口感，吸引自饮自购用户。②实行内容精细化运营，从过去盲目追逐热点、不成体系、没有统一 IP 内核的内容运营方式，变为精细化的运营模式。③实行传播资源精细化运营，优化使用传播环境中丰富的人的资源。④在微信视频号、抖音、微博等消费者时常关注的热门媒体平台，与新传播渠道即网络 KOL（key opinion leader，关键意见领袖）和 KOC（key opinion consumer，关键意见消费者）合作。⑤在线上广告传播方面，应该与消费者日常生活的场景相贴合，引起共鸣；多场景辐射消费者，强化消费者对竹叶青品牌在促成商务合作方面、促进家庭和睦方面的品牌价值感知。⑥在线下广告传播方面，选择从具有公信度的央视广告投放出发，采取独家冠名、TVC（television commercial，商业电视）广告、纪录片等强曝光的形式。另外，竹叶青应在电梯、高铁、公交、航空等场景进行广告投放。

请扫描二维码，获取资源：参考附录 3-1 《竹叶青品牌传播效果研究》展示视频

请扫描二维码，获取资源：参考附录 3-2 《竹叶青品牌传播效果研究》全文

四、调查问卷的信度和效度的评价与分析①

为了保证调查结论的准确性和科学性，有必要考察所设计的问卷是否恰当，调查的结果是否可信与有效。在上述案例中，应用了有关调查问卷的信度和效度分析。为了帮

① 问卷调查的信度和效度评价，本来是统计数据收集整理阶段就必须解决的问题。但关于其基本概念和评价指标的计算需要用到随机误差、相关系数等概念。所以，放在附录三中解说。

助读者更好地掌握这方面的知识，本部分扼要介绍有关信度和效度的基本概念与有关评价指标具体的计算方法。

（一）有关基本概念

可信度（reliability）简称信度，是指问卷调查结果所具有的一致性或稳定性的程度。一致性即意味着同一群受访者接受关于同一项目的各种问卷调查所得到的各测量结果间显示出强烈的正相关；稳定性则是指在前后不同的时间内，对相同受测者重复测量所得结果的相关程度，如果一群受访者在不同时空下接受同样的问卷调查时，结果的差异很小，则说明调查问卷具有较高的稳定性。具有一致性和稳定性的调查结果，才是可信的。用统计的术语来说，调查中产生的随机误差越小，信度就越高。有效度（validity）简称效度，是指测量结果与试图测量的目标之间的接近程度。要提高效度，不仅需要降低调查中的随机误差，更重要的是还需要设定正确设定调查项目并采用适当的调查方式，从而避免产生较大的系统误差。

由此可见，信度和效度是衡量调查问卷质量的两个基本要求，前者度量的是问卷测量结果是否一致可靠，后者则重点考察测量结果是否有效。尽可能提高问卷的效度是提高问卷调查质量的根本目标，提高问卷的信度则是提高效度的必要条件，但并不是充分条件。

（二）信度评价指标

常用的信度评价指标主要有以下几种。

1. 重测信度（test-retest reliability）

用同一调查问卷在同一人群中先后测量两次，其测量结果的相关程度叫作重测信度。计算重测信度需注意两个问题：第一，如果被测者的特征随时间发生变化，那么两次测量的差异就不单纯由随机误差引起，除非每个被测者都发生了同样的变化；第二，重复测量间隔时间不宜过长。

当评估的变量是分类变量时，可以用 Kappa 系数来评估。

以某新产品顾客满意度的调查问卷为例，若对 50 个受访者的调查结果为 33 个满意，17 个不满意，而 2 周后的重测结果为 32 个满意，18 个不满意，具体的重测结果（包括受访者态度转变情况）如附表 3-1 所示。

附表 3-1　某新产品顾客满意度问卷重测结果

第一次测量	第二次测量		合计
	满意 +	不满意 −	
满意 +	（30）　a	（3）　b	（33）　$a+b$
不满意 −	（2）　c	（15）　d	（17）　$c+d$
合计	（32）　$a+c$	（18）　$b+d$	（50）　n

则我们可以根据表中资料计算 Kappa 系数 k：

$$k=(P_a-P_e)/(1-P_e)=(0.90-0.54)/(1-0.54)=0.78$$

$$P_a=(a+d)/n=45/50=0.90$$

$$P_e=\frac{1}{n^2}[(a+c)(a+b)+(b+d)(c+d)]=\frac{1}{50^2}(32\times33+18\times17)=0.54$$

其中，P_a 为实际符合率；P_e 为期望符合率；k 值越大，问卷的重测可信度越高。

当评估的变量是连续变量或等级变量，可以用内部相关系数 ICC 来评价。

$$\text{ICC}=(\text{MS}_{\text{区组}}-\text{MS}_{\text{误差}})/[\text{MS}_{\text{区组}}+(m-1)\text{MS}_{\text{误差}}+m(\text{MS}_{\text{处理}}-\text{MS}_{\text{误差}})/n]$$

其中，$\text{MS}_{\text{区组}}$、$\text{MS}_{\text{处理}}$ 和 $\text{MS}_{\text{误差}}$ 分别为随机区组（即被观察对象）间的方差、处理组（即重复次数间）的方差和误差的方差；m 为重复次数（即处理组数）；n 为被观察对象的样本数。由于 ICC 是一个通过样本资料算得的统计量，因而存在抽样误差。为说明问卷总体的 ICC 是否等于 0，需对样本的 ICC 进行假设检验，检验使用以下检验公式：

$$F=\text{MS}_{\text{区组}}/\text{MS}_{\text{误差}}\sim F[(n-1),(n-1)(k-1)]$$

2. 复本信度（alternate-form reliability）

问卷的复本是针对原本而言的，它是原本的复制品，两者在形式、内容及难度上应高度类似。对一项调查的问题，让被调查者同时接受调查问卷原本与复本的调查。调查问卷的复本信度可通过计算原本和复本测量结果间的单相关系数或秩相关系数来加以度量。

3. 折半信度（split-half reliability）

将问卷中的所有项目随机分为数量相同的两半，分别作为各自的复本。对问卷进行分拆时通常采用随机分半法或奇偶分半法。举例来说，如果有一份问卷，其中有十个问题涉及女性歧视现象。利用折半信度时，可将十个问题随机或按奇偶数分成两组，每组有五个问题。两半问卷测量结果的单相关系数或秩相关系数称为折半信度。

4. 评分者信度（scorer reliability）

有些问卷是由调查者给被测者打分或评定等级，这种测量的可靠性主要取决于调查者评分的一致性和稳定性。对于这种标准化程度较低的测量，就必须计算评分者信度，它分为评分者间信度和评分者内信度。前者用于度量不同调查者间的一致性，后者用于度量同一调查者在不同的场合下（如不同时间、地点等）的一致性。两名调查者的评分者间信度和测量两次的评分者内信度可用单相关系数或斯皮尔曼等级相关系数表示。

（三）效度评价指标

常用的效度评价指标主要有以下几种。

1. 内容效度

内容效度是指衡量调查问卷的内容切合研究主题的程度。考察内容效度旨在系统地检查测量内容的适当性。对于内容有效度，可以从以下两个角度进行考察。

（1）表面效度是指问卷在项目和形式上给人的主观印象。如果问卷调查项目从逻辑上看，可恰当地对研究者想了解的问题进行测度，便称它具有表面效度。

（2）抽样有效度是通过抽样获得被调查者对各有关调查项目的反映，用来判断问卷所设定的项目是否确实符合所要研究的主题。

内容效度是一个主观性很强的指标。一般可采用专家判断法，由专家做出评判。因此，研究者必须认真学习有关实质性科学的理论，并依循有关理论分析，从有可能获得的指标中，选择能够完整涵盖所研究的范围的调查内容和适当的调查方式。只有这样，才能使问卷具备较高的内容效度。

2. 效标效度

效标效度又称准则效度，是指问卷测量结果和按某一给定标准（被定义为有效的标准）测量结果之间的相关程度。根据效度标准获取的时间又可分为如下两种。

（1）同时效度，即同时在研究对象中进行问卷调查和按给定的标准测量得到的结果之间的相关程度。

（2）预测效度，指问卷测量结果经过一段时间后与未来实际结果加以比较，两者之间的吻合程度。

例如，从一项轿车消费者的购买行为调查中发现，调查结果与目前市场的品牌占有率有相当高的关联性（具有同时效度），亦与未来消费者会购买哪一种品牌的行为显著相关（具有预测效度）时，则显示此调查问卷结果具有相当高的效度。

3. 架构效度

架构效度是指问卷所能衡量到理论上期望的结构特征的程度。

分析评价调查问卷架构有效度常用的统计方法是因子分析法[①]，利用因子分析法可以了解属于相同概念的不同问卷项目是否真的如理论分析的那样，集中在同一公共因子里。其中因子负荷反映了问卷项目对该概念的贡献，因子负荷值越大说明与该概念的关系越密切。以下三个标准可以用来判断问卷的架构效度：①公共因子与问卷设计时理论假设的概念组成相符，且公共因子的累计方差贡献率在 50%以上；②每个问卷项目都应在其中一个公共因子上有较高负荷值（大于 0.4），而对其他公共因子的负荷值则较低。如果一个问卷项目在所有的因子上负荷值均较低，则说明其反映的意义不明确，应予以改变或删除；③公因子方差均应大于 0.4，该指标表示每个问卷项目 40%以上的方差都可以用公共因子解释。

（四）利用 SPSS 进行信度与效度分析

利用 Excel 软件的函数计算功能，也可以根据以上所介绍的信度和效度的评价指标的公式，去实现问卷调查的信度和效度评价。不过在 SPSS 统计软件包中，设有专门的信度和分析模块和有关的统计分析模块，因此利用起来要更为方便。

信度分析模块 Reliability Analysis 的调用过程为：Analyze→Scale→Reliability Analysis。通过选择对该模块所包含的选项，可以实现常用的问卷信度分析。例如，选择 model 选项中的 Split-half 和 Alpha，可以直接计算折半信度和内部一致性信度；选择 Statistics 选项中的 Intraclass Correlation Coefficient 和 Friedman Chi-square，可以利用内部相关系数 ICC 分析重测信度和评分者信度。若需用 Kappa 系数来评估重测信度则可以调

① 因子分析超出本书的程度，感兴趣的读者可进一步参考有关多元统计分析的书籍。

用列联表。其实现过程为：Analyze→Descriptive statistics→Crosstabs，再选择 Kappa 选项。至于复本信度和评分者信度，只需调用相同的过程：Analyze→Correlation→Bivariate 并根据问卷内容的特点，选择 Pearson 和 Spearman 等选项来计算问卷测量结果之间的皮尔逊相关系数和斯皮尔曼等级相关系数。另外，若想排除单项总分相关系数低的问项或变量来提高调查问卷的内部一致性信度，可以通过选择 Scale if Item Deleted 的选项，然后再以运行结果中的 Corrected Item-total Correlation 以及 Alpha if Item Deleted 两项数据作为判断准则。

在 SPSS 软件中，效标关联有效度分析的调用过程为：Analyze→Correlation→Bivariate。如果是连续性变量，计算皮尔逊相关系数，如果为分类变量，则计算斯皮尔曼等级相关系数。架构有效度分析的调用过程为：Analyze→Data Reduction→Factor，在 Extraction 和 Rotation 选项下选择 Principal Components 和 Varimax 进行主成分极大方差旋转因子分析。

（五）应用信度分析与效度分析需要注意的问题

调查问卷的信度和效度是调查问卷生命力之所在，任何问卷调查都应该进行必要的信度和效度检验评价，否则得出的研究结论的可靠性和真实性都将受到怀疑。当然，并不是所有问卷都要进行以上所介绍的所有信度和效度指标的评估。实践中，需要计算何种信度和效度指标，还应根据问卷的种类和研究的目的而定。

信度与效度分析既要在设计问卷时进行，也要在开展实际调查后进行。如果发现问卷的信度或效度不够高，则必须对所设计的问卷项目进行修改，或者改变具体调查方式，重新进行调查，然后再进行评估，直至得到较为满意结果。一般来说，上述各项信度系数指标大于 0.75 表明信度很好，在 0.4～0.75 表示较好，而低于 0.4 表示较差。

调查误差可产生在问卷调查的任何环节。所以，只有在调查设计、问卷拟定、现场实施到资料的汇总等环节的整个过程都注意质量控制，才能保证调查结果的信度和效度。